2500 ESSENTIAL ENGLISH WORDS FOR THE TOEFL TEST

TOEFL®テスト
必修英単語
2500

[編者]
AmEnglish.com, Inc.

[監修]
Dr. フィリップ・タビナー

TOEFL is a registered trademark of Educational Testing Service(ETS).
This publication is not endorsed or approved by ETS.

INTRODUCTION
Welcome

Welcome to the TOSHIN TOEFL iBT Vocabulary Program. We hope you train well and practice effectively. This book will help you gain a better grasp of the top 2500 words that can be found on various TOEFL iBT tests over the years. We have determined that these are the key words that can distinguish your performance from other test takers. We have keyed in on the difficult words with highest frequency over the last number of years. Because vocabulary is so important to all four sections of the TOEFL iBT exam we created this program to help you learn the vocabulary and practice its use. It is key to understand that vocabulary is not just important to the Reading section but to all sections of the test. So it is important to work with this material frequently and to apply it in you practice with all sections of the TOEFL exam. Use these new words as much as you can. Try to use at least a few new words from the list every day in your use of English. Remember TOEFL, like all tests can be mastered if you practice effectively and use your tools frequently.

序文

はじめに

　東進TOEFL iBTボキャブラリー・プログラムへようこそ。本プログラムは，優れた学習と効率的な修得を目指し，TOEFL iBTテストにおいて長年に渡り取り上げられてきた最頻出の2500ワードに焦点を当て，効率的に学習できる構成となっています。ほかの受験者よりも好成績を取れるよう最重要単語を見つけ出し，ここ数年で出題回数の最も多い難しい単語も紹介しています。TOEFL iBTテストの4つのセクション全てにおいてボキャブラリーは重要な要素であることから，本プログラムはボキャブラリーを修得しそれを利用できるよう体系立てられています。ボキャブラリーはリーディングセクションでのみ重要となるのではなく，テストの全てのセクションにおいて重要であると理解することが大切です。本プログラムで何度も学習し，修得した単語をTOEFLテストの全セクションで活用することが重要です。これらの新しい単語をできるだけたくさん使いましょう。毎日リストの中から新しい単語を複数個選定し，英語の文章の中で使ってみてください。効率的に学習し教材を何度も利用すれば，TOEFLもそのほかのテストと同じように極めることが可能なのです。

What is TOEFL iBT?

TOEFL iBT is the world's best known and recognized test of English for use in academic settings. It is accepted around the world by universities, colleges, employers and governments as the standard in the measurement of English language fluency. It is a challenging and difficult test and necessitates knowledge and fluency in English. Please make sure before you sit for a TOEFL that you have had sufficient English skill building and frequent use of this practice tool.

TOEFL was originally known as the "Test of English as a Foreign Language." TOEFL measures the ability of non-native speakers to use and understand English as it is spoken, written and heard in college and university settings. The questions, called items or prompts, simulate lectures, class discussions, study groups, campus life and course books from US-based colleges and universities. TOEFL iBT is developed and owned by Educational Testing Service (ETS). ETS is located in Princeton, New Jersey, USA, and its tests have been in the marketplace for decades in various forms and formats. Today's version of TOEFL iBT is an Internet-based version. It is administered to over 25 million people in more than 180 countries around the world. It is important to note that if you're interested in English in the workplace setting, you ought to direct your attention to TOEIC, as TOEFL is particularly oriented to English in academic settings, particularly university and college settings in Canada, USA, Australia and New Zealand.

TOEFL iBTとは?

　TOEFL iBTは学術機関での英語の使用に関し，世界で最も認知度の高いテストです。世界中の大学等の教育機関，企業および政府が英語能力を測定する基準として採用しています。テストは英語の知識および使いこなす能力を要する，難しくまたやりがいのあるものです。TOEFLの受験までに十分な英語能力を身につけられるよう，この実行ツールを何度も活用し準備しましょう。

　TOEFLは"Test of English as a Foreign Language"の略で，米国の大学機関における質問，課題，講義，クラス討論，スタディグループ，学校生活および教科書など，英語を母国語としない人が大学機関において英語を話す，書く，聞き取る場面で英語を使用し理解する能力を測定するためのものです。TOEFL iBTはEducational Testing Service (ETS)が開発・運営するもので，ETSは米国ニュージャージー州プリンストンに拠点を置き，本テストは様々な形式によって長期に渡り実施されています。今日のTOEFL iBTはインターネット形式で実施されています。世界の180か国以上の国々で2500万人もの人々が受験しています。TOEFLは大学機関，特にカナダ，米国，オーストラリアおよびニュージーランドの大学で使用する英語能力の測定を目的としていることから，企業や職場で使用する英語に興味がある場合はTOEICの受験を考慮した方が良いでしょう。

TOEFL iBT at a glance

The TOEFL iBT exam takes up to 4 hours and 30 minutes to administer and has four key sections—listening, reading, speaking and writing. The test has a maximum score of 120 points, and generally US and Canadian schools expect a score of 80 or above for undergraduate programs and 90 or above for graduate programs. Some universities and colleges require a much higher level for each program. The cost of a TOEFL is generally 180 – 250 US dollars, and the test is administered 50 or more times a year. The TOEFL iBT results are good for two years and can be used throughout this period. But the score cannot be extended and a re-test is required after two years. Each exam stands alone and there is no averaging or blending of the results.

About the Test Structure

Section	Time Limit	Questions	Tasks
Reading	60 – 80 minutes	36 – 56 questions	Read 3 or 4 passages from academic texts and answer questions.
Listening	60 – 90 minutes	34 – 51 questions	Listen to lectures, classroom discussions and conversations, then answer questions.
Break (10 minutes)			
Speaking	20 minutes	6 tasks	Express an opinion on a familiar topic; speak based on reading and listening tasks.
Writing	50 minutes	2 tasks	Write essay responses based on reading and listening tasks; support an opinion in writing.

TOEFL iBTの概要

　TOEFL iBTテストは4つのセクション(リスニング，リーディング，スピーキング，ライティング)で構成され，テスト全体の所要時間はおよそ4時間30分です。テストは120点満点で，一般的に米国およびカナダの教育機関では学部課程で80点以上，大学院課程で90点以上が必要とされています。大学によってはそれ以上の点が求められる場合もあります。TOEFLの受験料は180米ドルから250米ドルで，またテストは1年に50回以上実施されます。TOEFL iBTテストの結果は2年間有効で，この2年間は利用可能ですが，スコアは2年を超えて延長することはできず2年後は再受験が必要です。テストはそれぞれ独立しており，スコアの平均や一体化といった概念はありません。

テストの構成内容

セクション	制限時間	問題	課題
リーディング	60〜80分	36〜56問	学術的な文章の抜粋を3または4パッセージ読んで質問に答える。
リスニング	60〜90分	34〜51問	講義，授業中の討論，会話を聴いた後に質問に答える。
休憩(10分)			
スピーキング	20分	6課題	身近なトピックについて意見を述べる。リーディングやリスニングの課題に基づいて話す。
ライティング	50分	2課題	リーディングやリスニングの課題をもとにエッセイ形式の答案を書く。意見を支持する文章を書く。

※ TOEFLの詳細はETSのホームページ (https://www.ets.org/jp/toefl) をご参照ください。

SPECIAL FEATURES

The most "native" English wordbook made in the USA

As is widely known, the TOEIC and TOEFL examinations are conducted by the American company ETS (Educational Testing Service https://www.ets.org). On the other hand, AmEnglish is the only American company which cooperates with ETS and publishes official teaching materials for the TOEIC and TOEFL. In this book, AmEnglish stringently selected English words, sentences, and voices under the supervision of Dr. Philip Tabbiner (the former Senior Vice President at ETS).

Based on an enormous quantity of data from the TOEFL TEST, AmEnglish strictly selected the English words which are "actually" necessary for Japanese students. So that "you can understand the frequent words and score highly on the TOEFL TEST". And more importantly, so that "you can learn vocabulary which is essential to understanding university lectures". As this book is designed by "the American way" of selection, which is slightly different from the Japanese way, there are a lot of highly academic words, especially in the "Advanced" version. The reason is that these words are truly necessary for university life abroad. By mastering this book, we believe that you will not only get high marks on the TOEFL TEST, but also become "an internationally competent person."

本書の特長

アメリカで作られた，最も「ネイティブ」な英単語集

　本書がほかのTOEFL単語集と最も異なる点が，日本人学習者のために本場米国で作られた単語集であるという点です。

　ご存知の通り，TOEICやTOEFLの試験を運営しているのは，アメリカにあるETS (Educational Testing Service) という機関です (https://www.ets.org)。そのETSの元シニア・ヴァイス・プレジデント(社長を補佐する上級役員)であるDr.フィリップ・タビナー氏を監修に迎え，世界で唯一ETSと共同で公式補助教材を制作している米国のAmEnglish社が，単語・例文・英語音声を厳選・制作しました。

　過去に出題されたTOEFLテストの膨大なデータをもとに，「TOEFLに頻出する英単語をおさえて高得点を取る」という目的だけでなく，「米国大学における授業を理解するに足る語彙力を身につける」という目的も見据えて，日本人学生に本当に必要な英単語※が徹底的に厳選されています。日本人による通常の単語選出方法とは少々異なる「米国側」の視点も含まれているため，特に「上級」編には相当にアカデミックで見慣れない英単語もたくさん収録されていますが，実はこれが，海外大学生活で本当に必要となる英単語です。みなさんには，ぜひこれをマスターし，TOEFLで高得点を獲得するだけでなく，「世界で活躍する人財」になってほしいと思います。

※本書を制作するにあたり，まず最初にTOEFLテストに頻出する英単語を5000語厳選しました。そして，最頻出の2500語を「必修英単語2500」に収録し，その次に頻出度の高い(TOEFL iBTテストで高得点を獲得するために重要な)2500語を「上級英単語2500」に収録しました。TOEFL iBTテスト対策として，まずは120点満点中80点突破を目標に，「必修英単語2500」を完璧にマスターしてください。その上で，120点満点中100点以上を目指す人は「上級英単語2500」に進みましょう。

Perfectly contains the words for TOEFL in "frequency order"

As stated previously, the 2500 words in this book are stringently selected from various viewpoints and benchmarks based on an enormous quantity of data from the past TOEFL TEST. These words are selected through a unique process using an algorithm by AmEnglish. The basic image of the selection is indicated in the diagram below.

To begin with, they collect all English words used in the TOEFL TEST and sort them into groups such as Word Group A(most frequent), Word Group B(frequent in the second place), and so on. They abstract only high-ranking words by the number of appearances (frequency)(❶). Second, they remove certain words from the groups. These removed words are unnecessary to learn repeatedly for TOEFL, such as "words at junior high school level(the most basic words)", "words at National Center Test level(words that almost all of high school students have already mastered)", and "other unnecessary words"(❷). Then, they sort the final selections in frequency order, considering their frequency in university lectures. Through this severe process of selection, this book has been completed.

TOEFL頻出の英単語を「頻度順」に完全収録

前述の通り，本書に収録された2500の英単語は，過去に出題されたTOEFLテストの膨大なデータをもとに，様々な視点・指標を加えて厳選されたものです。AmEnglish社独自のアルゴリズムによる選出を経ていますが，基本的な単語選定イメージは下図の通りです。

まず，TOEFLテストに出題された全英単語を集計し，出題回数の最も多い単語を語群A，次に多い単語を語群B…のようにグループに振り分けます。そして，出題回数上位の(頻度の高い)語群だけを抽出（❶）。その語群から「中学既習語(極めて基本的な単語)」・「センターレベルの単語(大半の高校生が既に修得している単語)」・「その他不要な語※」といった，TOEFLの単語集に掲載して繰り返し学習する必要性の薄い単語を除外します（❷）。そして，米国大学の講義でよく使われる単語かどうかも１つの選定基準としつつ，厳選された単語だけを「頻度順」に掲載したのが，本書の英単語です。

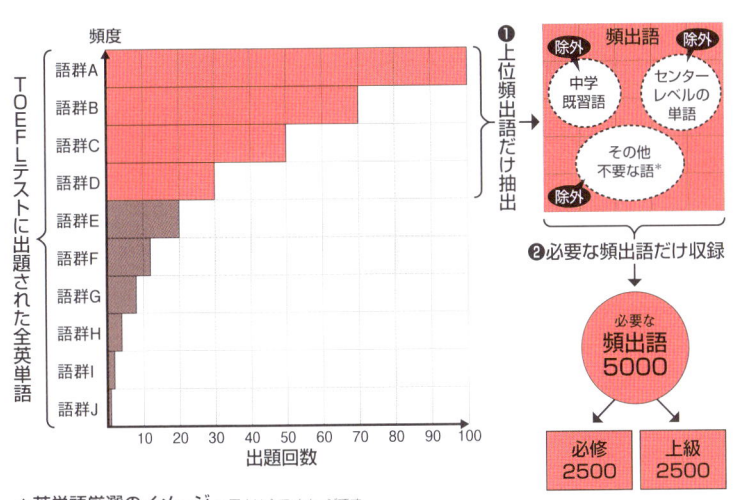

▲英単語厳選のイメージ ※図表は全てイメージです

※その他不要な語…固有名詞・カタカナ語・文法用語・見出語の単純な派生語など

Perfectly contains the essential meanings for the TOEFL TEST

English words do not necessarily contain a single meaning for one word. In fact, many of them have several meanings. Although other English wordbooks available today specifically describe meanings of a word just like a dictionary, most learners cannot memorize all of them. In the first place, there is no need to "translate English to Japanese" when you use English.

Therefore, it is much more effective to focus on the core meaning which can be applied to other meanings than to try to memorize a lot of meanings. Under such points of view, this book perfectly contains necessary and sufficient meanings for Japanese students, based on the rules that we mainly include: "the core meanings" and "the meanings which are essential for the TOEFL TEST."

Besides, related information, such as synonyms, antonyms, derivatives and idioms, is stringently selected as "essential for the TOEFL TEST" and "necessary for university life abroad." Using this information as "the core" and referring to a dictionary in day-to-day learning will surely improve your vocabulary.

TOEFLテストに必要な語義を完全収録

英単語は全てが「一語一訳」というわけではなく，1つの単語がいくつもの語義（単語の意味）をもつ場合も少なくありません。そして，既存の多くの単語集には，語義などが辞書のように細かく掲載されていますが，その全てを完璧に覚えられる人というのは多くはありません。そもそも，「英語を日本語に訳す」ことは，「英語を使う」ときに必要のない作業でもあります。

よって，あまり多くの語義を覚えようとするよりも，あらゆる語義に「応用」させて理解ができる"核"となる語義を中心に覚えた方が，はるかに効率的です。このような考え方のもと，下図のように，本書では「"核"となる語義」と「TOEFLテストで問われる語義」を中心に掲載するという基本方針に則り，日本人学生に必要十分な語義を完全収録しています。

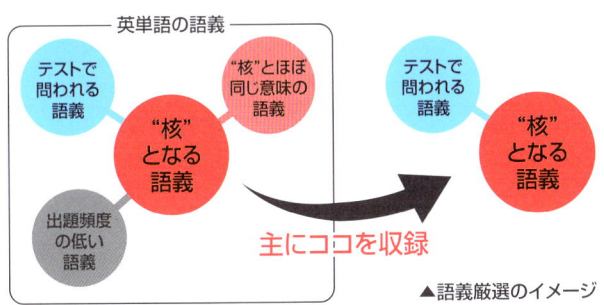

▲語義厳選のイメージ

なお，同義語・類義語・対義語・派生語・熟語などの関連情報についても，「TOEFLテストに必要なもの」・「海外大学生活に必要なもの」を厳選して収録してあります。これらの情報を「核」として，あとは日々の学習の中で辞書等を随時活用し，語彙力を増強していきましょう。

HOW TO USE THE BOOK

Please use it freely

You readers surely like studying English and have your own learning methods. This wordbook is designed for everyone to use it easily. So please use this book as you like, referring to "the Keys" below.

The Keys to master English words

(1) Take in specific information by learning it repeatedly, not trying to memorize at once.
(2) Scan through the information you already know, and focus on the information you haven't memorized. (Deepen your understanding of the meanings step by step)
(3) Read aloud the keyword and the sentence together so that you can memorize them together.

本書の使い方

ご自由にお使いください

　本書をお使いのみなさんは，おそらく英語が好きで自分なりの学習法を確立している方も多いかと思います。この単語集は，誰にでも使いやすいようデザインされておりますので，ぜひ下記の「コツ」を参考にしつつ，自分に合った学習法でご自由にお使いください。

【単語マスターのコツ】
(1) 一度に全部を覚えようとせず，何度も繰り返し学習する中で，次第に細かい情報を詰めていく
(2) 既に覚えている部分は軽く流し，まだ覚えていない部分を重点的に学習する（記憶の薄い部分をどんどんなくしていく）
(3) 見出語や例文を何度も「音読」して一緒に覚える　　　　　　など

本書で使う記号

　名 ⑧ =名詞　動 ⑩ =動詞　形 ⑯ =形容詞　副 ⑩ =副詞
　熟 =重要熟語（見出語が熟語としてよく使われる場合）
　語義，語義 =同じ品詞の似たような語義（カンマ [,] で区切る）
　語義；語義 =同じ品詞の違う語義（セミコロン [;] で区切る）
　〈複〉=複数形　〈単〉=単数形　〈受身〉=受身形　〈　〉=その他指定の形
　《　》=学問分野・ジャンルなど　[　]=（直前の語句と）言い換え可能
　～=何らかの語句が入る　――=見出語が入る（見出語の省略部分）
　＝=同義語・類義語　⇔=対義語　※=注意点
　記号無し=見出語の派生語や熟語など　《米》=米国用法　《英》=英国用法
　S=主語　V=動詞（原形）　O=目的語　C=補語　A・B=対になる要素

【注意】本書の発音記号は「米音」ですが，CD 音声収録には「米」のほかに「英」「豪」のナレーターも加わっているため，発音記号と CD 音声が一部一致しない場合があります。ご了承ください。

CONTENTS

ROUND	STAGE	No.	WORDS	DATE	PAGE
ROUND 1	STAGE 01	0001 - 0100	100	/	18
	STAGE 02	0101 - 0200	100	/	36
	STAGE 03	0201 - 0300	100	/	54
	STAGE 04	0301 - 0400	100	/	72
	STAGE 05	0401 - 0500	100	/	90
ROUND 2	STAGE 06	0501 - 0600	100	/	110
	STAGE 07	0601 - 0700	100	/	128
	STAGE 08	0701 - 0800	100	/	146
	STAGE 09	0801 - 0900	100	/	164
	STAGE 10	0901 - 1000	100	/	182
ROUND 3	STAGE 11	1001 - 1100	100	/	202
	STAGE 12	1101 - 1200	100	/	220
	STAGE 13	1201 - 1300	100	/	238
	STAGE 14	1301 - 1400	100	/	256
	STAGE 15	1401 - 1500	100	/	274
ROUND 4	STAGE 16	1501 - 1600	100	/	294
	STAGE 17	1601 - 1700	100	/	312
	STAGE 18	1701 - 1800	100	/	330
	STAGE 19	1801 - 1900	100	/	348
	STAGE 20	1901 - 2000	100	/	366
ROUND 5	STAGE 21	2001 - 2100	100	/	386
	STAGE 22	2101 - 2200	100	/	404
	STAGE 23	2201 - 2300	100	/	422
	STAGE 24	2301 - 2400	100	/	440
	STAGE 25	2401 - 2500	100	/	458

2500 ESSENTIAL ENGLISH WORDS FOR THE TOEFL TEST

ROUND 1
STAGE 01-05
No.0001-0500

The mission of Harvard College is to educate the citizens and citizen-leaders for our society. We do this through our commitment to the transformative power of a liberal arts and sciences education. Harvard College will set the standard for residential liberal arts and sciences education in the twenty-first century.
We are committed to creating and sustaining the conditions that enable all Harvard College students to experience an unparalleled educational journey that is intellectually, socially, and personally transformative.

Harvard University

No.	見出し語	MEANING
0001	**part** [pá:rt]	動 ばらばらになる，分かれる 名 一部，部分；(書物の)部 = 動 separate (離れる)
0002	**run** [rÁn] 〈経済〉	動 (店や会社)を経営[運営]する；走る，急ぐ = 動 manage (～を経営[管理]する)
0003	**systematic** [sìstəmǽtik]	形 体系的な，組織的な；規律正しい = 形 ordered (秩序立った)
0004	**department** [dipá:rtmənt] 〈大学〉	名 学部，部門；〈D—〉省 department store (百貨店)
0005	**communal** [kəmjú:nəl] 〈社会〉	形 自治体の，共同社会の；共同の = 形 shared (共有の)
0006	**projection** [prədʒékʃən]	名 案，予算；予測；投影(図)
0007	**treat** [trí:t]	動 ～を扱う，待遇する
0008	**methodical** [məθάdikəl]	形 順序立った；(人が)きちんとした 副 methodically (順序立てて，きちんと)
0009	**associate** [əsóuʃièit]	動 付き合う，交際する；提携する associate A with B (A と B を結びつけて考える) = consort with ～ (～と交際する)
0010	**figure** [fígjər]	名 〈複〉数(値)；図，表
0011	**govern** [gÁvərn]	動 ～を統治する；管理[運営]する 名 government (政府)
0012	**majority** [mədʒɔ́:rəti]	名 過半数，多数(票) ⇔ 名 minority (少数，少数派)

	EXAMPLE SENTENCE	TRANSLATION
0001	After graduation, the friends <u>parted</u> as they were going to different universities, which were far apart.	卒業後、友人たちは別々の大学へ進学するため<u>ばらばらになった</u>。大学が遠く離れていたからだ。
0002	Her father trained her so she could <u>run</u> the company after he retired.	彼女の父親が彼女を教育したので彼の退職後に彼女はその会社を<u>経営する</u>ことができた。
0003	He went through the problem step-by-step using a <u>systematic</u> approach.	彼は<u>体系的な</u>方法を用いて段階的にその問題を切り抜けた。
0004	Which <u>department</u> is the largest at this school?	この学校ではどの<u>学部</u>が一番大きいのか？
0005	The playground at the center of town was <u>communal</u> property and belonged to all the residents.	街の中心にある公園は<u>自治体の</u>所有地でそこの住人全員のものであった。
0006	We went over the budget <u>projections</u> for the new stadium, and all the estimates were in order.	我々は新しい球場のための予算<u>案</u>を熟考し、その見積もりは全て順調であった。
0007	Science majors are <u>treated</u> differently at this university; they are given extra attention.	この大学では、科学専攻学生は異なって<u>扱われる</u>。彼らは特別な注目を受けるのだ。
0008	In order to do well in this class, you must take a <u>methodical</u> approach without skipping any steps.	この授業で好成績をあげるためには、どの段階も省略することなく<u>順序立った</u>方法を取らなければならない。
0009	I like to <u>associate</u> with serious students because it helps improve my study habits.	自分自身の学習習慣を向上させるのに役立つので、私は真面目な学生と<u>付き合う</u>のが好きだ。
0010	We need to take one last look at the <u>figures</u> and make sure there are no mistakes.	我々は最後にもう一度<u>数値</u>を見て間違いがないと確認する必要がある。
0011	There are laws that <u>govern</u> all methods of fishing off the coast of this country.	この国の沖で漁業を行う方法全てを<u>統治する</u>法律がある。
0012	It takes a <u>majority</u> of the votes to win the election.	この選挙に当選するためには投票の<u>過半数</u>が必要となる。

0013	**opportune** [ὰpərtjúːn]	形 好都合の；適切な 名 opportunity（機会）
0014	**measure** [méʒər]	名〈複〉方策，手段；処置；〈単〉(評価・判断の)基準 動 ～を測る；～を評価する
0015	**application** [æ̀pləkéiʃən]	名 応用；出願，申込；願書，申請書
0016	**subject** [sʌ́bdʒikt]	形 ～を必要とする，条件とする； ～にさらされている，～を受けやすい 熟 be subject to ～（～を必要とする；～を受けやすい）
0017	**master** [mǽstər]	動 ～を習得する，身につける 名 熟達者，名人；所有者；修士 形 支配者の；主要な
0018	**medical** [médikəl] 〈医療〉	形 医療の
0019	**nationality** [næ̀ʃənǽləti]	名 国籍；〈複〉民族，国民 = 名 ethnicity（民族性）
0020	**degree** [digríː] 〈大学〉	名 学位，称号；等級；(測定単位としての)度
0021	**conditioning** [kəndíʃəniŋ]	名 (体調などの)調整，調節；条件づけ； (動物などの)調教
0022	**mass** [mǽs]	動 集結する，集合する 名 塊，大量 in the mass（全体として）
0023	**address** [ədrés]	動 ～に演説する，話をする； (問題など)に取り組む address oneself to ～（～に取り組む）
0024	**factor** [fǽktər] 〈数学〉	名 要因，要素；因数 by a factor of ～（～倍で）

0013	He took advantage of an opportune moment to ask the professor a question after class.	彼は授業後に、教授に質問する上で好都合の機会をうまく利用した。
0014	Congress discussed a number of measures to control spending.	国会は支出を管理するための数多くの方策について議論した。
0015	She's looking forward to the application portion of the teacher training where she'll be in a classroom.	彼女は教室で行うことになる教員養成の応用部分を楽しみにしている。
0016	That plan is subject to a review by the dean, so we'll have to wait until he finishes with it.	その計画は学部長による再検討を必要とするため、私たちは学部長がそれを終えるまで待たなければならない。
0017	She needs to practice the new dance step every day in order to master it.	新しいダンスステップを習得するために彼女は毎日それを練習する必要がある。
0018	He plans to go to medical school to become a doctor like his father.	彼は彼の父親のような医者になるために医学部に行くつもりである。
0019	Athletes of more than one nationality play on the same team in the World Cup.	ワールドカップでは複数の国籍の選手たちが同じチームでプレイしている。
0020	She is studying for a degree in art history.	彼女は美術史の学位のために勉強している。
0021	As part of her conditioning, she ran five miles every day to prepare for her race.	調整の一環として、彼女はレースに向けた準備のために毎日5マイル走った。
0022	The demonstrators massed outside the presidential palace to protest the new policy.	デモ参加者たちは新たな政策に抗議するために大統領官邸の外に集結した。
0023	The politician addressed the group on the subject of immigration, and he took questions at the end.	その政治家は移民に関してその集団に演説し、最後に質問を受け付けた。
0024	The deciding factor in purchasing the car was good gas mileage.	その自動車を購入する上での決定的要因は燃費の良さだった。

ROUND 1 STAGE 01 No.0001−0100

0025 societal
[səsáiətl] 〈社会〉
- 形 〈限定用法のみ〉社会に関する
- 名 society (社会, 世間；協会；交際)
- = 形 social (社会の, 社会的な, 社会に関する)

0026 link
[líŋk]
- 名 関連
- 動 ~を連結する, つなぐ；関連させる
- = 名 connection (関連, 結びつき)

0027 particular
[pərtíkjulər]
- 形 えり好みをする；特有の, 特定の
- 副 particularly (とりわけ；個々に；詳しく)
- = 形 fastidious (気難しい, えり好みする)

0028 party
[pá:rti] 〈政治〉
- 名 政党, 党(派)；一行, 一味；会合；(契約・訴訟などの)当事者, 関係者
- the parties concerned (当事[関係]者)

0029 career
[kəríər] 〈社会〉
- 名 職業, 仕事；経歴, 履歴
- 動 (人・車などが)疾走する
- career counselor (職業指導官)

0030 unofficial
[ÀnəfíʃəI]
- 形 非公式的な, 私的な
- 副 unofficially (非公式に, 非公認で)

0031 foundation
[faundéiʃən]
- 名 根拠, よりどころ
- 〈複〉(建物の)基礎, 土台；創設
- be without foundation (事実無根である)

0032 contract
名[kántrækt]
動[kəntrækt]
- 名 契約, 請負；契約書
- 動 (筋肉が)収縮する, 縮む；契約する
- under[on] a contract (契約して)

0033 contentment
[kənténtmənt]
- 名 充実感, 満足；安堵
- 形 content (満足している)
- = 名 happiness (幸福, 満足)

0034 role
[róul]
- 名 役割
- play[take] the role of ~ (~の役割を果たす, 演じる)

0035 due
[djú:]
- 形 (生まれる)予定で；(到着する)予定で；(宿題・本・負債の)期日になる；当然の, 当然与えられるべき

0036 element
[éləmənt] 〈化学〉
- 名 要素；元素；〈the —s〉(学問の)原理, 基礎

0025	Societal forces shaping young people are changing rapidly.	若年層を形成する社会に関する影響力は急速に変化している。
0026	Scientists discovered the link between lung cancer and smoking a number of years ago.	何年も前に、科学者たちは肺癌と喫煙の関連を発見した。
0027	She's very particular about what she will eat, which makes it difficult to cook for her.	彼女は何を食べるかについて非常にえり好みをするので、彼女のために料理をしてあげるのは難しい。
0028	That political party believes in less government involvement, and it favors individual rights.	あの政党は政府の関与の縮小を支持し、個人の権利に賛意を示している。
0029	He's studying computer science at the university to prepare for a career in the field.	彼はその分野の職業に備えて大学でコンピューターサイエンスの勉強をしている。
0030	The unofficial story behind the scandal is usually more interesting than the official one.	スキャンダルの裏にある非公式的な話は、たいてい公式のものより面白い。
0031	His argument did not make sense; it had no foundation.	彼の議論は意味をなしていなかった。それには何の根拠もなかったのだ。
0032	Both companies thought the terms of the contract were fair, so they signed it.	両社ともその契約の条件は公平だと考えたので、それに署名をした。
0033	Contentment is a state of mind for those who are comfortable with their current circumstances.	充実感とは現在の状況に満足している人の心の状態をいう。
0034	The little girl was happy to get the starring role in the school play about the orphan girl, Annie.	その少女は、孤児の少女、アニーについての学芸会で主役をもらい喜んだ。
0035	The baby is due in one month, and the mother is preparing for the birth.	1カ月以内に赤ちゃんが生まれる予定で、母親は出産に備えている。
0036	The element of surprise is critical to the success of our plan.	その驚異の要素は、私たちの計画の成功には非常に重要である。

0037	**prize** [práiz]	名 賞；貴重なもの 動〈受身〉〜が高く評価される
0038	**principle** [prínsəpl]	名 信条，行動指針；道理；原理，原則；しくみ； in principle（原則[原理]的には）
0039	**selective** [siléktiv]	形 慎重に選ぶ，えり好みする 名 selectivity（選択力；精選）
0040	**document** 動[dákjumènt] 名[dákjumənt]	動 〜を詳細に記録する；〜を文書で証明する 名 文書，書類
0041	**legality** [ligǽləti] 《法律》	名 合法性，適法性 形 legal（合法の，正当な）
0042	**assess** [əsés]	動（税金・罰金）を算定する，査定する（価値など）を評価する 名 assessment（査定，評価；査定額）
0043	**efficacy** [éfikəsi]	名 有効性；効き目，効能 = 名 effectiveness（効果，効能，有効性）
0044	**site** [sáit]	名 跡，遺跡；(事件などの)現場；用地，敷地，場所 = 名 locale（場所，現場）
0045	**condition** [kəndíʃən]	名 条件；体調，調子；〈複〉(周囲の)状況，事情 動（人・動物）を慣らす，訓練する；〜の調子を整える
0046	**impact** 名[ímpækt] 動[ímpækt]	名（強い）影響，効果；衝突，衝撃；衝撃力 動 影響を与える
0047	**detect** [ditékt]	動 〜を検出する，(隠れた)〜を見つける 名 detective（探偵，刑事） = 動 discover（〜を発見する，つきとめる）
0048	**medium** [míːdiəm] 《芸術》	名 手段，技法；媒体，媒介物；中間 形 中間の，並みの ※ 複数形は media

0037	The young girl won first prize in the swimming competition at her school.	少女は学校の水泳大会で一等賞を勝ち取った。
0038	Honesty is an important principle in relationships.	誠実は人間関係において大切な信条である。
0039	That university is highly selective; they only accept the best students.	あの大学は非常に慎重に選ぶ。とても優秀な学生しか受け入れない。
0040	She documented her interviews with people around the country using her cell phone camera.	彼女は携帯電話のカメラを使って国中の人々へのインタビューを詳細に記録した。
0041	The legality of the new procedures was questioned by the judge.	新たな手続きの合法性はその裁判官によって疑問視された。
0042	The tax is assessed based on the sales price of the item.	その税は商品の販売価格に基づいて算定される。
0043	They measured the efficacy of the drug by conducting trials.	彼らは試験を実施してその薬剤の有効性を査定した。
0044	There was a plaque at the site of the battle with a poem to remember the soldiers.	その戦跡には兵士を忘れないための詩が刻まれた碑があった。
0045	He had to pass the exam as a final condition for graduation.	卒業の最終条件として彼は試験に合格しなければならなかった。
0046	The training had a positive impact on the lives of the parents and their children.	その訓練は両親とその子供の生活に対しプラスの影響があった。
0047	The mechanic was unable to detect a problem.	機械工は、問題を検出することができなかった。
0048	She paints and she sculpts; she likes working in more than one medium.	彼女は絵を描き彫刻を作る。彼女は2つ以上の手段で創作するのが好きなのである。

25

0049	**committed** [kəmítid]	形 献身的な 動 commit（〔犯罪など〕を犯す）
0050	**evidence** [évədəns] 《法律》	名 証拠，証言；証拠物件；形跡，しるし 動 ~を立証する
0051	**unfortunately** [ʌ̀nfɔ́ːrtʃənətli]	副 不運にも ⇔副 fortunately（運良く）
0052	**statistic** [stətístik] 《経済》	名 統計事実，統計値[量] 名 statistics（統計；統計学）
0053	**obtain** [əbtéin]	動 ~を取得する，手に入れる ＝動 acquire（~を手に入れる，取得〔購入〕する）
0054	**reference** [réfərəns]	名（人物身元などの）照会（先）；身元保証人；推薦状；参照，問い合わせ，参考；引用 with reference to ~（~に関して）
0055	**strategic** [strətíːdʒik]	形 戦略的な，戦略の 名 strategy（戦術，戦略）
0056	**implement** 名 [ímpləmənt] 動 [ímpləmènt]	名 器具，道具 動（計画など）を実行[履行]する 熟 stone implements（石器）
0057	**conductor** [kəndʌ́ktər] 《物理》	名 伝導体；指揮者，指導者
0058	**component** [kəmpóunənt]	名 構成要素[部分]，部品；成分 ＝名 constituent（成分，要素；有権者） ＝名 ingredient（成分，材料，原料）
0059	**scalable** [skéiləbl] 《IT》	形 拡張可能な，規模の拡大に対応できる
0060	**affect** [əfékt]	動 ~に影響を及ぼす，作用する ＝動 influence（~に影響を与える；~を左右する）

0049	He's a committed father; he makes time for his children even with a busy work schedule.	彼は献身的な父親で、仕事のスケジュールが忙しくても子供と過ごす時間を作る。
0050	The footsteps on the muddy ground were part of the evidence in the case.	ぬかるんだ地面の上の足跡がこの事件の証拠の一部となった。
0051	Unfortunately, he ran out of gas and had to walk a long distance to get help.	不運にも、彼はガソリンを使い果たし、助けを求めて長距離を歩かなければならなかった。
0052	The number of young people who died in car crashes was a troubling statistic.	車の衝突事故で死亡した若者の数は悩ましい統計事実であった。
0053	They went through a series of steps to obtain their passports.	彼らはパスポートを取得するために一連の段階を踏んだ。
0054	When he applied for a job, they asked him for his references.	彼が仕事に応募した際、彼らは彼に照会先を求めた。
0055	He won the chess game after making a series of strategic moves.	彼は一連の戦略的な手を打ってそのチェスの対戦に勝った。
0056	In prehistoric times, people used stone implements for chopping.	先史時代、人々は物を切り刻むために石器を使っていた。
0057	Wire is an electrical conductor that can carry electricity.	ワイヤーとは電気を伝えることができる電気伝導体である。
0058	He put together the components to create a new design.	彼は新たなデザインを作り出すために複数の構成要素を組み立てた。
0059	This project is scalable as we are automating the process.	私たちがその過程を自動化しているのでこのプロジェクトは拡張可能である。
0060	There is evidence that global warming is affecting weather patterns.	地球温暖化が気象パターンに影響を及ぼしている証拠がある。

0061	**identify** [aidéntəfài]	動 (身元・正体)を確認 [識別] する；(特に登場人物)に共感する 熟 identify with ~ (~と一体感を抱く，同一とみなす)
0062	**square** [skwéər] 《数学》	名 正方形，四角形；2乗 形 正方形の，四角い，直角の 動 ~を2乗する
0063	**closure** [klóuʒər]	名 終結，終わり；閉鎖，閉店，閉会
0064	**firm** [fə́ːrm]	形 しっかりとした；堅固な 名 (小規模の)会社
0065	**output** [áutpùt] 《IT》	名 出力(情報)，アウトプット；(ある期間の)生産高 動 ~を生産 [産出] する；~を出力する ⇔名 input (インプット，入力〔情報〕)
0066	**reserve** [rizə́ːrv]	名 〈複〉埋蔵量；蓄え；予備品 動 ~を予約する，取っておく in reserve (蓄えてある，取っておいた)
0067	**seek** [síːk]	動 ~を探し求める；(忠告や説明など)を求める seek out ~ (~を捜し出す，見つけ出す)
0068	**complex** 名 [kámpleks] 形 [kəmpléks]	名 複合体，複合施設 形 入り組んだ，複雑な 熟 apartment complex (〔2棟以上の〕アパート，共同住宅)
0069	**parameter** [pəræmətər]	名 〈複〉条件；限界；媒介変数
0070	**abuse** 名 [əbjúːs] 動 [əbjúːz]	名 酷使，不当な扱い；虐待；(薬物などの)乱用；悪用，誤用 動 ~を悪用する；~を虐待する
0071	**exercise** [éksərsàiz]	動 ~を行使する；果たす；及ぼす 名 練習；練習問題，課題；運動，体操
0072	**direction** [dirékʃən]	名 方向；指導

0061	His mother was from Sweden, but he identified with his father who was from Brazil.	彼の母親はスウェーデン出身だが、彼はブラジル出身の父親と一体感を抱いた。
0062	A square has four equal sides.	正方形は4つの等しい辺を持つ。
0063	When he found out what had happened to his long lost friend, it brought him closure.	長い間音信不通の友人に何が起きていたかを知り、それにより彼は心に区切りをつけた。
0064	He had a firm handshake, which impressed the interviewer.	彼はしっかりとした握手を交わし、それはインタビュアーを感動させた。
0065	Electrical output could not meet the demand for air conditioning during the heat wave.	電気発電量は猛暑の間エアコンの需要に追いつくことができなかった。
0066	There are great oil reserves in Alaska, but transporting them is an issue.	アラスカには石油の埋蔵量がかなりあるが、その輸送が問題となる。
0067	He was seeking a way out of the arrangement.	彼はその取り決めから抜けだす手段を探し求めていた。
0068	The apartment complex was very large, and it took him a long time to find the address.	その共同住宅は非常に広く、彼がその住所を見つけるまでにとても時間がかかった。
0069	They agreed on the project parameters before they started the software design.	彼らはソフトウェアデザインに着手する前にそのプロジェクトの条件に合意した。
0070	The traveler's suitcase was well-made, and it still looked good after years of abuse.	その旅行者のスーツケースは作りが良く、何年酷使されてもなお見栄えが良かった。
0071	The students are exercising their rights to free speech, and they have planned a public protest tomorrow.	その学生たちは言論の自由の権利を行使し、明日抗議行動をする計画を立てている。
0072	The new CEO of that company is taking it in a new direction.	その会社の新しいCEOは会社を新たな方向へ導いている。

29

0073	**institute**	[ínstətjùːt] 《社会》	動 (制度など)を**制定する**；**〜を始める** 名 **学会；研究所，(工科)大学**
0074	**outcome**	[áutkÀm]	名 **結果，成果** = 名 result (結果)
0075	**input**	[ínpÙt]	名 **考え[意見・情報]の提供，協力；インプット，入力(情報)** ⇔ 名 output (アウトプット，出力[情報])
0076	**containment**	[kəntéinmənt]	名 **格納，封じ込め；束縛** 動 contain (〜を包含する；〜を封じ込める) 名 container (入れ物，容器)
0077	**survey**	動 [sərvéi] 名 [sə́ːrvei]	動 **〜を見渡す，概観する；〜を調査する** 名 **調査；概観**
0078	**significance**	[signífikəns]	名 **重要性，重大さ；意味，意義** 形 significant (重要な，重大な)
0079	**aspect**	[ǽspekt]	名 **局面，側面；外観** = 名 facet (面，様相)
0080	**specialize**	[spéʃəlàiz]	動 **(〜に)特化する，(〜を)専門とする；(大学院レベル以上で)専攻する，専門に扱う** = 動 major ([大学レベルで]専攻する)
0081	**fund**	[fÁnd] 《経済》	動 **〜に資金を供給する** 名 **基金** 形 funding (資金調達の)
0082	**weather**	[wéðər]	動 **(嵐・困難など)を乗り越える；〜を風化させる** 名 **天候，気候** 名 weathering (風化作用)
0083	**passage**	[pǽsidʒ]	名 **通り道，通路；(本などの)一節**
0084	**breakage**	[bréikidʒ]	名 **破損，破損物** 動 break (壊れる；突然発生する)

0073	The school instituted changes in their entrance requirements, which made it more difficult to get in.	その学校は入学資格において変更を制定し、このことはその学校に入学することをさらに難しくした。
0074	She was surprised and pleased by the outcome of the basketball game when her team won.	バスケットボールの試合で彼女のチームが勝ち、彼女はその結果に驚きまた喜んだ。
0075	The company asked for input on its new product design from a few important customers.	その企業は少数の重要顧客へ新商品のデザインに関する考えの提供を求めた。
0076	They worked hard on the containment of the radiation.	彼らは放射能の格納に懸命に取り組んだ。
0077	They rode their horses to the top of the hill so they could survey the land in all directions.	彼らは丘の頂上まで馬に乗ったので、その土地の全方角を見渡すことができた。
0078	She did not understand the significance of his action till many years later.	彼女は何年も経つまで彼の行動の重要性を理解していなかった。
0079	What aspect of your new job do you find the most difficult?	あなたの新しい仕事についてどのような局面が最も難しいと思いますか？
0080	The small shop specializes in handmade items from the local community.	その小さな店はその地域社会からの手作り商品に特化している。
0081	They are looking for ways to fund the new art center in the town.	彼らは街の新たな芸術センターに資金供給するための方法を模索している。
0082	Their company weathered the ups and downs of the business cycle.	彼らの会社は景気循環の浮き沈みを乗り越えた。
0083	It was a narrow passage, and they had to steer their boat carefully through it.	狭い通り道だったので、彼らはその中を注意してボートを進めなければならなかった。
0084	He offered to pay for the breakage caused by his two-year-old son in the china shop.	彼は陶器店で2歳の息子が引き起こした破損について支払うと申し出た。

31

No.	見出し語	意味
0085	**decay** [dikéi]	動 腐敗する，朽ちる 名 腐敗；虫歯 = 動 rot (腐る，だめになる)
0086	**table** [téibl]	動 ～を保留にする，棚上げする 名 食卓；一覧表 on the table (検討中で，審議中で)
0087	**land** [lænd] (社会)	動 (仕事)を見つける，獲得する；上陸[着地]する 名 陸地，土地
0088	**federal** [fédərəl] (政治)	形 連邦の 名 連邦主義者
0089	**sound** [sáund]	形 健全な，適切な；しっかりした 副 (睡眠などが)ぐっすりと，十分に = 形 solid (頑丈な，確かな)
0090	**indication** [ìndikéiʃən]	名 兆候，しるし；指示 動 indicate (～を指し示す) = 名 token (しるし，証拠)
0091	**regard** [rigá:rd]	動 ～を(高く)評価する regard A as B (A を B とみなす) 名 敬意，尊敬；配慮
0092	**clarity** [klǽrəti]	名 透明さ，清澄さ；明確さ，明瞭さ 動 clarify (～を明確にする)
0093	**reflect** [riflékt]	動 じっくり考える，内省する；(～に)反射[反響]する 名 reflection (反射，反映)
0094	**driven** [drívən]	形 意欲のある；追いつめられた 動 drive (～をかり立てる，追い立てる)
0095	**substantial** [səbstǽnʃəl]	形 (量的に)相当な，十分な；実体のある 名 substance (物質)
0096	**assumption** [əsʌ́mpʃən]	名 思い込み，(根拠のない)仮定；(責任などを)負うこと；就任 動 assume (～と仮定する，～を推測する)

0085	The damp climate caused things to decay more quickly.	じめじめした天気は物がより早く腐敗する原因となった。
0086	They decided to table the idea until later when they had more information.	彼らは後ほど情報がもっと集まったときまで、そのアイディアを保留にすることに決めた。
0087	His parents were pleased when their son landed a job immediately after graduation.	息子が卒業後すぐに仕事を見つけ、彼の両親は喜んだ。
0088	Federal law applies to all the states in the United States.	連邦法はアメリカ合衆国内の全ての州で適用される。
0089	It was a sound argument, and he backed it up with good examples.	それは健全な議論であったし、彼は適切な例でその裏付けをした。
0090	There were early indications of future problems when the group couldn't agree where to meet.	そのグループがどこで集まるか合意できなかったときに、将来起こる問題の初期兆候が見られていた。
0091	He is highly regarded in his field, and he has written many books on the subject.	彼は彼の分野において高く評価されており、そのテーマについて多くの本を書いている。
0092	The clarity of the water in the mountain lake allowed us to easily see the rocks on the bottom.	山に囲まれた湖の水の透明さは、私たちが底の岩を簡単に見ることを可能にした。
0093	The old man reflected on his life as he sat in the sun on the bench.	その老いた男性は日差しの中ベンチに座りながら自身の人生をじっくり考えた。
0094	He's a very driven person; he's started three successful companies.	彼はとても意欲のある人だ。3つの成功している会社を起こしている。
0095	He had to pay a substantial amount of money for the new house.	彼は相当な額を新しい家のために費やさなければならなかった。
0096	As she got to know him better, she found out that her first assumptions about him were incorrect.	彼女は彼をより深く知るにつれて、彼に対する最初の思い込みが間違っていたと気づいた。

33

0097	**pursue** [pərsjúː]	動 ~を続ける，続行する；~を追いかける；追い求める ⑧ pursuit（追跡；追求）
0098	**simulation** [sìmjuléiʃən]	名 模擬実験，シミュレーション 動 simulate（~をシミュレーションする）
0099	**critical** [krítikəl]	形 危機的な，重大な；批評の，批判的な ⑧ critic（批評家，評論家）
0100	**contribution** [kàntrəbjúːʃən]	名 貢献（すること），寄与 動 contribute（貢献する；寄付する）

0097	They decided not to pursue the plan as it was too expensive.	彼らはそのプランが高額すぎたのでそれを続けないことに決定した。
0098	They used a game simulation to practice the skills they would need in actual combat.	彼らは実際の戦闘で必要であろう技術を訓練するために模擬体験ゲームを活用した。
0099	He was listed in critical condition after the accident, and his family was very concerned about him.	彼は事故後危機的な状態にあると記録され、家族は彼を非常に心配した。
0100	Jonas Salk made an important contribution to the field of medicine with the polio vaccine.	ジョナス・ソークはポリオワクチンで医療分野に重要な貢献をした。

STAGE 02 No.0101-0200

No.	見出し語	意味
0101	**environment** [inváiərənmənt] 《環境》	名〈the ―〉自然環境, (社会的な)環境 = 名 surrounding (人・物を取り囲む環境)
0102	**finding** [fáindiŋ] 《学問》	名〈複〉(科学的な)研究成果, 結果; 見つけた[発見した]もの
0103	**symptom** [símptəm] 《健康》	名 症状;兆候, しるし = 名 sign (兆候, 兆し)
0104	**objective** [əbdʒéktiv]	名 目的, 目標 形 客観的な = 名 purpose (目的, 狙い)
0105	**relationship** [riléiʃənʃip]	名 (人などとの)関係, 間柄;交際 名 relation (関係)
0106	**presidential** [prèzədénʃəl] 《政治》	形 大統領の 名 president (大統領)
0107	**sensitive** [sénsətiv]	形 慎重に扱うべき;敏感な 名 sense (感覚;分別)
0108	**notice** [nóutis]	名 掲示, 告知 動 ~に気づく, ~だとわかる 動 notify (~に通知する)
0109	**cellular** [séljələr] 《生物》	形 細胞の;携帯(電話)の 名 cell (細胞;個室)
0110	**proposal** [prəpóuzəl]	名 提案(書), 企画書;プロポーズ 動 propose (~を提案する;~に結婚を申し込む) 名 proposition (提案;主張)
0111	**beaming** [bíːmiŋ]	形 光り輝く, 光を発する 動 beam ((光・熱)を発する)
0112	**intervene** [ìntərvíːn] 《政治》	動 介入[干渉]する;仲裁する

	EXAMPLE SENTENCE	TRANSLATION
0101	There are many regulations to control pollution in order to protect the environment.	自然環境を守るため汚染を抑える規制が数多くある。
0102	They published their findings in a scientific journal.	彼らは科学雑誌で自分たちの研究成果を発表した。
0103	Her cough was one of the symptoms of the disease.	彼女の咳はその病気の症状の1つだった。
0104	We have three objectives for this meeting, and they are listed on the agenda.	その会議の目的は3つあり、それらは議題一覧に記載されている。
0105	They have a close relationship, and they text each other frequently.	彼らの関係は親密で、頻繁にメールのやり取りをする。
0106	The presidential elections are held every four years in the United States.	アメリカ合衆国では、大統領の選挙は4年ごとに行われる。
0107	The government did not want to release the sensitive information; they felt it could hurt the war effort.	政府は慎重に扱うべき情報を公開したくはなかった。戦争遂行努力を阻害する可能性があると感じたためだった。
0108	A notice was put up to let people know that the building would be torn down in three days.	3日後にそのビルが取り壊されることを人々に知らせるために掲示が掲げられた。
0109	The scientists observed changes on the cellular level.	その科学者たちは細胞のレベルでの変化を観察した。
0110	The town council considered a proposal to build a new skateboard park.	町議会は新たなスケートボードパークを建設する提案について検討した。
0111	The new father showed his pleasure in his beaming smile.	その新しい父親は自身の喜びを光り輝く笑顔に表した。
0112	When the conflict worsened, the international community intervened in an effort to control it.	その対立が悪化すると、国際社会はそれをなんとか抑えようと介入した。

37

0113	**draw** [drɔ́ː]	動 ~を引き出す，(結論など)を出す；~を引く，引き込む；~を描写する
0114	**fundamental** [fÀndəméntl]	形 根本的な；基礎的な，基本的な；不可欠の = 形 basic (基本的な)
0115	**intern** 名 [íntəːrn] 動 [intə́ːrn] 《大学》	名 インターン，実習生 動 インターンとして勤務 [実習] する 名 internship (実務研修，インターンシップ)
0116	**appeal** [əpíːl]	名 (募金などへの)協力要請，訴え，懇願 動 訴える，懇願する；要請する = 名 petition (嘆願，請願)
0117	**variable** [vέəriəbl] 《数学》	名 不確定要素，変数 形 変わりやすい，不安定な
0118	**bound** [báund]	形 縛られた；決定的な 熟 be bound to ~ (必ず~する，~せねばならない) 動 bind (~を縛る)
0119	**progress** 名 [prágres] 動 [prəgrés]	名 進捗，進歩，前進 動 前進する，進歩する ⇔ 名 regress (後退，後戻り)
0120	**counsel** [káunsəl] 《法律》	名 (法廷)弁護士，訴訟代理人；助言，忠告 動 助言する，忠告する = 名 lawyer (弁護士)
0121	**matrix** [méitriks] 《社会》	名 (ものを生み出す)基盤，母体；《数学》行列，マトリクス；細胞間の基質
0122	**trial** [tráiəl]	名 (競技などの)予選会；裁判，公判；試み 動 (新製品など)をテストする
0123	**expertise** [èkspərtíːz] 《学問》	名 専門知識，技能 名 expert (専門家)
0124	**qualify** [kwáləfài]	動 (~に)適任である，資格を得る 名 qualification (資格)

013	We both drew the same conclusions from the results of the experiment.	私たち2人はこの実験の結果から同じ結論を引き出した。
014	I don't think the two sides will be able to agree as they have very fundamental differences.	双方には非常に根本的な違いがあるので合意に達することはできないだろうと思う。
015	They hired summer interns who had not yet finished their university.	彼らはまだ大学を修了していない夏期インターンを雇用した。
016	After the storm, the state sent an appeal for emergency relief.	嵐の後、その州は緊急援助への協力要請を送った。
017	The weather is an important variable in planning an outdoor wedding.	野外結婚式を計画する上で天気は重大な不確定要素である。
018	The young boys are bound to get into trouble if they are left alone for too long.	その少年たちは長い間放っておかれると必ず面倒を起こす。
019	We are not quite finished with the negotiations, but we have made substantial progress.	私たちはその交渉を完全に終わらせてはいないが、かなりの進捗を生んできている。
020	He decided he should get legal counsel before appearing in court.	彼は法廷に出頭する前に法廷弁護士に依頼することに決めた。
021	The social matrix of young adults is complex and constantly changing.	若い成人の社会的基盤は複雑で常に変化している。
022	The trials for the track events are usually held on the day before the finals.	その陸上競技の予選会は通常決勝戦の前日に開催される。
023	We hired her because of her expertise and extensive experience in the field.	その分野における彼女の専門知識と幅広い経験から私たちは彼女を採用した。
024	I hope I qualify for the state finals in the science fair.	この科学博覧会での州の決勝戦に私自身が適任であるといいのだが。

No.	見出し語	意味
0125	**characterize** [kǽriktəràiz]	動 ~を特徴づける 熟 characterize A as B（AをBとみなす） 派 character（性格，特徴）
0126	**engage** [ingéidʒ]	動 (人)を引き込む，従事[参加]させる； ~を約束する，保証する 派 engagement（約束；婚約）
0127	**algorithm** [ǽlgəriðm] 《数学》	名 アルゴリズム
0128	**recover** [rikʌ́vər]	動 (病気などから)回復する； ~を正常な状態に戻す，(損失)を償う 派 recovery（復帰，回復）
0129	**diagram** [dáiəgræm] 《数学》	動 ~を図表で表す，図解する 名 図表，図形 = 名 figure（図，表）
0130	**phase** [féiz]	動 ~を段階的に実行[計画]する 熟 phase in ~（~を段階的に導入する） 名 段階，局面；相
0131	**minority** [mənɔ́:rəti] 《社会》	形 少数派の 名 少数派 ⇔ 形 majority（多数派の）
0132	**setting** [sétiŋ]	名 舞台，設定；場所，環境 = 名 background（背景）
0133	**period** [píəriəd] 《大学》	名 時限，期間 形 時代物の 派 periodic（周期的な）
0134	**ground** [gráund]	動 ~を基づかせる；~を地面に置く，おろす 名 地面，土地，場所；基盤
0135	**standing** [stǽndiŋ] 《社会》	名 地位，身分 形 いつまでも続く，永続的な；立ったままの = 名 status（地位）
0136	**sector** [séktər] 《社会》	名 部門，セクター；区域；扇形 動 ~を扇形に区切る = 名 segment（部分，区分）

0125	I would characterize this as a move in the right direction for our school.	私はこれを本校にとって良い方向に向かう動きとみなしたい。
0126	He's very interested in this topic, so it's easy to engage him in discussions about it.	彼はこの話題に大変興味を持っているので、それに関する議論に彼を引き込むのは簡単である。
0127	She's designed an algorithm to solve this problem.	彼女はこの問題を解決するためのアルゴリズムを設計した。
0128	He recovered quickly from his injury as he was very young and healthy.	彼はとても若く健康だったので怪我からすぐに回復した。
0129	The team was able to diagram the solution on the white board by working together.	そのチームは共に取り組むことでホワイトボード上にその解決策を図表で表すことができた。
0130	The changes will be phased in slowly over the next 3 years.	今後3年かけてゆっくりとその変化を段階的に導入していく。
0131	The minority opinion is often ignored.	少数派の意見はしばしば無視される。
0132	The setting for this novel is a small, quiet village in Italy.	この小説の舞台はイタリアの小さく静かな村である。
0133	She has a science class during third period.	彼女は3時限目に科学の授業を履修している。
0134	She grounded her argument with a carefully prepared series of facts and examples.	彼女は自身の議論を、慎重に用意した一連の事実や実例に基づかせた。
0135	His standing in the community was improved when he gave a lot of money to the charity.	慈善機関に多額の寄付をしたことで、その地域における彼の地位が向上した。
0136	There are many sectors in the economy that contribute to the overall picture.	経済界の全体像に貢献する部門は数多くある。

No.	見出し語	意味
0137	**status** [stéitəs]	名(変動のある)状況, 情勢 = 名 situation (状況, 事態)
0138	**moral** [mɔ́:rəl] 《思想》	形 道徳的な, 教訓的な 名〈複〉道徳, 倫理
0139	**convert** 動 [kənvə́:rt] 名 [kάnvə:rt]	動 ~を改造する；転換する, 変わる 名 改宗者；転向者 convert ~ from A into B (~をAからBに転向させる)
0140	**fire** [fáiər] 《社会》	動 (人)を解雇する, 首にする； (銃・弾丸)を発砲する, 発射する 熟 fire A from B (AをBから解雇する)
0141	**minute** [mainjú:t]	形 極めてわずかな, 微小の 動 minor (小さな) ※ minute [mínit] (分) とは発音が違う点に注意
0142	**draft** [dræft]	名 草稿, 下書き 動 (法案・契約書など)を起草する
0143	**fine** [fáin] 《法律》	名 罰金 動 ~に罰金を科す = 名 penalty (罰金, 処罰)
0144	**defendant** [diféndənt] 《法律》	名 被告(人) 動 defend (~を守る, 防御する；弁護する) ⇔ 名 plaintiff (原告, 起訴人)
0145	**confer** [kənfə́:r]	動 話し合う, 協議する 名 conference (会議, 協議会)
0146	**revolutionary** [rèvəljú:ʃənèri]	形 革新的な, 画期的な；革命の, 革命に関する 名 革命家, 革命児, 革命論者
0147	**median** [mí:diən] 《数学》	形 中央の, 中間の；中線の 熟 median income (平均収入) 名 (三角形の)中線；(統計の)中央値
0148	**disciplined** [dísəplind]	形 規律正しい；よく訓練された 動 discipline ([人]に規則を守らせる；~を訓練する)

0137	He went online to check the <u>status</u> of his application for graduate school.	彼はインターネットに接続し大学院への応募状況を確認した。
0138	Society benefits when people follow shared <u>moral</u> values.	人々が共通の道徳的価値観に従う場合社会は利益を得る。
0139	They <u>converted</u> the garage to a bedroom when they had their fourth child.	彼らが4人目の子供をもうけたとき車庫を寝室に改造した。
0140	His boss <u>fired</u> him <u>from</u> his job because he arrived late to work so often.	彼の上司は彼が仕事に何度も遅刻するため彼を仕事から解雇した。
0141	Only a <u>minute</u> amount of sunlight reached the deep ocean floor.	極めてわずかな量の太陽光しか深い海底へは届かなかった。
0142	In order to write well, you must complete multiple <u>drafts</u>.	うまく書くためには、数多くの草稿を仕上げなければならない。
0143	She paid a <u>fine</u> for her parking ticket.	彼女は駐車違反切符に対し罰金を支払った。
0144	The <u>defendant</u> in the trial faced a life in prison if he was found guilty.	その裁判の被告人は、もし有罪判決を受けたら終身刑となるという危機に瀕していた。
0145	She <u>conferred</u> with her team before answering the question.	彼女はその質問に答える前にチームと話し合った。
0146	Galileo's theory that the earth revolved around the sun was <u>revolutionary</u> at the time.	地球が太陽を周回するとするガリレオの学説は当時革新的であった。
0147	The <u>median</u> income is rising in that country as the level of education rises.	教育レベルの向上により、その国の平均収入が伸びている。
0148	She is <u>disciplined</u> about her exercise; she makes sure to work out for an hour every day.	彼女は自分のエクササイズについて規律正しい。毎日必ず1時間運動するようにしている。

No.	見出し語	意味
0149	**manufacturing** [mæ̀njufǽktʃəriŋ] 《経済》	形 製造の 動 manufacture (〜を製造[生産]する) 名 manufacturer (製造業者, メーカー)
0150	**momentarily** [mòuməntérəli]	副 一瞬, ちょっとの間 名 moment (瞬間, 短時間) 形 momentary (瞬間的な)
0151	**overall** 副 [òuvərɔ́ːl] 形 [óuvərɔ̀ːl]	副 全体的に, 全般的に言えば 形 全体の, 全てをひっくるめた
0152	**ratio** [réiʃou]	名 割合, 比率 = 名 proportion (割合, 比率)
0153	**attorney** [ətə́ːrni] 《法律》	名 弁護士；代理人 Attorney General (司法長官) = 名 counsel ([法廷] 弁護士)
0154	**mechanism** [mékənìzm]	名 しくみ；構造；手順
0155	**forecast** [fɔ́ːrkæ̀st]	名 予測, 予想 動 (天候など)を予報する；〜を予測する = 動 predict (〜を予言[予測]する)
0156	**initial** [iníʃəl]	形 最初の, はじめの 名 (語頭や氏名の)頭文字
0157	**transition** [trænzíʃən]	名 移行, 移り変わり；(舞台や音楽などの)場面転換, 転調 in transition (過渡期にある)
0158	**division** [divíʒən]	名 (意見などの)分裂, 相違；分割；一部, 区分；分けるもの；割り算, 除法
0159	**logic** [lɑ́dʒik]	名 論理, 論法；理屈；論理学；(コンピューターの)ロジック, 理論回路
0160	**violation** [vàiəlèiʃən] 《法律》	名 (法律・約束などの)違反(行為), 無視；(権利などの)侵害, ぼうとく in violation of 〜 (〜に違反して)

0149	The manufacturing costs are rising as the cost of labor goes up.	人件費が上昇したため製造費も上がっている。
0150	The athlete momentarily lost consciousness when he was hit on the head.	その選手は頭を打ちつけたとき一瞬意識を失った。
0151	There have been some problems, but overall the project is going well.	いくらか問題はあったが、全体的にこのプロジェクトはうまくいっている。
0152	This school has a very low student to teacher ratio, which means that students get more individual attention.	この学校は生徒対先生の割合が非常に低く、これは生徒が個別の対応をより多く受けることを意味する。
0153	The attorney assisted him in writing up some legal documents.	弁護士は彼が法的文書を書き上げるのを手伝った。
0154	That website has a good mechanism for feedback that is easy to use.	あのウェブサイトにはフィードバックのための簡単に使える優れたしくみがある。
0155	The economic forecast is for three percent growth over the next year.	経済予測では今後1年間で3パーセントの成長があるとされている。
0156	Her initial thought was that she didn't like the new teacher, but after a while she changed her mind.	彼女の最初の考えは新しい先生を好まないものだったが、しばらくするとその考えも変わった。
0157	Transitions can be challenging as there are many unknown things.	未知のことがたくさんあるので移行とは難易度の高いものだろう。
0158	There is a growing division between members of that political party on the issue of immigration.	移民問題についてその政党のメンバー間の分裂は大きくなっている。
0159	Emotion is often a bigger factor than logic in decisions.	決断において感情が論理よりも大きな要因となる場合は多々ある。
0160	He was caught speeding in a school zone, which was a violation of the traffic laws.	彼はスクールゾーンでスピード違反でつかまったが、それは交通法違反だからであった。

#	単語	発音	意味
0161	**channel**	[tʃǽnəl]	動 ~を(…に)向ける，~を注ぐ 名 海峡；(船舶が航行する)水路 = 名 strait (海峡，瀬戸)
0162	**dynamic**	[dainǽmik]	形 (人が)活力に満ちた，精力的な；動的な；動の ⇔ 形 static (静的な；静止の)
0163	**flow**	[flóu]	名 (考え・言葉の)流れ；流入；流出量，供給量 動 流れる
0164	**attribute**	動 [ətríbju:t] 名 [ǽtrəbjù:t]	動 attribute A(結果) to B(原因) A は B に起因すると考える；(受身)(作品)を(作者の)作品と考える (to) 名 属性，特質，特徴
0165	**shift**	[ʃíft]	動 (責任など)を転嫁する；(物・視線)を移す，移動する；(焦点・考えなどが)変わる，移る 名 変化；移動
0166	**generation**	[dʒènəréiʃən]	名 世代，同時代の人々；一世代；(家族の)一代
0167	**hypothesis**	[haipɑ́θəsis] 《学問》	名 (科学上の)仮説，仮定；(議論の)前提 working hypothesis (作業仮説) = 名 supposition (仮定，仮説；推測)
0168	**criterion**	[kraitíəriən]	名〈複〉(判断の)基準，標準；尺度 = 名 standard (〈複〉基準，標準) ※ 複数形は criteria
0169	**faulty**	[fɔ́:lti]	形 (機械などが)欠陥[欠点]のある；(判断などが)誤った，不完全な = 形 inaccurate (不正確な)
0170	**relatively**	[rélətivli]	副 比較的，相対的に；かなり relatively speaking (比較して言えば)
0171	**ensure**	[inʃúər]	動 ~を保証する；~を確実にする，確かめる ensure A B [ensure B for A] (A(人)のために B(物)を確保する)
0172	**map**	[mǽp]	動 ~の地図を描く；~を計画する 熟 map out ~ (~を綿密に計画する；(場所)を地図に精密に示す) 名 地図；図，図解

0161	We hope he can channel his nervous energy into a constructive activity.	彼がいらだちのエネルギーを建設的な活動に向けることができるよう私たちは望んでいる。
0162	She's a dynamic person who brings tremendous energy to any task she is given.	彼女は与えられたどんな作業にも驚異的なエネルギーを注ぐ活力に満ちた人だ。
0163	Brainstorming is a way to increase the flow of ideas.	ブレインストーミングはアイディアの流れを増やす方法である。
0164	I attribute her silence to shyness.	私は彼女がおとなしいのは内気さに起因すると考える。
0165	The little boy tried to shift the blame for breaking the glass to his friend.	その小さな男の子はガラスを割った責任を友人に転嫁しようとした。
0166	The generation of people who experienced the Great Depression is dying out.	大恐慌を経験した人々の世代は消滅しかかっている。
0167	The series of experiments confirmed the scientist's hypothesis, so he published his results.	この一連の実験でその科学者の仮説が立証されたので、彼はその結果を発表した。
0168	The students were chosen based on multiple criteria.	その学生たちは複数の基準に基づいて選出された。
0169	The cause of the accident was due to faulty brakes.	その事故の原因は欠陥のあるブレーキのせいであった。
0170	His new job at the big company seemed relatively safe as they really needed people with his skill set.	その大企業は彼の持つ専門技術を習得した人を本当に必要としていたので、彼のそこでの新しい仕事は比較的安泰のようだった。
0171	The safety procedures ensure that fewer people are injured.	その安全手順はけが人が出るのを抑えられると保証する。
0172	The team met and mapped out the work on the project for the next three weeks.	そのチームは集合し今後3週間のプロジェクトにおける作業を綿密に計画した。

47

No.	見出し語	意味
0173	**air** [éər]	動 (不平など)を述べる，(意見など)を公表する；(衣服など)を空気に当てる；換気する；～を放送[放映]する
0174	**particle** [páːrtikl]	名 ひとかけら，小さな粒；粒子
0175	**feedback** [fíːdbæk]	名 反響，反応；意見，フィードバック
0176	**relevant** [réləvənt]	形 関係する，関連がある；適切な，的を射た ⇔形 irrelevant (無関係な，重要でない) ＝形 applicable (適用できる，あてはまる)
0177	**intentional** [inténʃənl]	形 意図的な，故意の 副 intentionally (わざと，故意に) ⇔形 accidental (思いがけない，偶然の)
0178	**monitor** [mánətər]	動 ～を監視する，チェックする 名 モニター，監視装置；監視員 ＝動 watch (～を注意して見る)
0179	**fast** [fæst] 《文化》	動 (宗教上の理由で)断食する 名 断食，断食期間 ※発音は，fast (速い)と同じ
0180	**commerce** [káməːrs] 《経済》	名 商業；通商，貿易 熟 Department of Commerce (《米》商務省) 形 commercial (商業の，通商の，貿易の)
0181	**crisis** [kráisis]	名 難局，重大局面；分かれ目，転機；(病気の)峠 a crisis of confidence (信用失墜)
0182	**disorder** [disɔ́ːrdər] 《医療》	名 疾患，病気；無秩序，混乱 ＝名 disarray (混乱，乱雑)
0183	**contained** [kəntéind]	形 落ち着いた，自制した 副 containedly (落ち着いて) 動 contain (～を抑える，含む)
0184	**man** [mæn]	動 ～に人員を配置する 名 男性；人類 ＝動 staff (～に[スタッフを]配置する)

0173	The attendees took advantage of the meeting to <u>air</u> their complaints.	出席者はその会合を利用し不満を<u>述べた</u>。
0174	It was an unbelievable statement, and there wasn't a <u>particle</u> of truth to it.	それは信じられない声明で、それには<u>ひとかけらの</u>真実もなかった。
0175	The professor gave the students questionnaires that asked for <u>feedback</u> on the class.	教授は授業についての<u>反響</u>を求めるアンケートを学生に配布した。
0176	I don't see how that question is <u>relevant</u> to the discussion.	その質問が議論にどう<u>関係する</u>のか私にはわからない。
0177	She apologized for not copying him on the e-mail and told him it was not <u>intentional</u>.	彼女はそのEメールを彼に同報しなかったことを詫び、それは<u>意図的</u>ではなかったと伝えた。
0178	His parents <u>monitor</u> his online activity to restrict his time playing video games.	彼の両親は彼のビデオゲームで遊ぶ時間を制限するためオンライン活動を<u>監視する</u>。
0179	He was <u>fasting</u> during the day, so he could not eat until after sundown.	彼は日中は<u>断食し</u>ていたので、日没後までは食べることができなかった。
0180	The U.S. <u>Department</u> of <u>Commerce</u> handles both foreign and domestic trade.	アメリカ合衆国<u>商務省</u>は外国貿易および国内取引の両方を扱っている。
0181	As head of the hospital emergency room, she dealt with one <u>crisis</u> after another.	病院の緊急救命室のトップとして、彼女は次々に<u>難局</u>に対処した。
0182	He is taking medication for his skin <u>disorder</u>, and it should be healed soon.	彼は皮膚<u>疾患</u>のための薬を服用していて、その疾患はすぐに良くなるはずだ。
0183	Despite the shouting of the other members of the team, she remained <u>contained</u> throughout the discussion.	チームのほかのメンバーが大声を出したけれども、彼女は議論の間ずっと<u>落ち着いた</u>ままであった。
0184	The firefighters <u>manned</u> the fire hose and sprayed water on the fire until the flames were extinguished.	消防士たちは消火ホースに<u>人員を配置し</u>、炎が消えるまで火に散水した。

49

0185	**occur** [əkə́ːr]	動 起こる,生じる 名 occurrence (出来事,発生)
0186	**influence** [ínfluəns]	動 ~に影響を与える;~を感化する 名 影響,影響力 形 influential (影響力のある)
0187	**theory** [θíːəri] 〈学問〉	名 理論,学説 形 theoretical (理論的な) = 名 doctrine (学説)
0188	**species** [spíːʃiːz] 〈動物〉	名 種 endangered species (絶滅危惧種)
0189	**demanding** [dimǽndiŋ]	形 きつい,多くを要求する 動 demand (~を要求する)
0190	**material** [mətíəriəl]	名 素材;材料,物質 形 物質の,物質的な
0191	**lower** [lóuər]	動 ~を下げる,低くする;~を下に向ける 形 低い方の,下級の ⇔ 動 heighten (~を上げる,高くする)
0192	**resource** [ríːsɔːrs]	名 〈複〉資源,供給源;財産;素質;教材,資料 形 resourceful (資源に富んだ)
0193	**store** [stɔ́ːr]	動 ~を蓄える,保管する 名 店,商店;蓄え;倉庫 名 storage (保管,保管場所)
0194	**mine** [máin] 〈環境〉	名 鉱山,鉱脈 動 ~を採掘する 名 mineral (鉱物)
0195	**doctorate** [dáktərət] 〈大学〉	名 博士号
0196	**eligible** [élidʒəbl]	形 資格を持った;適任の;(結婚相手として)望ましい

0185	The accident occurred after midnight on a dark road.	その事故は真夜中過ぎに暗い道路で起こった。
0186	She was influenced by her mother's example, and she became a doctor like her mother.	彼女は母親の模範的行動に影響を与えられ、母親のような医者になった。
0187	Darwin's publications and research supported the theory of evolution.	ダーウィンの発表や研究は進化論の裏付けとなった。
0188	Our planet is home to many different species of animals.	私たちの惑星は様々な数多くの動物の種の生息地である。
0189	It is a demanding job that requires lots of overtime.	それはかなり残業が必要なきつい仕事である。
0190	The dress was made of a new material that was a blend.	そのドレスは混合物である新たな素材でできていた。
0191	They were happy to hear that the government lowered the interest rates.	政府が利子率を下げると聞いて彼らは喜んだ。
0192	That country has abundant natural resources.	その国は豊富な天然資源を有している。
0193	My grandmother stored her potatoes in a cold cellar during the winter.	私の祖母は冬の間地下貯蔵庫にジャガイモを蓄えた。
0194	There are many diamond mines in Africa.	アフリカにはダイヤモンドの鉱山が多くある。
0195	She's in graduate school and is studying for her doctorate in biotechnology.	彼女は大学院におりバイオテクノロジー分野での博士号のために勉強している。
0196	When he turns 18, he will be eligible to vote in the election.	18歳になったら、彼は選挙で投票する資格を持つでしょう。

0197 equivalent
[ikwívələnt]

形 同等の, 同量の；(~に)相当する
名 同等のもの；同義語

0198 perspective
[pərspéktiv]

名 見方, 考え方；遠近法, 透視図法；見通し
形 遠近法の
= 名 viewpoint（観点, 見地）

0199 evolution
[èvəlú:ʃən] 《生物》

名 進化；発展, 進展

0200 candidate
[kǽndidèit]

名 候補者；志願者, 受験者
= 名 prospect（見込みのある人, 有望候補者）

0197	They are roughly equivalent in terms of work experience, but she has more education.	彼らは職歴に関してはほぼ同等であるが、彼女の方が学がある。
0198	Living in another country changed his perspective on the world and made him more flexible.	他国に住んだことは彼の世界に対する見方を変え、彼をより柔軟にした。
0199	Darwin's experience in the Galápagos Islands helped shape his theory of evolution.	ガラパゴス諸島でのダーウィンの経験が彼の進化論を形成する上で一役買った。
0200	He's a candidate in the election for the office of president.	彼は大統領職の選挙の候補者だ。

53

STAGE 03 No.0201-0300 | MEANING

0201 saw
[sɔ́ː]
- 名 のこぎり
- 動 のこぎりで切る

0202 season
[síːzn]
- 動 ~に味を付ける；(木材)を乾燥させる；(人)を鍛える
- 名 季節，時期
- 名 seasoning (調味料，味付け)

0203 well
[wél]
- 名 井戸，油井
- 動 流れ出る，湧き出る；(感情が)高まる
- dig a well (井戸を掘る)

0204 lecture
[léktʃər] 《大学》
- 名 講義，講演
- 動 講義をする，講演をする
- 名 lecturer (講演者，講師)

0205 argument
[áːrgjumənt]
- 名 議論，口論；論点，梗概
- 動 argue (議論する)

0206 climate
[kláimit] 《気象》
- 名 気候；傾向，風潮
- 形 climatic (気候上の，風土的な)
- 名 climatology (気候学)

0207 border
[bɔ́ːrdər]
- 名 国境，境界(線)；へり，枠
- 動 ~に接する，隣接する；~を縁取る

0208 mostly
[móustli]
- 副 主に；ほとんどの場合，たいていは
- = 副 mainly (主に)

0209 scientific
[sàiəntífik]
- 形 科学的な；系統立った
- 名 science (科学)

0210 locate
[lóukeit]
- 動 ~を置く；(人・物)を見つける，探し出す
- 名 location (場所，立地)

0211 screen
[skríːn]
- 動 ~を選抜する，審査する；(人)をかばう；~を隠す，(風や光から)~を守る
- 名 画面，スクリーン；ついたて

0212 finance
動 [fənǽns]
名 [fáinæns] 《経済》
- 動 ~に資金を用意[調達/融資]する
- 名 財政，財務；融資，資金
  〈複〉財源，収入

	EXAMPLE SENTENCE	TRANSLATION
0201	He used a <u>saw</u> to cut the wood for the shelf.	彼は棚用の木材を切るために<u>のこぎり</u>を使った。
0202	The chef <u>seasoned</u> the steak with a mixture of spices before grilling it.	シェフはステーキを焼く前に複数のスパイスが混ざったもので<u>味を付けた</u>。
0203	That community gets their water from a <u>well</u>, so many people use water softeners.	あの地域は<u>井戸</u>から水を得るので、多くの人は硬水軟化剤を使用する。
0204	The professor gave the <u>lectures</u> in the auditorium, and the teaching assistants taught the smaller classes.	教授が講堂で<u>講義</u>を行い、授業助手が小規模の授業を行った。
0205	I think she won that <u>argument</u> as she came up with good reasons for her position.	彼女は自身の立場に関し良い根拠を思いついたので、彼女がその<u>議論</u>に勝ったと私は思う。
0206	He lives in Scotland, so he is used to a rainy <u>climate</u>.	彼はスコットランドに住んでいるので、雨の多い<u>気候</u>には慣れている。
0207	The authorities searched his car at the <u>border</u> between the two countries.	当局は二国間の<u>国境</u>で彼の車を調査した。
0208	He plays classical music on his cello, <u>mostly</u> Bach.	彼はチェロでクラシック音楽、<u>主に</u>バッハを演奏する。
0209	Galileo made many <u>scientific</u> discoveries that now seem ahead of his time.	ガリレオは彼が生きた時代よりかなり進んでいるような<u>科学的な</u>発見を数多く残した。
0210	The company made a decision to <u>locate</u> its headquarters in Paris.	その会社はパリに本社を<u>置く</u>決断をした。
0211	They are going to <u>screen</u> the candidates for the television quiz show; only 4 out of 200 will be chosen.	彼らはテレビのクイズショーへの候補者を<u>選抜する</u>だろう。200人中たった4名だけが選出されるのだろう。
0212	His parents <u>financed</u> his university education, and he was grateful to them for their support.	彼の両親は大学教育の<u>資金を用意し</u>、彼はその支援に対し両親に感謝した。

55

0213	**edge** [édʒ]	名〈単〉優勢, 有利 ;(話などの)鋭さ, 切れ味 ; 端, はずれ, 縁 ; 刃,(刃の)鋭さ have an edge over ~(～より少し優位である)
0214	**brief** [bríːf]	形 (話などが)手短な, 簡潔な ; 短時間の, つかの間の 動 (人に(必要な)情報を与える ; ~を要約する = 形 concise (簡潔な)
0215	**equilibrium** [ìːkwəlíbriəm]	名 (心の)平静 ; バランス, つり合い ; 力のつり合い ; 平衡
0216	**segment** 動[segmént] 名[ségmənt]	動 ~を分割する, 分ける ; 分かれる 名 区切り, 区分 ; 部分 ; 線分 ; 弧, 弓型
0217	**communicable** [kəmjúːnəkəbl] 《医療》	形 伝染性の, 伝達できる = 形 contagious (接触伝染性の)
0218	**suicide** [súːəsàid]	名 自殺 ; 自殺者 ; 自殺行為 動 自殺する
0219	**provision** [prəvíʒən]	名 規定, 条項 ; 供給(量), 支給 ; 用意, 準備, 対策 with the provision that ~(～という条件で)
0220	**initiative** [iníʃətiv]	名 自発性 ; 率先 on one's own initiative (自発的に)
0221	**efficient** [ifíʃənt]	形 効率的な, 有効な ;(人が)有能な, 能力のある 副 effectively (能率的に, 効果的に)
0222	**deposit** [dipázit] 《経済》	名 預金, 積立金 ; 敷金, 保証金 ; 鉱床, 埋蔵 ; 堆積物
0223	**switch** [swítʃ]	動 移行する ; 変わる, 転換する ; ~を変更する, 変える, 交換する switch over from A to B (A から B に転換する)
0224	**vector** [véktər] 《医療》	名 病原媒介生物 ; ベクトル ;(乗り物の)針路, 方向 動 (航空機など)に針路指示をする

0213	The extra practice gave the athlete an edge in the competition.	追加の練習はその選手に選手権での優勢を与えた。
0214	It was a very brief training, and the participants wished they had received more time to prepare.	それはとても手短な訓練だったので、参加者は準備時間がもっとあれば良かったのにと思った。
0215	As he grew older, he found it was easier to control his emotions and maintain a state of equilibrium.	彼は年を取るにつれ、感情のコントロールや平静状態を保つことが容易になったと感じた。
0216	After the war, the country was segmented into two parts.	戦後、その国は2つの部分に分割された。
0217	A communicable disease, like a cold, can be transferred from one person to another by germs.	伝染性の病気、これは風邪のようなもののことだが、このような病気は、病原菌によって人から人へと伝染する。
0218	The spy was given a poison capsule, so that he could commit suicide if he was captured.	そのスパイはとらえられた場合に自殺をすることができるよう、毒薬カプセルを渡された。
0219	There was a special provision in the contract, which covered how the technology was to be shared.	契約には特別な規定があり、それは科学技術がどのように共有されるかについてであった。
0220	He showed initiative by doing more than was required on the job.	彼はその仕事で求められていた以上のことをすることで自発性を示した。
0221	Her efficient use of time means that she finishes all her work and still has time for fun.	彼女の効率的な時間の使い方は、彼女が自分の仕事を全て終わらせかつ余暇の時間もあることを意味している。
0222	He made a deposit on Monday in his checking account.	彼は月曜日に当座預金口座に預金をした。
0223	There is a movement to switch from fossil fuels to renewable energy sources.	化石燃料から再生可能なエネルギー源へ移行する動きがある。
0224	The mosquito has been identified as a vector for malaria, which is spread through its bite.	その蚊はマラリアの病原媒介生物として認識されており、マラリアは蚊が刺すことで広められる。

0225	**electron** [iléktrɑn] 《物理》	名 電子
0226	**plot** [plάt]	名 策略, 陰謀；(小説などの)筋, 構想；小さな区画(用地) 動 ～を計画する, たくらむ；(グラフ)を描く
0227	**appoint** [əpɔ́int]	動 ～を(職位などに)任命する；(約束場所・時間)を決める, 指定する 名 appointment (任命, 指名；約束)
0228	**scenario** [sinǽriòu]	名 筋書き, (予想される)今後の展開；(劇・映画の)シナリオ, 脚本, 台本
0229	**specify** [spésəfài]	動 ～を指定する；～を具体的に [明確に] 述べる 形 specific (特定の；明確な, 具体的な)
0230	**waver** [wéivər]	動 (気持ちが)揺れ動く, くじける；(声が)震える 名 ためらい；動揺
0231	**specifically** [spəsífikəli]	副 具体的に, はっきりと；特に, 特別に ＝副 notably (特に, とりわけ；著しく)
0232	**commission** [kəmíʃən] 《社会》	動 (仕事など)を委託 [委嘱] する 名 委任, 委託；依頼；手数料, 歩合 commission A to ～ (A [人など] に～するよう依頼 [注文] する)
0233	**curvature** [kə́ːrvətʃər]	名 湾曲, 曲げること 形 curved (曲がった) ＝名 flection (湾曲, 屈曲状態)
0234	**extend** [iksténd]	動 (親切など)を施す；～を伸ばす, 延長する；伸びる, 広がる；届く
0235	**gender** [dʒéndər] 《社会》	名 (社会的・文化的)性別, ジェンダー gender dysphoria (性同一性障害)
0236	**protocol** [próutəkɔ̀ːl] 《政治》	名 外交儀礼；協定, 議定書

0225	The electron is a stable particle that is present in all atoms.	電子は全ての原子に存在する安定粒子である。
0226	When they discovered she was part of a plot to overthrow the government, she was put in prison.	彼女が政府を倒そうとする策略の要員であることが明らかになると、彼女は投獄された。
0227	The president appointed a new judge to the Supreme Court.	大統領は最高裁判所の新しい裁判官を任命した。
0228	He went through multiple scenarios in his head before he tried them out in the game.	彼は複数の筋書きを試合で実践する前に頭の中で検討した。
0229	He was very careful to specify when and where they would meet next for the training.	その訓練のため次にいつどこで会うかを指定するのに、彼はとても慎重だった。
0230	His dedication to the task never wavered despite many disappointments.	この仕事に対する彼の熱心さは、多くの落胆にもかかわらず決して揺れ動くことはなかった。
0231	Her mother told her specifically to be home by midnight.	彼女の母親は午前零時には帰宅するよう具体的に彼女に言った。
0232	The city commissioned a sculpture from the artist for their town square.	その市は市街広場に置くための彫刻を芸術家に委託した。
0233	Looking down from the mountain, he could see the curvature of the earth.	山から見下ろすと、彼には地球の湾曲まで見ることができた。
0234	They always extend a gracious sense of hospitality to their guests.	彼らはゲストへ丁重なホスピタリティを常に施している。
0235	In the United States, it is illegal to favor one gender over another in the workplace.	アメリカ合衆国では、職場で一方の性別を他方の性別と比較して特別扱いすることを違法としている。
0236	The officials at the White House carefully followed protocol in greeting the foreign dignitaries.	ホワイトハウスの職員は各国の高官を迎える際慎重に外交儀礼に従った。

0237	**cite** [sáit]	動 ~を特記する；~を引用する；~に言及する；~に出廷を命ずる
0238	**familiar** [fəmíljər]	形 よく知る，なじみの；ありふれた；砕けた，親密な；なれなれしい
0239	**rank** [rǽŋk]	動 ~を順位付けする；~を評価する 名 階級，地位 first-ranked (一流の)
0240	**reasonable** [ríːzənəbl]	形 理性的な，分別のある；程よい 名 reasonableness (分別のあること) ⇔ 形 unreasonable (道理をわきまえない)
0241	**enhanced** [inhǽnst]	形 強化型の 動 enhance ([価値・質・魅力など]を高める，より良くする) 名 enhancement (強化)
0242	**formulate** [fɔ́ːrmjulèit]	動 ~を考案する；~を公式化する；(考えなど)を組み立てる 名 formula (公式)
0243	**statute** [stǽtʃuːt] 《法律》	名 法規，定款 形 statutory (法定の)
0244	**transformation** [trænsfərméiʃən]	名 変容，(昆虫などの)変態 動 transform (~を変形する，変化する) = 名 conversion (転換)
0245	**informant** [infɔ́ːrmənt]	名 情報提供者 名 informer (密告者) 名 information (情報)
0246	**existential** [ègzisténʃəl] 《思想》	形 実存の 名 existence (存在，実存)
0247	**promote** [prəmóut]	動 ~を宣伝する；~を促進する；~を昇進させる = 動 publicize (~を広告[宣伝]する)
0248	**commentary** [káməntèri]	名 解説；注釈 名 commentator (実況解説者)

0237	When using a quote from another source, it is important to cite it in your footnotes.	ほかの情報源から参照を用いるとき、脚注にそれを特記することが重要である。
0238	He was happy to see a familiar face in the crowd as he was far from his home.	彼は故郷を離れていたので人ごみによく知る顔を見つけて嬉しくなった。
0239	That university is highly ranked, so graduating from there will make it easy to find a job.	その大学は高く順位付けされているので、そこを卒業すると簡単に仕事を見つけられる。
0240	I told him I didn't think he was being reasonable, and we argued about it.	私が彼にあなたは理性的ではないと思うと伝えると、私たちはそれについて口論となった。
0241	The advertisement promoted the enhanced navigation system on the new car.	その広告は新車に取りつけられている強化型ナビゲーションシステムを宣伝した。
0242	It took the architect some time to formulate his ideas for the design of the new concert hall.	その建築家が新しいコンサートホール設計のアイディアを考案するまでにしばらく時間がかかった。
0243	According to the statute for limitations, so much time had passed that they could no longer sue for damages.	出訴期限の法規によると、かなりの時間が経過したので彼らはもうその損害に対し訴えることはできなかった。
0244	It was a surprising transformation; he went from being a poor student to being an outstanding one.	それは驚くべき変容だった。できの悪い学生だった彼が極めて優れた学生に変わったのだ。
0245	The police detective relied on a secret informant for the information about the crime.	その刑事はその犯罪に関する情報の秘密の情報提供者を頼りにしていた。
0246	Jean-Paul Sartre was a famous existential philosopher, who wrote the play, No Exit.	ジャン＝ポール・サルトルは有名な実存主義者であり、戯曲『出口無し』を書いた。
0247	The artist is working to promote her paintings with a gallery showing that is open to the public.	その芸術家は自身の絵画を一般開放されたギャラリーで展示しながら宣伝しようと取り組んでいる。
0248	The sports reporters kept up a running commentary of the baseball game on the radio.	そのスポーツレポーターはラジオで野球の試合の実況解説を続けていた。

61

No.	単語	発音	意味
0249	**emotional**	[imóuʃənl]	形 感動的な，感情に訴える；感情の emotional disorder (情緒障害)
0250	**domain**	[douméin] 〈政治〉	名 領地；領域，分野 = 名 region (地域)
0251	**hierarchy**	[háiərà:rki] 〈社会〉	名 階層制度 形 hierarchical (階層制の)
0252	**constitution**	[kànstətjú:ʃən]	名 体格；《法律》憲法；設立 動 constitute (〜を占める，構成する)
0253	**considerate**	[kənsídərət]	形 思いやりのある = 形 thoughtful (思慮深い)
0254	**bear**	[béər]	動 〜に耐える；(子)を産む；曲がる；位置する
0255	**thesis**	[θí:sis] 〈学問〉	名 論文；論題，主題 ※ 複数形は theses
0256	**restrict**	[ristríkt]	動 〜を制限する = 動 limit (〜を制限する)
0257	**profess**	[prəfés]	動 〜を告白する；〜であると自称する
0258	**yield**	[jí:ld] 〈経済〉	名 収穫高；利回り = 名 product (生産物) 動 (農作物など)を産出する；〜をしぶしぶ差し出す
0259	**volume**	[váljəm]	名 巻；体積，容積；量
0260	**liability**	[làiəbíləti]	名 重荷；不利な点；責任，義務

0249	It was an emotional moment for him when he met his long-lost brother for the first time.	長らく音信不通だった兄弟と初めて会ったときは、彼にとって感動的な瞬間であった。
0250	France and England both considered America part of their domain at one time in history.	フランスとイングランドは両国とも歴史上のある一時期においてアメリカを自国の領地の一部とみなしていた。
0251	The Roman Catholic Church has a very clear hierarchy with the pope at the top.	ローマ・カトリック教会にはローマ法王を頂点に置いたとても明確な階層制度がある。
0252	He has a strong constitution, and as a result, he will probably live a long life.	彼は屈強な体格を有しているので、結果として、たぶん長生きするだろう。
0253	He's a considerate person as he always thinks of the needs of others.	彼は他者が必要としていることを常に考えているので思いやりのある人だ。
0254	He did not think he could bear to hear more bad news, so he turned off the television.	もうそれ以上悪いニュースを聞くに耐えられないと思い、彼はテレビを消した。
0255	She must complete her master's thesis before she can receive her MA degree.	彼女は文学修士号を取得できるに先立っては修士論文を完成させなくてはならない。
0256	His parents restrict the time he spends online, so he will have enough time for studying.	彼がオンラインで過ごす時間を彼の両親が制限するので、彼は勉強するのに十分な時間を持てる。
0257	He was much too shy to profess his love to her.	彼はとても内気すぎて彼女に自身の愛を告白することができなかった。
0258	The farmer compared the yearly yield for his crops to the previous year.	その農夫はその年の作物の収穫高を前年のものと比較した。
0259	How many volumes of poetry do you have in your book collection?	あなたのブックコレクションには詩は何巻あるのか？
0260	His bad attitude makes him a liability to the team, so he should be replaced.	彼の悪い態度が彼をチームの重荷にしているので、彼は後任と代えられるべきだ。

0261	**promising** [prάmisiŋ]	形 前途有望な，期待の持てる 動 promise (〜を約束する)
0262	**humor** [hjúːmər]	動 〜に調子を合わせる；(人)の機嫌を取る 名 ユーモア，おかしさ；気性
0263	**framework** [fréimwəːrk]	名 枠組み = 名 structure (構造)
0264	**victim** [víktim]	名 犠牲者；いけにえ 動 victimize (〜を犠牲にする)
0265	**diagnose** [dàiəgnóus] 〈医療〉	動 (病気など)を診断する 名 diagnosis (診断)
0266	**disastrous** [dizǽstrəs]	形 悲惨な；災害を引き起こす 名 disaster (災害, 大惨事)
0267	**mannerism** [mǽnərìzm]	名 癖，特徴；マンネリズム
0268	**perception** [pərsépʃən] 〈生理〉	名 知覚；理解，認識 形 perceptible (知覚できる, 感知できる)
0269	**replace** [ripléis]	動 〜を取り替える；〜に取って代わる 名 replacement (交替, 交替要員)
0270	**bar** [báːr] 〈社会〉	動 〜を禁じる；(道・窓など)をふさぐ 名 酒場，バー；障害；かんぬき，横棒 = 動 ban (〜を禁止する)
0271	**circumstantial** [sə́ːrkəmstǽnʃəl]	形 状況の；付随的な；詳細な 熟 circumstantial evidence (状況証拠)
0272	**allocate** [ǽləkèit]	動 〜を割り当てる = 動 assign (〜を割り当てる)

0261	She's a promising young artist, and I think she will continue to develop her skills and vision.	彼女は前途有望な若い芸術家で、私は彼女がこれからも技術や洞察力を磨き続けるだろうと思う。
0262	She decided to humor him and play along with the game.	彼女は彼に調子を合わせてゲームに付き合うことにした。
0263	All of the participants in the talks had to agree in advance on the framework for the negotiations.	この会談の参加者はみな交渉の枠組みについて事前に合意しておく必要があった。
0264	The victims of the crash were airlifted to the closest hospital for treatment.	その衝突の犠牲者は治療のため一番近い病院へ飛行機で搬送された。
0265	The doctor needs to see the results of the blood tests before he can diagnose the problem.	医者は問題を診断することができる前に血液検査の結果を確かめる必要がある。
0266	The effects of the rising sea level on the coastal community will be disastrous.	海水位の上昇による沿岸地域への影響は悲惨であるだろう。
0267	Some of her mannerisms remind me of her mother, like the way she uses her hands when she talks.	彼女の癖のいくつかは私に彼女の母親を思い出させるもので、例えば話すときの手の使い方などがそうだ。
0268	He had injured one of his eyes, so his depth perception was off.	彼は片目を負傷したので、奥行き知覚が失われた。
0269	It will be impossible to replace the broken vase as it was an antique from her grandmother.	壊れた花瓶を取り替えるのはそれが彼女の祖母から譲り受けたアンティークだったため不可能だろう。
0270	Citizens with a felony record are barred from voting in the election.	重い犯罪歴を持つ市民は選挙での投票を禁じられている。
0271	There is only circumstantial evidence against him; there were no witnesses.	彼には状況証拠しかない。目撃者がいなかったのだ。
0272	The university has allocated the funds to build new student housing on campus.	大学はキャンパス内の新しい学生寮建設に資金を割り当てている。

No.	単語	意味
0273	**revenue** [révənjùː] 《経済》	名 歳入；収入，収益 = 名 income（収入）
0274	**unique** [juːníːk]	形 またとない，唯一無二の；珍しい，ユニークな 名 uniqueness（唯一無二，独特さ）
0275	**amend** [əménd]	動 ~を修正する，改善[改良]する = 動 revise（~を改訂する）
0276	**contemporary** [kəntémpərèri]	名 同時代の人，同年齢の人 形 現代の；同時代の
0277	**reliable** [riláiəbl]	形 信頼できる，確実な = 形 dependable（あてになる）
0278	**molecule** [máləkjùːl] 《物理》	名 分子；微量
0279	**organic** [ɔːrgǽnik] 《環境》	形 有機栽培の；有機体の；器官の = 形 living（生命のある）
0280	**personnel** [pə̀ːrsənél] 《社会》	名 人事，人員，職員；人事部
0281	**peer** [píər]	名 仲間，同級生；同僚；貴族，上院議員 ※ pier（桟橋，埠頭）と同発音
0282	**declare** [dikléər] 《歴史》	動 ~を宣言する，表明する
0283	**settle** [sétl]	動 ~を決着させる，終わらせる；定住する 名 settlement（定住；入植地）
0284	**implication** [ìmplikéiʃən]	名 意味合い，暗示，含意 動 imply（~を暗示する，ほのめかす） = 名 insinuation（ほのめかすこと）

0273	The school district collected enough revenue through property taxes to build a new gym.	この学区は固定資産税から新しい体育館を建設するために十分な歳入を得ていた。
0274	It's a unique opportunity that won't come up again, so he wants to take advantage of it.	それはもう現れないようなまたとないチャンスなので、彼はそれを活用したいと望んでいる。
0275	The older man amended his will to include a gift to the nurse who had cared for him.	その老いた男性は遺書を修正し、彼の世話をしてくれた看護師への贈与を含めた。
0276	These two scientists were contemporaries, and they consulted each other on their experiments.	この２人の科学者は同世代の人で、自身の実験について互いに相談した。
0277	That car is getting old, and I don't think it's a reliable means of transportation.	この車は古くなってきて、信頼できる交通手段ではないと思う。
0278	You can observe the structure of molecules under an electron microscope.	電子顕微鏡下で分子の構造を観察することができる。
0279	Organic strawberries are grown in ground that has not been treated with pesticides.	有機栽培のイチゴは農薬で処理されていない土で育てられる。
0280	The personnel files of employees at this company include their job performance reviews.	この会社の従業員の人事ファイルには業績評価が含まれている。
0281	There is always peer pressure among young people to break the rules.	若者の間では規則を破るべきという仲間からのプレッシャーが常にある。
0282	The American colonies declared their independence from the British Empire in 1776.	北アメリカの植民地は1776年に大英帝国からの独立を宣言した。
0283	The two neighbors agreed to let a judge settle the dispute about the property line.	隣人は土地の境界線に関する論争を裁判官に決着させることに合意した。
0284	His negative comment about the student carried the implication that the student had cheated.	その学生に関する彼の後ろ向きなコメントにはその学生がカンニングをしたとする意味合いが込められていた。

0285	**visualize** [vízuəlàiz]	動 ~を視覚化する,可視化する 形 visible (目に見える;明らかな)
0286	**addicted** [ədíktid] 〈健康〉	形 中毒になっている;病みつきの 熟 be addicted to ~ (~の依存症で,中毒で) 名 addiction (中毒)
0287	**reject** [ridʒékt]	動 (受験者など)を不合格にする;(法案など)を否決する,棄却する;(提案・要求など)を断る,拒否する;(製品)を捨てる,廃棄する
0288	**exceptional** [iksépʃənl]	形 (能力などが)極めて優れた,並はずれた;例外的な 名 exception (例外) = 形 extraordinary (桁はずれの,並はずれて)
0289	**net** [nét] 〈経済〉	形 正味の,中身だけの;結局の 名 純益,純量,正価,正味 動 ~の純益を上げる[得る]
0290	**eventually** [ivéntʃuəli]	副 そのうち,ゆくゆく;結局は 形 eventual (結果として起こる,最終的な) = 副 ultimately (最後に,最終的に)
0291	**jointly** [dʒɔ́intli]	副 共同して,一緒に 名 joint (結合;継ぎ目;関節)
0292	**dependent** [dipéndənt]	形 (援助に)依存している,頼っている;《心理学》依存症の 名 dependence (依存,依存症)
0293	**green** [grí:n] 〈環境〉	形 環境に優しい;緑の;未熟な 動 (人・社会)の環境問題意識を高める;(物)を緑色にする 名 緑;青野菜;緑地;未熟さ
0294	**flexible** [fléksəbl]	形 やわらかい,曲げやすい;柔軟性のある = 形 pliant (曲げやすい,しなやかな) ⇔ 形 inflexible (頑固な,融通の利かない)
0295	**forum** [fɔ́:rəm] 〈社会〉	名 討論会,フォーラム
0296	**finite** [fáinait]	形 有限の,限られた = 形 limited (限られた;制限を受ける)

0285	It is sometimes useful to visualize a positive outcome ahead of time.	前もってプラスの成果を視覚化することは時に有効である。
0286	She is addicted to coffee; she gets a headache if she doesn't consume it every day.	彼女はコーヒーの依存症である。毎日コーヒーを飲まないと頭痛がするのだ。
0287	The popular cooking series rejected one of the chefs during each show.	人気の料理シリーズでは各回に1人のシェフを不合格にした。
0288	She is an exceptional student, and she is far ahead of her classmates in every subject.	彼女は極めて優れた学生で、どの科目をとってもクラスで抜きん出ている。
0289	Our net profit was the money we had left after we paid all our bills for the project.	私たちの正味の利益はそのプロジェクトのための請求を全て支払った後に残った金額だった。
0290	I am confident he will eventually settle down and become a good student.	彼はきっとそのうち落ち着いて優れた学生になるだろうと確信している。
0291	Both companies agreed to jointly provide research teams for the project.	そのプロジェクトに対し共同して調査チームを派遣することに両社とも同意した。
0292	That country is no longer dependent on imports for natural gas and oil.	その国はもう天然ガスや石油の輸入に依存していない。
0293	Many countries are working to develop green technology, like solar panels and wind turbines.	ソーラーパネルや風力タービンのように、多くの国が環境に優しい技術の開発に取り組んでいる。
0294	The elephant has a remarkably flexible trunk that can pick up both large and small objects.	そのゾウは大きい物も小さい物も拾うことができる驚くほどやわらかい鼻を持っている。
0295	The town conducted an open forum where the citizens could discuss their concerns.	その街は市民が問題を議論できる公開討論会を開催した。
0296	We are a small company with a finite number of resources, so we have to plan this project carefully.	私たちは有限の数の資源を持っている小企業なので、この事業は慎重に計画しなければならない。

0297 adolescent
[ǽdəlésnt]

名 **(青春期の)若者**
形 青年期の，思春期の；若々しい

0298 impatiently
[impéiʃəntli]

副 **いらいらして；待ち遠しく**
形 impatient（せっかちな；我慢できない）

0299 procedural
[prəsí:dʒərəl] 《法律》

形 **(訴訟)手続きに関する，進行上の**
名 procedure（手順，処置，手続き）

0300 preventative
[privéntətiv] 《医療》

形 **予防の，防止の**
動 prevent（〜を防ぐ）
＝ 形 preventive（予防の，防止の）

0297	For an adolescent, he seems very mature and thoughtful.	若者のわりに、彼はとても成熟し思慮深いようだ。
0298	He waited impatiently for his friend to get off the phone.	友人が電話を切るのを彼はいらいらしながら待った。
0299	The attorney asked the judge a procedural question.	弁護士は裁判官に対し手続きに関する質問をした。
0300	Regular dental cleaning and checkups are part of the preventative care.	歯科での定期的なクリーニングと検査は予防治療の一環である。

ROUND 1 STAGE 04 No.0301-0400

MEANING

0301 cancer
[kǽnsər] 《医療》
- 名 癌；かに座
- 形 cancerous (癌性の)

0302 cave
[kéiv] 《環境》
- 名 洞窟，洞穴；(ワインの)地下蔵
- 動 ～に洞穴を掘る
- = 名 cavern (大洞窟)

0303 explanation
[èksplənéiʃən]
- 名 説明，弁解
- 動 explain (～を説明する)
- 形 explanatory (説明的な)

0304 compensate
[kámpənsèit] 《法律》
- 動 ～に賠償する，償いをする
- 名 compensation (補償，償い)
- = 動 indemnify (～に償う，補償する)

0305 scheme
[skí:m] 《理系》
- 名 (体系的な)配置；しくみ，組織；陰謀，たくらみ
- = 名 plot (策略，陰謀)

0306 finished
[fíniʃt]
- 形 完成した；見事な，申し分のない；仕上がった，～仕上げの，塗装済みの
- 名 finishing (仕上げ，最終加工)

0307 continent
[kántənənt] 《地学》
- 名 大陸
- 形 continental (大陸の，大陸的な)

0308 trend
[trénd]
- 名 傾向，動向
- 動 (ある方向に)向く，流れる
- = 名 tendency (傾向；流れ)

0309 circle
[sə́:rkl]
- 動 ～を包囲する，周回する
- 名 《数学》円；一周
- = 動 surround (～を包囲する，取り囲む)

0310 literature
[lítərətʃər] 《文学》
- 名 文学；文献，印刷物

0311 fraction
[frǽkʃən]
- 名 ほんの一部，ごく少量；かけら，破片，断片；分数
- 動 fracture (破砕する)

0312 symbolic
[simbálik]
- 形 象徴の，象徴する；象徴主義の
- 動 symbolize (～を象徴する)

72

	EXAMPLE SENTENCE	TRANSLATION
0301	Researchers in the medical field are developing new treatments for cancer.	医療分野の研究者は癌に対する新たな治療法を開発している。
0302	The divers explored the underwater cave using scuba gear.	ダイバーたちはスキューバ用の器具を使って海中の洞窟を探検した。
0303	His explanation was clear, and the students understood it.	彼の説明は明瞭で、学生たちはその説明を理解した。
0304	The insurance company will compensate them for the damages to their car from the accident.	保険会社はその事故での車の損害について彼らに賠償するだろう。
0305	The graphic artist created the attractive color scheme for the online program.	そのグラフィックアーティストはオンラインプログラムのための魅力的な色彩配置（配色）を作り出した。
0306	The amount of finished goods exported by that country grew by 20% last year.	その国が輸出した完成品の量は昨年20％増加した。
0307	She traveled to the European Continent on business frequently.	彼女は頻繁に仕事でヨーロッパ大陸へ赴いた。
0308	There has been a downward trend in interest rates recently.	近年金利は低下傾向にある。
0309	They circled the enemy during the night taking advantage of the darkness and dense forest.	彼らはその夜の間に暗闇と深い森を利用して敵を包囲した。
0310	She studied British literature in school, and she especially enjoyed Shakespeare.	彼女は学校で英文学を学び、特にシェイクスピアに興じていた。
0311	The funds recovered were only a fraction of the original amount, so it was a tragic loss.	回収した資金は元々の額のほんの一部にすぎなかったので、それは悲劇的な損失であった。
0312	The last argument was symbolic of the political campaign as the candidates made personal attacks.	最後の議論はその候補者が個人的な攻撃に出てきたので政治運動を象徴していた。

73

0313	**plenty** [plénti]	名 たくさん，十分 熟 plenty of ~（たくさんの~） 形 たくさんの，十分な，豊富な
0314	**region** [ríːdʒən]	名 領域，地域 形 regional（局部的な，地域の）
0315	**throat** [θróut] 〈医療〉	名 喉，喉状のもの 熟 a sore throat（咽喉痛）
0316	**symmetry** [símətri]	名 対称(性)；つり合い，調和，均整 ⇔ 名 asymmetry（非対称）
0317	**campaign** [kæmpéin] 〈政治〉	名 選挙[政治]運動，遊説；(一連の)軍事行動，作戦 on campaign（選挙運動に出て）
0318	**illustrate** [íləstrèit]	動 ~を説明する，例示する；図解する illustrate A with B（AをBで説明する） 名 illustration（実例；挿絵）
0319	**incident** [ínsədənt]	名 出来事，事件 形 incidental（偶発的な，偶然の） 副 incidentally（偶然に；ちなみに，ところで）
0320	**recall** [rikɔ́ːl]	動 (不良品など)を回収する； 　~を思い出す，思い起こす 名 思い出す[起こす]こと，想起
0321	**query** [kwíəri]	名 質問，疑問 動 ~に質問する，尋ねる = 名 inquiry（尋ねること，問い合わせ）
0322	**union** [júːnjən] 〈社会〉	名 労働組合；連合，合体；同盟； 　〈the U—〉(南北戦争時の)連邦軍，北軍 動 unionize（労働組合を作る）
0323	**inquiry** [ínkwəri] 〈法律〉	名 (公の)取り調べ，審議 動 inquire（尋ねる，調査する） = 名 interrogation（尋問，質問，取り調べ）
0324	**precise** [prisáis]	形 正確な，ぴったりの；まさにその 副 precisely（正確に；まさに） = 形 exact（正確な，的確な）

0313	I have plenty of food on my plate; I don't want more.	私の皿にはたくさんの食べ物がある。これ以上は欲しくない。
0314	Sometimes in mathematics, you are asked to calculate the area of a shaded region.	数学では時々、影のついた領域の面積を計算するよう求められる。
0315	He has a cold and a sore throat, so he didn't come to work today.	彼は風邪を引き咽喉痛があるので、今日は仕事に来なかった。
0316	There was a pleasing symmetry to the furniture design, which was very attractive.	その家具のデザインには心地良い対称性があり、それがとても魅力的だった。
0317	One of his campaign promises was to lower taxes if he was elected to office.	彼が公職に選任された暁には税を削減するというのが彼の選挙運動の公約の１つだった。
0318	He always used the same examples to illustrate his points, which his students found boring.	彼は要点を説明するのにいつも同じ例を用いたので、生徒たちは退屈に感じた。
0319	The incident was the start of a sequence of events that eventually led to war.	その出来事は最終的には戦争へとつながる一連の事件の始まりだった。
0320	The manufacturing company had to recall the entire production output from the second shift.	その製造会社は第２シフト以降の全ての生産品を回収しなければならなかった。
0321	He sent a pointed query to the senior official and expected a prompt reply.	彼は政府高官に鋭い質問を送り、早急な返答を期待した。
0322	The workers joined a union in an effort to receive a better wage.	より良い賃金を受け取れるよう労働者たちは労働組合に加入した。
0323	The military court conducted a formal inquiry to investigate the incident.	軍事裁判所はその事件を調査する正式な取り調べを実施した。
0324	He had trouble understanding the precise nature of the complaint because the e-mail was very long.	そのＥメールがかなり長文だったので、彼は苦情の正確な内容を理解するのに苦しんだ。

75

0325 reward
[riwɔ́:rd]

名 謝礼金，懸賞金；報奨，報酬
動 ～に報いる，報酬を与える
形 rewarding (有益な，価値のある)

0326 enable
[inéibl]

動 〈A to do〉A が～できるようにする，～を可能にする
enable A to ～ (A が～できるようにする)
⇔ 動 disable (無能力にする)

0327 functional
[fʌ́ŋkʃənl]

形 機能的な，実用的な
名 function (機能，作用)

0328 dissertation
[dìsərtéiʃən] 〈学問〉

名 (学位)論文，形式の整った論述
= 名 thesis (学位論文)

0329 valley
[vǽli] 〈環境〉

名 谷，谷間

0330 novel
[nɑ́vəl]

形 斬新な，奇抜な
名 小説
名 novelty (目新しさ；ノベルティ商品)

0331 former
[fɔ́:rmər]

形 前の，先の
名 〈the ―〉前者
副 formerly (以前には)

0332 investigate
[invéstəgèit] 〈法律〉

動 (捜査機関が)～を捜査する，取り調べる；
　　調査する，研究する
名 investigation (捜査，取り調べ)

0333 property
[prɑ́pərti] 〈経済〉

名 資産，不動産；所有物；(物の)性質，
　　特質
private property (私有財産)

0334 entity
[éntəti]

名 〈不可算名詞〉存在(物)，実在；
　　〈可算名詞〉実体，本体
= 名 existence (存在，実存)

0335 abstract
[ǽbstrækt]

形 抽象的な，概念上の
名 抜粋，要約(書)
名 abstraction (抽出，抽象化；抽象芸術作品)

0336 emergent
[imɔ́:rdʒənt]

形 新興の，(初めて)出現した
動 emerge (現れる；持ち上がる)
名 emergency (緊急[非常/突発]事態)

0325	The owner offered a <u>reward</u> for the return of the lost dog.	迷子になった犬の飼い主はその犬を見つけ戻すことに謝礼金を出そうと申し出た。
0326	If you <u>enable</u> students to use the technology effectively, it will save time.	学生が効果的に技術を利用できるようにすれば、時間の節約になる。
0327	The <u>functional</u> design was not only pleasing, but enhanced the performance of the device.	機能的なデザインは快適なだけでなく、その装置の性能を高めた。
0328	His <u>dissertation</u> was accepted, and he was so relieved that he went out to celebrate.	彼の論文が認められ、彼は安心してそのお祝いに出かけることができた。
0329	She looked down from the mountain into the <u>valley</u> below.	彼女は山からその下の谷を覗きこんだ。
0330	They presented a <u>novel</u> idea that was well received by the committee.	彼らは委員会で評判の良かった斬新な案を提示した。
0331	The <u>former</u> tenant had made a lot of improvements to the apartment, so it looked great.	前の居住者がアパートに多くの改良を加えていたので、かなり見栄えが良かった。
0332	The police <u>investigated</u> the complaint quickly since they were close by when it came in.	警察はその苦情が来たときすぐ近くにいたので、すぐに捜査した。
0333	She insured her <u>property</u> against theft and fire.	彼女は盗難や火災に備えて自身の資産に保険をかけた。
0334	After the fall of the Berlin Wall, East and West Germany became a single <u>entity</u>.	ベルリンの壁の崩壊後、東ドイツと西ドイツは1つの存在になった。
0335	The ideas were <u>abstract</u> and of little practical use, so the committee rejected the proposal.	その案は抽象的であり実用性がほとんどなかったので、委員会はその提案を却下した。
0336	The <u>emergent</u> nations of Africa are changing the political landscape.	アフリカの新興国は政治状況を変化させている。

ROUND 1 STAGE 04 No.0301–0400

0337 retrieve
[ritríːv]

動 (失った物など)を**取り戻す，回収する**；
(名誉など)を**挽回する，回復する**

0338 highlight
[háilàit]

動 (文字など)に**マーカーを引く，~を強調する**
名 (ショーなどの)**ハイライト，見どころ**
= 動 feature (~を呼びものにする)

0339 jurisdiction
[dʒùərisdíkʃən] 《法律》

名 (法的権限の)**管轄 (区域)**
名 jurist (弁護士，法律家)

0340 poetry
[póuitri]

名 **詩**
= 名 poem ([一編の]詩)

0341 possess
[pəzés]

動 (才能など)を**有する，~を所有する**
名 possession (所有；所有物，財産)

0342 manual
[mǽnjuəl]

形 **手動の，手の**
名 **取扱[操作]説明書，手引書**
⇔ 形 automatic (自動の)

0343 confidential
[kànfədénʃəl] 《社会》

形 **機密の，秘密の，部外秘の**
名 confidence (信用；秘密)
= 形 clandestine (秘密の)

0344 encounter
[inkáuntər]

名 (思いがけない)**出会い，遭遇**
動 **~に出会う，遭遇する，直面する**
= run across ~ (~に偶然会う)

0345 derive
[diráiv]

動 **~を得る，引き出す**；(~から)**来ている，由来する**
熟 **derive A from B** (A を B から得る)

0346 affair
[əféər]

名 **催し，会合**；**出来事**；
⟨one's —⟩(個人的な)**関心事**；
⟨複⟩**事務，業務**；**事情**

0347 structure
[stráktʃər]

名 **構造，建造物**
動 **~を組織立てる**
形 structural (構造の)

0348 anger
[ǽŋgər]

名 **怒り**
動 **~を怒らせる**
形 angry (怒って)

0337	After the laptop was dropped, it stopped working, and he was unable to retrieve his data.	ノートパソコンを落としてしまった後、それは動かなくなり、彼はデータを取り戻すことができなかった。
0338	She highlighted all of the most important passages in the novel so she could find them again easily.	再び簡単に見つけられるよう、彼女は小説内の最も重要な節全てにマーカーを引いた。
0339	The jurisdiction of the investigator was very broad so he could work with different agencies.	その捜査官の管轄が非常に広かったため、彼は様々な代理人と共に働くことができた。
0340	Songwriters often write poetry for their lyrics.	作詞家は歌詞を作るために詩をよく書く。
0341	If you possess excellent reflexes and good hand-eye coordination, you may qualify for advanced training.	あなたが優れた反射神経と視覚と手の協調関係を有するなら、上級訓練を受ける資格があるだろう。
0342	Rather than use the autopilot function, the pilot preferred to use manual controls whenever he could.	パイロットは自動操縦機能を使うよりも、利用可能な際はいつでも手動操縦の利用を好んだ。
0343	It was a confidential report, so very few senior staff members even knew it existed.	それは機密報告書だったので、その存在を知っている上級社員すらほとんどいなかった。
0344	The encounter with the stranger was upsetting because he looked threatening.	その見知らぬ人との出会いは彼が脅迫的な顔つきだったので動揺させるものだった。
0345	I don't think you can derive satisfaction from money alone.	お金からのみ満足感を得ることができるとは私には思えない。
0346	The affair was first class, so he made sure he dressed up and arrived right on time for the first speaker.	その催しは一流のものだったので、彼は正装できているか確かめ最初のスピーカーの時間どおりに到着した。
0347	He is studying the structure of the organization in preparation for his job interview.	彼は就職面接の準備として、その組織の構造を詳しく調べている。
0348	He is careful to control his anger, and he often waits until he is feeling calm to discuss problems.	彼は怒りを抑えることに慎重で、しばしば問題を話し合えるほどの冷静さを持てるまで待つ。

79

0349	**belief** [bilí:f]	名 信念, 確信；信仰, 信条 動 believe (〜を信じる)
0350	**exposure** [ikspóuʒər]	名 さらされて [露出して] いること, 暴露；公表, 発覚 動 expose (〜をさらす)
0351	**hearing** [híəriŋ] 《法律》	名 (法廷の)審理, 公判；聴覚, 聴力
0352	**entire** [intáiər]	形 全ての, 全体の；全くの 副 entirely (全く, すっかり) = 形 all (全部の)
0353	**organize** [ɔ́:rgənàiz]	動 〜を整理する；〜を手配する；〜を編成する；組織を作る, 団結する 名 organization (組織, 組織化すること)
0354	**appreciate** [əprí:ʃièit]	動 〜に感謝する；〜を評価する；〜の価値を認める 名 appreciation (感謝)
0355	**carbon** [ká:rbən] 《化学》	名 炭素 熟 carbon dioxide (二酸化炭素) 名 carbohydrate (炭水化物)
0356	**insight** [ínsait]	名 洞察(力), 見識
0357	**exhibit** [igzíbit]	名 展示(会), 展覧(会) 動 〜を展示する, 展覧会を開く 名 exhibition (展示会, 展覧会)
0358	**literacy** [lítərəsi] 《文系》	名 識字能力, 読み書きの能力 形 literate (読み書きができる) ⇔ 名 illiteracy (非識字)
0359	**premise** [prémis]	名 前提, 根拠；〈複〉土地, 敷地 = 名 hypothesis (前提, 仮定)
0360	**plaintiff** [pléintif] 《法律》	名 原告, 起訴人；提訴人 ⇔ 名 defendant (被告)

0349	Different cultures have different belief systems.	文化が違えば信念体系も異なる。
0350	Their exposure to the virus was brief; however, they took all possible precautions.	そのウイルスにさらされていたのは短期間であった。しかし、彼らは可能な限り全ての予防措置を講じた。
0351	It was doubtful that they could receive a fair hearing in the small town.	その小さな町で公平な審理を受けられるのは疑わしかった。
0352	The aging professor donated his entire collection of art to the university.	老齢の教授は大学に彼の全ての美術コレクションを寄贈した。
0353	She organized all the paperwork into labeled folders.	彼女は全ての書類をラベルの付いたフォルダに整理した。
0354	I sent her a note to let her know how much I appreciated her help.	私は彼女の支援にどれほど感謝しているかを伝える短い手紙を送った。
0355	Many countries are working to reduce carbon dioxide emissions, which cause greenhouse gases.	多くの国が二酸化炭素排出量を削減すべく活動しており、この排出量が温室効果ガスの原因となっている。
0356	The insights they gained from the detailed report were very useful and saved them months of effort.	その詳細な報告書から得た洞察は非常に有用で数カ月にも渡る努力をせずに済んだ。
0357	The exhibit was very popular because it combined many popular figures with historical settings in a clever way.	その展示は多数の評判の良い彫像が歴史的背景と共に巧みな方法で組み合わせられていたので非常に人気があった。
0358	The literacy rates in the rural areas have increased in recent years due to better resources and more teachers.	農村地域の識字率は教科書の改善と先生の増加により近年伸びてきている。
0359	The original premise was found to be incorrect, so the research study had to be started over from the beginning.	元々の前提が誤っていたとわかったので、その調査研究は最初からやり直さなければならなかった。
0360	They were all surprised when he appeared as a plaintiff in the trial.	その裁判に原告として彼が現れたとき彼らはみな驚いた。

0361	**liberal** [líbərəl]	形 たっぷりの、豊富な；気前の良い、寛大な；自由主義の = 形 generous（気前の良い、寛大な）
0362	**define** [difáin]	動 〜を定義する、限定する；〜を明確にする 名 definition（定義）
0363	**statement** [stéitmənt]	名 説明書、報告書；声明、陳述 a bank statement（銀行取引明細） 動 state（〜をはっきり述べる）
0364	**estimate** 動 [éstəmèit] 名 [éstəmət]	動 〜を見積もる、概算する；〜を判断する 名 見積もり、見積書、概算 名 estimation（概算、評価）
0365	**essentially** [isénʃəli]	副 基本的に、本質的に；元来 形 essential（本質的な、絶対必要な） 名 essence（本質、真髄）
0366	**temple** [témpl] 《文化》	名 神殿、寺
0367	**tenant** [ténənt]	名 (土地・建物の)賃借人、居住者 動 居住する = 名 dweller（住人、居住者）
0368	**magnitude** [mǽgnətjù:d]	名 偉大さ、重要さ；(地震の規模を表す)マグニチュード
0369	**motivation** [mòutəvéiʃən] 《心理》	名 動機、意欲；動機付け 名 motive（動機、誘因）
0370	**existence** [igzístəns]	名 存在、実存 come into existence（生まれる、出現する） 動 exist（存在する、生存する）
0371	**failure** [féiljər]	名 失敗、不成功；落第；不足 動 fail（失敗する） ⇔ 名 success（成功）
0372	**observation** [àbzərvéiʃən]	名 観察(結果)；所見 動 observe（〜を観察する、〜に気づく）

0361	They applied a <u>liberal</u> amount of ointment in order to prevent infection.	彼らは感染を防ぐため<u>たっぷりな</u>量の軟膏を塗った。
0362	The dictionary <u>defined</u> the word and also gave an example of usage.	その辞書はその単語を<u>定義し</u>使用例を示していた。
0363	Applicants to graduate school are required to write a <u>statement</u> of purpose.	大学院への志願者は志願動機<u>説明書</u>を書くよう求められる。
0364	Can you <u>estimate</u> how much the utilities for this house might be over a year?	一年間でこの家の光熱費がどれくらいになるか<u>見積もる</u>ことはできるのか？
0365	<u>Essentially</u>, they wanted to convert the entire tract into a protected area with limited development.	<u>基本的に</u>、彼らはその区域全体を開発の制限された保護エリアへ変換したかったのだ。
0366	Only a few columns remain of the original <u>temple</u> to Zeus built in the 6th century B.C. in Athens, Greece.	ギリシャのアテネで紀元前6世紀に建てられたゼウスの元々の<u>神殿</u>の柱はわずかしか残されていない。
0367	Each <u>tenant</u> had a responsibility to care for the grounds surrounding his house as well as the structure itself.	各<u>賃借人</u>は建物自体だけでなく家の周りの土地を手入れする責任があった。
0368	The young boy did not understand the <u>magnitude</u> of his father's sacrifice until he was older.	その少年は大きくなるまで父親の犠牲の<u>偉大さ</u>を理解しなかった。
0369	<u>Motivation</u> is required in order to change behavior.	行動を変えるには<u>動機</u>が必要だ。
0370	Some children believe in the <u>existence</u> of magical creatures, like unicorns.	ユニコーンといった摩訶不思議な生き物の<u>存在</u>を信じている子供も中にはいる。
0371	The fear of <u>failure</u> made him very reluctant to take risks.	<u>失敗</u>の恐怖から彼はほとんどリスクを冒したがらなかった。
0372	The witness was asked to share his <u>observations</u>.	その目撃者は自身の<u>観察結果</u>を共有するよう求められた。

0373	**characteristic** [kæriktərístik]	名 特徴, 特色 形 特徴的な, 特有の = 名 feature (特徴)
0374	**scope** [skóup]	名 範囲, 領域；視野 = 名 range (範囲, 域)
0375	**fellow** [félou]	名 仲間, 同期生； (大学や研究所の)特別研究員 = 名 peer (仲間, 同級生)
0376	**baseline** [béisláin]	名 基準値
0377	**credit** [krédit] 《大学》	名 (履修)単位；信用取引；預金；評判 = 名 unit (単位)
0378	**string** [stríŋ]	名 ひも；ひと続き 動 (糸・ひも)をつける
0379	**presence** [prézns]	名 存在, 存在すること；出席, 参列 ⇔ 名 absence (不在；欠席)
0380	**refer** [rifə́:r]	動 〜を任せる；〜を差し向ける； 言及する, 参照する
0381	**extract** [ikstrǽkt]	動 〜を抽出する, 引き出す 名 引用, 抜粋
0382	**correspond** [kɔ̀:rəspánd]	動 一致する, 相当する； 連絡する, 通信する correspond to 〜 (〜に相当する)
0383	**intensity** [inténsəti]	名 強烈さ, 激しさ 形 intensive (激しい；集中的な)
0384	**philosophy** [filásəfi] 《学問》	名 哲学；人生観 名 philosopher (哲学者) 形 philosophical (哲学の)

0373	One of the characteristics of autism is a lack of eye contact.	自閉症の特徴の1つにアイコンタクトの欠如が挙げられる。
0374	The first step in writing a good report is to limit the scope of the inquiry.	優れたレポートを書く際の最初の段階は調査の範囲を制限することだ。
0375	All of her fellow students were going home for the school break, so she felt like she should do the same.	彼女の学生仲間はみな学校が休みの間家に帰るので、彼女も同じように帰るべきだと感じた。
0376	Your score on the pre-test will establish a baseline that we can use to measure your progress on the final test.	予備テストの点数は最終テストでのあなたの進歩度合いを測るために私たちが使う基準値を定めることになる。
0377	He does not yet have enough credits to graduate; he still has to take two more classes.	彼は卒業するにはまだ十分な単位を持っていない。まだもう2クラス履修する必要がある。
0378	She used a piece of string as a toy for the cat.	彼女は猫のおもちゃに一本のひもを使った。
0379	The presence of his mother had a calming effect on the young child.	母親の存在はその幼い子供を落ち着かせる効果があった。
0380	I could not answer her question, so I referred her to another person.	私は彼女の質問に答えることができなかったので、彼女をほかの人に任せた。
0381	The researchers tried to extract different compounds from the bark of the tree for further study.	研究者たちは今後の研究のために木の樹皮から異なる成分を抽出しようとした。
0382	The increase in the rate of accidents on the weekend directly corresponded to the end of major sporting events.	週末の事故率の上昇は直接その大規模なスポーツイベントの終了に一致した。
0383	The intensity of the response when they announced the planned closing of the program surprised everyone.	そのプログラムの計画的終了を彼らが発表したときの反響の強烈さはみなを驚かせた。
0384	He is studying philosophy at the university, and his parents are worried that it is not a practical major.	彼は大学で哲学を学び、彼の両親はそれが実用的な専攻ではないと心配している。

0385	**device** [diváis]	名 機器，装置；計画，手立て = 名 apparatus (装置，器具)
0386	**otherwise** [ʌ́ðərwàiz]	副 そうでなければ；別のやり方で ⇔ 副 likewise (同じく，同じように)
0387	**modify** [mɑ́dəfài]	動 〜を修正する，変更する 名 modification (変更，修正) = 動 amend (〜を修正する，改善する)
0388	**ethical** [éθikəl] 〈思想〉	形 道徳的な，倫理上の 名 ethics (倫理，倫理学) = 形 moral (道徳上の)
0389	**tip** [típ]	名 ヒント；心付け；先，先端；頂上
0390	**absolute** [ǽbsəlùːt]	形 絶対的な，完全な 副 absolutely (完全に，全く) 名 absolutism (絶対主義，専制政治)
0391	**dominant** [dɑ́mənənt]	形 優勢の，主要な dominant gene (優性遺伝子) = 形 prevailing (行きわたった)
0392	**welfare** [wélfèər]	名 安泰，繁栄；福利；生活保護 welfare benefits (福祉 [生活保護] 給付金)
0393	**inspection** [inspékʃən]	名 検査，調査 動 inspect (〜を検査する) = 名 examination (調査，検査)
0394	**discrimination** [diskrìmənéiʃən]	名 差別，区別 形 discriminating (識別力のある；差別的な) 動 discriminate (〜を差別する)
0395	**axis** [ǽksis] 〈物理〉	名 (回転体の) 軸；(国家間の) 枢軸；連合 the axis of symmetry (対称軸)
0396	**launch** [lɔ́ːntʃ] 〈社会〉	動 〜を立ち上げる；(ロケットなど) を打ち上げる 名 発射 = 動 establish (〜を設立する)

0385	The smartphone is a very convenient device that allows us to do multiple things.	スマートフォンは複数のことができるとても便利な機器である。
0386	The short periods of rain ruined what was an otherwise perfect afternoon for a picnic.	短時間の雨はそうでなければピクニックに最適な午後だったのを台無しにした。
0387	We plan to modify our proposal once we get some feedback on our basic approach.	私たちの基本的な取り組みに関し一旦フィードバックを得たら提案を修正する予定だ。
0388	The school had high, ethical standards, so they were well respected and admired.	その学校には高く、道徳的な規範があったので、彼らはとても尊敬され称賛された。
0389	The young boy went to the event hoping to get tips about how to improve from the best in the field.	その少年はその分野の最も優れた人から上達の方法についてのヒントを得るためそのイベントに行った。
0390	It was an absolute requirement to have a minimum of 3 years of experience before applying for the position.	その職位に応募する前に最低3年の経験があることが絶対的な条件であった。
0391	The dominant team had a lot more experienced players, and it showed in the game.	優勢なそのチームには経験豊富な選手がとてもたくさんいて、それは試合の中に表われた。
0392	The welfare of every member of the crew was put at risk when the boat capsized off the coast.	乗組員全員の安奈は船が沖で転覆したとき危険にさらされた。
0393	Surprise inspections were ordered as a part of the overall plan for team preparation.	チーム作成のための全体計画の一環として抜き打ち検査が指示された。
0394	The college took reports of discrimination based on race seriously, so they set up a team to investigate.	大学は人種に基づく差別の報告書を深刻に受け取り、捜査チームを設立した。
0395	The planet spun on its axis at such a high rate, it was unlikely that life would be able to develop there.	その惑星は軸上でかなり高速回転したので、生命体がそこで成長できる可能性は低かった。
0396	When we launch a new project, we always involve as many different groups in the company as possible.	私たちは新たなプロジェクトを立ち上げるとき、常に会社の可能な限り多くの多種多様なグループを含める。

87

0397	**corporate** [kɔ́ːrpərət] 〈社会〉	形 企業の，法人の 🈜 corporation（法人，企業）
0398	**increasingly** [inkríːsiŋli]	副 ますます，だんだん ＝ more and more（ますます）
0399	**atmospheric** [ætməsférik] 〈気象〉	形 大気の；趣のある，雰囲気のある 🈜 atmosphere（大気）
0400	**guarantee** [gæ̀rəntíː]	名 保証（書），担保 動 ～を保証する a letter of guarantee（信用保証状）

0397	Our corporate legal department is being moved closer to the company headquarters.	当企業の法務部は会社本部により近いところに移転している。
0398	The young girl became increasingly concerned about her dog when it started refusing to eat.	その少女は彼女の犬が食事を拒むようになってその犬がますます心配になった。
0399	Atmospheric conditions around the airport were declining rapidly as the tornado approached.	空港周辺の大気の条件は竜巻の接近と共に急速に低下していた。
0400	We always look for the guarantee before purchasing any large home appliances.	大きな家電を購入する前はいつも保証を期待する。

ROUND 1 STAGE 05　No.0401–0500

MEANING

0401 push [púʃ]
- 名 動き, 押すこと
- 動 ～を押す, 強要する

0402 dinosaur [dáinəsɔ̀ːr] 〈生物〉
- 名 恐竜；巨大で時代遅れのもの

0403 probation [proubéiʃən]
- 名 試用期間；試験, 審査；執行猶予

0404 mineral [mínərəl] 〈化学〉
- 名 鉱物, 無機物；ミネラル
- 形 鉱物(性)の, 鉱物を含んだ
- 名 mineralogy (鉱物学)

0405 bias [báiəs]
- 名 偏見, 先入観；傾向
- 動 ～に偏見を持たせる
- political bias (政治的偏向)

0406 physics [fíziks] 〈学問〉
- 名 物理学
- 名 physicist (物理学者)

0407 toe [tóu]
- 名 足の指, つま先
- 動 ～をつま先で蹴る[触る]
- ⇔ 名 heel (かかと)

0408 cluster [klʌ́stər]
- 名 集団, 群れ；塊, (花・実などの)房
- 動 群れをなして集まる, 群生する
- = 名 aggregation (集合, 集団)

0409 assignment [əsáinmənt] 〈大学〉
- 名 課題

0410 consensus [kənsénsəs]
- 名 (意見の)一致
- national consensus (国民の合意)
- 動 consent (同意する, 承諾する)

0411 chin [tʃín]
- 名 下あご, あご先
- 動 ～をあごで押さえる
- Chin up! (頑張れ！)

0412 momentum [mouméntəm]
- 名 〈複〉勢い, はずみ；運動量
- ※ 複数形は momenta

	EXAMPLE SENTENCE	TRANSLATION
0401	There is currently a push for industries to use alternative energy sources.	現在諸産業に対し代替エネルギー源を利用させる動きがある。
0402	The Tyrannosaurus Rex was one of many kinds of dinosaurs that once lived on the earth.	ティラノサウルス・レックスはかつて地球上に生息していた様々な恐竜の中の一種であった。
0403	The young recruit completed his probation period, so he was awarded full benefits and welcomed to the staff.	その若い新入社員は試用期間を終えたので、全ての福利厚生を与えられスタッフに迎え入れられた。
0404	That mine produces large quantities of the metal-bearing mineral known as ore.	あの採鉱場は鉱石として知られる金属含有の鉱物を大量に産出している。
0405	She has a bias towards choosing a school that is located in a warm area as she is tired of cold winters.	彼女は寒い冬には飽きていたので暖かい地域にある学校を選択するという偏向がある。
0406	He studied physics, and he became a researcher at a weapons laboratory.	彼は物理学を学び、兵器研究施設で研究者になった。
0407	The toes on your feet help you balance.	足の指はバランスを取るのに役立つ。
0408	There was a cluster of children who developed cancer in that town, so they're looking for environmental causes.	その街では癌を発症する子供の集団があったので、彼らは環境要因を探っている。
0409	The professor gave her class an assignment that took many students all weekend to complete.	教授は多くの学生が週末全てを費やさないと仕上げられないような課題をクラスに出した。
0410	The report will not be released until the committee reaches a consensus as the decision requires a majority.	その決定に過半数の賛成が必要なため、その報告書は委員会が意見の一致にいたるまでは公表されない。
0411	The young child fell and hurt his chin, so his mother held him until he stopped crying.	幼い子供が転んで下あごを痛めたので、母親は彼が泣きやむまで抱きしめた。
0412	As he ran down the hill, he gained momentum, and his speed increased.	彼は坂を走り下るにつれ、勢いを増し、スピードが上がった。

91

0413	**transfer** [trænsfə́:r]	動 転校する，転任する；～を転任させる；～を移送する 名 転校，転任，異動；移動
0414	**resolve** [rizálv]	名 決意，決断力 動 ～を決意する；～を分解する = 名 resolution（決議；決意，決心；解決）
0415	**description** [diskrípʃən]	名 説明，描写 description of items（商品説明） 動 describe（～を説明する）
0416	**concrete** [kánkri:t]	形 具体的な，明確な；コンクリートの 名 コンクリート ⇔ 形 abstract（抽象的な）
0417	**athlete** [ǽθli:t]	名 競技者，運動選手 形 athletic（運動選手らしい，運動競技の）
0418	**estate** [istéit]	名 地所，私有地；財産 real estate（不動産） = 名 property（財産）
0419	**prospect** [práspekt]	名 見込み，可能性；予測；顧客になりそうな人；有望な候補者 形 prospective（見込みのある，将来の）
0420	**disagree** [dìsəgrí:]	動 意見が合わない，（話などが）一致しない 名 disagreement（不一致，意見の相違点） ⇔ 動 agree（同意する，意見が一致する）
0421	**zone** [zóun]	名 区域，地帯 動 ～に帯で印を付ける，～を区分する a demilitarized zone（非武装地帯）
0422	**ruin** [rú:in] 《歴史》	名 遺跡，廃墟；破産状態；崩壊 動 ～をだめにする，破壊する，破滅させる 形 ruined（破壊された，廃墟となった）
0423	**metallic** [mətǽlik] 《化学》	形 金属の，金属性の 名 metal（金属，金属製品）
0424	**sculpture** [skʌ́lptʃər] 《芸術》	名 彫刻 動 彫刻する 名 sculptor（彫刻家）

0413	She transferred to this university as a junior.	彼女は３年生としてこの大学に転校した。
0414	We need to show resolve and a firm commitment to our goals in order to succeed.	私たちは成功するために目標に向けて決意としっかりとしたコミットメントを見せる必要がある。
0415	The description for the art class makes it sound very interesting.	その美術の授業の説明を聞くとその授業がとても興味深く感じる。
0416	The accident was a concrete example of the necessity for careful preparation before going into the wilderness.	その事故は荒野に足を踏み入れる前には慎重な準備が必要であることの具体的な実例であった。
0417	The athletes competed for the opportunity to represent their country in the Olympics.	競技者たちはオリンピックで自国の代表として出場する機会獲得のために争った。
0418	The estate was very large, so it took a long time to inventory all of the assets.	その地所はかなり広かったので、その資産全てを棚卸するのに長い時間がかかった。
0419	The young people were excited about the prospect of buying a house in the community.	その若者たちはその地域内に家を買う見込みに興奮した。
0420	He often disagreed with his father about politics, so they talked about other things.	彼は父と政治について意見が合わないことが多かったので、別のことについて話した。
0421	There is no parking zone near the emergency entrance to the hospital.	病院の緊急入口付近には駐車区域はない。
0422	We visited the ruins of the ancient temple in Greece.	私たちはギリシャの古代神殿の遺跡を訪れた。
0423	The water had a metallic taste, so they stopped using the current water treatment process.	水を飲むと金属の味がしたので、彼らは現在の浄水処理の使用を止めた。
0424	Alexander Calder created many kinetic sculptures.	アレクサンダー・カルダーは多くの動く彫刻を制作した。

0425	**undertake** [ʌ̀ndərtéik]	動 ~に着手する；~を請け合う = 動 accept (~を引き受ける)
0426	**coal** [kóul]	名 石炭 動 ~を燃やして灰にする coal mine (炭鉱)
0427	**infrastructure** [ínfrəstrʌ̀ktʃər] 《社会》	名 インフラ，基礎構造 形 infrastructural (下部構造の，基幹部門の)
0428	**gene** [dʒíːn] 《生物》	名 遺伝子 gene recombination (遺伝子組み換え) 名 genetics (遺伝学)
0429	**obvious** [ábviəs]	形 明白な，見てすぐわかる 副 obviously (明らかに，言うまでもなく) = 形 apparent (すぐにわかる)
0430	**stomach** [stʌ́mək] 《医療》	名 胃，腹部 stomach ache (腹痛)
0431	**term** [tə́ːrm] 《政治》	名 任期，期間；(学校・大学などの)学期；条件；専門用語
0432	**facilitate** [fəsílətèit]	動 ~を促進する；~を容易にする 名 facilitator (容易にする人，世話人) = 動 enable (~できるようにする，~を可能にする)
0433	**urge** [ə́ːrdʒ]	動 ~をしきりに促す，せきたてる 名 衝動
0434	**slope** [slóup]	名 傾き，斜面，勾配 動 ~を傾斜させる = 名 incline (傾斜，斜面)
0435	**protein** [próutiːn] 《化学》	名 たんぱく質，プロテイン
0436	**vulnerable** [vʌ́lnərəbl]	形 攻撃を受けやすい，脆弱な 名 vulnerability (脆弱性，傷つきやすさ) = 形 susceptible (影響を受けやすい)

0425	If we undertake the rebuilding program the coach has recommended, it will be very expensive.	監督が推奨した再建設プログラムに着手するとなると、かなり費用がかかるだろう。
0426	In the past, most cities burned coal for heating during the winter.	かつて、都市の多くでは冬の間に暖を取るため石炭が燃やされていた。
0427	The infrastructure has not been reviewed for years, so a number of problems were uncovered.	もう何年もインフラの点検をしていなかったので、多くの問題が発覚した。
0428	Genes contain the coded information for hereditary traits, like blue or brown eyes.	遺伝子には青い目、茶色の目といった遺伝体質を伝えるコード化された情報が含まれている。
0429	The solution to the problem seemed obvious once it was identified.	その問題が特定されれば解決策は明白であるように思われた。
0430	She was so hungry that her stomach began to make rumbling noises.	彼女はとてもお腹がすいていたので胃がゴロゴロと音を立て始めた。
0431	The president was elected for a term of four years.	大統領は4年の任期で選ばれた。
0432	He wanted to facilitate better use of the gymnasium, so he suggested several new activities.	彼は体育館のより良い利用を促進したいと考え、いくつか新しい活動を提案した。
0433	His parents urged him to study hard in school.	両親は学校で懸命に勉強するよう彼をしきりに促した。
0434	The slope of the lawn area was very gradual, so the view from the porch was excellent.	芝生部分の傾きがとても緩やかだったので、そのポーチからの眺めはすばらしかった。
0435	The children's mother made sure they ate enough protein each day to ensure their healthy growth.	子供たちの母親は健康に成長するよう毎日確実に十分なたんぱく質を摂らせるようにした。
0436	Computer security is vulnerable to outsiders because many people do not use an effective anti-virus program.	多くの人が効果的なウイルス対策プログラムを利用していないためコンピューターセキュリティは外部からの攻撃を受けやすい。

0437	**academic** [ækədémik] 《大学》	形 一般教養の；学問の，学究的な 名 (大学の)講師，研究者 名 academy (高等教育機関)
0438	**household** [háushòuld]	名 家庭，世帯 run a household (家を切り盛りする)
0439	**rational** [ræʃənl]	形 合理的な，論理的な；有理の = 形 reasonable (妥当な，分別がある)
0440	**calculate** [kælkjulèit]	動 ～を計算する，見積もる 名 calculation (計算) = 動 compute (～を計算する)
0441	**uniformity** [jù:nəfɔ́:rməti]	名 画一性，一貫性 副 uniformly (一様に，むらなく) 名 uniformness (一様，均一)
0442	**ideal** [aidí:əl]	形 理想的な 名 理想，理想的な人[物/事] = 形 perfect (完璧な)
0443	**faculty** [fækəlti] 《大学》	名 教職員，教授陣；機能，能力； 〈F—〉学部 = 名 department (学部，部門)
0444	**dedicate** [dédikèit]	動 ～を贈呈する，捧げる dedicate oneself to ～ (～に専念する，打ち込む) 形 dedicated ([～に]打ち込んでいる，熱心な)
0445	**billing** [bíliŋ] 《経済》	名 売上高；請求書作成；広告，宣伝 名 bill (請求書，勘定)
0446	**eliminate** [ilímineit]	動 ～を取り除く，排除する 名 elimination (排除，消去) = do away with ～ (～を捨てる，廃止する)
0447	**landlord** [lændlɔ̀:rd] 《大学》	名 (男性の)家主，(アパートなどの)経営者 名 landlordism (地主制度) = 名 landlady ([女性の]家主)
0448	**congress** [káŋgrəs] 《政治》	名 〈C—〉(米国)連邦議会； 会議，学会 a member of Congress (米国連邦議会議員)

0437	In the United States, she was required to take physical education in high school in addition to academic subjects, like algebra.	アメリカ合衆国では、彼女は高校で代数学といった一般教養科目に加えて体育を履修する必要があった。
0438	Most households are facing higher costs for water and food because of the continued drought.	干ばつが続いたためたいていの家庭が水と食料の費用の高騰に直面している。
0439	A rational approach to solving problems is always preferable to conflict.	問題解決の合理的な方法は常に対立より好ましい。
0440	He calculated his profit by subtracting his expenses from his sales.	彼は売上から費用を差し引くことで利益を計算した。
0441	The new housing tract was a model of uniformity as all the houses and lot sizes were similar.	この新たな住宅地はその家々および単位サイズが全て似ているため画一性のモデルであった。
0442	It was an ideal match as her athletic talent and the coach's long experience allowed them to succeed.	彼女の運動能力とコーチの長年の経験が彼らを成功へと導いたのでそれは理想的な組み合わせだった。
0443	She is a member of the university faculty; she teaches chemistry.	彼女は大学教職員の一員であり、化学を教えている。
0444	The school dedicated the field to the coach for his 25 years of work with the varsity team.	学校代表チームと共に25年間務めたことからその学校はコーチに対しその競技場を贈呈した。
0445	The company is becoming more profitable as the monthly billings increase.	月々の売上高が増加しているので、その企業の利益性は高くなってきている。
0446	If you eliminate all of the objections to the argument, then the choice becomes clear.	もしあなたがその議論への異論全てを取り除いたら、選択は明確になる。
0447	All of the landlords in the area were invited to the meeting because it was a new ruling regarding their tenants.	それは居住者に関する新たな決定だったので、この地域の家主は全員その会議に招集された。
0448	The United States Congress is composed of people elected to the Senate and the House of Representatives.	米国連邦議会は上院および下院に選出された議員で構成される。

0449	**queue** [kjúː]	名 **行列，順番を待つ人々** 動 列を作る jump a queue (列に割り込む)
0450	**stock** [stάk]	動 **～を仕入れる**；(商品・知識など)を備える 名 蓄え；株式 stock price index (株価指数)
0451	**rolling** [róuliŋ] 《大学》	形 **転がる**；動いている，うねる 名 転がること，回転 ● rolling admission (ローリングアドミッション(米国大学の出願方式))
0452	**parliament** [pάːrləmənt] 《政治》	名 〈P-〉**(英国)議会**；国会 名 parliamentarian (国会議員) = 名 the Diet (日本などの国会, 議会) / Congress (米国連邦議会)
0453	**accurate** [ǽkjərət]	形 **正確な，正しい** 名 accuracy (正確さ，精度) = 形 correct (正確な)
0454	**acknowledge** [əknάlidʒ]	動 **～に感謝の念を伝える**；～を認める 名 acknowledgment (承認；感謝；受け取りの連絡)
0455	**furthermore** [fə́ːrðərmɔ̀ːr]	副 **さらに** = 副 moreover (さらに)
0456	**likelihood** [láiklihùd]	名 **可能性，ありそうなこと** in all likelihood (十中八九) = 名 probability (可能性，確率)
0457	**psychology** [saikάlədʒi] 《学問》	名 **心理学，心理状態** 名 psychologist (心理学者) 形 psychological (心理的な)
0458	**kid** [kíd]	動 **冗談を言う，からかう** ● be kidding (冗談を言う) No kidding. (とんでもない。)
0459	**oppose** [əpóuz]	動 **～に反対する**；～と敵対する 名 opposition (反対，敵対) 形 opposing (敵対する，相反する)
0460	**hide** [háid] 《生物》	名 **(獣の)皮** 動 (むちなどで)～をひどく打つ ※ hide (～を隠す)と同根

0449	The <u>queue</u> was so long for the new shoes that it went clear around the block.	新しい靴を求めて伸びた行列は、その区画の向こうでずっと続くほどとても長かった。
0450	That store <u>stocks</u> a wide variety of cheese, so I can usually find everything I need for a party.	その店は幅広い品揃えのチーズを仕入れるので、通常パーティーに必要なものは全て見つけられる。
0451	That university has a policy of <u>rolling admission</u>, so they will accept and review applications as they are sent in.	その大学はローリングアドミッションの方針なので、送られてくる願書を受け入れ検討するだろう。
0452	The UK <u>Parliament</u> meets with public viewing available so people can see the government at work.	英国議会では、議会は一般公開に対応可能としているため人々は仕事中の政府を見ることができる。
0453	I need to confirm this information to be sure that it is <u>accurate</u>.	この情報が正確なことを確かめるため確認する必要がある。
0454	She wanted to <u>acknowledge</u> the debt she owed to her parents for supporting her in her academic studies.	学問的研究での支援として両親から受けた借金について彼女は感謝の念を伝えたかった。
0455	They are hiring new people as their sales are growing; <u>furthermore</u>, they are looking for a larger office.	彼らは売上が伸びているため新たに人員を採用しており、さらに、より大きな事務所を探している。
0456	The <u>likelihood</u> of finishing this project on time is extremely low; we'll have to extend the deadline.	このプロジェクトを予定どおりに完成させられる可能性は極めて低い。締め切りを延ばさなければならない。
0457	He studied <u>psychology</u> as an undergraduate as he wanted to become a psychologist.	彼は心理学者になりたかったので大学生として心理学を学んだ。
0458	He wasn't serious when he said he couldn't eat any more food or he would explode; he was just <u>kidding</u>.	もう食べ物を食べられないとかはち切れそうなどと彼が言ったとき、彼は本気ではなかった。彼はただ冗談を言っていたのだ。
0459	He <u>opposed</u> the changes, and he campaigned against them.	彼はその変更に反対し、それに対する運動を起こした。
0460	The patchwork design on the <u>hide</u> of the giraffe is unique to each animal, like a fingerprint.	指紋のように、キリンの皮のパッチワーク模様は各動物固有のものである。

0461	**comparison** [kəmpǽrisn]	名 比較 in comparison with ~ (~と比べて) 動 compare (~を比較する)
0462	**trauma** [trɔ́ːmə]	名 トラウマ, 心的外傷 形 traumatic (精神的外傷を引き起こす)
0463	**shortage** [ʃɔ́ːrtidʒ]	名 不足, 欠乏 形 short (不足している, 不十分な) = 名 insufficiency (不足)
0464	**proceed** 名 [próusiːd] 動 [prəsíːd] 《経済》	名 〈the —s〉利益, 売上高 動 (仕事など)を続ける；前進する 名 procedure (手順；手続き)
0465	**universal** [jùːnəvə́ːrsəl]	形 万人の, 全世界の；普遍的な 名 universe (宇宙, 全世界) 副 universally (普遍的に, 例外なく)
0466	**empirical** [impírikəl]	形 経験[実験]に基づいた = 形 experiential (経験に基づいた) ⇔ 形 theoretical (理論に基づいた)
0467	**whereas** [hwèərǽz]	接 ~であるのに対して, 一方で = 接 while (ところが一方)
0468	**utilize** [júːtəlàiz]	動 ~を役立たせる, 利用する 名 utilization (利用)
0469	**demonstrate** [démənstrèit]	動 ~を証明する；実演する 名 demonstration (立証, 証明) = 動 show (~を見せる)
0470	**accommodation** [əkàmədéiʃən]	名 順応；便宜； 〈複〉収容[宿泊]設備 動 accommodate (~に対応する, ~を宿泊させる)
0471	**representative** [rèprizéntətiv] 《政治》	名 議員, 代表者；〈R—〉(米国)下院議員 形 典型的に表す, 代表する
0472	**aspire** [əspáiər]	動 ~を切望[熱望]する 名 aspiration (熱望, 向上心)

0461	The students were asked to explore the differences and similarities in their comparisons of the two countries.	学生たちはその二国間の比較における相違点と類似点を調査するよう求められた。
0462	It will take a long time to recover from the trauma of the accident due to her many injuries.	彼女は多くの傷を負ったのでその事故のトラウマから回復するのに時間がかかるだろう。
0463	There was a shortage of water during the drought.	干ばつの間水が不足した。
0464	The proceeds from the sale of their father's property were divided among his children.	父親の不動産の売却から得た利益は彼の子供たちに配分された。
0465	Falling in love is a universal experience.	恋に落ちることは万人の経験である。
0466	Her empirical knowledge was derived from practical experience and observation.	彼女の経験に基づいた知識は実際の経験や観察に由来するものだった。
0467	He is a very optimistic person, whereas his brother is a very pessimistic person.	彼はとても楽観的な人であるのに対して、彼の兄弟はとても悲観的な人だ。
0468	Her parents were upset that she was not utilizing her medical degree, but she was happy working as a tutor.	彼女の両親は彼女が医学学位を役立たせていないことに腹を立てたが、彼女は家庭教師として働くことに幸せを感じていた。
0469	On the last day of the swim lessons, she demonstrated her new skills by swimming 50 yards.	水泳教室の最終日、彼女は50ヤード泳ぐことで新たに身につけた技術を証明した。
0470	Her family made some accommodations to the house like adding a ramp so she could use her wheelchair.	彼女の家族は傾斜路を追加するなどの順応を家に行ったので彼女は車いすを使うことができた。
0471	She was elected as a representative to the U.S. Congress.	彼女は米国議会の議員として選出された。
0472	Despite growing up poor, he aspired to go to college, so he worked hard and got a scholarship.	貧しい暮らしの中で育ったが、彼は大学進学を切望し、懸命に努力して奨学金を得た。

№	単語	意味
0473	**proof** [prú:f]	名 証拠(品), 証明；試験 形 耐えられる, (水などを)通さない 動 prove (〜を証明[立証]する)
0474	**anxiety** [æŋzáiəti]	名 不安, 心配；熱望 形 anxious (心配している)
0475	**trigger** [trígər]	動 〜のきっかけとなる, 〜を引き起こす 名 引き金, 誘因
0476	**column** [káləm]	名 柱, 円柱状のもの；コラム 形 columnar (円柱の, 円柱状の)
0477	**reform** [rifɔ́:rm]	動 〜を改める, 改善する；立ち直る, 改心[更生]する 名 改善, 刷新
0478	**visible** [vízəbl]	形 目に見える；明らかな 副 visibly (目に見えて；明らかに) ⇔ 形 invisible (目に見えない)
0479	**supplement** 動[sʌ́pləmènt] 名[sʌ́pləmənt]	動 〜を補う, 補足する 名 補足, 増補；栄養補助剤
0480	**dioxide** [daiáksaid] 《化学》	名 二酸化物 carbon dioxide (二酸化炭素)
0481	**transmit** [trænsmít] 《医療》	動 〜を伝染させる；〜を送る, 伝える 名 transmission (伝達；トランスミッション；遺伝) a transmissible disease (伝染病)
0482	**lung** [lʌ́ŋ]	名 肺 lung cancer (肺癌)
0483	**disclose** [disklóuz]	動 〜を明らかにする, 暴露[発表]する 名 disclosure (発覚；情報の開示) = 動 reveal (〜を明らかにする)
0484	**whistle** [hwísl]	動 〜を口笛で吹く；口笛を吹く 名 笛, ホイッスル, 口笛

0473	The expression on the little boy's face was <u>proof</u> of his guilt to his mother.	その少年の顔の表情は母親に対する罪悪感の証拠であった。
0474	She takes medication to control her <u>anxiety</u>.	彼女は不安を抑える薬を服用している。
0475	The smell of the gardenias on the warm summer night <u>triggered</u> a memory of his wife's perfume.	暖かい夏の夜のクチナシの花の香りは彼の妻の香水の記憶を蘇らせるきっかけとなった。
0476	The entrance to the building is flanked by two tall, marble <u>columns</u>.	その建物の入口には高く大理石でできた2本の柱がそびえ立っている。
0477	He promised he would <u>reform</u> his behavior if she would take him back.	もし彼女が彼とよりを戻すのなら彼は自身の行動を改めると約束した。
0478	It was dusk and only a few stars were <u>visible</u> in the sky.	夕暮れで空にはほんのわずかしか星が目に見えなかった。
0479	He <u>supplements</u> his income by working another job on the weekends.	彼は週末にほかの仕事をすることで収入を補っている。
0480	Nitrogen <u>dioxide</u> is a poisonous gas.	二酸化窒素は有毒ガスです。
0481	This disease is <u>transmitted</u> by close contact with infected individuals.	この病気は感染した人物とじかに接触することで伝染する。
0482	His <u>lungs</u> were affected by many years of smoking.	彼の肺は長年の喫煙の影響を受けていた。
0483	She did not <u>disclose</u> the fact that she had been divorced when she started dating him.	彼女はデートし始めたときには離婚したことがあるという事実を彼に明らかにしなかった。
0484	When he is happy, he <u>whistles</u> different songs.	彼は嬉しいとき、色々な歌を口笛で吹く。

0485	**phrase** [fréiz]	名 一節, (短い)言い回し 動 ~を言葉で表現する in a phrase (ひとくちで言えば)
0486	**oxygen** [ɑ́ksidʒən] 〈化学〉	名 酸素 oxygen mask (酸素マスク)
0487	**rural** [rúərəl]	形 地方の, 田園の, 田舎の = 形 country (田舎の) ⇔ 形 urban (都市の, 都会の)
0488	**portrait** [pɔ́ːrtrit] 〈芸術〉	名 肖像画, ポートレート 動 portray (~を描く)
0489	**bond** [bɑ́nd]	名 絆, 結束;公債, 債券 動 接着する;絆で結ばれる
0490	**conclude** [kənklúːd]	動 終わる;結論を出す; ~を終える;~と結論づける = 動 end (終わる)
0491	**neutrality** [njuːtrǽləti] 〈政治〉	名 中立状態 armed neutrality (武装中立) 形 neutral (中立の)
0492	**exploration** [èkspləréiʃən]	名 探検, 探査 動 explore (~を探検する) 名 explorer (探検家)
0493	**entitle** [intáitl]	動 ~に権利を与える;~に表題を付ける be entitled to ~ (~する権利[資格]を有する) = 動 authorize (~に権限を与える)
0494	**ozone** [óuzoun] 〈環境〉	名 オゾン 熟 the ozone layer (オゾン層)
0495	**suppress** [səprés] 〈社会〉	動 ~をもみ消す, 鎮圧する;~を我慢する 名 suppression (弾圧, 鎮圧)
0496	**mammal** [mǽməl] 〈動物〉	名 哺乳類, 哺乳動物 形 mammalian (哺乳類の)

0485	She remembered a short phrase from the song, and it kept running through her mind.	彼女はその歌の短い一節を覚えていて、それが頭の中で鳴り続けた。
0486	The young boy was deprived of oxygen while he was under the water.	その少年は水中にいる間酸素を奪われた。
0487	She prefers to live in a rural area where it's less crowded rather than a large city.	彼女は大都市よりも人ごみの少ない地方の地域に住むことを好んでいる。
0488	The castle was filled with the portraits of family members over the last two centuries.	その城はここ2世紀の間の家族の肖像画であふれていた。
0489	The two young boys formed a strong bond growing up together that lasted all their lives.	2人の少年は共に成長し生涯にわたって続く固い絆を形成した。
0490	The meeting concluded early, and we were happy to have the extra time.	会議が早めに終わり、余分な時間ができて私たちは喜んだ。
0491	Switzerland is a country that maintained its neutrality during the First World War.	スイスは第一次世界大戦中の間ずっと中立状態を保ち続けた国である。
0492	He led an expedition on an exploration of the Arctic.	彼は北極圏を探検する遠征隊を率いた。
0493	The month long pass entitled her to visit the museum as often as she wanted in February.	1ヵ月パスは彼女に2月の間好きなだけ何度もその美術館に入館する権利を与えた。
0494	The ozone layer has improved due to the restrictions on certain emissions.	ある一定の排出量規制が行われたため、オゾン層は改善してきた。
0495	The defense attorney tried to suppress the evidence before the trial, but she was unsuccessful.	被告側弁護人は裁判の前にその証拠をもみ消そうとしたが、彼女は成功しなかった。
0496	Mammals and reptiles are different classes of animals.	哺乳類と爬虫類は動物において別の分類である。

105

0497	**privileged** [prívəlidʒd]	形 恵まれた，特権を与えられた 图 privilege（特権，特典，名誉）
0498	**electrical** [iléktrikəl]	形 電気の，電動の electrical current（電流） 图 electricity（電気）
0499	**sufficient** [səfíʃənt]	形 十分な，足りる 名 十分（の量） ＝形 adequate（十分な）
0500	**interpret** [intə́ːrprit]	動 ～を説明する，解釈する；通訳する 图 interpretation（解釈；通訳） 图 interpreter（通訳者）

0497	His friends thought he led a privileged life as he was an only child of very wealthy parents.	彼はとても裕福な両親の一人息子だったので彼は恵まれた生活を送っていると彼の友達は感じた。
0498	She majored in mechanical engineering while her friend majored in electrical engineering.	彼女の友人が電気工学を専攻した一方で、彼女は機械工学を専攻した。
0499	If we don't receive sufficient rainfall during the growing season, the price of corn will go up.	生育期に十分な降雨がなければ、トウモロコシの価格は上がるだろう。
0500	She can interpret the symbolic meaning of the poem.	彼女はその詩の象徴的な意味を説明することができる。

Column 1 — The Body (からだ)

▶ヒトの体の部位を表す単語です。日常表現で頻出のため，RLSW どの分野でも出題されます。しっかり覚えましょう。

- head 頭
- hair 髪
- eyelid まぶた
- eye 目
- nose 鼻
- ear 耳
- forehead ひたい
- eyebrow 眉毛
- eyelash(es) まつげ
- cheek ほお
- mustache 口ひげ
- mouth 口
- jaw あご
- chin 下あご
- beard あごひげ
- lip 唇
- gum(s) 歯茎
- tooth / teeth 歯
- tongue 舌
- neck 首
- throat 喉
- Adam's apple 喉仏

- body 体
- shoulder 肩
- chest 胸
- breast 胸, 乳房
- abdomen 腹部
- waist ウエスト
- hand 手
- nail 爪
- palm 手のひら
- back of the hand 手の甲
- finger 指
- thumb 親指
- forefinger 人差し指
- middle finger 中指
- ring finger 薬指
- little finger 小指
- knuckle 指関節

- back 背中
- arm 腕
- leg(s) 脚
- knee ひざ
- shin すね
- ankle 足首
- instep 足の甲
- foot / feet 足

- shoulder blade 肩甲骨
- upper arm 上腕
- elbow ひじ
- forearm 前腕
- wrist 手首
- loin(s) 腰
- lower back 腰
- buttock(s) 尻
- thigh 太もも
- calf ふくらはぎ
- toe 足の指, つま先
- heel かかと

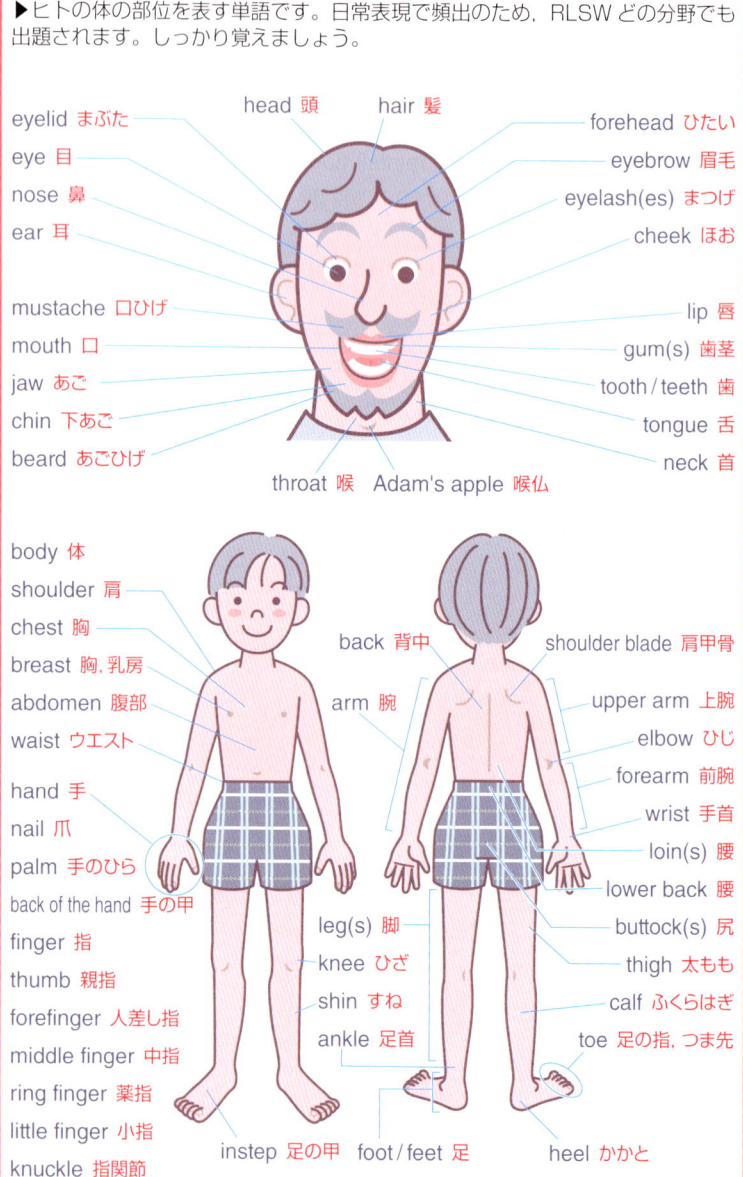

2500 ESSENTIAL ENGLISH WORDS FOR THE TOEFL TEST

ROUND 2

STAGE 06-10
No.0501-1000

The mission of the University of Cambridge is to contribute to society through the pursuit of education, learning, and research at the highest international levels of excellence. The principal aim of the Admissions Policy of the Colleges of the University of Cambridge is to offer admission to students of the highest intellectual potential, irrespective of social, racial, religious and financial considerations.

The University of Cambridge

No.	Word	Meaning
0501	**chemistry** [kéməstri] 《学問》	名 化学 organic chemistry（有機化学） 名 chemist（化学者）
0502	**crucial** [krú:ʃəl]	形 極めて重要な，必須の 副 crucially（極めて；決定的に） ⇔ 形 insignificant（たいしたことがない，重要でない）
0503	**numerous** [njú:mərəs]	形 非常に多くの 副 numerously（豊富に）
0504	**gauge** [géidʒ]	名（評価の）尺度，規格；計器 動 ～を計る，評価する ＝ 名 measure（測定器；評価基準）
0505	**steady** [stédi]	形 ゆるぎない，安定した；しっかりした 動 ～をしっかり固定する，安定させる 名 決まった恋人，ステディ
0506	**consumption** [kənsʌ́mpʃən] 《経済》	名 消費（量）；摂取 consumption duty[tax]（消費税） 動 consume（～を消費する，食べる）
0507	**radiation** [rèidiéiʃən] 《物理》	名 放射線，放射能 radiation therapy（放射線療法） 動 radiate（～を放射する；～を発散させる）
0508	**bob** [báb]	動 ひょいと動く，上下に動く 熟 bob up and down（浮いたり沈んだりする） 名 ひょいと動くこと；軽い会釈
0509	**compliance** [kəmpláiəns]	名 順守，（命令などに）従うこと in compliance with ～（～に応じて） 動 comply（従う，応じる）
0510	**palm** [pá:m]	名 手のひら；ヤシ，シュロ 動（物）を手のひらに隠す
0511	**infant** [ínfənt]	名 幼児，乳児 形 幼児（期）の，乳児（期）の infant mortality（乳児死亡率）
0512	**suck** [sʌ́k]	動 ～を吸う，しゃぶる

	EXAMPLE SENTENCE	TRANSLATION
0501	She studied <u>chemistry</u> as part of her training to become a pharmacist.	彼女は薬剤師になるためのトレーニングの一環として化学を勉強した。
0502	When they realized they had skipped a <u>crucial</u> step in the experiment, they had to start over again.	彼らは実験で極めて重要な段階を飛ばしてしまったと気づき、もう一度最初から始めなければならなかった。
0503	We had <u>numerous</u> conversations over the course of our negotiations.	私たちは交渉中に非常に多くの会話を交わした。
0504	Monthly sales reports are a <u>gauge</u> of the success of the new product.	毎月の売上報告は新商品の成功を測る尺度である。
0505	I appreciate your <u>steady</u> support during this difficult time.	このつらいときのあなたのゆるぎない支援に、私は感謝している。
0506	The <u>consumption</u> of butter has increased since the report about the dangers of margarine was published.	マーガリンの危険性についての報告が公表されてからバターの消費量が伸びてきている。
0507	Ionizing <u>radiation</u> is produced by unstable atoms.	電離放射線は不安定原子により発生する。
0508	The head of the seal was <u>bobbing</u> up and down in the waves just off the coast.	アザラシの頭はちょうどその沖のところの波間で浮いたり沈んだりしていた。
0509	Following these steps in the manufacturing process will bring us into <u>compliance</u> with the new regulations.	製造プロセスでこれらのステップに従うことは私たちに新しい法規を順守させるだろう。
0510	The child held out her hand, and he placed the piece of candy in the <u>palm</u> of her hand.	少女は手を差し出し、彼は彼女の手のひらに飴を乗せた。
0511	They had known each other since they were <u>infants</u>; their mothers became good friends during their pregnancies.	彼らの母親は妊娠している間にとても仲良くなったので彼らは幼児の頃からの知り合いだった。
0512	The little puppies <u>sucked</u> the milk from their mother's nipples.	子犬たちは母親の乳首からミルクを吸った。

0513	**grain** [gréin]	名 穀物；粒 動 ～を粒にする，粒状にする
0514	**inoperable** [inápərəbl]	形 使用不可能な；(疾病が)手術ができない
0515	**architect** [á:rkətèkt]	名 建築士 名 architecture (建築) 形 architectural (建築の)
0516	**equate** [ikwéit]	動 ～を同一視する，同等とみなす 名 equator (赤道) 名 equation (方程式)
0517	**fee** [fí:]	名 手数料，料金 tuition[school] fee (授業料) legal fee (裁判費用)
0518	**courtship** [kɔ́:rtʃip] 《動物》	名 (動物の)求愛活動[行動]，求婚
0519	**freeze** [frí:z]	動 ～を凍らせる；(物価賃金など)を凍結する；凍る，氷結する；(人が)急に止まる，動かなくなる 形 freezing (凍るように寒い，氷点下の)
0520	**pregnant** [prégnənt] 《生理》	形 妊娠して get[become] pregnant (妊娠する) 名 pregnancy (妊娠)
0521	**computation** [kàmpjutéiʃən]	名 計算(結果) 動 compute (～を計算する，算出する) ＝名 calculation (計算，演算)
0522	**review** [rivjú:]	動 ～を見直す；批評する 名 吟味，再検討；批評
0523	**unemployment** [ʌ̀nimplɔ́imənt] 《社会》	名 失業，失業者数 unemployment benefit (失業手当) 形 unemployed (失業した)
0524	**expectant** [ikspéktənt] 《生理》	形 妊娠中の，出産の近い ＝形 pregnant (妊娠している)

0513	The farmer fed grain to his livestock.	農夫は家畜に穀物を与えた。
0514	After the phone was dropped in the water, it was inoperable.	水に落としてしまった後、その電話は使用不可能になった。
0515	The architect who designed this building was very talented.	この建物を設計した建築士は非常に才能があった。
0516	I don't think you can equate the two things; they are very different.	その2つのことを同一視することができるとは思わない。それらはとても異なるのだから。
0517	The city planning department required a fee for new development.	その都市計画部門は新たな開発に対し手数料を要求した。
0518	The courtship of the crane includes a series of dance-like motions.	ツルの求愛活動[行動]には一連の踊りに似た動作を含んでいる。
0519	We froze the meat as we didn't need it until the following week.	次の週まで必要がなかったので私たちはその肉を凍らせた。
0520	Female elephants are pregnant for 22 months before giving birth.	雌のゾウは出産までに22カ月間妊娠している。
0521	He found an error in his computations when he reviewed them.	彼は計算を見直したときに、誤りを発見した。
0522	The professor reviewed the material before the final exam.	教授は最終試験の前に資料を見直した。
0523	The government keeps track of the rate of unemployment.	政府は失業率の動向を追っている。
0524	The expectant mother was looking forward to the birth of her first baby.	妊娠中の母親は自身の第一子の誕生を心待ちにしていた。

STAGE 06

113

0525	**abolish** [əbálɪʃ] 《法律》	動 ~を廃止する，撤廃する 名 abolition（廃止） = 動 eliminate（~を取り除く，排除する）
0526	**justify** [dʒʌ́stəfài]	動 ~を正しいと証明する，正当化する 名 justice（正義） 名 justification（正当化）
0527	**democratic** [dèməkrǽtik] 《政治》	形 民主的な，民主主義の the Democratic Party《米》（民主党） 名 democracy（民主主義，民主政治）
0528	**fuel** [fjúːəl]	動 ~をあおる；~に燃料を供給する 名 燃料
0529	**tutor** [tjúːtər] 《大学》	動 ~の家庭教師をする 名 家庭教師，チューター；（大学の）助講師 形 tutorial（個人指導の）
0530	**adequate** [ǽdikwət]	形 十分な，満足な = 形 sufficient（十分な） ⇔ 形 inadequate（不十分な）
0531	**reveal** [rivíːl]	動 ~を明らかにする；~を示す，見せる 名 (車の) 窓枠 ⇔ 動 conceal（~をかくまう，隠す）
0532	**prerequisite** [prìːrékwəzit]	名 必要条件，必須項目 形 不可欠の，必須の
0533	**admission** [ədmíʃən] 《大学》	名 入学，入場；入場料 admission office（入学事務局）
0534	**circuitous** [sərkjúːətəs]	形 遠回りの，回り道の； （言動などが）回りくどい，遠回しの 熟 circuitous route（遠回りの道，迂回路）
0535	**in-depth** [ìndépθ]	形 徹底的な，詳細な = 形 complete（完璧な）
0536	**technological** [tèknəládʒikəl] 《学問》	形 技術の，工学の 名 technology（科学技術） 副 technologically（技術的に）

0525	The State of Vermont abolished slavery in 1777, shortly after the Revolutionary War in the United States of America.	米国で起きた革命戦争の直後、1777年にバーモント州は奴隷制を廃止した。
0526	The excuses he gave did not justify his actions.	彼がした言い訳は彼の行動を正しいと証明することができなかった。
0527	We settled the argument in a democratic manner; everyone voted for their preference.	私たちは民主的な方法で議論に決着をつけた。みな、自分の意思で投票した。
0528	Limiting the young boy's time online only seemed to fuel his interest in it.	少年にオンラインで過ごす時間を制限することはインターネットに対する彼の興味をあおるだけのようにみえた。
0529	She agreed to tutor her friend in math because he was having difficulty in the class.	友人が授業で困っているため彼女は彼の数学の家庭教師をすることに同意した。
0530	I'm not sure we have adequate security for this important event; we may need to hire more people.	この重要なイベントに対して十分なセキュリティがあるか定かではないので、人員をさらに雇用する必要があるかもしれない。
0531	He's a very private person, and his conversation is always general; he reveals nothing of his personal life.	彼はとても非社交的な人で、彼の会話はいつも一般的な内容だ。彼は自身の生活について何も明らかにしない。
0532	Many colleges require certain courses as prerequisites before entering your major field of study.	研究の専門分野に入る前に必要条件として特定のコースの受講を求める大学が多い。
0533	His admission to the university is dependent on his test scores and his grades.	その大学への彼の入学は、彼の試験の点数と成績次第である。
0534	He took a circuitous route home as he thought he was being followed.	彼は尾行されていると思ったので家まで遠回りの道を使った。
0535	The news channel advertised their in-depth analysis of current events.	ニュースチャンネルが最新の出来事の徹底的な分析を公表した。
0536	A series of technological advancements made the scientific breakthrough possible.	一連の技術の進歩は自然科学における飛躍的進歩を可能にした。

0537	**platform** [plǽtfɔːrm] 〈IT〉	名 (システムなどの)**基盤**；**壇**, **台**；**演壇**, **舞台**；《英》(駅の)**ホーム**, **プラットホーム**
0538	**accessible** [əksésəbl]	形 **到達できる**；**使用し得る**, **利用可能な** = 形 reachable (到達できる)
0539	**fault** [fɔ́ːlt] 〈地学〉	名 **断層**；**責任**；**欠陥**, **欠点** = 名 crack (裂け目, 割れ目)
0540	**section** [sékʃən]	名 **(切)断面**, **断面図**；**区分**；**階級**；**部門** 動 ~の**断面図を作る**；~を**区分する** 熟 cross section (横断面；断面図)
0541	**focus** [fóukəs] 〈数学〉	名 **焦点**；**重点**；**目的** 動 **焦点が合う**；**集中する**；~に**集中させる**；~の**焦点を合わせる**
0542	**scale** [skéil] 〈生物〉	名 **うろこ**；**湯垢**, **歯石** 動 (魚)のうろこを落とす
0543	**till** [tíl]	動 **~を耕す** 形 tillable (耕作できる, 耕作に適した) = 動 cultivate (~を耕す)
0544	**solution** [səlúːʃən] 〈化学〉	名 **溶液**；**解決策** 名 solvent (溶剤, 溶媒)
0545	**weathering** [wéðəriŋ] 〈地学〉	名 **風化**, **風化作用** 動 weather (風化する)
0546	**agricultural** [æ̀grikʌ́ltʃərəl]	形 **農業の**, **農学の** 名 agriculture (農業)
0547	**clay** [kléi]	名 **粘土**, **泥** clay soil (粘土質の土)
0548	**nursery** [nə́ːrsəri]	名 **種苗場**, **苗床**；**保育園** 熟 plant nursery (種苗店) nursery garden (苗床, 苗圃)

0537	Smart phones have created new platforms for gaming and increased competition in the marketplace.	スマートフォンはゲームをするための新しい基盤を築き、市場の競争を激化させた。
0538	That island is only accessible by boat.	あの島へはボートでのみ到達できる。
0539	The San Andreas Fault is a major geologic fault in California.	サンアンドレアス断層はカリフォルニア州における主要な地質学的断層である。
0540	The diagram showed a cross section of the airplane.	その図は飛行機の横断面を示していた。
0541	In geometry, the focus refers to a point of a conic section.	幾何学において、焦点は円錐曲線の先端の点を指す。
0542	She removed the scales of the fish before putting the fish on the child's plate.	彼女は子供の皿に魚を乗せる前にその魚のうろこを取り除いた。
0543	Farmers have tilled the soil for hundreds of years.	農夫は何百年もの間土壌を耕してきた。
0544	She created a solution of water and sugar to use as a base for her sauce.	彼女はソースのベースとして使う水と砂糖の溶液を作った。
0545	In geology, chemical weathering causes rocks that are exposed to decompose.	地質学において、化学的風化が原因でさらされている岩石が腐食する。
0546	The land was mostly dedicated to agricultural purposes, so we drove past orchards and vineyards.	その土地の大部分は農業の目的に特化されていたので、私たちは果樹園やブドウ農園を車で通り過ぎた。
0547	The potter formed the clay into a beautiful vase.	その陶芸家は粘土を美しい花瓶へと形作った。
0548	She visited the plant nursery to purchase some parsley and basil for her garden.	自分の庭用にパセリとバジルをいくつか購入するために、彼女は種苗店を訪れた。

0549	**pine** [páin]	動 恋いこがれる，切望する；やつれる 熟 pine for ~ (~を恋いこがれる)
0550	**surrounding** [səráundiŋ]	形 周囲の，近辺の 名 周辺地域；環境 動 surround (~を囲む)
0551	**publicity** [pʌblísəti]	名 宣伝，広告；周知；評判 publicity agent (広告代理店) 動 publicize (~を広告する；~を公表する)
0552	**insurance** [inʃúərəns] 〈社会〉	名 保険 insurance adjuster (保険査定人) 動 insure (~に保険をかける)
0553	**copper** [kápər] 〈化学〉	名 銅，銅色 形 coppery (銅の，銅色の)
0554	**mature** [mətjúər]	形 成熟した，成長した；熟した 動 成長する，熟す 名 maturity (成熟；満期)
0555	**jury** [dʒúəri] 〈法律〉	名 陪審(員団) sit on a jury (陪審員となる) 名 jurist (法律専門家，法学者)
0556	**recommendation** [rèkəmendéiʃən] 〈大学〉	名 推薦(状) 動 recommend (~を推薦する) = 名 reference (推薦状)
0557	**storage** [stɔ́:ridʒ]	名 保管場所，貯蔵；貯蔵所，倉庫 熟 keep ~ in storage (~を保管する) 動 store (~を保管する，貯蔵する)
0558	**inherit** [inhérit]	動 (親などから)~を受け継ぐ；(前任から)~を引き継ぐ；(財産など)を相続する；(人の)あとを継ぐ 形 inherited (遺伝された，相続された)
0559	**interior** [intíəriər] 〈地学〉	名 内陸(部)，海岸から離れた地域；内側，内部；室内 形 内部の，内側の
0560	**split** [split]	動 ~を分ける，分裂させる；分担する；裂ける，割れる；分かれる 名 分裂，仲間割れ；裂け目，割れ目

0549	The little boy has not been away from his family before, and he may pine for them and be unhappy at camp.	その幼い少年はこれまで家族から離れたことがなく、キャンプでは家族を恋いこがれて悲しむかもしれない。
0550	The surrounding area was desert, so there were no trees.	その周囲の地域は砂漠だったので、木がなかった。
0551	The marketing department uses social media to create publicity about their events.	マーケティング部はイベントの宣伝をするためにソーシャルメディアを使う。
0552	He bought insurance to protect his house in case of fire or theft.	彼は火災や盗難に備え家を保護するために保険に加入した。
0553	The copper turned green as it was exposed to the elements.	銅はその成分にさらされ、緑色に変色した。
0554	She's a fully mature adult who can make her own decisions.	彼女は自分で決断することができる十分に成熟した大人である。
0555	The jury of twelve will decide whether the person is guilty or innocent of the crime.	その犯罪においてその人物が有罪か無罪かを12名の陪審員が決定するだろう。
0556	The student asked his professor for a letter of recommendation.	学生は推薦状を教授に依頼した。
0557	We keep our boat in storage during the winter.	私たちは冬の間ボートを保管しておく。
0558	People commented that he had inherited his father's talent as both were remarkable musicians.	彼も彼の父親も卓越した音楽家であり彼は父親の才能を受け継いでいると人々はコメントした。
0559	In Australia, most of the population lives on the coasts as the interior of the country is hot and dry.	オーストラリアでは、国の内陸部が暑く乾燥しているためその人口の大部分は沿岸部に住んでいる。
0560	They split the responsibilities equally between the two researchers.	彼らは2人の研究者の間でその責任を平等に分けた。

119

No.	単語	発音	意味
0561	**classification**	[klæ̀səfikéiʃən] 《生物》	名 分類, 区別；等級, 部類；(生物・図書の) 分類法
0562	**infectious**	[inférkʃəs]	形 (病気が) 伝染する；(感情などが) 移りやすい, 伝わる, 伝染性の 副 infectiously (人に移るように；感染するように)
0563	**impose**	[impóuz]	動 ~を強要する, 押しつける；(税金など) を課す, 負わせる；でしゃばる impose A on B (AをBに強いる)
0564	**interfere**	[ìntərfíər]	動 邪魔する, 阻害する；干渉する 熟 interfere with ~ (~を邪魔する, 妨げる) interfere in ~ (~に口出しをする, 干渉する)
0565	**landscape**	[lǽndskèip] 《環境》	名 (陸の) 景観, 風景；眺望；風景画 (法) 形 (ページなどが) 横置き [向き] の
0566	**proportion**	[prəpɔ́ːrʃən]	名 (~に対する) 分量；割合, 比率；つり合い, 均衡；比例 in proportion to ~ (~に比例して；~とつり合いが取れて)
0567	**conventional**	[kənvénʃənl]	形 従来の, 伝統的な；因習的な；型にはまった conventional weapon (通常兵器) conventional wisdom (一般通念 [常識])
0568	**default**	[difɔ́ːlt] 《IT》	動 (料金などを) 滞納する；欠席する；義務を怠る 熟 default to ~ (初期値の~になる) 名 (債務などの) 不履行；怠慢；欠席 [場]
0569	**differential**	[dìfərénʃəl]	名 (数量などの) 差 (額)；微分 形 区別的な；微分の
0570	**negotiate**	[nigóuʃièit]	動 交渉 [協議] する 名 negotiation (〈複〉交渉, 折衝) be in negotiation(s) with ~ (~と交渉中である)
0571	**slightly**	[sláitli]	副 わずかに, かすかに；もろく；(体格が) 華奢な, ほっそりと
0572	**geography**	[dʒiágrəfi] 《地学》	名 地形, 地勢；地理学 = 名 landscape (地形；景観；風景画)

0561	Animals are divided into several classifications depending on their characteristics.	動物はその特徴によっていくつかの分類に分けられる。
0562	Laughter can be infectious among friends who are relaxing together.	一緒にいると落ち着く友人の間では笑いは伝染することがあるものである。
0563	The new headmaster imposed an entirely new set of rules for conduct for students and faculty.	新しい校長は学生と教員に適用する全く新しい一連の行為規則を強要した。
0564	She turned her phone off, so nothing would interfere with her study time.	彼女は電話の電源を切ったので、彼女の勉強時間を邪魔するものは何もないだろう。
0565	When the trees died off, the landscape changed dramatically.	その木々が絶滅し、その景観は劇的に変化した。
0566	If you don't use these exact proportions for ingredients, the bread will not rise.	これらの正確な分量の材料を使わなければ、パンは膨らまないだろう。
0567	Conventional warfare does not include nuclear weapons.	従来の戦争行為に核兵器は含まれない。
0568	If you don't fill in a number, it defaults to zero.	数字を入力しなければ、それは初期値の0になる。
0569	You have to consider the differential in housing costs between the two cities.	その2都市の住居費の差をよく考えなければいけない。
0570	I think you can get a lower price if you negotiate with them.	彼らと交渉すれば価格を下げてもらえると思う。
0571	The clothes are just slightly wet, so I think they will dry out quickly.	その服はただわずかに濡れているだけなので、すぐに乾くと思う。
0572	The geography of this state is varied; there are mountains and coastal areas with farmland between them.	この州の地形は変化に富んでいる。山もあれば海岸地域もありその間には農地もある。

121

0573	**colleague** [káli:g] 《社会》	名 同僚, 同業者 = 名 coworker (同僚, 共に働く人)
0574	**temporary** [témpərèri]	形 一時的な, つかの間の 副 temporarily (仮に, 一時, 間に合わせに) = 形 transient (一時の, つかの間の; 短期滞在の)
0575	**duration** [djuréiʃən]	名 期間; 継続, 持続 for the duration of ~ (~の間)
0576	**reinforce** [rì:infɔ́:rs]	動 ~を強化 [補強] する 名 reinforcement (強化, 補強;〈複〉援軍) = 動 corroborate (~を裏付ける, 確証する)
0577	**native** [néitiv]	形 (動植物が)自生の; 土地特有の; 生来の; (人が)~生まれの 名 (ある土地の)生まれの人, 出身者; 住民; 原住民 go native (土地の風習に従う)
0578	**voluntary** [váləntèri]	形 自発的な; 善意による, ボランティアの;《法律》任意の; 故意の; 無償の;《生理》随意の
0579	**disarray** [dìsəréi]	名 混乱, 乱雑 動 ~を乱す, 混乱させる in disarray (乱れて, だらしなく; 混乱して)
0580	**notion** [nóuʃən]	名 (漠然とした)考え, 理解; 意見, 見解; 思いつき, 気まぐれな考え = 名 idea (考え, 着想, 思いつき)
0581	**intuitive** [intjú:ətiv]	形 直観的な 名 intuition (直観; 洞察力) = 形 instinctive (本能的な; 直観的な)
0582	**enterprising** [éntərpràiziŋ]	形 (人・行動が)進取的な, 意欲的な = 形 ambitious (野心を持った)
0583	**trait** [tréit]	名 (性格・習慣などの)特徴, 特色
0584	**constitute** [kánstətjù:t]	動 ~を占める, 構成する; ~を設立 [制定] する;〈受身〉~に任ぜられる = 動 compose (~を組み立てる, 構成する)

0573	On Fridays, the professor liked to join his <u>colleagues</u> at the pub for a drink before he went home.	毎週金曜日、その教授は帰宅する前に同僚と一緒にパブへ飲みに行くのが好きだった。
0574	This fix is only <u>temporary</u>, but we'll come back and do something more permanent next week.	この修理は一時的なだけで、私たちは来週戻ってきてもっと永続的な何かをするつもりだ。
0575	We plan to spend the <u>duration</u> of the holiday at the beach relaxing in the sun.	私たちは休日の期間太陽の下ビーチでリラックスしながら過ごそうと計画している。
0576	The speaker <u>reinforced</u> his point with a story that was easy to remember.	講師は覚えやすい話で自分の主張を強化した。
0577	They used <u>native</u> plants for their landscaping as they required less water and care.	水やりや世話が少なくて済むので彼らはその造園に自生の植物を使った。
0578	People have been asked to make <u>voluntary</u> cutbacks on water during the drought, but there are no penalties.	水不足の間人々は自発的な水の消費の節約を求められたが、罰則はない。
0579	They were in the process of moving out of the house, so the rooms were in a state of <u>disarray</u>.	彼らはその家を引っ越す最中だったので、その部屋も混乱の状態にあった。
0580	He has some strange <u>notions</u>; he's a bit unusual.	彼の考えはいくらか奇妙だ。彼はほかとは少し違う。
0581	The interface for the new device is very <u>intuitive</u> and easy to use.	新しい装置のインターフェースはとても直観的で使いやすい。
0582	He's an <u>enterprising</u> person who works very hard and is starting his own company.	彼は懸命に働く進取的な人で自身の事業を始めている。
0583	Red hair is a common hereditary <u>trait</u> in that family.	赤毛はあの家族の間で共通する遺伝的特徴だ。
0584	When posting online and texting <u>constituted</u> the majority of his time, his grades began to drop.	オンライン投稿やメールが彼の時間の大部分を占めるようになり、彼の成績は落ち始めた。

No.	単語	意味
0585	**asset** [ǽset]	名 戦力；価値あるもの（人材，技術）；役に立つもの；〈複〉財産，資産
0586	**terminology** [tə̀ːrmənάlədʒi] 《学問》	名 (専門)用語，術語 = 名 jargon (専門用語，隠語)
0587	**distinguish** [distíŋgwiʃ]	動 ～を区別する，見分ける；～を特色づける 熟 distinguish oneself (有名になる；目立つ)
0588	**exceed** [iksíːd]	動 (力量など)を上回る，(数量など)を超える；(制限・規則など)を越える
0589	**execute** [éksikjùːt]	動 (計画・仕事など)を遂行する；(ダンスなど)を上手にこなす，(芸術作品など)を制作する；～を死刑にする，処刑する
0590	**latter** [lǽtər]	名 〈the ～〉後者，後に述べたもの 形 後者の，最後の；(時間的に)後半の，後の ⇔ the former (前者，先に述べたもの)
0591	**superior** [supíəriər] 《社会》	形 (地位などが)上の，上級の；優れた superior to ～ (～より重要な，優れた) ⇔ 形 inferior (下の，下級の；劣った)
0592	**linear** [líniər] 《数学》	形 直線的な，直接的な；(直)線の；《数学》(方程式などの次数) 1次の linear equation (1次方程式)
0593	**archive** [άːrkaiv] 《歴史》	名 記録[公文書]保管所；保存記録，公文書；(データファイルの)アーカイブ 名 archivist (公文書保管係)
0594	**imply** [implái]	動 ～をほのめかす，それとなく伝える；(事物・言葉などが)～を含蓄する，伴う = 動 insinuate (～を遠回しに言う)
0595	**oscillate** [άsəlèit]	動 (振り子のように)揺れる，振動する；ぐらつく，動揺する
0596	**modality** [moudǽləti]	名 様式；様相，様態

0585	We consider her a great asset to our team as she's very talented and also hardworking.	彼女は非常に才能がありまた懸命に取り組むのでチームにとっての大切な戦力だと私たちはみなしている。
0586	The document was written for the engineering staff, so it has a lot of technical terminology.	その文書はエンジニアリングスタッフのために書かれていたので技術用語が多く使われている。
0587	She distinguished herself in the study group by completing every assignment early.	彼女は課題の全てを早く完成させたことで、研究グループの中で有名になった。
0588	He exceeded his parents' expectations by graduating early and getting a scholarship.	彼は早く卒業し奨学金を得たことで両親の期待を上回った。
0589	In order to execute their plan, they all had to contribute four hours of work over the weekend.	計画を遂行するため、彼らはみな週末にかけて4時間の作業を遂行しなければならなかった。
0590	She likes both coffee and tea, but she prefers the latter as tea is perfect at any time of day.	彼女はコーヒーもお茶も両方好きだが、お茶は一日のどの時間にも適しているので後者の方がより好きである。
0591	In the military, he was taught not to question orders from a superior officer.	軍隊では、上官からの命令に疑問を持たないようにと彼は教えられた。
0592	There's a linear relationship between good study habits and good grades.	良い学習習慣と好成績の間には直線的な関係がある。
0593	In order to complete the research paper, they needed permission to visit the library archives of rare documents.	研究論文を完成させるためには、彼らは図書館の貴重文書の記録保管所に入室する許可を得る必要があった。
0594	Rather than directly attacking her work, he implied that it was not original.	彼女の研究を直接攻撃する代わりに、彼はそれがオリジナルではないとほのめかした。
0595	The young girl oscillated between excitement and nervousness about the upcoming event.	これから起きる出来事にその若い少女は興奮と緊張の間で揺れていた。
0596	It is easier to learn when the material is presented in ways that appeal to multiple learning modalities.	複数の学習様式に訴える方法で教材が提示されれば学ぶのはより簡単だ。

125

0597	**tuft** [tʌ́ft] 《生物》	名 房 動 ～に房を付ける
0598	**obligate** [ábləgèit]	動 ～に義務を負わせる 形 義務を負わされた；強制された 名 obligation（義務；債務）
0599	**null** [nʌ́l] 《法律》	形 無効な，無価値の；ゼロの 熟 null and void（法的に無効の） ＝形 void（無効の；何もない）
0600	**formula** [fɔ́ːrmjulə] 《学問》	名 公式；処方（箋） chemical formula（化学式） 動 formulate（～を公式化する）

0597	The lynx has small tufts of hair on each ear, which scientists believe improve its hearing.	オオヤマネコの各耳に小さな毛の房があり、その房が彼らの聴力を向上させていると科学者は考えている。
0598	He didn't want to obligate them any further; they had already done so much for his family.	彼はもうこれ以上彼らに義務を負わせたくなかった。彼らは既に彼の家族のためにたくさんのことをしてくれていた。
0599	Several complaints were deemed null and void, so they were dismissed.	苦情のいくつかは法的に無効であるとみなされたので、それらは棄却された。
0600	She used a formula that she had memorized to solve the math problem.	彼女は数学の問題を解くために覚えておいた公式を用いた。

ROUND 2 STAGE 07 No.0601-0700

MEANING

0601 rent
[rént] 《経済》
- 動 ~を賃借する，賃貸する
- 名 賃貸料，使用料
- = 動 lease (~を賃借する，賃貸する)

0602 biology
[baiálədʒi] 《学問》
- 名 生物学，生態学
- 形 biological (生物学の)
- 名 biologist (生物学者)

0603 accompany
[əkámpəni]
- 動 ~に同行する；付随して起こる；~の伴奏をする
- 名 accompaniment (伴奏；付随物)
- 名 accompanist (伴奏者)

0604 trace
[tréis]
- 動 ~をたどる，追跡する；~を捜し出す
- 名 形跡，跡；微量
- 名 traceability (追跡可能性，トレーサビリティ)

0605 attendance
[əténdəns]
- 名 出席(者)，出席率
- 動 attend (~に出席する)
- 名 attendant (付き添い，付き人)

0606 progressive
[prəgrésiv]
- 形 進歩的な，革新的な；累進的な，進行性の
- 名 進歩[革新]主義者
- progressive tax (累進税)

0607 comprehensive
[kàmprihénsiv]
- 形 総合的な，包括的な
- 動 comprehend (~を包含する)
- = 形 complete ([~を]完備した)

0608 merely
[míərli]
- 副 ただ~だけ，単に
- = 副 simply (ただ~だけ，単に)

0609 brochure
[brouʃúər]
- 名 小冊子，パンフレット
- = 名 booklet (小冊子)

0610 tourism
[túərizm] 《社会》
- 名 観光事業，観光旅行
- 名 tour (旅行)
- 名 tourist (観光客)

0611 density
[dénsəti]
- 名 密度，濃度
- 熟 population density (人口密度)
- 形 dense (密度の高い，濃い)

0612 ankle
[æŋkl] 《生理》
- 名 足首，くるぶし

	EXAMPLE SENTENCE	TRANSLATION
0601	Sometimes, it is better to rent rather than purchase a property.	時に、不動産は購入するより賃借する方が良い。
0602	The biology teacher is ordering new microscopes for her classroom.	生物学の先生は彼女の教室用に新たな顕微鏡を注文している。
0603	She accompanied her grandmother to her car and helped her load the luggage in the trunk.	彼女は車まで祖母に同行してトランクへ荷物を積み入れるのを手伝った。
0604	The detective worked to trace the evidence back to the suspect.	刑事はその証拠をたどり容疑者をつきとめるのに尽力した。
0605	The high school keeps track of each student's daily attendance.	その高校は各生徒の日々の出席の記録を付けている。
0606	That political party is considered progressive as they want to change the system.	あの政党はシステムを変えたいとしているので進歩的であると考えられている。
0607	They said they offered a comprehensive health plan, which covered hospitalization and visits to the doctor.	彼らは、総合的な健康保険を提供し、その保険で入院と医師の診療をカバーすると話した。
0608	I merely asked how his day was, and he started yelling at me.	私はただ彼の近況がどのようであるかを尋ねただけなのに、彼は私を怒鳴りつけ始めた。
0609	The salesperson at the new housing development handed out brochures to visitors.	新しい住宅開発会社の営業担当は来客に小冊子を配布した。
0610	Tourism is an important source of income for the state of Hawaii.	ハワイ州にとって観光事業は重要な収入源だ。
0611	The population density is much higher in the cities than in the countryside.	人口密度は地方よりも都市部の方がかなり高い。
0612	She slipped on the ice and broke her ankle.	彼女は氷の上で滑り、足首を骨折した。

129

0613	**distinct** [distíŋkt]	形 独特な，別個の；明瞭な，明確な 副 distinctly（はっきりと，明白に） 形 distinctive（明確に区別できる）
0614	**distribution** [dìstrəbjúːʃən] 〈経済〉	名 配給，分配 動 distribute（〜を分配する，供給する） 名 distributor（特約販売店，配給業者）
0615	**equation** [ikwéiʒən] 〈学問〉	名 方程式；同一視 動 equate（〜を同一視する，同等とみなす）
0616	**evaluate** [ivæljuèit]	動 〜を評価する，査定する 名 evaluation（評価，査定）
0617	**quote** [kwóut] 〈学問〉	名 引用（文/語句） 動 〜を引用する；〜の見積もりをする = 名 quotation（引用，引用文）
0618	**reproduce** [rìːprədjúːs]	動 〜を再現する；〜を複製する；〜を繁殖させる；（生物が）繁殖する，子供を産む 名 reproduction（復元；複製品）
0619	**sheer** [ʃíər]	形 （崖などが）切り立った；全くの，完全なる 副 垂直に；全く；まともに；完全に
0620	**allowance** [əláuəns] 〈経済〉	名 小遣い；手当；費用
0621	**striking** [stráikiŋ]	形 印象的な；顕著な，著しい 動 strike（〜の心を打つ；〜を打つ） 副 strikingly（著しく，際立って）
0622	**questionnaire** [kwèstʃənéər] 〈社会〉	名 アンケート，アンケート用紙 fill out a questionnaire（アンケート用紙に記入する） = 名 survey（調査）
0623	**isolated** [áisəlèitid]	形 孤立した；隔離された；孤高の 名 isolation（孤立，分離） = 形 remote（遠隔の；よそよそしい）
0624	**warrant** [wɔ́ːrənt] 〈法律〉	動 〜の正当な理由となる；〜を保証する 名 法的な許可証，令状；証明［免許］証 名 warranty（保証書）

0613	He has a distinct voice, which is easily recognizable.	彼は独特な声なので、簡単に識別できる。
0614	After the natural disaster, the aid organization handled the distribution of water and food to the refugees.	その自然災害の後、支援団体が避難者への水と食糧の配給を担当した。
0615	The mathematics teacher put the equation on the board and asked the students if they had any questions.	数学の先生は黒板に方程式を書き、生徒に質問があるかどうか尋ねた。
0616	The students evaluated their professor at the end of the quarter.	学生たちは学期の終わりに自分たちの教授を評価した。
0617	Was it a direct quote or did you paraphrase the author's words?	それは直接の引用だったのか、それともあなたが作者の言葉を言い換えたのか？
0618	She found it difficult to reproduce the enthusiasm she originally had for this project.	彼女はこの企画に対し当初持っていた熱意を再現することが難しいと思った。
0619	They replaced multiple drill bits since they were drilling through sheer rock.	彼らは切り立った岩に穴を開けていたので、複数のドリルの刃を取り替えた。
0620	Her son asked for an increase in his weekly allowance as he wanted to save money for a skateboard.	彼女の息子はスケートボードを買うためのお金を貯めたかったので毎週の小遣いを上げるよう頼んだ。
0621	She has striking blue eyes, which I noticed the first time I met her.	彼女の目は印象的な青色で、彼女に初めて会ったとき私はそれに気がついた。
0622	Questionnaires are used to get feedback on customer service.	カスタマーサービスに関するフィードバックを得るためにアンケートが用いられる。
0623	He felt isolated at the new school until he started making friends.	彼は友達を作り始めるまで新しい学校で孤立していると感じていた。
0624	The research study didn't warrant further funding as the results were inconclusive.	この研究は結果が結論に達していなかったため、それ以上の財政支援の正当な理由とはならなかった。

0625	**spatial**	[spéiʃəl]	形 空間の，空間的な spatial ability（空間認識能力）
0626	**quantum**	[kwántəm]	形 (進歩などが)飛躍的な；《物理》量子力学的な 熟 quantum leap（飛躍的な進歩，大躍進） 名 量子；分け前；数量
0627	**organism**	[ɔ́:rɡənìzm] 《生物》	名 有機体；生物 a microscopic organism（微生物） 形 organic（有機体の，生物の；有機的な）
0628	**withdraw**	[wiðdrɔ́:]	動 退く，脱退する；(預金)をおろす；(物)を取り出す；～を取りやめる，中止する 名 withdrawal（撤退，撤回，脱退；引っ込めること）
0629	**imprison**	[imprízn] 《法律》	動 ～を拘置する，投獄する 名 imprisonment（投獄，禁固，監禁；拘束）
0630	**burden**	[bə́:rdn]	名 (精神的)重荷，負担；荷物 動 (人)に重荷を負わせる 形 burdensome（心身の重荷となる，厄介な）
0631	**semester**	[siméstər] 《大学》	名 (高校・大学の)学期
0632	**complement**	動 [kámpləmènt] 名 [kámpləmənt]	動 ～を引き立てる；補う，補足する 名 補うもの；補語；《数学》補集合 ＝ 動 supplement（～を補う，～の補足となる）
0633	**stack**	[stæk]	動 (物)を積む，積み重ねる 熟 stack up (against, to)（(～と)同等である，匹敵する） 名 堆積，山
0634	**dispute**	[dispjú:t]	名 議論，口論；紛争 動 ～を議論する，～に反論する ＝ 名 argument（議論，口論）
0635	**compose**	[kəmpóuz] 《芸術》	動 ～を創作[作曲]する；～を組み立てる，構成する 名 composition（創作；構成物，作品；構造） 名 composer（作曲家）
0636	**cartoon**	[kɑ:rtú:n] 《社会》	名 風刺漫画 名 caricature（風刺画）

0625	She has excellent spatial skills and can interpret the blueprints for the building site quickly.	彼女は優れた空間的な能力を持っていて建設用地の設計図をすぐさま解釈することができる。
0626	Their products may be expensive, but they are a quantum leap ahead of all their competitors.	彼らの商品は高額かもしれないが、彼らはどの競合他社よりも飛躍的な進歩をしている。
0627	Bacteria is a single-celled organism that reproduces asexually.	バクテリアは無性生殖する単細胞の有機体である。
0628	The famous movie star withdrew from public life and spent her remaining years in a small village in France.	その有名な映画スターは公の生活から退きフランスの小さな村で余生を過ごした。
0629	The thief was imprisoned for four years for his crimes.	その泥棒は彼の犯した犯罪を理由に4年間拘置された。
0630	He did not consider caring for his elderly father to be a burden as he loved him very much.	彼は父のことをとても愛していたので彼が年老いた父の介護を重荷に感じることはなかった。
0631	A semester usually lasts from 15 to 18 weeks at most schools.	大部分の学校でひと学期は通常15から18週間続く。
0632	The fresh basil complemented the ripe tomatoes in the sauce.	生のバジルはソースの完熟したトマトを引き立てた。
0633	She worried that her sister was prettier and smarter, and she felt she would never stack up.	彼女は姉妹の方がかわいく賢いのではないかと心配し、決して同等であるとは思わなかった。
0634	It was a minor dispute about money, and they settled it and moved on.	それはお金に関するささいな議論だったので、彼らはそれを解決し先へ進んだ。
0635	Shakespeare composed many sonnets as well as plays during his lifetime.	シェイクスピアは生涯において戯曲だけでなく数多くのソネットを創作した。
0636	There was a political cartoon in the newspaper making fun of the current administration.	その新聞には現政権を笑いの種にする政治風刺漫画があった。

No.	単語	発音/分野	意味
0637	**sensory**	[sénsəri] 《生理》	形 感覚の，感覚に関する sensory organ（感覚器官）
0638	**void**	[vɔ́id] 《法律》	動 ~を取り消す，無効にする 形 無効な；空の，何もない = 動 cancel（~をキャンセルする）
0639	**portfolio**	[pɔːrtfóuliòu] 《芸術》	名 作品集；書類入れ；ポートフォリオ
0640	**diploma**	[diplóumə] 《大学》	名 学位記，卒業[修了]証明 = 名 certificate（修業[卒業]証書；免許状）
0641	**regime**	[rəʒíːm] 《政治》	名 政権，政府；政治体制 形 regimental（連隊の；統制的な） = 名 government（政府；政治体制）
0642	**uneasy**	[ʌníːzi]	形 不安な；不安定な 名 uneasiness（不安，心配） 副 uneasily（心配して，当惑して）
0643	**advocate**	名 [ǽdvəkət] 動 [ǽdvəkèit]	名 提唱者，主張者 動 ~を提唱する 名 advocacy（弁護，唱道；弁護士業務）
0644	**static**	[stǽtik]	形 静的な，変化のない 名 空電；(通信を妨害する)雑音，ノイズ static electricity（静電気）
0645	**prevalent**	[prévələnt]	形 普及している，広く行きわたっている 動 prevail（普及する；説得する；勝つ） = 形 widespread（まん延した，いっぱいに広げた）
0646	**span**	[spǽn]	動 ~に架かる，及ぶ 名 期間；全長
0647	**induce**	[indjúːs]	動 ~を誘惑する，誘発する 熟 induce A to ~（A を~する気にさせる） 名 inducement（誘導；動機）
0648	**alter**	[ɔ́ːltər]	動 ~を変える，改める 名 alteration（変更，手直し；変化，変質） 形 alterative（変える，変化を促す；改善する）

0637	**Sensory** perception includes depth perception, which allows us to see the world in 3 dimensions.	感覚の知覚には奥行き知覚が含まれ、これにより私たちは世界を3次元で見ることができる。
0638	If you violate one of the contract requirements, you will **void** the contract, and it will no longer apply.	もし契約要求事項の1つに違反すれば、その契約を取り消し、もう適用されることはなくなる。
0639	The artist kept a **portfolio** of her work to show potential clients and customers.	その芸術家は自身の絵の作品集をクライアントや顧客になりそうな人に見せるために保管しておいた。
0640	The lawyer has a framed copy of his **diploma** on the wall of his office.	その弁護士の事務所の壁には額に入った学位記の写しがある。
0641	The government of that country was taken over by a military **regime**.	その国の政治は軍事政権に取って代わられた。
0642	Driving alone down the dark road made her feel **uneasy**.	暗い道を1人で運転することは彼女を不安にした。
0643	She's an **advocate** for women's rights in that country.	彼女はその国で女性の権利を求める提唱者だ。
0644	Very few situations remain **static**; there is almost always a change for the better or the worse.	静的なままでい続ける状況などほとんどない。良かれ悪しかれほぼ常に変化はあるものだ。
0645	Smart phones have become **prevalent** in most cities over the last several years.	スマートフォンはここ数年の間にたいていの都市で普及するようになった。
0646	The Golden Gate Bridge **spans** the distance between San Francisco and Marin County.	ゴールデンゲートブリッジはサンフランシスコとマリン郡の間に架かっている。
0647	No amount of money could **induce** me to live in that city as I hate the weather there.	私はそこの天気が大嫌いなのでいくら積まれたとしても私をあの街に住む気にさせることはできない。
0648	He **altered** his appearance so that he would not be recognized by the police.	彼は警察に気づかれることのないように、外見を変えた。

135

0649 customary
[kʌ́stəmèri]
- 形 習慣の, いつもの
- 名 custom (習慣, 風習;〈複〉関税)
- = 形 conventional (従来の, 伝統的な)

0650 conscious
[kánʃəs]
- 形 意識的な, 意図した；自覚している
- 名 consciousness (意識, 気づいていること)
- = 形 intentional (意図的な)

0651 mediate
動 [míːdièit]
形 [míːdiət]
- 動 ~を仲裁する, 調停する
- 形 間接の, 仲介の
- 名 mediator (調停者)

0652 petition
[pətíʃən] 〈社会〉
- 名 嘆願 [請願] (書)
- 動 ~を請求 [請願] する
- the Petition of Right (権利の請願)

0653 beneficial
[bènəfíʃəl]
- 形 有益な, 役立つ；利益をもたらす
- 名 benefit (利益)
- = 形 advantageous (有利な)

0654 controversy
[kántrəvə̀ːrsi]
- 名 議論, 論争
- 形 controversial (議論の余地のある, 異論の多い)
- = 名 dispute (紛争)

0655 spirit
[spírit]
- 名 心持ち, 精気；精霊；蒸留酒
- 形 spiritual (精神的な；魂の；超自然的な)

0656 cautious
[kɔ́ːʃəs]
- 形 用心 [注意] 深い, 慎重な
- 副 cautiously (用心深く)
- 名 caution (警戒, 注意)

0657 sustain
[səstéin]
- 動 ~を維持する, 支える；~に耐える
- 形 sustainable (維持できる, 環境を破壊せずに持続可能な)
- 名 sustainability (持続可能性)

0658 norm
[nɔ́ːrm]
- 名 〈the ~〉標準, 基準；平均；〈複〉(社会の) 標準, 水準
- out of the norm (基準をはずれた)

0659 virtue
[vɚ́ːrtʃuː]
- 名 長所, 道徳的美点；美徳
- by virtue of ~ (~の理由で, おかげで)
- 形 virtuous (高潔な, 徳の高い)

0660 aggregate
名 [ǽgrigət]
動 [ǽgrigèit]
- 名 集合 (体), 総計
- 動 ~を集計 [集合] する
- on aggregate (総合得点で)

0649	It is <u>customary</u> to say goodbye to your close friends when you are leaving for a long time.	長い間離れるとき親しい友人たちにさよならを言うのは<u>習慣</u>になっている。
0650	She thought it over carefully before deciding to move; it was a very <u>conscious</u> decision.	彼女は動くことを決める前にそのことを慎重によく考えた。それは実に<u>意識的な</u>決断だった。
0651	The two sides could not agree, so the governor <u>mediated</u> a compromise between the union and management.	双方が合意できなかったので、その理事が組合側と経営陣の間の和解を<u>仲裁した</u>。
0652	A group of citizens are asking people in the town to sign a <u>petition</u> protesting the development.	市民グループはその開発に抗議する<u>嘆願書</u>に署名するよう街の人々に依頼している。
0653	Exercise usually has a <u>beneficial</u> effect on one's health.	運動には通常、健康に<u>有益な</u>効果がある。
0654	There is a lot of <u>controversy</u> about birth control in the United States.	アメリカ合衆国では、受胎調節について多くの<u>議論</u>がある。
0655	He's struggling with an illness, but he remains positive and in good <u>spirits</u>.	彼は病気に苦しんでいるが、前向きでかつ気丈な<u>心持ち</u>を保ち続けている。
0656	She's a very <u>cautious</u> person; she does not like to take risks.	彼女はとても<u>用心深い</u>人だ。彼女は危険を冒したがらない。
0657	The grandfather found it hard to <u>sustain</u> the energy required to keep up with a two-year-old.	2歳児についていくのに必要なエネルギーを<u>維持する</u>のは大変なことだと祖父は感じた。
0658	His behavior was unusual and definitely not the <u>norm</u>.	彼の行動は独特で全く<u>標準</u>ではなかった。
0659	Honesty and thrift are just two of his many <u>virtues</u>.	誠実と倹約は彼の数ある<u>長所</u>の中の2つにすぎない。
0660	The students at this university are an <u>aggregate</u> of people from many different countries.	この大学の学生は多くの様々な国から来た人の<u>集合体</u>である。

No.	見出し語	意味
0661	**racism** [réisizm] 《社会》	名 人種差別，民族主義 名 race (人種) 形 racial (人種の，民族の)
0662	**spell** [spél]	名 しばらく(の間)，ひとしきり；(ひと続きの)仕事 a spell ago (ちょっと前に)
0663	**integrity** [intégrəti]	名 誠実，高潔；完全な状態，元のままの状態 ⇔ 名 evil (邪悪，不道徳)
0664	**toxic** [tɑ́ksik] 《化学》	形 有毒の，毒の 名 toxin (毒素)
0665	**negligent** [néglidʒənt]	形 無頓着な，怠慢な 動 neglect (〜を怠る，無視する) 名 negligence (怠慢，不注意，過失)
0666	**identical** [aidéntikəl]	形 全く同じ，同一の；一卵性の identical twins (一卵性双生児) 動 identify (〜と同一のものとみなす，〜を特定する)
0667	**rotate** [róuteit]	動 〜を回転させる；(作物)を輪作する；回転する，回る；(仕事を)交替する 名 rotation (輪作，回転，循環)
0668	**probe** [próub]	動 〜を調査する，探り出す；〜を徹底的に調べる；〜に探りを入れる 形 probing (探りを入れる；徹底的な)
0669	**disturbing** [distə́ːrbiŋ]	形 不穏な；混乱させる 動 disturb (〜を混乱させる，不安にする) 名 disturbance (乱すこと；動揺，社会的混乱)
0670	**lease** [líːs] 《経済》	動 〜を賃借[賃貸]する 名 賃貸借契約 = 動 rent (〜を賃借[賃貸]する)
0671	**stability** [stəbíləti]	名 安定性，持続性 動 stabilize (〜を安定させる) 形 stable (安定した，しっかりした)
0672	**compile** [kəmpáil]	動 〜を収集する；〜を編集する 名 compilation (編集，編集したもの) 名 compiler (編集者，コンパイラー)

0661	Even though an African American was elected president in the United States, racism is still a problem in the country.	米国ではアフリカ系アメリカ人が大統領に選出されたが、それでも人種差別はその国で依然問題となっている。
0662	I recommend that you wait a spell before you respond as you seem very angry.	あなたはとても憤慨しているようなので返答する前にしばらくの間待つのがいいと思う。
0663	He is a man of integrity, and I would trust him with my money or my life.	彼は誠実な人なので、私は彼を信じて自分のお金、または人生をゆだねるだろう。
0664	All toxic substances must be kept out of the reach of children.	有毒物質は全て子供の手の届く範囲にあってはいけない。
0665	The parents were negligent, and they let their small child wander into the street.	その両親は無頓着であったので、自分たちの小さな子供を道に迷いこませてしまった。
0666	The two items looked identical, and I could not see any difference between them.	その2つの商品は全く同じに見えたので、私にはそれらの違いに少しも気づくことができなかった。
0667	The farmer rotates his crops every three years, so that the soil is not depleted.	その農夫は作物を3年ごとに輪作するので、土壌は劣化しない。
0668	When she didn't get the information she wanted, his mother continued probing with more questions.	彼の母は欲しい情報を得ていなかったので、さらに質問をして調査し続けた。
0669	The teacher noticed disturbing changes in the child's behavior, so she called his parents.	その教師はその子供の行動の不穏な変化に気づいたので、彼の両親を呼び出した。
0670	She leased the apartment for one year, and the advantage was that the rent would not go up during that time.	彼女はアパートを1年間賃借したが、その利点はその間賃料が上がらなさそうだということだった。
0671	She was tired of changing jobs; she was looking for stability in her workplace.	彼女は転職に飽きてしまった。彼女は職場に安定性を求めていた。
0672	Once the data is compiled, we can search for specific information.	一旦データが収集されると、特定の情報を検索できる。

139

No.	見出し語	意味
0673	**depict** [dipíkt]	動 ~を描く，描写する 名 depiction (描写，叙述)
0674	**narrative** [nǽrətiv] 《文学》	名 物語；物語文学，話 形 物語からなる，物語風の
0675	**complicate** [kámpləkèit]	動 ~を複雑にする，こじらせる 形 complicated (複雑な，難しい) 名 complication (複雑化，紛糾)
0676	**render** [réndər] 《法律》	動 (判決など)を言い渡す；~を与える；AをBにする
0677	**pose** [póuz]	動 ~を引き起こす；ポーズを取る；なりすます
0678	**tolerate** [tálərèit]	動 ~を大目に見る，黙認する；~に耐える 名 tolerance (寛容；忍耐) 形 tolerant (寛容な)
0679	**planetary** [plǽnətèri] 《宇宙》	形 惑星の；地上の；放浪する，さまよう the planetary system (太陽系)
0680	**suspend** [səspénd]	動 ~を一時停止する；延期する；~をつるす 名 suspension (停職，停学；一時的停止，中止)
0681	**numerical** [nju:mérikəl]	形 番号の，数字の 副 numerically (数字上に)
0682	**threshold** [θréʃhould]	名 入口，始め；境界 threshold level (しきい値)
0683	**atom** [ǽtəm] 《物理》	名 原子；微量 形 atomic (原子力の，原子爆弾の；原子の) atomic bomb (原子爆弾)
0684	**mortal** [mɔ́:rtl]	形 死を免れない，死ぬ運命にある；死の 名 mortality (死亡率) ⇔ 形 immortal (不死身の)

0673	They depict her as a mother figure in the play.	彼らはその演劇の中で彼女を母親像として描いている。
0674	That children's story had a common narrative of the hero overcoming the evil character.	その子供の話には悪役を倒すヒーローの一般的な物語が含まれていた。
0675	Their latest, additional demands will complicate the negotiations.	彼らの最新の追加要求は交渉を複雑にするだろう。
0676	The Supreme Court will render their decision in the next 30 days.	最高裁はその判決を30日後に言い渡す予定だ。
0677	Let me know if this change poses a problem for you.	この変更があなたに問題を引き起こしたら私に知らせてください。
0678	She does not have a close relationship with her neighbor, but she tolerates him without complaint.	彼女は隣人と親密な関係を持たないが、苦情を言わずに彼を大目に見ている。
0679	Galileo plotted the earth's planetary orbit around the sun.	ガリレオは太陽を周回する地球の惑星の軌道を描画した。
0680	They had to suspend the construction because of the terrible weather; they hope to continue next week.	ひどい天候のため彼らは建設作業を一時停止しなければならなかった。彼らは来週は作業を続行することを望んでいる。
0681	The pieces were organized in numerical order from 1 to 10.	その部品は1から10の番号順に整理された。
0682	As she approached her twenty-first birthday, she realized she was on the threshold of adulthood.	21歳の誕生日が近づくにつれて、彼女は自分は大人の入口にいると自覚した。
0683	The atom is the source of nuclear energy.	原子は核エネルギーの源です。
0684	All human beings are mortal, which means we will eventually die.	人間はみな死を免れない、それは私たちは最終的に死ぬということだ。

141

0685	**preliminary** [prilímənèri]	形 暫定的な；予備の，準備の 名 〈複〉予備行為[段階]，前置き 熟 preliminary results（中間結果）
0686	**crack** [krǽk]	動 (問題・暗号など)を解く；(物)を割る；(頭など)をぶつける；割れる，壊れる 熟 crack a code（暗号〔文〕を解く）
0687	**patent** [pǽtnt]	動 〜の特許(権)を取得する 名 特許，特許品 patent pending（特許出願中）
0688	**postgraduate** [pòustgrǽdʒuət] 《大学》	形 大学院の，学部卒業後の 名 大学院生，研究生 postgraduate law faculty（法科大学院）
0689	**velocity** [vəlásəti] 《物理》	名 速度 = 名 rapidity（すばやさ，敏捷さ）
0690	**pottery** [pátri]	名 陶器(類)，陶芸 = 名 porcelain（磁器）
0691	**breach** [bríːtʃ]	名 (防御線などの)裂け口，突破口；(法・約束などの)違反 動 (法など)を破る，違反する = 名 violation（違反，侵害）
0692	**collaborate** [kəlǽbərèit]	動 共同作業をする 名 collaboration（協同，提携，共同制作；同調） 形 collaborative（協同の，合作の）
0693	**fraud** [frɔ́ːd]	名 詐欺師，詐欺(行為) commit a fraud（詐欺を働く） 形 fraudulent（詐欺の；不正な）
0694	**indigenous** [indídʒənəs] 《生物》	形 原産の，(ある土地に)固有の = 形 native（土着の，出身の，生まれつきの） ⇔ 形 exotic（異国風の）
0695	**distressing** [distrésiŋ]	形 悲惨な，苦しめる 動 distress（〜を苦悩させる，〜に心痛を与える） = 形 distressful（悲惨な）
0696	**prompt** [prámpt]	形 早急な，即座の 動 (人)に〜するよう促す；〜を誘発する 副 promptly（敏速に，急に；きっかりに）

0685	These are just the preliminary results; we should wait for further information before we decide.	これらはただの中間結果だ。決断を下す前にさらなる情報を待つべきである。
0686	They are working hard to crack the code, so they can read the message.	メッセージを読み取れるように、彼らは暗号を解くのに熱心に取り組んでいる。
0687	He patented his invention, so he could seek legal protection if someone copied his idea.	彼は自身の発明の特許を取得したので、誰かが彼のアイディアを模倣した場合法的保護を求めることができた。
0688	After he gets his bachelor's degree, he plans to do postgraduate work and earn his PhD.	彼は学士を取得した後、大学院の研究をし博士号を取得する計画を立てている。
0689	Race car drivers are used to traveling at very high velocities.	レースカーのドライバーは非常に速い速度での移動に慣れている。
0690	Archaeologists learn about ancient cultures by examining pieces of pottery made long ago.	考古学者たちは何年も前に作られた陶器のかけらを調査することで古代文化について学ぶ。
0691	The security breach meant that confidential data was exposed to unknown sources.	セキュリティの裂け口があったということは機密情報が未知の情報源にさらされたということだ。
0692	Collaborating with his colleagues is one of the things he enjoys about his job as he prefers to work with a team.	彼はチームで働くことを好むので同僚と共同作業をすることは自身の仕事で楽しんでいることの1つだ。
0693	She pretended to be a duchess from England, but we found out she was from New Jersey; she was a fraud.	彼女は英国からの公爵夫人であると装ったが、私たちは彼女がニュージャージー出身だと見破った。彼女は詐欺師だったのだ。
0694	Kangaroos and koalas are indigenous to Australia.	カンガルーとコアラはオーストラリア原産である。
0695	The fact that she had failed the test was distressing, and she was not sure how to tell her parents.	彼女が試験に不合格だったという事実は悲惨なもので、彼女は両親にどのように伝えれば良いかわからなかった。
0696	We had expected a prompt response, but we had to wait a long time to hear from them.	私たちは早急な返答を期待していたが、彼らから連絡を受けるには長い時間待たなければならなかった。

0697 inmate
[ínmèit] 《法律》
名 囚人, 収容者
= 名 prisoner (囚人)

0698 saint
[séint]
名 聖人 (のような人), 慈悲深い人
形 saintly (聖人のような, 高徳の)
名 sainthood (聖人の地位；〔集合的に〕聖人)

0699 suspicion
[səspíʃən]
名 疑念, 容疑
形 suspicious (疑念に満ちた, 怪しげな)
副 suspiciously (疑わしげに)

0700 acquisition
[ækwizíʃən]
名 獲得, 習得
Merger & Acquisition (M&A, 合併と買収)
動 acquire (〜を獲得 [習得] する)

0697	He has been an inmate at this prison for ten years; he is serving a life sentence.	彼は囚人として10年間その刑務所にいる。彼は終身刑に服しているのだ。
0698	She is so kind and patient with that difficult person; she's a saint.	彼女はあの気難しい人に対してもとても優しく寛大である。彼女は聖人のような人である。
0699	It is my suspicion that he may be guilty of cheating on the exam, but I cannot prove it.	彼はその試験でカンニングの罪があるかもしれないというのが私の疑念であるが、それを証明することはできない。
0700	He collects classic cars, and his latest acquisition is a 1931, Ford model A.	彼はクラシックカーを収集しており、最近の獲得は1931年型フォード・モデルAである。

ROUND 2 STAGE 08 No.0701–0800

		MEANING
0701	**summarize** [sʌ́məràiz]	動 ~を要約する 名 summary (要約)
0702	**moreover** [mɔːróuvər]	副 さらに，その上；そしてまた = 副 furthermore (さらに)
0703	**patronize** [péitrənàiz]	動 ~を見下す；~をひいきにする，後援する 形 patronizing (恩着せがましい；人を見下すような)
0704	**succession** [səkséʃən]	名 連続；継承[相続](権) 形 successive (連続的な) 動 succeed (~の後に続く)
0705	**outlook** [áutlùk]	名 展望，見解；見晴らし，眺望 the weather outlook (天気予報)
0706	**intersect** [ìntərsékt]	動 交わる，交差する 名 intersection (交差点)
0707	**exponential** [èkspounénʃəl]	形 飛躍的な；《数学》指数の 副 exponentially (飛躍的に) = 形 rapid (急速な)
0708	**impartial** [impɑ́ːrʃəl]	形 公平な，偏見のない 名 impartiality (公平さ，公平性) = 形 unbiased (公平な，偏見のない)
0709	**rout** [ráut]	名 大敗北，壊滅(状態)；敗走 ⇔ 名 triumph (大勝利，大成功)
0710	**radical** [rǽdikəl]	形 根本的な，抜本的な；急進的な，過激な 名 過激派，急進論者 radical sign (根号, √)
0711	**administration** [ədmìnəstréiʃən] 《社会》	名 管理課，運営陣；行政，政治；〈the ~〉政権，政府 動 administer (~を管理する)
0712	**theology** [θiɑ́lədʒi] 《学問》	名 神学 名 theologist (神学者)

	EXAMPLE SENTENCE	TRANSLATION
0701	I didn't have time to read the article; can you <u>summarize</u> it for me?	その記事を読む時間がなかったので、私のために<u>要約して</u>くれないか？
0702	He's very wealthy; <u>moreover</u>, he is smart and kind, which makes him a popular bachelor.	彼はとても裕福である。<u>さらに</u>、彼は賢く優しいので、とても人気のある独身男性だ。
0703	She talks to me like I am a little child; I don't like it when she <u>patronizes</u> me.	彼女は私がまるで子供であるかのように話しかける。彼女が私を<u>見下す</u>態度を取るのは好きではない。
0704	We spent the morning dealing with a <u>succession</u> of problems, one after another.	私たちは午前中を<u>連続</u>して起きた問題を次々に対処するのに費やした。
0705	He's an optimistic person who maintains a consistently positive <u>outlook</u> on life.	彼は人生に対し常に前向きな<u>展望</u>を持ち続ける楽観的な人だ。
0706	I hope our paths will <u>intersect</u> in the future as I would like to see you again.	またあなたに会いたいので、私たちの向かう道が将来<u>交わる</u>ことを望む。
0707	We can get an <u>exponential</u> benefit from the new procedures by reducing the amount of time between cycles.	周期間の時間を削減することで新しい手順から<u>飛躍的な</u>恩恵を得ることができる。
0708	They felt the judge was fair as he issued an <u>impartial</u> ruling that did not favor either side.	裁判官はどちらの側にも優位にはならない<u>公平な</u>判決を下したので、彼らは裁判官は公平だと感じた。
0709	They lost the game 20 to 0; it was clearly a <u>rout</u>.	彼らは20対0で試合に負けた。それは明らかに<u>大敗北</u>であった。
0710	I don't want to make any <u>radical</u> changes in the design, but I am open to making small adjustments in sizing.	私はそのデザインに<u>根本的な</u>変更をしたくはないが、サイズについての小規模な調整は受け入れる余裕がある。
0711	If you have questions about the dress code at this school, you will need to check with the <u>administration</u>.	この学校の服装規定に疑問があるなら、<u>管理課</u>に問い合わせる必要があるだろう。
0712	He teaches <u>theology</u> at the seminary to students who are studying to become priests.	彼は神学校で神父になるために学習している学生に対し<u>神学</u>を教えている。

0713	**comprise** [kəmpráiz]	動 ~を構成する,~からなる;~を含む
0714	**discrete** [diskríːt]	形 個別の,別々の
0715	**continuous** [kəntínjuəs]	形 連続[継続]的な,絶え間ない 副 continuously (絶えず,頻繁に) = 形 endless (続いている,絶えない)
0716	**secure** [sikjúər]	形 安全な;確保された 動 ~を確保する;~を守る 名 security (安全)
0717	**signature** [sígnətʃər]	名 署名,サイン 形 特徴的な,代表的な
0718	**discharge** [distʃáːrdʒ]	動 (負債)を返済する;~を放出する,解任する;(荷・乗客など)を降ろす
0719	**consistent** [kənsístənt]	形 一貫性のある,矛盾しない;安定した 名 consistency (一貫性;一致) ⇔ 形 inconsistent (矛盾した,一貫性のない)
0720	**pulse** [páls]	名 (世間の)傾向,動向;脈拍 動 脈打つ 熟 have one's finger on the pulse (実情に通じている)
0721	**accordingly** [əkɔ́ːrdiŋli]	副 それ相応に,それに応じて;従って
0722	**slip** [slíp]	動 滑る;衰える 名 滑ること;間違い,過失
0723	**utility** [juːtíləti] 〈社会〉	名 公益事業,公共料金;有用,有益 utility bill (公共料金) 動 utilize (~を役立てる,利用する)
0724	**era** [íərə]	名 時代,年代

0713	Central America is <u>comprised</u> of seven different countries.	中米は、7つの異なる国で<u>構成される</u>。
0714	He divided the company into six <u>discrete</u> parts, and each one was set up to function independently.	彼は会社を6つの<u>個別の</u>組織に分け、それぞれは独立して機能するよう設けられた。
0715	The power outage disrupted their <u>continuous</u> supply of electricity.	停電により彼らの電力の<u>継続的な</u>供給が途絶えた。
0716	I don't think this phone line is <u>secure</u>; I think someone may be listening in on our conversation.	この電話回線は<u>安全</u>ではないと思う。私たちの会話を誰かが盗聴しているかもしれないのではないか。
0717	All I need now to finalize our agreement is to have your <u>signature</u> on the dotted line.	私たちの合意をまとめるのに今必要なことは、この点線にあなたの<u>署名</u>をもらうことだけだ。
0718	I have paid him back all the money I owed, and I am happy to <u>discharge</u> the debt.	私は借りたお金を全て彼に返し、私はその借金を<u>返済する</u>ことができて嬉しく思う。
0719	Effective parents are <u>consistent</u> in disciplining their children.	有能な両親は子供のしつけにおいて<u>一貫性がある</u>。
0720	He's a popular public figure, and people say he has his finger on the <u>pulse</u> of the city.	彼は人気のある著名人で、人々は彼がその街の<u>実情に通じている</u>と言う。
0721	She is our honored guest, and she should be treated <u>accordingly</u>.	彼女は私たちにとって名誉ある賓客なので、<u>それ相応に</u>もてなされるべきだ。
0722	When tectonic plates in the earth move and <u>slip</u> past each other, they can cause earthquakes.	地球の構造プレートが動き互いに<u>滑り</u>込むと、地震を起こす可能性がある。
0723	A public <u>utility</u> provides electricity and gas to their customers.	<u>公益事業</u>により利用者に電気とガスが供給される。
0724	She grew up in a different <u>era</u>, in a time when women did not have equal rights.	彼女は異なる<u>時代</u>、すなわち女性が平等の権利を持っていなかった時代に育った。

0725	**plague** [pléig] 《医療》	名 ペスト, 疫病；災難, 不幸, 不運 動 ～を疫病にかからせる；～を困らせる 熟 bubonic plague（腺ペスト）
0726	**depression** [dipréʃən]	名 不況, 憂鬱 熟 economic depression（経済不況） 動 depress（～を押し下げる）
0727	**restore** [ristɔ́ːr]	動 ～を回復させる, 修復する 名 restoration（復元, 回復, 修復）
0728	**therapist** [θérəpist] 《医療》	名 療法士, セラピスト
0729	**prime** [práim]	名 〈the/one's ～〉最盛期, 真っ盛り 形 最も重要な, 第一の, 最上の prime number（素数）
0730	**reckon** [rékən]	動 ～を思う, 考える；計算［算定］する 熟 reckon with ～（～を考慮［計算］に入れる）
0731	**tin** [tín] 《化学》	名 ブリキ, スズ 形 ブリキ［スズ］製の tin can（ブリキ缶）
0732	**resume** [rizúːm]	動 ～を再開する, 回復する；～に戻る
0733	**scholarship** [skɑ́ːlərʃip] 《大学》	名 奨学金；（人文系科目の）学識, 学問 名 scholar（奨学生；人文系科目の教授）
0734	**embed** [imbéd]	動 （記者）を従軍させる；～を埋め込む, 組み込む
0735	**sociology** [sòusiɑ́ːlədʒi] 《学問》	名 社会学 名 sociologist（社会学者）
0736	**notation** [noutéiʃən]	名 メモ；表記, 表示 musical notation（記譜法；音符）

0725	The bubonic <u>plague</u> killed millions of people in the 14th century.	14世紀には腺ペストで何百万もの人が死んだ。
0726	There was an economic <u>depression</u> in that country many years ago.	その国では何年も前に経済不況が起こった。
0727	The old woman is hopeful that a knee replacement will <u>restore</u> her mobility.	その年老いた女性はひざの代替手術が彼女の可動性を回復させるという望みを抱いている。
0728	The physical <u>therapist</u> worked with him after his accident to help him with his range of motion.	その理学療法士は事故後彼と共に取り組み彼の関節可動域改善の支援をした。
0729	At the age of 30, he is in the <u>prime</u> of his life, and his physical condition is excellent.	30歳になり、彼は人生の最盛期を迎え、健康状態も極めて好調だ。
0730	She had not <u>reckoned with</u> the powerful resistance she encountered from the opposition.	彼女は対立側から降りかかってくるその強力な反対を考慮に入れていなかった。
0731	I have an old plate that is made of <u>tin</u>, which I use for camping.	私はブリキでできた古い皿を持っており、キャンプに使っている。
0732	After taking time off to have a baby in the spring, she <u>resumed</u> work in the fall.	彼女は春に出産のため休職した後、秋に仕事を再開した。
0733	It was a small <u>scholarship</u>, but it paid for her books.	わずかな奨学金であったが、彼女の書籍代金を支払う分はあった。
0734	The news organization <u>embedded</u> journalists with the military, so they could report back with stories of the war.	その報道機関は記者を軍隊に従軍させたので、記者たちは折り返しその戦争の記事を報告することができた。
0735	He is majoring in <u>sociology</u>, and his classes focus on social relationships among humans.	彼は社会学を専攻しており、彼の授業では人々の社会的な関係について重点的に取り組んでいる。
0736	She made a <u>notation</u> in her calendar to call her friend the following week.	彼女は翌週に友人に電話をするようカレンダーにメモを残した。

0737	**retain**	[ritéin] 《社会》	動 ～を雇う；～を保つ；～を覚えておく = 動 employ (～を雇う)
0738	**vice**	[váis]	名 悪習；悪徳；欠点 形 vicious (邪悪な)
0739	**consortium**	[kənsɔ́ːrʃiəm] 《政治》	名 連合，組合；企業連合
0740	**presume**	[prizúːm]	動 ～を推測する，仮定する 名 presumption (推定，仮定) = 動 assume (～と仮定する，～を推測する)
0741	**marginal**	[máːrdʒinəl] 《地学》	形 (土地が)生産力がない；ごくわずかな，不十分な；余白に書かれた；へり[縁]の = 形 barren (作物のできない)
0742	**accumulate**	[əkjúːmjulèit]	動 ～を集める，蓄積する 名 accumulation (蓄積) = 動 collect (～を集める)
0743	**veteran**	[vétərən]	名 退役軍人，老練兵；ベテラン 形 歴戦の，老練な，ベテランの Veterans Day《米》(復員軍人の日)
0744	**designate**	[dézignèit]	動 (人)を指名する；～するよう指示する = 動 appoint (～を任命する，指名する)
0745	**republic**	[ripʌ́blik] 《政治》	名 共和国，共和政体 名 Republican (共和党員) ⇔ 名 monarchy (君主制)
0746	**overlap**	動 [òuvərlǽp] 名 [óuvərlæp]	動 重複する，重なり合う 名 共通点，重なり，重複
0747	**greatly**	[gréitli]	副 おおいに，偉大に = 副 highly (非常に)
0748	**china**	[tʃáinə]	形 陶磁器製の 名 陶磁器製品，磁器 = 名 porcelain (磁器) ⇔ 名 japan (漆，漆器)

0737	She retained a lawyer to defend her in the upcoming trial.	彼女は次の裁判に備え、彼女を弁護する弁護士を雇った。
0738	She has no noticeable vices; she does not smoke or drink alcohol.	彼女には目立った悪習がない。彼女はたばこも吸わないし酒も飲まない。
0739	The small countries banded together to form a consortium to study the problem.	それらの小国はその問題を検討するための連合を形成するため、共に団結した。
0740	I presumed that she was his wife when I saw them together at the party, but I was wrong.	パーティーで彼らが一緒にいるのを見たとき私は彼女が彼の妻であると推測したが、間違いだった。
0741	This land is considered marginal for farming as the area has little rainfall.	この地域は降雨がほとんどないため、農業をするには生産力がないとみなされている。
0742	They accumulated many works of art during their lives together.	彼らは共に暮らす間に多くの芸術作品を集めた。
0743	He was a soldier in the war, and he gathers with other veterans every year on the anniversary of the conflict.	彼はその戦争の兵士で、毎年その闘争の記念日にはほかの退役軍人たちと集う。
0744	He will retire as CEO from the family-owned company soon, and he has not designated his replacement yet.	彼は家族経営の会社のCEOの職からもうじき退くが、まだ後任を指名していない。
0745	At one time, the United States was a republic in which only men who owned property had the right to vote.	かつて、アメリカ合衆国は土地を所有する男性のみが投票権を持つ共和国であった。
0746	There is sometimes conflict between them as their responsibilities overlap.	責任が重複すると時に彼らの間で対立が起きる。
0747	Mother Teresa was greatly admired as a kind and generous person for her work with the poor.	マザー・テレサは貧しい人々に対する功労により親切で寛大な人としておおいに称賛された。
0748	She inherited a set of beautiful china cups from her grandmother.	彼女は祖母から美しい陶磁器製のカップのセットを受け継いだ。

ROUND 2 STAGE 08 No.0701-0800

0749 accordance
[əkɔ́ːrdns]
名 一致，合致
熟 in accordance with ~（~に従って；一致して）

0750 compound
動 [kəmpáund]
名 [kάmpaund] 《化学》
動 ~をさらに悪化させる；~と混ぜる；~を構成する
名 複合体，合成物；化合物
= 動 aggravate（~を深刻にする）

0751 binary
[báinəri] 《数学》
形 2進法の，2つの
名 2進法
熟 binary code（2進コード，2進符合）

0752 constrained
[kənstréind]
形 強いられた；不自然な
動 constrain（~を強いる；束縛する；抑制する）

0753 affiliate
[əfílièit] 《社会》
動 ~を所属させる，加入[加盟]させる；加わる，提携[交際]する
熟 be affiliated with ~（~に所属[加盟]している）

0754 tailor
[téilər]
動 （目的・好みなど）に調整する，合わせる；服を仕立てる，仕立て屋である
名 仕立て屋，テーラー

0755 mutual
[mjúːtʃuəl]
形 共通の；相互の，互いの
= 形 common（共通の）

0756 vital
[váitl]
形 命に関わる，致命的な；生命の；不可欠の，極めて重要な
名 vitality（活気，元気；活力；持続力）

0757 enormous
[inɔ́ːrməs]
形 重大な，莫大な
= 形 massive（巨大な）
⇔ 形 diminutive（小さい，小型の，小柄の）

0758 tendency
[téndənsi]
名 傾向；性向，癖
動 tend（~しがちである，する傾向がある）

0759 graphic
[ɡrǽfik]
形 生々しい；写実的な；図式的な
= 形 vivid（生々しい，鮮明な）

0760 integrate
[íntəɡrèit] 《数学》
動 ~を積分する；~を統合する
形 integral（積分の；不可欠の）

0749	After his death, his attorney took great care to distribute the inheritance in accordance with the old man's will.	その年老いた男性の死後、弁護士は彼の遺書に従って細心の注意を払って彼の遺産を配分した。
0750	Let's not argue and compound the problem; we need to work on a solution together.	その問題について議論しさらに悪化させるのは止めよう。私たちは共にその解決策に取り組む必要がある。
0751	Binary code uses 1 and 0 for numerals as it is written in base 2.	2進コードは2進数で書かれるので、数表示に1と0を用いる。
0752	He felt constrained as he didn't want to hurt her feelings, so he didn't tell her the truth.	彼は彼女の気持ちを傷つけたくないという思いに強いられ、彼女に真実を伝えなかった。
0753	She was affiliated with the university as a faculty member in the English department.	彼女は英語学部の教員メンバーとして大学に所属していた。
0754	The politician tailored his comments to the group, so he spoke about his hunting to the archery club.	その政治家はグループに合わせてコメントを調整したので、彼はアーチェリー部に対し自身の狩猟の話をした。
0755	I think we have a mutual friend; I know her from school and you know her from work.	私たちには共通の友人がいると思う。私は学校で、あなたは職場で彼女を知っている。
0756	Adapting to environmental changes is vital to the survival of many species.	環境変化への適応は多くの種の生存にとって命に関わる。
0757	It was an enormous responsibility, but she was cheerful about the work involved.	それは重大な責任だったが、彼女は関与するその仕事を喜んでいた。
0758	He has a tendency to underestimate the work involved, which can cause problems later.	彼には自分が関与する仕事を低く見積もる傾向があり、それは後に問題を生じかねない。
0759	It was a graphic depiction of the crime, and she covered her eyes to avoid looking at all the blood.	それは犯罪の生々しい描写で、彼女は血を一切見ないよう自分の目を覆った。
0760	If we integrate two things in mathematics, we combine two things into one whole.	数学で2つのものを積分するなら、2つのものを1つの全体にまとめることになる。

0761	**compromise** [kɑ́mprəmàiz]	名 妥協(点), 折衷(案);中間物 動 妥協する, 歩み寄る compromise with A on B (BについてAと妥協する)
0762	**pilot** [páilət]	形 試験的な;予備の 動 〜を操縦する;〜を案内する 名 パイロット, 操縦士
0763	**verbal** [vɔ́ːrbəl]	形 口頭の, 言葉の 名 準動詞(形) verbal agreement (口頭契約)
0764	**dispose** [dispóuz]	動 処理[処分]する;〜を配置[配列]する 熟 dispose of 〜 (〔不用物など〕を処理[処分]する) dispose A to 〜 (Aを〜に仕向ける)
0765	**routine** [ruːtíːn]	形 決まりきった, 型にはまった 名 日常の仕事, 日課;いつもの手順[やり方] 副 routinely (日常的に;決まって)
0766	**disadvantage** [dìsədvǽntidʒ]	名 不利な状態;不利, 損害, 損失 形 disadvantageous (不利な) ⇔ 名 advantage (有利, 有利な状態;長所)
0767	**monumental** [mɑ̀njuméntl]	形 途方もない, とてつもない;極めて重要な;(業績などが)記念碑的な;不朽の 副 monumentally (極めて, ひどく)
0768	**participation** [pɑːrtìsəpéiʃən]	名 参加, 関与 動 participate (参加する) 名 participant (参加者)
0769	**prohibit** [prouhíbit] 〈法律〉	動 (行為やもの)を禁止する 熟 prohibit A from doing (Aが〜するのを禁止する)
0770	**disable** [diséibl]	動 (機械などの)動作を停止させる;(法的に)無能力にする;(人の能力)を奪う;(人)に障害を負わせる 形 disabled (故障した, 機能しない)
0771	**reduction** [ridʌ́kʃən] 〈数学〉	名 約分;縮小;還元 動 reduce (〜を約分する;縮小する)
0772	**fiscal** [fískəl] 〈経済〉	形 財政(上)の, 会計の;国庫の in fiscal 〜 (〜年会計年度で)

0761	I hope each side is willing to give up something to reach a compromise.	妥協点を見出すため両者が何かを諦めるのをいとわないことを望む。
0762	We are part of a pilot program to test the new software at a large university before releasing the final version.	私たちは、新しいソフトウェアの最終版を発表する前に大規模な大学でそれを評価する試験的なプログラムに一枚噛んでいる。
0763	We had a verbal contract rather than a written contract as I trusted him.	私は彼を信用したので、私たちは書面の契約ではなく口頭の契約を結んでいた。
0764	The company had to follow procedures when they disposed of their nuclear waste.	その企業は核廃棄物を処理する際、手順に従わなければならなかった。
0765	It was a routine check, and they did not expect any big problems.	それは決まりきった点検だったので、彼らは大きな問題を予期していなかった。
0766	The young student was at a disadvantage as he had missed many months of school due to illness.	その若い学生は病気のため学校を何カ月も欠席し不利な状態にあった。
0767	Completing the bridge ahead of schedule and on budget was a monumental task.	予定を前倒しして予算どおりにその橋を完成させることは途方もない任務だった。
0768	Your participation is required, so I expect to see you there.	あなたの参加が求められているので、私はそこであなたに会えると期待している。
0769	Doctors take an oath that prohibits them from taking a life.	医者は、彼らが命を奪うのを禁止する誓約を行う。
0770	The jewel thief disabled the alarm upon entering the store.	宝石泥棒は店に押し入る際に警報機の動作を停止させた。
0771	In algebra, reduction involves changing fractions into a simpler form.	代数学では、約分は分数をより簡潔な形に変えることを含む。
0772	The political party in power has a new fiscal policy to raise taxes.	政権の座にあるその政党には増税する新たな財政上の政策がある。

ROUND 2 STAGE 08 No.0701−0800

0773 devote
[divóut]
動 ~を捧げる，充てる，〈受身〉~に専念する，打ち込む
devote A to B（AをBに捧げる，注ぎ込む）

0774 senate
[sénət] 〈政治〉
名 上院，議会
the Senate《米》（上院）
名 senator（上院議員）

0775 reputation
[rèpjutéiʃən]
名 評判，噂；信望，名声
earn a reputation as ~（~という評判を得る）

0776 convince
[kənvíns]
動 (人)に納得[確信]させる
convince A to ~（A を~するよう説得する）
形 convincing（説得力のある）

0777 demographic
[dèməgrǽfik] 〈社会〉
名〈複〉人口動態，人口統計学データ
形 人口動態の，人口統計学の
名 demography（人口統計学）

0778 behalf
[bihǽf]
名〈単〉援助，味方，利益
on[in] ~'s behalf（~の代わりに，~のために）
in[on] behalf of ~（~の代わりに；~を代表して）

0779 competent
[kámpətənt]
形 有能な，適格な
動 compete（競争する；匹敵する）
＝形 capable（有能な）

0780 relief
[rilíːf]
名 安心，安堵；気晴らし；救済，救援物資；(痛みや苦しみなどの)緩和，除去
in relief（安堵して）

0781 reimburse
[rìːimbə́ːrs]
動 ~を返金する，弁償する
名 reimbursement（返済，弁償，償還）
＝動 refund（~を返金する；払い戻す）

0782 usage
[júːsidʒ]
名 使用量，使用(法)；語法
動 use（~を使う）

0783 venture
[véntʃər]
動 (危険を冒して)行く，進む；(事業などに)着手する
名 投機的事業；冒険的試み
venture on[upon] ~（思い切って~を試みる）

0784 temporal
[témpərəl]
形 世俗的な；つかの間の；現世の；時の，時間の
＝形 secular（世俗の，俗人の）

0773	She <u>devoted</u> many years of her life to caring for her elderly father.	彼女は人生のうちの多くの年を年老いた父親の介護に捧げた。
0774	The United States <u>Senate</u> is the upper house of legislation.	米国議会上院は立法機関の上院のことである。
0775	That company has a good <u>reputation</u>, so I feel confident buying their products.	その企業は評判が良いので、私は確信を持ってその会社の商品を買う。
0776	I couldn't <u>convince</u> him to come to the dance with me, so I went alone.	私はダンスに一緒に行こうと彼を説得することができなかったので、1人で行った。
0777	The <u>demographics</u> in that country are changing as fewer babies are being born every year.	新生児の出生が年々減っているであの国の人口動態は変化している。
0778	His father was unable to attend the family reunion, so his son went <u>on his behalf</u>.	彼の父親は親族会に出席できなかったので、彼の息子が彼の代わりに行った。
0779	He's a <u>competent</u> carpenter who has a great deal of experience building houses.	彼は住宅建設について多大な経験を持つ有能な大工である。
0780	It was a <u>relief</u> when he received the money he had been expecting.	彼は期待していたお金を受け取り安心した。
0781	I'll <u>reimburse</u> you next week if you can let me have $20 for the ticket.	そのチケットの代金20ドルを持たせてくれたら来週あなたに返金する。
0782	Utility <u>usage</u> rises during the summer months when many people use their air conditioning.	多くの人がエアコンを利用する夏の期間は電気の使用量が増える。
0783	He's a timid person who rarely <u>ventures</u> out of his house, except to go to work.	彼は、仕事に行く以外は、家から外に行くことをめったにしない小心者である。
0784	The monks focused on spiritual rather than <u>temporal</u> matters.	その修道士たちは世俗的な事柄よりも教会のことに焦点を合わせた。

159

0785	**considerable** [kənsídərəbl]	形 かなりの，相当な 副 considerably (かなり，相当に)
0786	**cumulative** [kjúːmjulətiv]	形 累積[累加]する，次第に増加する 副 cumulatively (累積的に，次第に増加して)
0787	**treaty** [tríːti] 《政治》	名 (国同士の)条約，協定；(個人間の)合意，約定，契約 = 名 accord (協定；調和)
0788	**disrupt** [disrʌ́pt]	動 ～を妨害する；混乱[中断]させる 形 disruptive (混乱を起こさせる，破壊的な) 名 disruption (混乱，中断；崩壊)
0789	**massive** [mǽsiv]	形 巨大な，非常に重い；大規模な = 形 hefty (ずっしりと重い)
0790	**discount** [dískaunt]	動 ～を信用できないと思う；～を割引く 名 割引，値引
0791	**chronic** [kránik]	形 慢性的な，習慣的な ⇔ 形 acute (急性の)
0792	**ongoing** [ɑ́ngòuiŋ]	形 進行中の = 形 afoot (進行中で)
0793	**fabricate** [fǽbrikèit]	動 ～をねつ造する，でっちあげる 名 fabrication (でっちあげ；製造) = 動 concoct (～を巧みに作る；～をでっちあげる)
0794	**fluid** [flúːid]	形 流動的な，変わりやすい 名 流体，液体 ⇔ 形 solid (固体の)
0795	**inject** [indʒékt] 《健康》	動 ～に注射する，～を注入する 名 injection (注射)
0796	**shareholder** [ʃéərhòuldər] 《経済》	名 株主 = 名 stockholder (株主)

0785	He received a considerable amount of money when his father died, so he didn't need to continue working.	彼は彼の父親の死後かなりの大金を受け取ったので、仕事を続ける必要がなかった。
0786	Partying every weekend has a cumulative effect on his grades, which dropped.	毎週末にパーティーに出ることが彼の成績に累積する影響を及ぼした、つまり成績が落ちたのだ。
0787	At the end of the war, all the nations involved signed a treaty as a gesture of their goodwill.	その戦争の終わりに、全ての関与国が親善の意思表示として条約に調印した。
0788	The infant woke up during the night and disrupted their sleep, so they were tired the next day.	その乳児は夜中に起きて彼らの睡眠を妨害したので、彼らは翌日疲れていた。
0789	Southern elephant seals are massive animals; the males weigh over 4,990 kg (11,000 lbs.).	ミナミゾウアザラシは巨大な動物です。雄の重量は4,990キロ（11,000ポンド）強もある。
0790	His stories sounded unreal, and the audience discounted them.	彼の話は非現実的に聞こえ、聞く者は彼の話を信用できないと思った。
0791	There is a chronic shortage of trained people in that field, so we should encourage training in that area.	あの分野では熟練した人の慢性的な不足を抱えているので、私たちはあの分野での訓練を促進すべきだ。
0792	The investigation is not complete; it is still ongoing.	その調査はまだ不完全である。それはまだ進行中である。
0793	I think she fabricated her story; I don't believe it's true.	彼女は話をねつ造したと思う。私はそれが本当だと信じていない。
0794	The situation is fluid, and things may change rapidly.	状況は流動的で、物事は急速に変化するかもしれない。
0795	The doctor injected the child with the vaccine to prevent disease.	医者は病気を予防するためにワクチンをその子供に注射した。
0796	She's a big shareholder in the company; she owns a large percentage of the stock.	彼女はその企業の大株主で、株式のかなりの割合を所有している。

No.	見出し語	意味
0797	**residence** [rézidəns]	名 居住地；住宅，家 residence hall (大学の学生寮) 派 resident (居住者)
0798	**partially** [pɑ́ːrʃəli]	副 部分的に，不完全に フレ only partially (部分的にのみ) ⇔ 副 completely (完全に)
0799	**impulsive** [impʌ́lsiv]	形 衝動的な；瞬間的な 派 impulse (衝動；勢い) ＝ 形 driven (意欲のある)
0800	**sophisticated** [səfístəkèitid]	形 洗練された；教養のある； (機械・技術などが) 精巧な 派 sophisticate (教養［知識］人)

0797	He listed his sister's house in San Francisco as his residence on his application as he had just moved there.	彼はそこへ引っ越したばかりだったのでサンフランシスコの姉の家を彼の居住地として申請書に記入した。
0798	I am only partially finished, so I will have to stay up late to complete this paper.	まだ部分的にのみ終わっているだけなので、私は夜遅くまで起きてこの論文を完成させなければならない。
0799	She didn't think it over carefully; it was an impulsive decision.	彼女はそれについて慎重に熟考しなかった。それは衝動的な決定だった。
0800	She had studied art in New York, and her apartment reflected her sophisticated taste.	彼女はニューヨークで芸術を学んでおり、彼女のアパートは彼女の洗練されたセンスを反映していた。

ROUND 2 STAGE 09 No.0801-0900 | MEANING

0801 colonial
[kəlóuniəl] 《歴史》
- 形 植民地(時代)の
- 名 colony (植民地)
- 名 colonialism (植民地政策)

0802 donate
[dóuneit]
- 動 ~を寄付する，捧げる
- 名 donation (寄付，寄付金)
- = 動 contribute (~を提供する)

0803 sore
[sɔ́:r] 《生理》
- 形 (身体の一部が)痛む，痛みを感じる
- 名 痛い所，傷
- sore throat (喉の痛み)

0804 campus
[kǽmpəs] 《大学》
- 名 キャンパス，大学構内；(大学の)分校
- campus disorder (学園紛争)

0805 viewpoint
[vjú:pɔ̀int]
- 名 見方，観点
- from a viewpoint of ~ (~の視点[観点]から)
- = 名 standpoint (観点，立場)

0806 entail
[intéil]
- 動 ~を必要とする；伴う
- = 動 encompass (~を網羅する)

0807 bleed
[blí:d] 《医療》
- 動 出血する，血が出る；(患者)から血液を採る；瀉血する
- bleed to death (出血多量で死ぬ)

0808 differentiate
[dìfərénʃièit]
- 動 見分ける，識別する
- differentiate A from B (AとBを見分ける)
- 名 differentiation (区別，差別化)

0809 fulfill
[fulfíl]
- 動 (約束・役割など)を果たす，(夢など)を実現する
- 名 fulfillment (達成；満足感)

0810 spot
[spát]
- 動 ~に気づく，発見する；~を見抜く；雨がポツポツ降る，しみになる
- 名 場所，地点

0811 bulletin
[búlitən] 《社会》
- 名 速報；広報，告示
- 動 ~を公示する，発表する
- bulletin board (掲示版)

0812 worship
[wə́:rʃip] 《文化》
- 動 礼拝に行く；(神など)を崇拝する，賛美[尊敬]する
- 名 礼拝，崇拝；尊敬

	EXAMPLE SENTENCE	TRANSLATION
0801	There were thirteen colonies during <u>colonial</u> times in America.	アメリカでは植民地時代に13州の植民地があった。
0802	She <u>donates</u> a percentage of her income to charity.	彼女は自身の収入の一部を義援団体へ寄付している。
0803	His muscles were <u>sore</u> after playing rugby all afternoon.	午後いっぱいラグビーをした後で彼の筋肉は痛んだ。
0804	If you want to study at that university, you should visit the <u>campus</u> first to form your own impressions.	その大学で勉強したいのであれば、自分自身の印象を形成するためにまずはそのキャンパスを訪れるべきだ。
0805	He has a different <u>viewpoint</u> on the issue as he was brought up in another country.	彼はほかの国で育てられたので、その問題に対する違った見方を持っている。
0806	Rewriting the code will <u>entail</u> hundreds of hours of work.	コードを書き直すには何百時間もの作業を必要とするだろう。
0807	If you cut my skin, I will <u>bleed</u>.	あなたが私の皮膚を傷つければ、私は出血するだろう。
0808	The identical twin girls look so much alike that some people cannot <u>differentiate</u> between them.	一卵性双生児の少女はとても似ているので、一部の人は彼女たちを見分けることができない。
0809	She was disappointed when he failed to <u>fulfill</u> his promises.	彼が約束を果たし損ねたとき彼女は落胆した。
0810	If you look carefully at the hill, you can <u>spot</u> the new construction at the top.	丘を注意して見てみると、その頂上に新たな建造物があることに気づくことができる。
0811	There was a news <u>bulletin</u> about the approaching tornadoes.	接近しつつある竜巻に関するニュース速報があった。
0812	They <u>worship</u> together at the neighborhood church each Sunday.	毎週日曜に彼らは近くの教会へ共に礼拝に行く。

165

No.	見出し語	意味
0813	**advisory** [ədváizəri] 《社会》	形 顧問の；助言的な 名 adviser (顧問；助言者)
0814	**discourse** 名[dískɔːrs, diskɔ́ːrs] 動[diskɔ́ːrs]	名 会談，談話；講演 動 論ずる，語る；講演する 名 discussion (議論)
0815	**contingent** [kəntíndʒənt]	形 (不確定な)条件付きの；偶然の，不慮の 熟 contingent on[upon] ~ (~を条件とする，~次第で) 同 conditional (条件次第の)
0816	**ecology** [ikálədʒi] 《学問》	名 生態学；生態(系)；環境保護 形 ecological (生態上の，生態学的な)
0817	**mill** [míl] 《社会》	名 工場，製粉場 動 ~を臼でひく，製粉する = 名 factory (工場)
0818	**texture** [tékstʃər]	名 質感；手触り，食感；織物，生地
0819	**respective** [rispéktiv]	形 それぞれの，各自の 副 respectively (それぞれ)
0820	**moderate** [mádərət]	形 穏健な，極端でない 副 moderately (ほどほどに，適度に) = 形 temperate (穏やかな；節度がある)
0821	**denote** [dinóut]	動 ~を示す，意味する 名 denotation (象徴，シンボル) = 動 signify (~を意味する)
0822	**ignore** [ignɔ́ːr]	動 ~を無視する 名 ignorance (無知，無学) = 動 overlook (~を見て見ぬふりをする，見過ごす)
0823	**treasury** [tréʒəri] 《政治》	名 〈the T—〉《米》財務省，《英》大蔵省；宝庫；国庫，歳入 treasury bond《米》(財務省債券)
0824	**standardize** [stǽndərdàiz]	動 ~を標準化する 名 standardization (標準化) = 動 normalize (~を標準化する，正常化する)

0813	I am serving in an advisory capacity, so it's not my position to make the final decision.	私は顧問の立場で勤めているので、最終決定を下すのは私の立場ではない。
0814	She wanted to improve her vocabulary so she could participate in the academic discourse.	彼女は学問的な会談に参加できるよう語彙を増やしたいと考えていた。
0815	This change is contingent on the dean's approval, so we have to talk with her first.	この変更は学部長の許可を条件としているので、私たちはまず彼女と話さなくてはならない。
0816	He's studying ecology as he wants to explore the connections between plants, animals, people and the environment.	彼は植物、動物、人間そして環境の間の関係を調査したいと考えているので生態学を研究している。
0817	When the paper mill in that town closed down, many people lost their jobs.	あの町の製紙工場が閉鎖したとき、多くの人が職を失った。
0818	She liked the texture of the fabric; it was smooth and silky.	彼女はその生地の質感が好きだった。それはなめらかで絹のようだった。
0819	There are two choices before us, and we will review the respective advantages and disadvantages of each.	私たちには2つの選択肢があり、どちらについてもそれぞれの利点と欠点を評価するつもりである。
0820	She does not vote for extreme options; she prefers to take a moderate approach.	彼女は極端な選択肢に投票しない。彼女は穏便なアプローチを取る方を好む。
0821	His clerical collar denoted his position as a Catholic priest.	彼の聖職者用の襟はカトリック教会の司祭としての彼の立場を示した。
0822	If you ignore the problem, it may grow larger.	もしあなたがその問題を無視すれば、その問題はより大きくなるかもしれない。
0823	The United States Treasury sells savings bonds.	米国財務省は貯蓄債券を発行している。
0824	We need to standardize our procedures, so they are reliable and easy to replicate.	私たちの手順が信頼でき簡単に複製されるよう手順を標準化する必要がある。

0825	**sue** [súː] 《法律》	動 ~を訴える，告訴する sue A for B (B を求めて A を訴える)
0826	**stem** [stém]	動 始まる，起こる；(へたなど)を取り除く 熟 stem from ~ (~に端を発する) 名 茎，幹；語幹
0827	**surplus** [sə́ːrplʌs]	名 余剰，余分；黒字 形 余分な，余剰の = 名 excess (余分，過剰)
0828	**enlighten** [inláitn] 《教育》	動 ~に教える；~を啓発する 名 enlightenment (啓発) = 動 educate (~に教える；~を啓発する)
0829	**strain** [stréin]	動 ~を悪くする，痛める；~に負担をかける 名 緊張；過労，ストレス
0830	**episode** [épəsòud]	名 (番組・映画などの)第~話；出来事，エピソード
0831	**conquer** [káŋkər]	動 ~を征服する，(領土)を獲得する；(相手)を打ち負かす；(病気など)を克服する；~で成功する 名 conqueror (征服者)
0832	**regulatory** [régjulətɔ̀ːri] 《政治》	形 規制の，取り締まる regulatory authorities (規制当局) 動 regulate (~を規制する；~を調節する)
0833	**verify** [vérəfài]	動 ~を照合する，確かめる；検証 [立証] する 名 verification (照合；根拠；証明) 形 verifiable (証明できる，検証できる)
0834	**correlation** [kɔ̀ːrəléiʃən]	名 相関 [相互] 関係 動 correlate (相互に関連がある)
0835	**excess** 形 [ékses/iksés] 名 [iksés]	形 過剰な，過度の；余分な 名 余分，過剰；乱行 形 excessive (過度の)
0836	**notify** [nóutəfài]	動 ~に知らせる，正式に通知する notify A of B (A に B のことを通知する) 名 notification (正式な通知書)

0825	When it was discovered that a faulty part had caused the accident, the driver sued the car company.	欠陥部品が事故を引き起こしたことが明らかになったとき、運転手は自動車会社を訴えた。
0826	Many of our current problems stem from this one bad decision that was made 3 years ago.	現在の問題の多くは3年前に下したこの1つの誤った判断に端を発している。
0827	During years of heavy rainfall, we have a surplus of water in our reservoirs.	大雨の年の間は、貯水池に水の余剰を有している。
0828	I don't understand the joke; can you enlighten me?	私にはそのジョークがわからない。教えてくれる？
0829	The fact that she was making more money at work than her husband strained their relationship.	彼女が彼女の夫よりも仕事で稼いでいるという事実が、2人の関係を悪くした。
0830	They filmed 12 episodes of the television series during a period of a few months to get ahead of the schedule.	彼らは予定よりも早く進めるため2、3カ月の間にそのテレビシリーズの12話分を撮影した。
0831	Genghis Khan conquered many tribes in Northeast Asia and created the large empire.	チンギス・ハンは北東アジアで数多くの部族を征服し大帝国を築いた。
0832	After the financial crisis, the government implemented new regulatory policies to prevent abuses.	財政危機の後、政府は乱用を避けるための新たな規制の政策を実施した。
0833	The company verified her references before giving her an offer for the job.	会社は彼女に仕事の申し出をする前に彼女の身元を照合した。
0834	There is a strong correlation between income and education.	収入と教育の間には強い相関関係がある。
0835	She considers it inappropriate to display excess wealth, so she lives a simple life.	自分の過剰な富を誇示することは不適切であると彼女は考えているので、シンプルな暮らしをしている。
0836	She asked the hotel clerk to notify her when her colleague checked in.	彼女は同僚がチェックインするときに知らせてほしいとホテルの受付に依頼した。

No.	見出し語	意味
0837	**seasoned** [síːznd]	形 経験豊かな；味付けした ＝形 experienced (経験豊かな)
0838	**optic** [ɑ́ptik] 《生理》	形 視力[視覚]の，目の optic angle (視角) 名 optics (光学)
0839	**tumor** [tjúːmər] 《医療》	名 腫瘍，腫れ物 malignant tumor (悪性腫瘍) 形 tumorous (腫瘍の)
0840	**vendor** [véndər] 《経済》	名 供給業者，売り手 動 vend (〜を売り歩く，売却する) ＝名 supplier (供給者)
0841	**spine** [spáin] 《生理》	名 脊椎，背骨；山の背，尾根 形 spinal (脊椎の)
0842	**culinary** [kʌ́linəri]	形 料理の culinary art (調理法)
0843	**vegetation** [vèdʒətéiʃən] 《生物》	名 (植物の)成長，繁茂；植物；植生 名 vegetable (野菜) 動 vegetate (〔植物のように〕成長する)
0844	**bacteria** [bæktíəriə] 《生物》	名〈複数扱い〉バクテリア，細菌 形 bacterial (バクテリアの) ＝名 virus (ウイルス)
0845	**pool** [púːl] 《経済》	動 〜を共同出資する，プールする 名〈単〉共同出資；蓄え，備蓄
0846	**metaphor** [métəfɔ̀ːr] 《文学》	名 比喩；象徴 形 metaphorical (比喩的な)
0847	**sew** [sóu]	動 〜を縫う；縫物をする sewing machine (ミシン)
0848	**chew** [tʃúː]	動 〜を噛む，噛んで食べる 名 噛むこと，咀嚼 形 chewy (噛みごたえのある)

0837	He's a seasoned traveler who has traveled to many lands over the years.	彼は何年もかけて多くの地を旅してきた経験豊かな旅行者だ。
0838	His eyesight was lost when he damaged his optic nerve in an accident.	彼は事故で視神経を損傷し視力を失った。
0839	She is undergoing radiation treatment for her tumor.	彼女は自身の腫瘍のために放射線治療を受けている。
0840	The company contracts with different vendors for services.	会社は、サービスごとに異なる供給業者と契約を結んでいる。
0841	The doctor examined his back carefully to make sure there was no damage to his spine.	医者は脊椎に損傷がないのを確かめるため慎重に彼の背中を検査した。
0842	The chef at that restaurant has a reputation as a talented culinary artist.	あのレストランのシェフは才能あふれる料理の芸術家として評判がある。
0843	The vegetation is limited by the lack of water in the desert, so there are very few plants.	砂漠では水不足により成長が制限されるので、植物はほとんど見られない。
0844	Bacteria help plants absorb nitrogen from the soil.	バクテリアは植物が土壌から窒素を吸収するのを助ける。
0845	The young people pooled their resources and bought a house where they all lived together.	その若者たちは資金を共同出資し、みなが共に住む家を購入した。
0846	Using a metaphor, he compared her activity to that of a butterfly flitting from flower to flower.	比喩を用いて、彼は彼女の行動を花から花へひらひら飛び回るチョウの行動に例えた。
0847	She's a talented woman who has been designing and sewing clothes since she was twelve years old.	彼女は12歳の頃から洋服のデザインをし縫ってきた才能のある女性だ。
0848	The parents told their children to chew their food with their mouths closed.	両親は口を閉じて食べ物を噛むよう子供たちに言った。

171

No.	見出し語	意味
0849	**minister** [mínistər]	動 奉仕する；面倒を見る；聖職者の務めを果たす 名 大臣；牧師 熟 minister to ～ (～を支援する)
0850	**vocal** [vóukəl]	形 声高に主張する；声の；声を有する 名 ボーカル；有声音
0851	**chimney** [tʃímni]	名 煙突
0852	**frost** [fróːst] 〈気象〉	名 霜，降霜；厳寒 動 霜が降りる 形 frosty (霜が降りるほど寒い)
0853	**interact** [ìntərǽkt]	動 交流する；相互に作用する 名 interaction (交流；相互作用) 形 interactive (相互に作用する)
0854	**skeleton** [skélətn] 〈生理〉	名 骨格，骸骨；骨組み
0855	**trim** [trím]	動 ～の手入れをする；～を刈り込む；～を削減する
0856	**assault** [əsɔ́ːlt]	動 ～に暴行する；厳しく非難する 名 暴行；攻撃 ＝ 動 attack (～を攻撃する)
0857	**emission** [imíʃən] 〈環境〉	名 排出 (量) zero-emission (有害ガスを出さない，無公害の) 動 emit (～を排出する，放射する)
0858	**tomb** [túːm]	名 墓，霊廟 名 tombstone (墓標，墓石) ＝ 名 grave (墓)
0859	**vacant** [véikənt]	形 空いている，欠員の 名 vacancy (空き，空き地，空室) ⇔ 形 occupied (ふさがれた，占拠された)
0860	**centigrade** [séntəgrèid] 〈気象〉	名 摂氏度，百分度 ＝ 名 Celsius (摂氏度) ⇔ 名 Fahrenheit (華氏度)

0849	Mother Teresa ministered to the poor people of Calcutta, India.	マザー・テレサはインドのカルカッタの貧しい人々を支援した。
0850	He's very vocal when he's unhappy with a result; he lets everyone know how he feels.	彼は結果に不満なとき非常に声高に主張する人だ。彼は自分がどう感じているかみんなに知らせる。
0851	The factory chimneys released the steam into the air.	工場の煙突は蒸気を大気中へと放出した。
0852	The early frost damaged the crops in that area.	早霜があの地域の作物に被害を与えた。
0853	As a translator at a hospital, she interacted with many different people each day.	病院の通訳として、彼女は毎日多くの異なる人たちと交流した。
0854	The biology teacher kept a skeleton in her classroom, which she used when reviewing the names of human bones.	生物学の先生は教室に骨格標本を置いておき、ヒトの骨の名称を確認する際に用いた。
0855	The gardener trimmed the bushes each week in the public garden.	庭師は毎週公立公園の低木の手入れをした。
0856	He had been drinking when he assaulted the police officer who was trying to arrest him.	彼を逮捕しようとした警察官に暴行したとき彼は酒を飲んでいた。
0857	Cutting back on greenhouse gas emissions is critical to slowing global warming.	温室効果ガス排出量の削減は地球温暖化を遅らせるために極めて重要である。
0858	The pharaohs of Egypt were buried in elaborate tombs.	エジプトのファラオたちは精巧な墓に埋葬された。
0859	The vacant lot had weeds growing in it, and trash was left there.	その空いている土地では雑草が生い茂り、ごみが捨てられたままになっていた。
0860	The temperature was listed in centigrade.	気温は摂氏度で表示された。

0861	**pledge**	[plédʒ]	動 ~を誓う，約束する 名 誓約，約束；担保
0862	**consonant**	[kánsənənt] 〈語学〉	名 子音 形 一致[調和]して
0863	**vowel**	[váuəl] 〈語学〉	名 母音
0864	**pound**	[páund]	動 何度も強打する；~をすりつぶす 🔸pound out ~（~をたたいて作り出す）
0865	**ballot**	[bǽlət] 〈政治〉	名 投票（用紙）；無記名投票 動 投票をする absentee ballot（不在投票用紙）
0866	**shield**	[ʃíːld]	動 ~を保護する，守る 名 盾；防護物 ＝動 protect（~を守る）
0867	**eyesight**	[áisàit] 〈生理〉	名 視力；視界，視野 lose one's eyesight（失明する）
0868	**handout**	[hǽndàut]	名 資料，印刷物；施し，補助金 hand out ~（~を配る）
0869	**convict**	[kənvíkt] 〈法律〉	動 ~に有罪判決を下す 名 conviction（確信；有罪判決）
0870	**dual**	[djúːəl]	形 二重の，2つの ＝形 double（二重の；2倍の）
0871	**thermometer**	[θərmámətər] 〈医療〉	名 体温計，温度計 形 thermal（熱の）
0872	**hybrid**	[háibrid]	形 ハイブリッドの，混成の 名 交配種，雑種

0861	They pledged their love for each other in a marriage ceremony.	彼らは結婚式で互いの愛を誓い合った。
0862	The letter "y" is a consonant in the word "yellow" and a vowel in the word "technology."	「y」の文字は「yellow」という単語においては子音であり、「technology」という単語では母音である。
0863	The letter "a" is a vowel in English.	「a」の文字は英語では母音である。
0864	After two weeks, the union and management finally pounded out an agreement.	2週間後、組合と経営陣はついに取り決めをたたいて作り出した。
0865	Voters choose their favorite candidates in the election by marking their ballots.	投票者は選挙において投票用紙に印を付けることで支持する候補者を選定する。
0866	She carried a small umbrella to shield herself from the sun when she went walking in the heat.	彼女は暑さの中散歩に出かけるとき、太陽から自身を保護するため小さな傘を携帯した。
0867	The peregrine falcon has excellent eyesight as it has five times the number of visual cells as humans.	ハヤブサはヒトの5倍の数の視細胞を持つため優れた視力を持っている。
0868	The facilitator of the meeting gave each of the participants a handout before the presentation began.	会議の進行役はプレゼンテーションが始まる前に各参加者に資料を配布した。
0869	He was convicted of bribery, and he had to serve time in prison.	彼は賄賂で有罪判決を下され、刑務所で服役しなければならなかった。
0870	She maintains dual citizenship; she was born a Swiss citizen, but she married an American.	彼女は二重の国籍を保持している。彼女はスイス国民として生まれたが、アメリカ人と結婚した。
0871	The nurse took his temperature with a thermometer.	看護師は体温計を使って彼の体温を測った。
0872	The hybrid car uses both an electric battery and a gasoline engine for power.	ハイブリッドカーは動力に電気バッテリーとガソリンエンジンの両方を利用する。

No.	見出し語	意味
0873	**satellite** [sǽtəlàit] 《宇宙》	名 衛星；衛星都市 meteorological satellite (気象衛星)
0874	**abbey** [ǽbi] 《文化》	名 大修道院 名 monk (修道士)
0875	**nervous** [nə́ːrvəs]	形 緊張した；神経質な；不安で nervous breakdown (神経衰弱，ノイローゼ) 名 nerve (神経)
0876	**contrary** [kántreri]	形 正反対の，逆の 熟 contrary to ~ (~とは違って，~に反して) = 形 opposite (反対の)
0877	**recruit** [rikrúːt] 《社会》	動 ~を採用する，受け入れる 名 入隊者；新入社員
0878	**remote** [rimóut]	形 ありそうにない，全く違う；遠く離れた 名 リモコン = 形 distant (遠い)
0879	**analogy** [ənǽlədʒi]	名 例え；類似点；類推
0880	**offshore** [ɔ́ːfʃɔ́ːr]	形 沖合の，沖への 副 沖合に ⇔ 形 inshore (近海の，海岸に向かう)
0881	**deficiency** [difíʃənsi]	名 不足，欠乏；欠点 deficiency disease (欠乏性疾患) 形 deficient (不足した)
0882	**hydrogen** [háidrədʒən] 《化学》	名 水素 hydrogen bond (水素結合) 動 hydrogenate (~を水素と化合させる)
0883	**enzyme** [énzaim] 《化学》	名 酵素 形 enzymatic (酵素の)
0884	**locomotive** [lòukəmóutiv]	名 機関車 形 機関車の；移動力のある steam locomotive (蒸気機関車)

0873	Many of the larger planets in our solar system have multiple satellites, or moons, orbiting around them.	私たちの太陽系にある大型の惑星の多くには複数の衛星、または月があり、惑星の周りを回っている。
0874	At one time, a group of Catholic nuns lived in that abbey.	かつて、カトリック教の修道女の集団があの大修道院で暮らしていた。
0875	It makes me nervous to watch him jump off the high dive in the diving competition.	ダイビングの競技で彼が高飛び込みで飛び落ちるのを見るのは緊張する。
0876	His political views are contrary to mine, so I always vote for different people in the election.	彼の政治的な考え方は私のとは違っているので、私は選挙ではいつも違う人に投票する。
0877	The company visits MIT each spring to recruit graduates for its engineering department.	その企業はその技術部に卒業生を採用するため毎年春にMITを訪れる。
0878	I don't think it's likely they will win; I think it's a remote possibility.	彼らが勝ちそうだと思わない。その可能性はありそうにないと思う。
0879	The teacher used an analogy to help the students understand the process.	先生はその過程を生徒が理解しやすくなるように例えを用いた。
0880	The offshore oil rigs could be seen from the beach.	その海辺から沖合の油田採掘機を見ることができた。
0881	The blood tests revealed that he had a vitamin D deficiency, so the doctor recommended a supplement.	血液検査の結果、彼にはビタミンDが不足していることがわかったので、医者はサプリメントを勧めた。
0882	Hydrogen is a flammable gas that creates water when it is combined with oxygen.	水素は酸素と組み合わされると水を生成する可燃性ガスである。
0883	Enzymes are important for digestion as they produce chemical changes that help break down food.	酵素は食物を分解するのに役立つ化学変化をもたらすので消化のために重要である。
0884	At one time, locomotives were powered by steam.	かつて、機関車は蒸気で駆動していた。

0885	**prevail** [privéil]	動 勝利する；広く行きわたる 形 prevailing（優勢な；広く行きわたった） 形 prevalent（広まっている）
0886	**extraordinary** [ikstrɔ́ːrdənèri]	形 桁はずれの，並はずれて = 形 phenomenal（驚異的な）
0887	**onset** [ánsèt] 《医療》	名 発病；始まり，開始 = 名 beginning（始まり）
0888	**flux** [flʌ́ks]	名 流動，流れ；変化 動 ~を溶かす，流動体にする
0889	**reactor** [riǽktər] 《物理》	名 (原子)炉，化学反応装置 熟 nuclear reactor（原子炉） 動 react（反応する）
0890	**guilt** [gílt]	名 罪悪感，罪 形 guilty（有罪の）
0891	**required** [rikwáiərd]	形 必須の required subject（必須科目） ⇔ 形 elective（選択の）
0892	**sniff** [sníf]	動 ~のにおいを嗅ぐ，嗅ぎつける；鼻をすする sniff around（情報を嗅ぎまわる）
0893	**tribute** [tríbjuːt]	名 賛辞，尊敬；貢ぎ物 = 名 praise（称賛，賛美）
0894	**terminate** [tə́ːrmənèit]	動 ~を打ち切る，終わらせる；終わる；終結する 名 termination（終了；終結）
0895	**warehouse** 名 [wéərhàus] 動 [wéərhàuz]	名 倉庫；問屋 動 ~を倉庫に入れる，貯蔵する = 名 storehouse（倉庫）
0896	**moor** [múər]	動 (船など)を停泊させる，つなぐ = 動 anchor（停泊する，錨をおろす）

0885	Our debate team prevailed as we had better arguments.	私たちの討論チームはより優れた議論を進め勝利した。
0886	Her performance was extraordinary, and she won a gold medal in her event in the Olympics.	彼女の演技は桁はずれで、彼女が出たオリンピックの競技で金メダルを勝ち取った。
0887	A high fever is one of the symptoms at the onset of this virus.	高熱はこのウイルスによる発症の症状の1つである。
0888	Our plans are still in flux; we have not decided which direction we will take next year.	私たちの計画はまだ流動的である。来年どの方向に進むかまだ決めていない。
0889	The nuclear reactor is used to generate electricity at the power plant.	原子炉は発電所で電気を発生させるために用いられる。
0890	He was overcome with guilt, so he made a formal apology to his friend for his actions.	彼は罪悪感に襲われ、自身の行動について友人に正式な謝罪をした。
0891	This is a required class for graduation from this school.	これは本校の卒業に必須の授業である。
0892	The dog sniffed the air with interest as his master was grilling meat.	犬は飼い主が肉を焼いていたので、興味を持って空中のにおいを嗅いだ。
0893	The dinner was held in her honor as a tribute to her long and distinguished career.	彼女の長期間に渡る輝かしい経歴に対する賛辞として、彼女に敬意を表する夕食会が催された。
0894	When the power went out, my connection to the Internet was terminated.	停電になったとき、インターネットへの接続が打ち切られた。
0895	They store their equipment in a warehouse.	彼らは倉庫に備品を保管している。
0896	The small boat was moored at the dock.	小さなボートは埠頭に停泊した。

0897 pronounced
[prənáunst]

形 顕著な，非常に目立つ
- 動 pronounce（発音する）
- 副 pronouncedly（顕著に，明白に）

0898 duplicate
動 [djúːplikèit]
名・形 [djúːplikət]

- 動 ～を複写［複製］する
- 名 複製，複写（物），全く同じもの
- 形 複製の，写しの

0899 attain
[ətéin]

動 ～を達成する；～に到達する
＝ 動 achieve（～をなしとげる）

0900 mandate
[mǽndeit] 《政治》

- 名 信任，権限；命令
- 動 ～に権限を与える；命じる
＝ 動 authorize（～に権限を与える；～を許可する）

0897	He has a pronounced limp as a result of a war injury.	彼は戦傷の後遺症で顕著に足を引きずって歩く。
0898	They planned to duplicate the flyers with a picture of the missing dog and hand them out in the neighborhood.	彼らは行方不明の犬の写真を載せたチラシを複写し近所で配布しようと計画を立てた。
0899	In her graduation speech, she said she could never have attained her goals without the support of her parents.	卒業スピーチで、彼女は両親の支援がなければ自身の目標を達成することは決してできなかったと語った。
0900	The new president was elected by a wide margin of votes, and he considered it a mandate for his policies.	大差の得票で新たな大統領が選出され、彼はそれは自身の政策に対する信任だと考えた。

ROUND 2 STAGE 10 No.0901-1000

MEANING

0901 rectangle
[réktæŋgl] 《数学》
名 長方形
形 rectangular (長方形の)

0902 bundle
[bʌ́ndl]
名 ひとまとめ,束
動 ~をすばやく押し込む,詰め込む
bundle up ~ (~をざっと束ねる;着込む)

0903 certified
[sə́ːrtəfàid]
形 資格を持った;証明された
= 形 qualified (資格のある)

0904 relocate
[riːlóukeit]
動 引っ越す;~を移転させる
名 relocation (引っ越し,移転)
= 動 move (引っ越す;~を動かす)

0905 compatible
[kəmpǽtəbl]
形 相性が良い;両用の;共有の
compatible with ~ (~と気が合う;~と共存できる)
名 compatibility (両立;共存性;調和の可能性)

0906 incentive
[inséntiv]
名 インセンティブ,誘因;動機
= 名 motive (動機)

0907 dean
[díːn] 《大学》
名 学部長,学生部長;修道院長

0908 indifferent
[indífərənt]
形 無関心の;平凡な
名 indifference (無関心,無頓着;冷淡)

0909 prototype
[próutətàip]
名 試作品;原型
= 名 archetype (原型,典型的な見本)

0910 prestige
[prestíːʒ] 《社会》
名 名声,威信
lose one's prestige (面子が立たない)
形 prestigious (名声のある,一流の)

0911 stimulate
[stímjulèit]
動 ~を刺激する;機能させる
名 stimulus (刺激;励み,激励)
economic stimulus (景気刺激)

0912 proficient
[prəfíʃənt]
形 堪能な,熟練した
名 proficiency (熟達;進歩)
proficiency test (実力テスト)

	EXAMPLE SENTENCE	TRANSLATION
0901	A rectangle has 4 sides, but unlike a square not all the sides are equal in length.	長方形には4つの辺があるが、正方形のように全ての辺が同じ長さというわけではない。
0902	As the forest fire neared his home, he gathered all his valuables into a small bundle and escaped.	森林火災が彼の家に近づき、彼は貴重品を全て集めて小さなひとまとめにし避難した。
0903	He is a certified lifeguard, and he must pass a test to renew his certification each year.	彼は資格を持った救命士で、毎年資格を更新するため試験に合格しなければならない。
0904	He relocated when he found a better job in another state.	彼は別の州でもっと良い仕事が見つかり引っ越した。
0905	They come from similar backgrounds and share similar interests, so I think they are very compatible.	彼らは同じような家柄の出身で同じ興味を共有しているため、彼らはとても相性が良いと私は思う。
0906	The manager offered a bonus to his sales people as an incentive to sign up more customers.	マネージャーはより多くの顧客と契約を結ぶインセンティブとして、販売員にボーナスを出した。
0907	He directed his letter to the dean of admissions at the university.	彼は大学の入学試験の学部長宛てに手紙を送った。
0908	He acted as if he did not care at all; he seemed indifferent.	彼は全く気にしていないかのように振る舞った。彼は無関心のようだった。
0909	They are developing a prototype for the new car, and they will make adjustments based on the crash tests.	彼らは新たな車の試作品を開発しており、衝突試験に基づいて調整を行う予定だ。
0910	His prestige increased as his published work established him as an authority in the field.	出版された作品により、その分野での権威としての立場が確立されたため、彼の名声は高まった。
0911	Taking a class from that enthusiastic professor stimulated his interest in physics.	その熱心な教授の授業を受けたことは彼の物理学に対する興味を刺激した。
0912	The Arctic tern makes the longest migration of any bird, so it must be a proficient flyer.	キョクアジサシはどの鳥よりも長距離の移動をするので、空を飛ぶのが堪能な生物であるに違いない。

183

0913	**volcano**	[vɑlkéinou] 《地学》	名 火山 形 volcanic (火山性の, 火山の) 名 volcanology (火山学)
0914	**polar**	[póulər] 《地学》	形 極地の, 南[北]極の 熟 polar bear (ホッキョクグマ)
0915	**starve**	[stáːrv]	動 飢えに苦しむ, 餓死する；渇望[切望]する starve to death (餓死する) 名 starvation (飢餓, 餓死)
0916	**problematic**	[prɑ̀bləmǽtik]	形 解決が難しい；問題のある；疑わしい 名 problem (問題) ⇔ 形 unproblematic (問題のない；疑わしくない)
0917	**ripe**	[ráip] 《生物》	形 (果実が)熟した, (穀物が)実った；機が熟して 動 ripen (熟す；～を熟させる) 名 ripeness (成熟, 円熟)
0918	**recreational**	[rèkriéiʃənəl]	形 娯楽の, 気晴らしの 名 recreation (気晴らし；レクリエーション)
0919	**steel**	[stíːl]	動 覚悟を決める 名 はがねのような強さ；鋼鉄 熟 steel oneself for[to] ～ (～に対し覚悟を決める[しようと決心する])
0920	**cortex**	[kɔ́ːrteks] 《医療》	名 皮質 形 cortical (皮質の；皮層の)
0921	**telescope**	[téləskòup]	名 望遠鏡 動 ～を圧縮する；順にはめ込む 形 telescopic (望遠鏡の)
0922	**offset**	動 [ɔ̀fsét] 名 [ɔ́fsèt]	動 ～を相殺する；埋め合わせる 名 差し引き；分かれ出たもの 形 オフセット印刷の
0923	**kidney**	[kídni] 《医療》	名 腎臓 kidney transplant (腎臓移植) kidney bean (インゲン豆)
0924	**competence**	[kɑ́mpətəns]	名 能力；適性 形 competent (有能な, 適格な) = 名 ability (能力)

0913	It is an active volcano, so it erupts from time to time.	それは活火山なので、時々噴火する。
0914	The polar bear's habitat is threatened by global warming.	そのホッキョクグマの生息地は地球温暖化に脅かされている。
0915	After the soldiers destroyed their crops, the people starved.	軍人たちが作物を破壊した後、人々は飢えに苦しんだ。
0916	The decision is problematic as it is impossible to make everyone happy.	みなを幸せにすることは不可能なので、その決定は解決が難しい。
0917	The nectarines were juicy and ripe, and they tasted wonderful.	そのネクタリンはジューシーで熟しており、とてもおいしかった。
0918	Her favorite recreational pursuit is tennis as she enjoys the exercise and the competition.	彼女は運動と競争が好きなので彼女の好きな娯楽の楽しみはテニスである。
0919	As he walked up to the stage, he steeled himself for questions from the many reporters in attendance.	彼は壇上に歩いて上がったとき、出席した多くの報道陣からの質問に対し覚悟を決めた。
0920	The prefrontal cortex is highly developed in humans and is a thick outer layer of the brain.	ヒトにおいて前頭前皮質は高度に発達しており、脳の厚い外層である。
0921	He looked through the telescope to view the stars at night in more detail.	彼は夜に望遠鏡を覗いて星をより詳細に観察した。
0922	Their unexpected income offset their unexpected expenses, so they came out even.	予期せぬ収入が予期せぬ支出を相殺したので、プラスマイナスゼロになった。
0923	Kidney stones are very painful, but usually not life-threatening.	腎臓結石はとても痛むが、通常は生命を脅かすものではない。
0924	This test measures your competence in grammar and syntax in English.	このテストで英語の文法と構文におけるあなたの能力を測定する。

0925	**epidemic** [èpədémik] 〈医療〉	名 (病気などの)まん延，流行；伝染病，疫病 形 流行性の，広まっている
0926	**obesity** [oubíːsəti] 〈医療〉	名 (病的な)肥満 形 obese (肥満の，太りすぎた) ⇔ 名 emaciation (やつれ，衰弱)
0927	**reasoning** [ríːzəniŋ]	名 論拠；論法；推理 動 reason (〜を推論する)
0928	**stretch** [strétʃ]	動 能力いっぱいに働く；伸びる，広がる；〜を引っ張る，伸ばす；(人)の能力を発揮させる 名 広がり，一帯
0929	**buffer** [báfər]	名 緩衝となるもの，緩衝材 動 〜の衝撃を和らげる，〜を保護する
0930	**petty** [péti]	形 ささいな，取るに足らない 副 pettily (卑劣に；けちけちして) 名 pettiness (心の狭い[卑しい]こと)
0931	**odor** [óudər]	名 臭気，におい body odor (体臭) 形 odorless (無臭の)
0932	**prosecute** [prásikjùːt] 〈法律〉	動 〜を起訴する，告訴する 名 prosecution (起訴，告訴；検察側) ⇔ 動 defend (〜を弁護する)
0933	**syllabus** [síləbəs] 〈大学〉	名 講義要綱[摘要]，シラバス
0934	**template** [témpleit]	名 ひな型，定型書式；型板，鋳型
0935	**generic** [dʒənérik] 〈医療〉	形 (医薬品が)ジェネリックの，ノーブランドの；一般的な，包括的な 名 ジェネリック医薬品，ノーブランド商品
0936	**resent** [rizént]	動 〜に腹を立てる，憤慨する 名 resentment (憤慨，怒り) 形 resentful (憤慨している，怒っている)

0925	The flu virus spread so rapidly that it was considered an epidemic.	インフルエンザウイルスがかなり急速に広まったのでまん延とみなされた。
0926	Childhood obesity is a problem that is caused by a combination of inactivity and poor eating habits.	小児肥満は運動不足と不適切な食習慣が重なった結果生じる問題である。
0927	Her reasoning is flawed, so her argument does not hold up well under questioning.	彼女の論拠には欠陥があるので、彼女の議論は質問に対し十分に持ちこたえられない。
0928	The resources of the Red Cross were stretched to the limits dealing with the effects of the natural disaster.	赤十字の資金は自然災害の影響に対処し限界に達した。
0929	The insulation on the walls of his recording studio provided a buffer from the sounds of the city outside.	彼の録音スタジオの壁の防音性は外の街の騒音との緩衝を与えた。
0930	It is a petty grievance; I think she should drop it.	それはささいな苦情だ。彼女はそれを取り下げるべきだと私は思う。
0931	She discovered the source of the bad odor when she found the sour milk.	すっぱい牛乳を見つけ、彼女はその悪臭の出所をつきとめた。
0932	The district attorney decided there wasn't enough evidence to prosecute the suspect for the crime.	その犯罪でその容疑者を起訴するには十分な証拠がないとその地方検事は判断した。
0933	The professor handed out the syllabus for the course to all the students.	教授は全学生にその講座の講義要綱[摘要]を配布した。
0934	Our company uses a template for research reports, which provides a model for this kind of document.	当社では研究報告書にひな型を使うが、それはこの種の文書のモデルとなる。
0935	You can save money if you buy the generic version of that medicine; it costs less than the name brand.	その薬のジェネリック版を買えばお金の節約になる。有名ブランドのものより費用がかからない。
0936	He resented his older brother as he believed that his parents favored him.	彼は彼の両親が兄を特別扱いすると思い込んでいたので、兄に腹を立てた。

187

0937	**vanish** [vǽniʃ]	動 見えなくなる，消滅する = 動 disappear（見えなくなる，消える）
0938	**agenda** [ədʒéndə] 〈社会〉	名 協議事項，議題；予定
0939	**virtual** [vɚ́ːrtʃuəl]	形 実質的な，事実上の；仮の，仮想の 副 virtually（実質的には）
0940	**manifest** [mǽnəfèst] 〈医療〉	動〈～ oneself〉（病気の兆候などが）現れる； ～を明らかにする 形 明白な，はっきりとした
0941	**beta** [béitə] 〈IT〉	名 ベータ；予備段階，試験段階； （ギリシャ文字）β
0942	**radius** [réidiəs] 〈数学〉	名 半径；（影響が及ぶ）区域，範囲 ⇔ 名 diameter（直径）
0943	**apprentice** [əpréntis] 〈経済〉	名 見習い（工），徒弟 動 ～を見習いに出す，～の弟子になる 名 apprenticeship（年季奉公；見習い期間；徒弟身分）
0944	**testimony** [téstəmòuni] 〈法律〉	名 証言，証明；証拠 call ～ in testimony（～を証人に立たせる） 名 testimonial（証明書；推薦状；功労賞）
0945	**innocent** [ínəsənt] 〈法律〉	形 無罪の；純粋な innocent victims（罪のない犠牲者） 名 innocence（無罪，潔白；無邪気）
0946	**paradigm** [pǽrədàim] 〈学問〉	名 理論的枠組み，パラダイム；模範，範例 形 paradigmatic（パラダイムの；系列的な）
0947	**assert** [əsɚ́ːrt]	動 ～を断言［主張］する；（権力など）を行使する 名 assertion（主張，断言） 形 assertive（積極的に主張する，はっきり述べる）
0948	**upcoming** [ʌ́pkʌ̀miŋ]	形 次回の，やがてやってくる = 形 forthcoming（来るべき）

0937	She was happy to find that her flu symptoms <u>vanished</u> after 7 days, and she felt much better.	7日経ってインフルエンザの症状が見えなくなったことに気づいて彼女は喜び、気分もずっと良くなった。
0938	It's important to have an <u>agenda</u> for the meeting, so everyone will stay focused on the items you want to cover.	あなたが網羅したい内容にみな集中し続けられるよう、会議の協議事項を用意しておくことは重要である。
0939	There was no change in government, but that country underwent a <u>virtual</u> revolution.	政府には何も変化がなかったが、あの国は実質的な革命をとげた。
0940	This virus <u>manifests</u> itself with a high fever, congestion and a cough.	そのウイルスは高熱、鬱血および咳を伴って現れる。
0941	The software company released a <u>beta</u> version of its new product to a small group to get their feedback.	そのソフトウェア会社はフィードバックを得るため小集団に対して新製品のベータ版を公開した。
0942	The authorities blocked the roads in a small <u>radius</u> from the accident to ensure the chemical spill was contained.	化学物質流出を阻止できているか確認するため当局はその事故から小半径内でその道を封鎖した。
0943	An <u>apprentice</u> learns the trade from a master craftsman by working as his assistant.	見習いは優れた職人のアシスタントとして働くことで彼から仕事を学ぶ。
0944	He's required to give <u>testimony</u> in the trial as he was a witness to the crime.	彼はその犯罪の目撃者だったのでその裁判で証言するよう求められている。
0945	In our legal system, a suspect is <u>innocent</u> until proven guilty.	私たちの法律制度では、容疑者は有罪と認められるまで無罪である。
0946	It can be challenging to speak English if your first language is not stress-timed; it's a new <u>paradigm</u>.	母国語が強勢拍リズムの言語でなければ英語を話すのは難しいかもしれない。それは新しい理論的枠組みだからだ。
0947	Her lawyer <u>asserted</u> her innocence and promised to bring evidence to prove it.	彼女の弁護士は彼女の無罪を断言[主張]し、それを立証する証拠を示すと約束した。
0948	We are excited about attending the <u>upcoming</u> conference on new technology.	私たちは新技術に関する次回の会議に出席するのをとても楽しみにしている。

0949	**aviation** [èiviéiʃən] 《学問》		名 航空術[学]，飛行 ③ aviator (飛行家，航空機操縦士) ⑱ avian (鳥類の)
0950	**collide** [kəláid]		動 衝突する，ぶつかる ③ collision (衝突)
0951	**archaeology** [à:rkiá:lədʒi] 《学問》		名 考古学 ③ archaeologist (考古学者)
0952	**refine** [rifáin]		動 ~に磨きをかける，(石油など)を精製する ⑱ refined (洗練された，優雅な；正確な) ＝動 improve (~をさらに良くする，~に磨きをかける)
0953	**tenure** [ténjər] 《政治》		名 在職権[期間]；(財産・地位などの)保有 熟 during one's tenure of office (在職中に) ⑱ tenured (終身在職権を持つ)
0954	**acute** [əkjú:t] 《医療》		形 急性の；鋭い，先のとがった，鋭角の acute-care (救急[急性]患者治療の) ⇔⑱ chronic (慢性的な)
0955	**conjunction** [kəndʒʌ́ŋkʃən]		名 結合；共同；接続詞 熟 in conjunction with ~ (~と併せて)
0956	**manipulate** [mənípjulèit] 《医療》		動 (骨など)を手で元に戻す；~を触診する； ~を巧みに扱う，操作する
0957	**mounting** [máuntiŋ]		形 ますます増える mounting excitement (高まっていく興奮) 動 mount (上がる，増す，かさむ)
0958	**nevertheless** [nèvərðəlés]		副 それでもやはり，それにもかかわらず ＝副 notwithstanding (それにもかかわらず，やはり)
0959	**tuition** [tju:íʃən] 《大学》		名 授業料，授業
0960	**outlet** [áutlet]		名 (感情などの)はけ口，出口；コンセント； 直販店

0949	The field of aviation entered a new stage when jets broke the sound barrier.	航空学分野はジェット機が音速の壁を超えたとき新たな段階に入った。
0950	When the two cars collided on the busy highway, it caused a traffic jam.	交通量の多い幹線道路で2台の車が衝突し、それが交通渋滞を引き起こした。
0951	He is studying archaeology at the university, and he will be interning this summer on a dig in Egypt.	彼は大学で考古学を学んでおり、この夏エジプトの発掘現場で実習生として働いているだろう。
0952	Writing multiple drafts and refining your message are part of good writing.	何度も草稿を書き伝えたいことに磨きをかけることは、良い文章を書くために欠かせない要素である。
0953	The president was able to accomplish many things during his tenure in office.	その大統領は公職の在職中に多くのことをなしとげることができた。
0954	He was diagnosed with acute appendicitis and had to be operated on immediately.	彼は急性虫垂炎と診断され、早急に手術を受けなければならなかった。
0955	The dentist recommends using mouthwash in conjunction with regular brushing for dental health.	その歯科医は口腔衛生のために通常の歯磨きと併せてマウスウォッシュの利用を推奨している。
0956	It was painful when the doctor manipulated the bone back into place.	医師がその骨を手で元に戻したとき痛かった。
0957	Due to mounting difficulties, they've decided to close the business.	困難なことがますます増えたため、彼らは事業を止めることを決断した。
0958	It seems like the other team is going to win; nevertheless, we will keep trying till the end.	敵チームが勝利するように思える。それでもやはり、私たちは最後まで諦めないつもりだ。
0959	The tuition at private universities is higher than the tuition at public universities.	私立大学の授業料は公立大学の授業料よりも高い。
0960	Sports provided a great outlet for his excess energy as a young teenage boy.	スポーツは10代の少年としての彼のありあまるエネルギーの大きなはけ口となった。

0961	**haven** [héivən]	名 安全な場所, 避難所; 港, 停泊所
0962	**battery** [bǽtəri]	名 一連, 一式; 電池, バッテリー 熟 a battery of ~ (一連の~)
0963	**hazardous** [hǽzərdəs] 《生理》	形 有害な, 危険な hazardous waste (有害廃棄物) 名 hazard (危険; 事故)
0964	**nucleus** [njúːkliəs]	名 中核, 原子核, 細胞核 形 nuclear (核エネルギーの, 原子力の, 核兵器の)
0965	**uncover** [ʌnkʌ́vər]	動 ~をあばく, 発掘する; ~のふたを取る 形 uncovered (覆いのない, むき出しの) = 動 disclose (~を明らかにする, 暴露する)
0966	**eternally** [itə́ːrnəli]	副 永遠に, 不変に 名 eternity (永遠, 無限, 永遠性) = 副 forever (永遠に)
0967	**pause** [pɔ́ːz]	名 途切れること, 中断 動 休止する, ちょっと止まる give pause to ~ (~に躊躇させる)
0968	**civilian** [sivíljən]	形 一般市民の, 民間の 名 (軍人・聖職者に対し) 民間人, 市民 civilian goods (民需品, 民生品)
0969	**contradict** [kɑ̀ntrədíkt]	動 ~に反論する; ~と矛盾する 名 contradiction (矛盾; 反対; 否定) 形 contradictory (矛盾した; 反対の)
0970	**gut** [gʌ́t] 《心理》	形 直感的な, 本能的な 名 腸, はらわた; 直感 gut reaction (とっさの本能的な反応)
0971	**hygiene** [háidʒiːn] 《医療》	名 衛生状態; 衛生学 mental hygiene (精神衛生) 形 hygienic (衛生的な, 衛生学の; 健康に良い)
0972	**mentor** [méntɔːr]	名 指導者, 教師 動 ~に教える, 指導する 名 mentoring (若手教育)

0961	The captain of the sailboat found a small cove that provided a haven during the storm.	その帆船の船長は嵐の間の安全な場所となる小さな入江を見つけた。
0962	The doctor ordered a battery of tests in an effort to discover the problem.	医者はその問題を発見する目的で一連の検査を指示した。
0963	Smoking is not permitted in the school as it can be hazardous to the children's health.	その学校では児童の健康に有害になり得るから喫煙が禁止されている。
0964	These ten men form the nucleus of this secret organization, and they control its direction.	彼ら10人の男性がその秘密組織の中核をなし、その方向性を指揮している。
0965	The security agency uncovered a plot to overthrow the government.	治安当局は政府を転覆する陰謀をあばいた。
0966	I will be eternally grateful to you if you do this favor for me.	もしこの願いを聞いてくれたら私は永遠にあなたに感謝します。
0967	He talked without a pause, so it was difficult to ask a question.	彼は途切れることなく話したので、質問するのが難しかった。
0968	He was so used to wearing his army uniform that it felt strange to be wearing civilian clothes on his holiday.	彼は軍服を着ることに慣れていたので、休日に一般市民の服を着るのに違和感を抱いた。
0969	She said the class was boring, but he contradicted her and said it was great.	彼女はその授業がつまらないと言ったが、彼は彼女に反論し、その授業はすばらしいと言った。
0970	I can't explain the reason for my choice; it's just a gut feeling.	私の選択に対する理由は説明できない。それは単なる直感的な考えなんだ。
0971	Good dental hygiene requires regular cleanings and checkups at the dentist's office.	歯の衛生状態を良好に保つには歯科医院での定期的な歯の清掃処置と検診が必要となる。
0972	She learned a lot about the business from her mentor who took the time to explain things and give her guidance.	時間を割いて彼女に物事を説明し指導してくれた指導者から、彼女はその事業について多くを学んだ。

193

0973	**merge** [mə́:rdʒ]	動 合流する；結合する；合併する 名 merger（合併）
0974	**frontier** [frʌntíər]	名 最先端；辺境；限界；境界，国境
0975	**remarkable** [rimá:rkəbl]	形 めざましい，注目すべき；並はずれた，例外的な 副 remarkably（目立って，著しく）
0976	**tissue** [tíʃu:] 《医療》	名 （細胞の）組織；ティッシュペーパー nervous tissue（神経組織）
0977	**underwater** [ʌ̀ndərwɔ́:tər]	形 水中の 副 水中で，水面下で
0978	**simultaneous** [sàiməltéiniəs]	形 同時の，同時に起こる simultaneous interpreter（同時通訳者） 副 simultaneously（同時に）
0979	**extinct** [ikstíŋkt] 《環境》	形 絶滅した，死に絶えた extinct volcano（死火山） 名 extinction（絶滅）
0980	**knowledgeable** [nálidʒəbl]	形 博識な，聡明な；精通している 名 knowledge（知識）
0981	**lessen** [lésn]	動 減る；〜を減らす ＝動 diminish（小さくなる，減少する；〜を減らす） ※ lesson（学課）と同音
0982	**nutrition** [nju:tríʃən] 《医療》	名 栄養学；栄養，栄養状態 形 nutritious（栄養のある） 名 nutrient（栄養素，栄養物）
0983	**shabby** [ʃǽbi]	形 みすぼらしい，ぼろの 名 shabbiness（みすぼらしさ） 副 shabbily（みすぼらしく）
0984	**mundane** [mʌndéin]	形 日常の，ありふれた

0973	This is a dangerous point on the road where traffic is merging onto the busy highway.	ここは交通が混雑する幹線道路に合流しているこの道路の危険な地点だ。
0974	The field of biotechnology is on the frontier of many life-changing discoveries.	バイオテクノロジー分野は生活を変える多くの発見がある最先端分野である。
0975	We were all surprised by his remarkable progress; he's improved very rapidly.	彼のめざましい進歩に私たちはみな驚いた。彼は大変な勢いで伸びている。
0976	The surgeon will remove the diseased tissue during the operation.	その外科医は術中に病変組織を取り除く予定だ。
0977	Jacques Cousteau was a famous underwater explorer and conservationist.	ジャック・クストーは有名な水中探検家であり自然保護活動家であった。
0978	The musicians practiced the timing to make sure that the entrance of the violins and horns was simultaneous.	音楽家たちはバイオリンとホルンの入りが確実に同時になるようにそのタイミングを練習した。
0979	Dinosaurs no longer wander the earth; they are extinct.	恐竜が地球上を歩き回ることは今となってはもうない。恐竜は絶滅したのだ。
0980	She's very knowledgeable in this area as she spent a lifetime as a museum curator.	彼女は博物館の学芸員として生涯を過ごしたので、この分野では非常に博識である。
0981	As his muscles recovered from the injury, the pain lessened.	彼の筋肉は怪我から回復し、痛みも減った。
0982	She studied nutrition in school as she was training to work in the food service industry.	彼女は外食産業で働くための訓練中だったので、学校で栄養学を学んだ。
0983	The old house looks a bit shabby as it needs a new roof and paint.	その古い家は少しみすぼらしく見えるので新しい屋根と塗装の必要がある。
0984	I did not do anything exciting this weekend; I spent time on mundane tasks like washing clothes.	今週末は特に面白いことはしなかった。洗濯などの日常の仕事をして過ごした。

No.	英単語	発音	意味
0985	**resonant**	[rézənənt]	形 響き渡る，朗々とした 名 resonance (反響，響き) = 形 resounding (鳴り響く；目立つ)
0986	**impairment**	[impéərmənt] 〈医療〉	名 機能障害，損傷 動 impair (〜を損なう，減じる) 形 impaired (障害のある)
0987	**waive**	[wéiv] 〈大学〉	動 (学費など)を徴収しない；(権利など)を放棄する；(行動や発言)を差し控える；(規則など)を無効にする tuition waiver (授業料免除)
0988	**coefficient**	[kòuifíʃənt] 〈数学〉	名 係数
0989	**interdisciplinary**	[ìntərdísəplənèri] 〈学問〉	形 学際的な = 形 disciplinary (学問の；訓練の)
0990	**polarize**	[póuləràiz]	動 〜を対立させる，二極化する；(光)を偏光させる；〜に極性を与える 形 polar (極の；正反対の；極性の)
0991	**alumnus**	[əlʌ́mnəs] 〈大学〉	名 (男子の)卒業生 ⇔ 名 alumna ([女子の]卒業生) ※ 複数形は alumni
0992	**relapse**	[rilǽps] 〈医療〉	名 (病気の急な)再発，ぶり返し；(悪い状態への)逆戻り 動 (病気が)ぶり返す，再発する
0993	**optimize**	[ɑ́ptəmàiz]	動 〜を最大限に活用する；(プログラム)を最適化する 名 optimization (最大限に活用すること；最適化)
0994	**phobia**	[fóubiə] 〈心理〉	名 恐怖症，病的恐怖 名 acrophobia (高所恐怖症) 形 phobic (恐怖症の，病的恐怖の)
0995	**remedial**	[rimí:diəl] 〈教育〉	形 (授業が)補習の；救済的な；治療上の；改善の 名 remedy (医薬品；治療；改善，矯正)
0996	**legislate**	[lédʒislèit] 〈法律〉	動 〜を法制化する，規制する；法律を制定する 名 legislation (法律；立法)

0985	He has a deep, resonant voice, and I enjoy hearing him sing.	彼は太く、よく響き渡る声をしていて、彼の歌を聞くのは楽しい。
0986	She has a hearing impairment, so she wears a hearing aid.	彼女は聴覚機能障害があるので、補聴器を付けている。
0987	The private school agreed to waive the fees as the talented student came from a very poor family.	その才能あふれる学生はとても貧しい家庭の出身であるため、その私立学校は学費を徴収しないことに同意した。
0988	The coefficient is a number or a constant factor in an algebraic term.	係数とは代数項における数または定数の因子のことである。
0989	Interdisciplinary studies allows you to study multiple academic disciplines, like history and economics.	学際的な研究が、歴史学や経済学といった複数の学問分野を学ぶことを可能にしている。
0990	The issue of development versus open space has polarized the community.	開発対空き地の問題はその地域を対立させた。
0991	He's an alumnus of a small private college, and he gets together with his fellow graduates in June every year.	彼は小さな私立大学の卒業生で、毎年6月に卒業した仲間と集まる。
0992	His doctor warned him not to work too hard during his recovery, or he might suffer a relapse.	彼の医者は回復期に働きすぎないように、さもないと再発に苦しむことになるかもしれないと彼に警告した。
0993	The builders optimized the storage in the small apartment with lots of built-in shelving.	建設業者は作り付けの棚を多く組み込むことで、小さなアパートのその収納スペースを最大限に活用した。
0994	She has a phobia about spiders, and she always screams loudly if she discovers one in her house.	彼女はクモに対し恐怖症を持っており、家の中で見つけるといつも大声で悲鳴を上げる。
0995	Before he can move to the second grade, he has to take a remedial reading class over the summer.	2年生に上がる前に、彼は夏にかけての補習の読解の授業を取らなければならない。
0996	The failure of Prohibition in the 1920s, which made alcohol illegal, seemed to prove you can't legislate behavior.	1920年代の禁制法の失敗、これはアルコールを違法としたのだが、これは素行を法制化することはできないことを証明するように思えた。

0997 prioritize
[praiɔ́:rətàiz]

動 ～に優先順位を付ける
㊟ priority（優先事項，重要度の高いもの［人］）
㊟ prior（より重要な，優先的な）

0998 configure
[kənfígjər] 〈IT〉

動 (システムなど)を設定する，構成する
㊟ configuration（配置；構成，設定）

0999 outreach
名 [áutri:tʃ] 〈社会〉
動 [àutrí:tʃ]

名 奉仕活動；出先機関，出張
動 ～よりまさる，～をしのぐ

1000 regress
動 [rigrés]
名 [rí:gres]

動 逆行する，後戻りする
名 後退；退化
⇔ 動 progress（進歩する，発展する）

0997	We have to prioritize the issues and make sure we all agree on their ranking.	私たちはその問題に優先順位を付け、全員がその順位に合意するのを確認しなければならない。
0998	He was able to configure all of the computers in the department in less time than they had originally planned.	彼は彼らが元々計画していたよりも短い時間でその部署の全てのコンピューターを設定することができた。
0999	Church members spend time each week talking to other people about the church as a form of outreach.	教会メンバーはほかの人たちと奉仕活動の一形態として教会について話し毎週の時間を過ごす。
1000	The child regressed to behaviors from early childhood, like sucking her thumb, in certain situations.	その子供はある状況になると、親指を吸うといった幼少期の行動に逆行した。

Column 2 — Inside the Body（体の内側）

▶ヒトの体の「内部」にあるものの名称です。理科系の授業でよく使われる単語でもありますが，それ以前に「自分の体」のことですから，大人としてしっかり覚えておきたいですね。

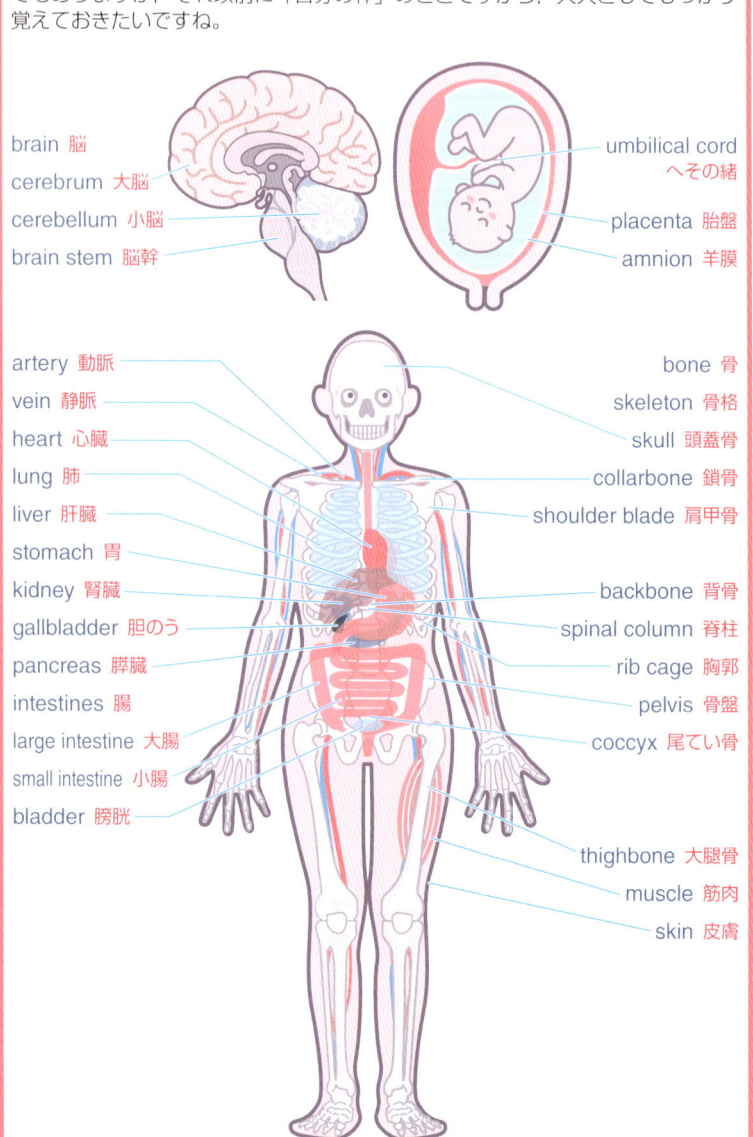

brain 脳
cerebrum 大脳
cerebellum 小脳
brain stem 脳幹

umbilical cord へその緒
placenta 胎盤
amnion 羊膜

artery 動脈
vein 静脈
heart 心臓
lung 肺
liver 肝臓
stomach 胃
kidney 腎臓
gallbladder 胆のう
pancreas 膵臓
intestines 腸
large intestine 大腸
small intestine 小腸
bladder 膀胱

bone 骨
skeleton 骨格
skull 頭蓋骨
collarbone 鎖骨
shoulder blade 肩甲骨
backbone 背骨
spinal column 脊柱
rib cage 胸郭
pelvis 骨盤
coccyx 尾てい骨

thighbone 大腿骨
muscle 筋肉
skin 皮膚

2500 ESSENTIAL ENGLISH WORDS FOR THE TOEFL TEST

ROUND 3
STAGE 11-15
No.1001-1500

Stanford University is one of the world's leading research universities. It is known for its entrepreneurial character, drawn from the legacy of its founders, Jane and Leland Stanford, and its relationship to Silicon Valley. Areas of excellence range from the humanities to social sciences to engineering and the sciences. Stanford is located in California's Bay Area, one of the most intellectually dynamic and culturally diverse areas of the nation.

Stanford University

ROUND 3 STAGE 11 No.1001–1100

MEANING

1001 nerve [nə́ːrv] 〈医療〉
名 神経；勇気
What a nerve!（何という厚かましさだ！）
形 nervous（神経の；神経質な）

1002 vacuum [vǽkjuəm] 〈物理〉
名 真空，真空状態
動 電気掃除機をかける

1003 expenditure [ikspénditʃər] 〈経済〉
名 出費，支出；費用
actual expenditure（実費）
動 expend（～を費やす）

1004 fragment [frǽgmənt]
名 破片，断片；小部分
動 ～を砕く，粉々にする；
　砕ける，粉々になる；崩壊する

1005 merit [mérit]
動 ～に値する
名 長所；功績；真価
= 動 deserve（～の価値がある，～に値する）

1006 pin [pín]
動 ～を押さえ込む；ピンで留める；
　（罪・責任など）をなすりつける
名 ピン

1007 tactic [tǽktik]
名 〈複〉戦術；策略，作戦
形 tactical（戦略的な，策略にたけた）
= 名 strategy（戦略，策略）

1008 standpoint [stǽndpɔ̀int]
名 立場，見地

1009 dot [dɑ́t]
動 ～に点在する；点を付ける［打つ］
名 点，しみ；水玉模様；小さなもの

1010 ample [ǽmpl]
形 十分な，豊富な；広い
= 形 rich（豊富な）

1011 feasible [fíːzəbl] 〈経済〉
形 実現可能な，ありそうな；適した
名 feasibility（実現可能性）
= 形 viable（実現可能な）

1012 nominal [nɑ́mənl]
形 名目上の，有名無実の
nominal rate（表面金利）
⇔ 形 real（実在する，実際の）

	EXAMPLE SENTENCE	TRANSLATION
1001	Some of the nerves in his cheek were damaged in the accident, so he lost feeling in that area.	頬のある部分の神経がその事故で傷つけられたため、彼はその部分の感覚を失った。
1002	Some people say outer space is the closest thing to a perfect vacuum.	大気圏外が最も完全真空に近いものだと主張する人もいる。
1003	We are tracking our expenditures in a spreadsheet so we can keep to a budget.	私たちは予算を守るよう集計表で出費を追っている。
1004	Working with fragments of bones, the scientists were able to develop a picture of the prehistoric animal.	骨の破片を調査し、その科学者たちは先史時代の動物のイメージについて理解を深めることができた。
1005	I think this case merits a second look, so we will review it.	この事例は再検討に値すると私は思うので、もう一度確認しよう。
1006	The wrestler tried to pin his opponent to the ground in a series of moves.	そのレスラーは一連の動きの中で相手を地面に押さえ込もうとした。
1007	The secret agent has been trained in the tactics of psychological warfare.	その秘密諜報員は心理戦の戦術の訓練を受けてきた。
1008	Students were asked to write about the question from the standpoint of the narrator in the novel.	学生たちはその小説の中の語り手の立場から疑問について書くよう求められた。
1009	Small settlements near water sources dotted the mountainous area.	水源に近いところの小さな開拓地が山間部に点在していた。
1010	She went shopping so that she would have ample food when the guests arrived.	客が到着したときに十分な食糧を備えていられるよう彼女は買い物に出かけた。
1011	I'm not sure this plan is feasible given our limited resources.	私たちの限られた資源を考えると、この計画は実現可能なのか自信がない。
1012	He's the nominal head of the family organization, but his son has the real power.	親族の中で彼が名目上の主であるが、彼の息子が実権を持っている。

203

1013	**offense** [əféns] 《法律》	名 違法行為, 犯罪；攻撃；気持ちを害すること minor offense (軽犯罪) 動 offend (〜の気分を害する；犯罪を犯す)
1014	**destructive** [distrÁktiv]	形 破壊的な；否定的な 名 destruction (破壊, 破滅) ⇔形 constructive (建設的な)
1015	**bud** [bÁd] 《生物》	名 つぼみ, 芽；未成熟の物 [人] 動 芽 [つぼみ] をつける, 発芽する in the bud (未熟の)
1016	**anthropology** [æ̀nθrəpálədʒi] 《文系》	名 (文化)人類学 名 anthropologist (〔文化〕人類学者)
1017	**retention** [riténʃən]	名 保有, 維持 熟 retention rate (定着率, 保持率, 在籍率) 動 retain (〜を保つ)
1018	**submarine** [sÁbməri:n] 《地学》	形 海底の 名 潜水艦 submarine earthquake (海底地震)
1019	**batch** [bǽtʃ]	名 ひと焼き分, ひと束 動 (〜を1回分に) まとめる in batches (束にして)
1020	**oversee** [òuvərsí:]	動 〜を監視 [監督] する =動 supervise (〜を監視 [監督] する)
1021	**exploit** 名[éksplɔit] 動[iksplɔ́it]	名〈複〉功績, 偉業 動 〜を搾取する, (不当に)利用 [開発] する
1022	**warfare** [wɔ́:rfèər] 《社会》	名 武力衝突, 戦争 nuclear warfare (核戦争)
1023	**partition** [pɑ:rtíʃən]	動 〜を分割する, 〜に仕切る 名 分離, 分割；仕切り ⇔動 unite (〜を結合させる；統合する)
1024	**sanction** [sǽŋkʃən] 《政治》	名〈複〉制裁, 処罰；認可, 是認 lift sanctions (制裁を解除する)

1013	Since it was his first offense, the judge let him off with a small fine.	彼にとっては初めての違法行為だったので、判事は少額の罰金で彼を解放した。
1014	His constant negative comments were very destructive to the relationship.	彼の絶え間ない否定的な意見はその関係にとってとても破壊的なものだった。
1015	The buds on my roses are just starting to develop.	私のバラのつぼみがちょうど開き始めている。
1016	Anthropology is the study of humans and their cultures around the world.	人類学は人間と世界中の人間の文化に関する研究である。
1017	That high school has a low retention rate as a large percentage of students leave before graduating.	その高校の定着率は卒業前に退学する学生の割合が多いため低い。
1018	The submarine mountain range extended many miles deep under the ocean.	海底の山脈は海洋深くに何マイルもの広範囲に広がっていた。
1019	She made 3 different batches of cookies: peanut butter, chocolate chip, and oatmeal.	彼女は違う種類のクッキーを3焼き分作った。ピーナツバター、チョコレートチップ、それにオートミールである。
1020	It is the job of the manager to oversee the process and make sure the product is delivered on time.	進捗を監視し時間どおりに商品が配送されるのを確認するのはマネージャーの仕事だ。
1021	Sir Ernest Shackleton is well known for his exploits as a polar explorer in the Antarctic.	アーネスト・シャクルトン卿は南極の極地探検家としての彼の功績でよく知られている。
1022	During the time of the Crusades, warfare was driven in part by religious devotion.	十字軍の時代に、信仰心が一因となり武力衝突が引き起こされた。
1023	After World War II, Germany was partitioned into two separate countries, East Germany and West Germany.	第二次世界大戦後、ドイツは2つの異なる国、西ドイツと東ドイツに分割された。
1024	The international sanctions against that country limit their ability to trade internationally.	あの国に対する国際制裁は、その国の国際間取引を制限する。

1025	**chamber** [tʃéimbər] 《医療》	名 (生物体内の)房室；会議所；議院；部屋 動 ～を部屋に閉じ込める；～に部屋を設ける
1026	**absorb** [əbzɔ́:rb]	動 ～を吸収する；～を夢中にさせる = 動 soak up ～ (～を吸収する)
1027	**flag** [flǽg]	動 (気力などが)衰える，弱る；揺らぐ
1028	**abandoned** [əbǽndənd]	形 捨てられた，放置された；気ままな 動 abandon (～を捨てる，見捨てる)
1029	**infer** [infə́:r]	動 ～を推論[推測]する 名 inference (推論，推測)
1030	**corrupt** [kərʌ́pt]	形 堕落した，腐敗した；汚職の 動 ～を堕落させる；～を買収する
1031	**sovereignty** [sávərənti] 《政治》	名 主権，統治権；独立国家 = 名 sovereign (君主，国王)
1032	**strip** [stríp]	動 (衣類)をはぎ取る，裸にする；奪う[取り去る] 熟 strip A of B (AからBを剥奪する) strip B from A (AからBを剥奪する)
1033	**delegate** 動 [déligèit] 名 [déligət] 《社会》	動 ～を委任する； 　　～を代表として派遣[任命]する 名 代表者；《米》(州議会の)下院議員
1034	**gear** [gíər]	名 用具一式，道具；ギア；～装置 = 名 apparatus (器具，装置)
1035	**shrub** [ʃrʌ́b] 《生物》	名 低木，灌木 形 shrubby (低木の) = 名 bush (低木)
1036	**trench** [tréntʃ]	名 溝，海溝 動 溝を掘る

1025	The human heart is divided into four chambers: the left and right atrium, and the left and right ventricle.	ヒトの心臓は4つの房室に分かれている。左と右の心房、それに左と右の心室である。
1026	Most cars have air bags, which are designed to absorb the shock in case of an accident.	大部分の車にエアバッグが備わっていて、それは事故が起きた場合に衝撃を吸収するよう設計されている。
1027	At the 22nd mile of the marathon, she found that her energy was flagging.	マラソンの22マイル地点で、彼女は活力が衰えてきていると気づいた。
1028	The abandoned car sat on the side of the road until it was towed by the police.	その捨てられた車は警察がけん引するまで道路脇に置かれた。
1029	Are you inferring that I am not telling the whole truth here?	私がここで全て真実を話しているわけではないとあなたは推論しているのか？
1030	They found out that the mayor was corrupt as he had been taking bribes for favors.	その市長はえこひいきの応酬として賄賂を受け取ってきていたので彼らは市長が堕落していると見抜いた。
1031	Tribal sovereignty in the United States means that indigenous people can govern themselves.	アメリカ合衆国の部族の主権とは先住民が自身を統治することができることを指す。
1032	They stripped him of his authority when they found he had taken bribes.	彼が賄賂を受け取っていたことを知り、彼らは彼から彼の権力を剥奪した。
1033	A good manager knows how to delegate the work rather than trying to do everything by himself.	良いマネージャーとは1人で全てやろうとせずに仕事を委任する方法を知っているものだ。
1034	He has his own climbing gear that he uses when he goes rock climbing.	彼はロッククライミングに行く際に使う自身のクライミング用具一式を持っている。
1035	The landscaper planted green shrubs against the building.	庭師はその建物を背景に緑の低木を植えた。
1036	Workers had to dig a trench under part of San Francisco Bay for the rapid transit system.	労働者たちはサンフランシスコ湾の一部の下に高速輸送システム用の溝を掘る必要があった。

1037	**deepen** [díːpən]	動 ~を深くする，深める；深まる；~を悪化させる；悪化する
1038	**subdivide** [sÀbdiváid]	動 ~を分ける，細分化する
1039	**embrace** [imbréis]	動 ~を利用[活用]する；~を受け入れる；~を抱きしめる；抱き合う，抱擁する 名 抱擁；容認
1040	**patch** [pætʃ]	名 (困難・不遇な)時期；部分；継ぎ，当て布；小さな土地[畑]
1041	**accelerated** [əksélərèitid]	形 促進的な；加速した 動 accelerate (~を促進する；加速する)
1042	**elite** [ilíːt] 〈社会〉	形 精鋭の，エリートの 名 エリート，選ばれた人たち = 名 aristocracy (特権[上流]階級，貴族社会)
1043	**gracefully** [gréisfəli]	副 優雅に，上品に；潔く 形 graceful (優雅な，上品な)
1044	**discreet** [diskríːt]	形 思慮深い，慎重な discreet inquiries (慎重な調査) ⇔ 形 indiscreet (無分別な，軽率な)
1045	**pump** [pÁmp]	動 (液体)をくみ上げる；(液体・気体)を注入する； 熟 pump ~ out of … (~を…からくみ上げる) 名 ポンプ
1046	**timely** [táimli]	形 時宜を得た，適時の 副 時宜を得て，適時に in a timely manner/fashion (頃合いを見計らって)
1047	**urgent** [ə́ːrdʒənt]	形 緊急の，差し迫った；執拗な 副 urgently (緊急に，至急に)
1048	**ease** [íːz]	動 ゆっくり動く；和らぐ 熟 ease into ~ (~に向けてゆっくりと動く[入る]) 名 容易さ，気楽さ；落ち着き；緩和

1037	Repeated rainstorms deepened the ravine as more and more soil was carried down the mountain.	度重なる暴風雨で土壌がますます山から運び流され渓谷を深くした。
1038	The real estate developer bought a large piece of land and subdivided it into smaller parts to build houses.	不動産開発業者は大きな土地を買収し、それを住宅を建てるための小さな区画に分けた。
1039	She embraced her new role at the museum and worked hard setting up the annual fundraiser.	彼女は博物館での新たな役割を利用し、資金集めのための年次イベントの企画準備に熱心に取り組んだ。
1040	They are going through a rough patch in their relationship, but I think they will work it out.	彼らはお互いの関係において困難な時期を経験しているが、私はきっとうまくいくと思う。
1041	She enrolled in an accelerated nursing program that allowed her to complete her degree in less time than usual.	彼女は通常よりも短期間で学位を取得できる促進的な看護プログラムに登録した。
1042	The Navy Seals are part of an elite team of professionals who train very hard.	米国海軍特殊部隊は厳しい訓練を積む専門家による精鋭集団の一部だ。
1043	In their mating rituals, the birds move gracefully through a series of bows, leaps, runs and short flights.	配偶行動において、鳥は頭を下げ、跳び、走り、短距離飛行をするといった一連の動作を優雅に行う。
1044	She is very discreet, and her behavior is always appropriate.	彼女はとても思慮深く、彼女の振る舞いは常に適切である。
1045	After the hurricane, city workers had to pump water out of the underground subway tunnels in New York.	ハリケーンの後、市役所職員はニューヨークの地下鉄トンネルから水をくみ上げなければならなかった。
1046	The arrival of this money was unexpected, but very timely as we needed it to pay the rent.	そのお金は予期せぬ到来であったが、家賃の支払いに資金が必要だったのでとても時宜を得ていた。
1047	This patient can't wait; he has to see the doctor immediately due to an urgent problem.	この患者は待てないのだ。彼は緊急の事態にあるので早急に医師に診てもらわなければならない。
1048	He plans to ease into retirement and cut back slowly on his work schedule.	彼は退職に向けてゆっくり動き仕事の予定を徐々に減らすつもりだ。

1049 defect
動 [difékt] 名 [díːfekt] 《政治》
- 動 亡命する；離反 [脱落] する
- 名 欠陥, 欠損；障害

1050 leisure
[líːʒər]
- 名 余暇, 暇；仕事がないこと
- at one's leisure (暇なときに；ゆっくりと)

1051 simplify
[símpləfài]
- 動 ～を簡略 [簡素] 化する, 単純にする
- ⇔ 動 complicate (～を複雑にする)

1052 consistency
[kənsístənsi] 《化学》
- 名 (液体の) 濃度；粘度；(物質の) かたさ；(言動思想などの) 一貫性, 一致
- ⇔ 名 inconsistency (不一致, 矛盾)

1053 foster
[fɔ́ːstər]
- 動 ～を促進 [助長] する；(他人の子供) を育てる, 養育する
- = 動 encourage (～を促す, 助長する；～を励ます)

1054 mutation
[mjuːtéiʃən] 《生物》
- 名 突然変異；変化

1055 overcome
[òuvərkʌ́m]
- 動 ～を乗り越える, ～に打ち勝つ；勝利する, 打ち勝つ
- = 動 prevail (～に打ち勝つ)

1056 assurance
[əʃúərəns]
- 名 保証, 確約；自信, 確信；落ち着き
- quality assurance (品質保証)
- 動 assure (～に保証する；～に確信させる)

1057 cast
[kǽst]
- 動 ～を投げる；～を投じる, 投票する；～に役を割り当てる；(光など) を注ぐ, 放つ
- cast a ballot (票を投じる)

1058 subsequent
[sʌ́bsikwənt]
- 形 それに続く, 続いて起こる
- 副 subsequently (引き続き；その後)

1059 originate
[ərídʒənèit]
- 動 起源を発する, 発生する；始まる；～を始める；～を考案する
- 名 originator (創作者, 考案者；発起人；元祖)

1060 metropolis
[mətrɑ́pəlis] 《社会》
- 名 大都市, 主要都市
- 形 metropolitan (大都市の, 主要都市の)

1049	That scientist defected from Russia to the United States during the Cold War.	その科学者は冷戦中にロシアからアメリカ合衆国へ亡命した。
1050	She has been working long hours and has not had much leisure time lately.	彼女は長い時間働いていて近頃余暇の時間をあまりとっていない。
1051	We are always looking for ways to simplify our process and make it more efficient.	私たちは常に過程を簡略化しより効果的にできる方法を探している。
1052	She stirred the liquid over the heat until it reached a very thick consistency.	彼女はその液体の濃度がとても高くなるまで、それを熱にかけてかき混ぜた。
1053	The manager works to foster a cooperative environment for his team members.	マネージャーはチームメンバーのために協調的な環境を促進することに取り組んでいる。
1054	A gene mutation is a change in the DNA sequence for a gene.	遺伝子突然変異とは遺伝子のDNA配列における変化である。
1055	She overcame many challenges in her life to become a successful businesswoman.	彼女はビジネスウーマンとして成功するため、彼女の人生において多くの試練を乗り越えた。
1056	He gave me his assurance that he would help us whenever we needed it.	私たちが助けを必要とするときはいつでも助けになると彼は私に保証した。
1057	The fisherman cast his net into the ocean and when he pulled it up, it was filled with fish.	漁師が海に網を投げそれを引き上げると、魚でいっぱいだった。
1058	In the first few e-mails she was very positive, but in subsequent e-mails she became critical and negative.	Eメールの最初の数通において彼女はとても前向きだったが、それに続くEメールでは彼女は批判的で悲観的になった。
1059	The scientist discovered that the disease had originated in Africa, but it later spread throughout the world.	その病気はアフリカに起源を発したが、その後世界中に広がりを見せたことをその科学者は発見した。
1060	Unlike his small, quiet hometown, New York was a metropolis.	彼の小さく静かな故郷とは違い、ニューヨークは大都市だった。

211

1061	**accountable** [əkáuntəbl]	形 (説明)責任のある 熟 hold ~ accountable (~に責任を課す) 名 accountability (責任，責務；説明義務)
1062	**physiological** [fìziəládʒikəl] 《生理》	形 生理的な；生理学上の 名 physiology (生理学；生理機能)
1063	**commodity** [kəmádəti]	名 商品，産物；〈複〉日用品，必需品 commodity exchange (商品取引〔所〕) = 名 goods (商品，品物；財，財産)
1064	**readily** [rédili]	副 すぐに；難なく，容易に；快く，進んで
1065	**absurd** [əbsə́ːrd]	形 馬鹿げた，理にかなわない 名 absurdity (不合理，馬鹿らしさ) = 形 insane (全く馬鹿げた；常軌を逸した)
1066	**forge** [fɔ́ːrdʒ]	名 鍛冶場，鉄工所 動 ~を鍛造する；(関係など)を築く；~を偽造する
1067	**entrepreneur** [ὰːntrəprəná́ːr] 《経済》	名 起業家，企業家
1068	**boulder** [bóuldər]	名 大きな石〔岩〕
1069	**fascinating** [fǽsənèitiŋ]	形 興味をそそる，魅了する 動 fascinate (~を魅了する，~の心を引きつける) 副 fascinatingly (魅惑的に；うっとりさせるほど)
1070	**juvenile** [dʒúːvənàil] 《社会》	名 青少年，未成年者，少年少女 形 少年少女の，未成年の；未熟な
1071	**nitrogen** [náitrədʒən] 《化学》	名 窒素 nitrogen dioxide (二酸化窒素) 形 nitrogenous (窒素の)
1072	**rupture** [rʌ́ptʃər]	名 破裂，(体の)裂傷；(友好関係の)決裂，断絶 動 ~を破裂させる；(関係など)を断絶〔決裂〕させる

1061	The person in charge of safety tests will be held accountable if the product causes harm to customers.	もしその商品が顧客に危害を及ぼしてしまえば、安全試験の担当者に責任が課されることになるだろう。
1062	The physiological effects of stress can include difficulty sleeping and mood changes.	ストレスの生理的な影響には睡眠障害や心的状態の変化を含むことがある。
1063	Silver and gold are commodities that are traded on stock exchanges.	銀や金は株式市場で取引される商品である。
1064	That item is not readily available; you will have to wait for it.	その商品はすぐには入手できない。君はそれを待たなければならないだろう。
1065	No one believed his story; we all thought it sounded strange and absurd.	誰も彼の話を信じなかった。私たち全員にはその話が奇妙で馬鹿げて聞こえた。
1066	The blacksmith worked at his forge to heat and form metal.	鍛冶屋は金属を熱し形成する鍛冶場で働いた。
1067	There are many entrepreneurs in the technology sector in Silicon Valley.	シリコンバレーの技術部門には多くの起業家がいる。
1068	The large boulder had fallen down the mountain, and it blocked the entrance to the cave.	大きな石が山を転げ落ち、その石は洞窟の入口をふさいだ。
1069	His story was fascinating, and he held the audience's interest for 60 minutes.	彼の話は興味をそそるものだったので、60分間聴衆の関心を引き続けた。
1070	Since he is under 18 years old, he is considered a juvenile.	彼は18歳以下なので、青少年とみなされる。
1071	Nitrogen is used in the manufacturing of fertilizer.	窒素は肥料の製造に用いられる。
1072	There was a rupture in the oil pipeline, and they had to send workers to repair it.	石油パイプラインに破裂があったので、彼らはその修繕にあたる作業員を派遣しなければならなかった。

213

1073	**ban** [bǽn] 《法律》	動 ~を禁止する 名 禁止(令), 禁制 ban A from ~ ing (Aが~するのを禁止する)
1074	**recipient** [risípiənt]	名 受賞者；受取人；臓器受容者 scholarship recipients (奨学生)
1075	**barrel** [bǽrəl]	動 (車が)疾走する, 車をぶっ飛ばす 名 樽, 樽の分量 (1バレル)
1076	**dissolve** [dizálv]	動 ~を解消する；〈受身〉(議会や組織を)解散させる； ~を溶かす, 融解[溶解]する；溶ける； (怒りなどが)弱まる, 鎮まる
1077	**seize** [síːz]	動 ~をつかむ, とらえる；奪う
1078	**cope** [kóup]	動 (問題・課題などを)うまく処理する 熟 cope with ~ (~にうまく対処する)
1079	**tone** [tóun]	名 論調, 口調；雰囲気；風潮；調子； (声・楽器などの)音色, 音質 set the tone (雰囲気を作る)
1080	**orbit** [ɔ́ːrbit] 《宇宙》	動 (衛星などが)周回する；軌道を回る； ~を旋回する；(衛星など)を軌道に乗せる 名 (天体などの)軌道
1081	**deficit** [défəsit] 《経済》	名 不足(額)；赤字 be in deficit (赤字である) ⇔ 名 surplus (余剰；黒字)
1082	**digit** [dídʒit] 《数学》	名 桁；(0〜9の)アラビア数字；(手・足の)指
1083	**namely** [néimli]	副 すなわち = that is (to say) (すなわち, つまり)
1084	**mortgage** [mɔ́ːrgidʒ] 《経済》	名 住宅ローン, 抵当(権)；抵当入りした物件 動 ~を抵当に入れる, 担保にする

1073	I wish they would <u>ban</u> the use of guns in my state, but the people who like to hunt would protest.	私の州で銃の利用が禁止されればよいが、狩猟を好む人が抗議するだろう。
1074	They announced the <u>recipient</u> for the Nobel Prize in literature.	ノーベル文学賞の受賞者が発表された。
1075	He was <u>barreling</u> down the highway at a very high speed when he hit the other car.	ほかの車にぶつかったとき、彼は猛スピードで幹線道路を疾走していた。
1076	They <u>dissolved</u> the partnership and divided the assets of the company.	彼らは連携を解消し会社の資産を分けた。
1077	Her friend recommended that she <u>seize</u> the opportunity and take the new job.	そのチャンスをつかんで新たな仕事を得るべきと彼女の友達は彼女に勧めた。
1078	He was having difficulty <u>coping</u> with all the extra tasks, so he asked his manager if they could hire more people.	彼は追加の仕事全てにうまく対処することを困難に感じていたので、もっと人を雇えるかどうかマネージャーに尋ねた。
1079	The <u>tone</u> of the meeting changed from routine to negative when she started attacking her co-worker verbally.	彼女が同僚に憎まれ口をたたき始めると会議の論調がいつものものから否定的なものへと変わった。
1080	The satellite is <u>orbiting</u> high above the earth and gathering information on weather patterns.	人工衛星は地球の上空の高いところを周回し、気象パターンの情報を集めている。
1081	The city did not take in as much money in taxes as they expected, so there's a <u>deficit</u> in their budget.	その市は期待していた程税金の収入を得られなかったので、予算に不足が出た。
1082	The number 103 is a three <u>digit</u> number while the number 1033 is a four <u>digit</u> number.	数字の103は3桁の数字であるが数字の1033は4桁の数字である。
1083	The student asked a question about tuition, <u>namely</u> whether it would go up next year.	学生は学費について、すなわち次年度に学費が上がるかどうか質問した。
1084	Most people do not pay cash when they buy a house; they borrow the money in the form of a <u>mortgage</u>.	たいていの人は家を買う際は現金で支払わない。住宅ローンという形で資金を借りるのである。

1085 pesticide
[péstəsàid] 《生物》
- 名 農薬；殺虫剤，除草剤
- 動 proliferate (増殖する；拡散する)

1086 dismissive
[dismísiv]
- 形 拒否 [無視/軽蔑] するような
- 動 dismiss (〜を退ける；〜を忘れ去る)

1087 icon
[áikɑn]
- 名 偶像視される人；像，肖像；聖像（画）；アイコン

1088 embryo
[émbriòu] 《生物》
- 名 胎芽，胚
- in embryo (未完成で；熟さないで)
- = 名 fetus (胎児)

1089 linguistics
[liŋɡwístiks] 《学問》
- 名 言語学
- 形 linguistic (言語の，言語学の)
- 名 linguist (言語学者，語学の才能のある人)

1090 bibliography
[bìbliáɡrəfi] 《学問》
- 名（参考）文献一覧，文献目録；書誌学

1091 craft
[krǽft]
- 動 〜を巧みに [精巧に] 作る，手作りする
- 名 手芸，工芸；技術，技巧；(小型の)船，航空機

1092 opt
[ɑ́pt]
- 動 選ぶ，決める
- 熟 opt out (脱退する；業務を逃れる)

1093 probable
[prɑ́bəbl]
- 形 もっともらしい；ありそうな，起こりそうな
- 熟 probable cause (相当な理由)
- 名 probability (見込み，確率)

1094 alignment
[əláinmənt]
- 名 整列，一直線にすること；調整；提携
- 動 align (〜を一列 [一直線] に並べる，整列させる)

1095 elaborate
動 [ilǽbərèit]
形 [ilǽbərət]
- 動 詳しく述べる；〜を苦労して作り上げる
- 形 手の込んだ，精巧な，入念な
- 副 elaborately (入念に；凝って；大げさに)

1096 paradox
[pǽrədɑ̀ks]
- 名 逆説；パラドックス，矛盾
- 形 paradoxical (逆説的な，矛盾した)

1085	Organic farmers do not use pesticides on their crops.	有機栽培農家は作物に農薬を使用しない。
1086	The patient felt her doctor did not pay attention to her concerns and was very dismissive.	その患者は医者が注意して彼女の心配ごとを聞かず、とても拒否するような態度であると感じた。
1087	The Olympic athlete became an icon for many young gymnasts in his country.	そのオリンピック選手は彼の国の多くの若い体操選手の間で偶像視される人になった。
1088	Although the embryo was in the later stages of its development, we could not determine the child's gender.	その胎芽は発育段階後期のものだったが、私たちは子供の性別を判断することができなかった。
1089	She speaks multiple languages, and she is fascinated by the linguistics of each one.	彼女は複数の言語を話し、各言語の言語学に魅了されている。
1090	The author listed the books and articles he had used as sources in writing his paper in the bibliography.	著者は自身の論文を書く際に参照として利用した本や論文を参考文献一覧に列挙した。
1091	She crafted her response to the company carefully as she wanted to do a good job.	彼女はうまくやりとげたかったので、注意してその会社への返答を巧みに作った。
1092	You can opt out of this email list if you would like by clicking on the link.	このメーリングリストから抜けたい場合はこのリンクをクリックすることで脱退することができる。
1093	The police are not allowed to search your house without having probable cause.	警察は相当な理由なしに人の家の捜索をすることは許されていない。
1094	His teeth were crooked, so he wanted to get braces to bring them into alignment.	彼は歯並びが悪かったので、その歯を整列させるための歯列矯正器を付けたいと望んだ。
1095	I had a general idea of the project, but I asked him to elaborate and give me more details.	私はそのプロジェクトの概要をわかっていたが、それについて詳しく述べてもっと詳細を説明するよう彼に求めた。
1096	It is a paradox that to be truly happy, people seem to need to have overcome some sadness in their lives.	逆説的なことに、真に幸福であるためには、人はその人生においていくらか悲しみを乗り越える必要があるようだ。

1097	**thorough** [θə́ːrou]	形 徹底的な；完全な，全くの 副 thoroughly（完全に；包括的に）
1098	**tribe** [tráib] 〈社会〉	名 民族；種族；部族
1099	**apparent** [əpǽrənt]	形 すぐにわかる；明白な[で]； 　　見たところの，外見上の，うわべの 副 apparently（たぶん）
1100	**tremendous** [triméndəs]	形 ものすごい，とてつもない 副 tremendously（すさまじく，とても，非常に） ＝ 形 huge（巨大な，莫大な）

1097	The police promised to conduct a thorough investigation into the incident.	警察はその事件について徹底的な捜査を行うと約束した。
1098	The Navajo Indians are the largest Native American tribe federally recognized in the United States.	ナバホ・インディアンは連邦政府から認知されたアメリカ合衆国で最大のアメリカ先住民族である。
1099	It was apparent to all his friends that he was in love with her.	彼が彼女を愛しているというのは彼の友人全員にはすぐにわかることだった。
1100	The discovery of the polio vaccine was a tremendous step forward in medicine.	ポリオワクチンの発見は医療におけるものすごい前進だった。

No.	単語	発音	意味
1101	**glad**	[glǽd]	形 嬉しく思う，嬉しい；喜ばしい ⇔ 形 sad (悲しい)
1102	**stare**	[stéər]	動 見つめる，じっと見る 名 じっと見ること，凝視 = 動 gaze (じっと見る)
1103	**shake**	[ʃéik]	動 ~を揺るがす，動揺させる；~を振る；揺れる，震動する；震える 形 shaken (動揺した，おびえた)
1104	**bury**	[béri]	動 ~を埋葬[埋蔵]する，埋める
1105	**surname**	[sə́ːrnèim]	名 名字，姓；あだ名 = last[family] name (名字)
1106	**priest**	[príːst]《文化》	名 僧；司祭，聖職者
1107	**despite**	[dispáit]	前 ~にもかかわらず (in) despite of ~ (~にもかかわらず) = in spite of ~ (~にもかかわらず)
1108	**pale**	[péil]	形 青白い；淡色の；たいしたことのない 動 青ざめる；淡く[薄く]なる；色あせる 名 paleness (青白さ，蒼白)
1109	**tempt**	[témpt]	動 ~を誘惑する 熟 **tempt A to** ~ (A を~する気にさせる) 名 temptation (誘惑)
1110	**gaze**	[géiz]	動 じっと見る，見つめる 名 見つめること，凝視，注視 = 動 stare (見つめる)
1111	**racial**	[réiʃəl]《社会》	形 人種の 名 race (人種；競争)
1112	**echo**	[ékou]	動 ~を踏襲[模倣]する；~を繰り返す；反響する，響き渡る；反響を呼ぶ 名 繰り返し；こだま，反響

	EXAMPLE SENTENCE	TRANSLATION
1101	He was very glad to be home after a long business trip.	彼は長い出張の後で帰宅できとても嬉しく思った。
1102	I was taught that it is impolite to stare at people.	人を見つめるのは失礼だと私は教わった。
1103	It shook his confidence when he received a bad grade from his favorite professor.	彼の好きな教授から悪い成績を受け取ったとき、そのことが彼の自信を揺るがした。
1104	He wants to be buried next to his wife in the cemetery in his hometown.	彼は彼の故郷の墓地で、妻の隣に埋葬されることを望んでいる。
1105	It was a formal situation, so I used his surname rather than his first name.	公式な場だったので、私は彼の名前よりも名字を使った。
1106	The Buddhist priest wore a simple, saffron-colored robe.	その仏教の僧は簡素で、サフラン色をした僧衣を着ていた。
1107	Despite the bad weather, they had a great time outside walking in the rain.	悪天候にもかかわらず、彼らは雨の中外を歩いて楽しい時間を過ごした。
1108	As he started to get sick, they began to notice that his face was pale and he began to shiver.	彼が具合が悪くなり始めるにつれて、彼の顔が青白く彼が震え始めたのに彼らは気づき始めた。
1109	The shop owners hope their beautiful window display will tempt people to come inside.	店主はその美しいショーウィンドーの飾りつけが人々を店の中に入る気にさせるだろうと望んでいる。
1110	The two lovers gazed into each other's eyes.	2人の恋人同士は互いの目をじっと見た。
1111	The community was divided along racial lines on the political issue.	その地域は政治問題で人種の境界線に沿って分裂した。
1112	The designer's new line of clothing echoed some of her past work, but with a new twist.	そのデザイナーの新作の洋服は彼女の過去の作品をいくつか模倣していたが、新たなひねりも加えられていた。

1113 raw
[rɔ́ː]

形 生の，未調理の；加工していない，原料のままの；未熟な
raw material（原料，材料，素材）

1114 charter
[tʃɑ́ːrtər]

名 貸切，チャーター；設立認可状；〈the C—〉憲章，宣言（書）
動 ~を借り切る；（大学など）を認可する

1115 compel
[kəmpél]

動 ~に無理矢理…させる，…せざるをえなくする
熟 compel A to ~（Aに〔無理矢理〕~させる）
形 compelling（強制的な；説得力のある）

1116 maximal
[mǽksəməl]

形 最大の，最高の
名 maximum（最大限）
⇔ 形 minimal（最小の，極小の）

1117 sodium
[sóudiəm] 《化学》

名 ナトリウム
sodium chloride（塩化ナトリウム，食塩）

1118 urine
[júərin] 《生理》

名 尿
形 urinary（尿の）
動 urinate（排尿する）

1119 rigorous
[rígərəs]

形 （規則などが）厳格な，厳しい；厳密な
副 rigorously（厳しく，厳密に）

1120 ambiguity
[æ̀mbigjúːəti]

名 曖昧さ；多義性
副 ambiguously（曖昧に；多義的に）
形 ambiguous（曖昧な；多義の）

1121 stereotype
[stériətàip]

名 固定概念；紋切り型；ステレオタイプ
動 ~を型にはめる，定型化する

1122 audit
[ɔ́ːdit]

名 監査；検査
動 ~を監査する；（講義など）を聴講する
名 auditor（会計監査官，監査役；聴講生）

1123 sulphur
[sʌ́lfər] 《化学》

名 硫黄
形 sulphuric（硫黄の）
※ 米国綴りは sulfur

1124 imperial
[impíəriəl] 《政治》

形 皇帝の，帝国の
名 imperialism（帝国主義）

1113	It is important to cook pork thoroughly as you can become sick if you eat it raw.	豚肉は生で食べると病気になり得るので、完全に調理することが重要だ。
1114	We hired a charter boat to go fishing in Mexico.	私たちはメキシコで釣りに行くための貸切船を借りた。
1115	Her conscience compelled her to tell the truth.	彼女の良心が彼女に真実を話させた。
1116	The sword fighter used his weapon to maximal advantage and defeated his opponent.	剣士は最大の長所を活かせる武器を用いて敵を倒した。
1117	He is trying to reduce the amount of sodium in his diet, so he no longer eats potato chips.	彼は食生活においてナトリウムの量を減らそうと努力しているので、もうポテトチップスは食べない。
1118	The company required potential employees to submit a urine sample to test for drug use.	会社は雇用の見込みのある者に対し、薬物使用がないかどうか検査するための尿サンプルを提出するよう求めた。
1119	Her early academic training was rigorous, and as a result, she excelled at her university.	彼女の早期の学校教育は厳格で、その結果、彼女は大学で秀でていた。
1120	The politician's speech was filled with ambiguity, so it was hard to know exactly what he meant.	政治家の演説は曖昧さに満ちていたので、彼が意図することを正確に理解するのは難しかった。
1121	He fulfills the stereotype of the nerdy entrepreneur as he's always working, and he doesn't socialize very much.	彼はいつも働いてばかりで社会性のない起業家の固定概念を満たしており、あまり社交的な付き合いもしない。
1122	The company is conducting an audit to review our finances.	会社は社の財政を再検討するため監査を実施している。
1123	Sulphur is used to make gunpowder and matches.	硫黄は火薬やマッチを作るのに用いられる。
1124	The imperial palace in Beijing was home to 24 emperors from 1386 to 1911.	北京の皇居は1386年から1911年にかけて24名の皇帝の住居となった。

1125	**genre** [ʒáŋrə]	名 ジャンル；型；様式
1126	**compress** [kəmprés]	動 ～を要約する；～を押しつける；～を詰め込む 名 compression (要約；圧縮)
1127	**ulcer** [ʌ́lsər]《医療》	名 潰瘍 gastric ulcer (胃潰瘍) 形 ulcerous (潰瘍性の，潰瘍にかかった)
1128	**ritual** [rítʃuəl]	名 決まりごと，日頃の習慣；儀式，しきたり 形 儀式の；日頃の 形 ritualistic (儀式の，儀式的な)
1129	**tower** [táuər]	動 抜きん出ている；高くそびえる 名 塔，タワー 形 towering (そびえ立つ；偉大な)
1130	**custody** [kʌ́stədi]《法律》	名 親権；保護，後見；拘留
1131	**mandatory** [mǽndətɔ̀ːri]	形 必須の；義務的な，強制的な = 形 compulsory (強制的な；必修の)
1132	**pact** [pǽkt]	名 約束；協定，条約 = 名 agreement (協定，契約；合意)
1133	**diminish** [dimíniʃ]	動 小さくなる，減少する；～を少なくする，減らす = 動 reduce (減少する；～を減少させる)
1134	**homeland** [hóumlænd]	名 母国，故郷
1135	**emit** [imít]	動 (光・においなど)を排出する，放射する 名 emission (排出) = 動 release (～を放つ)
1136	**ignorant** [ígnərənt]	形 知らない，無知[無学]の 動 ignore (～を無視する) 名 ignorance (無知，無学)

1125	She enjoys listening to music from more than one genre; she likes jazz, classical, country and western, and pop.	彼女は複数のジャンルの音楽を好んで聴く。彼女はジャズ、クラシック、カントリーそれにポップが好きだ。
1126	I don't think I can compress all this information into a short speech; I'll have to leave some things out.	この情報全てを短い演説に要約することができないと思う。何かを除外しなければならないだろう。
1127	People with diabetes are more likely to develop foot ulcers.	糖尿病の患者は足部潰瘍を発症する確率が高い。
1128	In a daily ritual, she brushes her teeth and combs her hair before leaving the house.	毎日の決まりごとで、彼女は歯を磨いて髪をとかしてから家を出る。
1129	She's very short and her much taller brother towers over her.	彼女はとても背が低く、それに比べかなり背の高い兄は彼女より抜きん出ている。
1130	The parents are divorced, and they share custody of their two children.	両親は離婚し、2人の子供の親権は2人の間で共有している。
1131	Attendance at the orientation is mandatory for all employees.	そのオリエンテーションへの出席は全従業員にとって必須の事項である。
1132	The two children made a pact that they would always be friends.	2人の子供はいつでも友達だという約束を結んだ。
1133	It was late in the day, and the light was slowly diminishing as they walked home.	その日はもう遅く、彼らが歩いて家に帰宅するとき、明かりも徐々に小さくなっていた。
1134	Because of the war, many people have had to leave their homeland.	戦争のため、多くの人が母国を離れなければならなかった。
1135	The compound emitted an unpleasant smell when it was heated.	その化合物は熱したときに不快なにおいを排出した。
1136	He said he had no knowledge of the plot and that he was ignorant of the plan.	彼はその策略の知識もなく、その計画を知らないと言った。

1137	**undergo** [ʌ̀ndərgóu]	動 ~を経験する；~を受ける = 動 experience (~を経験する)
1138	**proliferation** [prəlifəréiʃən]	名 増殖, 拡散
1139	**synonym** [sínənim] 〈語学〉	名 同義 [類義] 語 形 synonymous (同義の) ⇔ 名 antonym (反意語)
1140	**vivacious** [vivéiʃəs]	形 陽気な, 快活な 副 vivaciously (活発に, 陽気に) 名 vivacity (快活, 陽気, 活発)
1141	**nostril** [nástrəl] 〈医療〉	名 鼻孔, 鼻の穴
1142	**turbulent** [tə́:rbjulənt]	形 混乱した；荒れ狂う 名 turbulence (騒乱；乱気流) 副 turbulently (乱れて)
1143	**wavelength** [wéivlèŋkθ] 〈物理〉	名 波長, 周波数；個人のものの考え方
1144	**veterinary** [vétərənèri] 〈医療〉	形 獣医の, 動物治療の 熟 **veterinary medicine** (獣医学) 名 veterinarian (獣医)
1145	**char** [tʃɑ́:r]	動 ~を焦がす；炭にする
1146	**inquest** [ínkwest] 〈法律〉	名 検死, (死因) 審問
1147	**exclusively** [iksklú:sivli]	副 排他的に, 独占的に；もっぱら 形 exclusive (独占的な；専用の) = 副 strictly (もっぱら)
1148	**deem** [dí:m]	動 …を~と考える, 思う, みなす 熟 **deem O C** (O を C だと考える, みなす) = 動 regard (…を~と考える)

1137	The virus has undergone multiple changes as it mutated, so it's hard to predict what will happen next.	そのウイルスは変異するにつれて何度も変化を経験してきたので、次に何が起こるか予測することは困難だ。
1138	One of the characteristics of cancer cells is their rapid proliferation.	癌細胞の特徴の1つに、急速増殖が挙げられる。
1139	The word "lovely" is a synonym for the word "beautiful" as it has a similar meaning.	「lovely」という単語は同様の意味を持つことから「beautiful」の同義語である。
1140	She's so vivacious that she tires me out.	彼女はとても陽気なので、私をへとへとに疲れさせてしまう。
1141	He sprayed the allergy medicine into both nostrils and inhaled it.	彼は両方の鼻孔にアレルギー薬をスプレーし、それを吸い込んだ。
1142	The stock market is currently very turbulent as values are fluctuating wildly.	株価が大幅に変動しているので、株式市場は現在非常に混乱している。
1143	He measured the wavelength, which was the difference between two corresponding points on two consecutive waves.	彼は波長を測定し、それは2つの連続した波動上の2つの対応点間の差異であった。
1144	She wants to study veterinary medicine as she loves animals and is interested in the medical field.	彼女は動物が大好きで医療分野に興味を持っていることから、獣医学を勉強したいと思っている。
1145	The criminal had tried to burn the evidence, so the detectives sifted through the charred remains in his fireplace.	犯人が証拠を燃やそうとしたので、刑事たちは彼の暖炉の焦げた残骸を厳密に調べた。
1146	There was a formal inquest into the cause of death.	死因に関し公的な検死があった。
1147	I've been working exclusively on this one project, and I'm looking forward to doing something different.	私はこの1つのプロジェクトに排他的に取り組んできたので、何か違うことができないかと期待している。
1148	Do you deem him reliable, or do you have doubts about him?	あなたは彼を信用できると考えるか、それとも彼について疑いを持っているか？

1149	**dimension** [diménʃən] 《物理》	名 次元；寸法，面積；局面 形 dimensional（次元の） 形 dimensionless（無次元の；点の）
1150	**endorse** [indɔ́ːrs]	動 ~を推薦する，推奨する；~を承認する 名 endorsement（推薦文；承認） = 動 ratify（~を承認する）
1151	**intellect** [íntəlèkt]	名 知力，知的な人 形 intellectual（知的な，知力に関する）
1152	**bathe** [béið]	動 入浴する；~を入浴させる，洗う，（水に）浸す 名 bath（入浴；浴室）
1153	**malicious** [məlíʃəs]	形 悪意のある 名 malice（悪意，恨み） 副 maliciously（悪意を持って）
1154	**harass** [hərǽs]	動 ~を攻撃する；~を困らせる 名 harassment（困らせること，嫌がらせ）
1155	**thermal** [θə́ːrməl] 《気象》	名 温暖 [上昇] 気流 形 温度の；温泉の thermal power plant（火力発電所）
1156	**arithmetic** [ərίθmətik] 《数学》	名 算数，計算（能力） mental arithmetic（暗算） 形 arithmetical（算数の）
1157	**cruise** [krúːz]	名 巡航，遊覧航海 動 遊覧航海する；巡航速度で飛行する [走る]；~を巡航する；(車)をゆっくり走らせる
1158	**commonplace** [kάmənplèis]	形 ありふれた，平凡な 名 ありふれたこと = 形 ordinary（普通の）
1159	**inclusion** [inklúːʒən]	名 含めること，包含；含有物 動 include（~を含める）
1160	**brisk** [brísk]	形 きびきびした，活発な 動 ~を活発にする；活発になる 副 briskly（活発に，元気良く）

1149	The movie theater has special glasses available for people to view the movie in 3 dimensions or 3D.	その映画館には観客が3次元、つまり3Dで映画を見るために利用可能な特別な眼鏡がある。
1150	He chose not to endorse the product as he didn't think it was very effective.	彼はその製品があまり効果的ではないと考えたため、それを推薦しないことにした。
1151	Albert Einstein had an impressive intellect.	アルベルト・アインシュタインはすばらしい知力を持っていた。
1152	She bathes every night in a deep soaking tub, which relaxes her.	彼女は毎晩深い湯船で入浴し、リラックスする。
1153	Please don't listen to the malicious gossip; it is a waste of your time.	悪意のある噂は聞かないでください。時間の無駄である。
1154	The protesters harassed the people attending the conference by shouting at them as they waited to enter.	抗議団体は、委員会に出席する人々が入室を待っているときに、彼らに対し叫ぶことで攻撃した。
1155	Birds use rising thermals, or updrafts, to glide through the air.	鳥は上昇温暖気流、上昇気流とも言うが、これを用いて空中を滑空する。
1156	Arithmetic is fun for her as she enjoys doing sums in her head.	彼女は暗算をすることに楽しみを覚えるので彼女にとって算数は楽しいものである。
1157	The flight is most fuel efficient when an aircraft reaches cruise speed, which is the level part of the flight.	飛行機体が巡航速度、すなわち水平飛行の飛行段階に達するとき、その飛行の燃費効率は非常に良くなる。
1158	Unfortunately, crime is becoming commonplace in this city.	残念ながら、この都市で犯罪はありふれるようになりつつある。
1159	With the inclusion of the terms of cancellation, the contract is now complete.	取り消しの条件を含めて、この契約はやっと完成する。
1160	He always walks at a very brisk pace, and his children have trouble keeping up with him.	彼はいつも非常にきびきびした歩調で歩き、彼の子供たちは彼についていくのに苦労している。

1161	**plausible** [plɔ́:zəbl]	形 もっともらしい；あり得る 名 plausibility (もっともらしさ) 副 plausibly (もっともらしく)
1162	**et cetera** [et sétərə]	副 〜など
1163	**gradient** [gréidiənt]	名 傾斜；(気温・気圧などの)変化率
1164	**grasp** [grǽsp]	動 〜を把握する，つかむ 名 握る[つかむ]こと；理解すること = 動 seize (〜を理解する)
1165	**fort** [fɔ́:rt]	名 要塞，とりで = 名 fortress (要塞，城塞) ※ fort は兵隊の駐屯地，fortress は大規模な城
1166	**realm** [rélm]	名 範囲，領域；分野； 〈しばしば R—〉王国；国土 = 名 area (領域)
1167	**navigation** [nævəgéiʃən]	名 航海術[学]；航海，航行 動 navigate (〜を操縦する；航海[航行]する) 名 navigator (航海士；道案内人)
1168	**autonomy** [ɔ:tánəmi] 《政治》	名 自治(権)；自律[自主]性 = 名 independence (独立，自立)
1169	**credible** [krédəbl]	形 信用できる 副 credibly (確実に，しっかりと) ⇔ 形 incredible (信じられない)
1170	**irrational** [iræʃənəl] 《数学》	形 無理数の；不合理な 熟 irrational number (無理数) 名 irrationality (不合理〔性〕)
1171	**founder** [fáundər]	名 創設者 動 found (〜を設立する)
1172	**peasant** [péznt]	名 小作農，農民 名 the peasantry (全小作農；小作農階級)

1161	There was no plausible reason for his behavior, so he was fired.	彼の行動にもっともらしい理由がなかったので、彼は解雇された。
1162	The book is about animals and their environments, so you will see words like "habitat," "extinct," et cetera.	この本は動物やその環境について書かれているため、「生息地」や「絶滅の」などの単語が見られるだろう。
1163	Establishing the proper gradient for the parking lot was critical so it would not flood in a storm.	嵐の際に水浸しにならないように、駐車場に適切な傾斜を設けることは必須であった。
1164	I don't think I grasp your meaning; I need you to explain it to me again.	私はあなたの意図を把握していないと思う。あなたに再度説明してもらう必要がある。
1165	The abandoned fort had been built many years ago by the army.	今はもう使われていないこの要塞は何年も前に軍によって建てられた。
1166	Do you think his idea is even within the realm of possibility?	あなたは彼のアイディアが可能な範囲内にあると思うか？
1167	At one time, navigation on the ocean involved plotting a course based on the stars.	かつて、海洋上の航海術では星に基づいて海路を定めていた。
1168	The rebels were fighting for autonomy; they wanted an independent state.	反逆者たちは自治権を求めて闘っていた。彼らは独立国家を望んでいたのだ。
1169	Because of his many years as a researcher in this area, he will make a credible witness in the upcoming trial.	彼はこの分野で長年研究者として努めてきたので、次の裁判で彼は信用できる証言をするだろう。
1170	Did you know that the square roots of most whole numbers are irrational numbers?	たいていの整数の平方根が無理数であることをあなたは知っていたか？
1171	The founder of the company retired, and they now have a new CEO.	会社の創設者が退き、彼らには今新たなCEOがいる。
1172	At one time in history, peasants who worked the land had very few rights.	過去の歴史では、農地を耕す小作農にはほとんど権利がなかった。

1173	**capitalism** [kǽpətəlìzm] 《経済》	名 資本主義 名 capital (資本) ⇔ 名 communism (共産主義)
1174	**roam** [róum]	動 (〜を)放浪する, 歩き回る 名 放浪, 歩き回ること
1175	**tow** [tóu]	動 〜をけん引する, 綱で引く tow away 〜 (〜をレッカー移動する)
1176	**petroleum** [pətróuliəm] 《経済》	名 石油 crude petroleum (原油)
1177	**reinstate** [rìːinstéit] 《社会》	動 〜を復職[復位/復権]させる 名 reinstatement (復帰, 復職)
1178	**sacrifice** [sǽkrifàis]	名 犠牲 動 〜を犠牲にする 熟 make sacrifices (犠牲を払う)
1179	**mask** [mǽsk]	動 〜を隠す；〜を消す；〜をマスクで覆う 名 マスク, 覆面, 仮面；表情 = 動 conceal (〜をかくまう, 隠す)
1180	**fungus** [fʌ́ŋgəs] 《生物》	名 菌類, 真菌 ※ 複数形は fungi
1181	**orient** [ɔ́ːriènt]	動 〜を正しい位置に合わせる；東に向ける； 〜を順応させる；〜に向ける 名 〈the O—〉アジア, 極東
1182	**winding** [wáindiŋ]	形 曲がりくねった 名 巻くこと；屈曲 動 wind (〜を巻く)
1183	**monetary** [mʌ́nətèri] 《経済》	形 金融の, 通貨の International Monetary Fund (国際通貨基金)
1184	**subscribe** [səbskráib]	動 定期購読する；申し込む；寄付する 名 subscription (定期購読) 名 subscriber (購読者)

1173	Capitalism is an economic system where private companies operate for profit.	資本主義とは民間企業が利益を追求して営む経済体制である。
1174	At one time, buffalo roamed the open grassland in the United States.	かつて、米国ではバッファローが広々とした草原を放浪した。
1175	My car broke down on the highway, so it was towed to the repair shop.	私の車は幹線道路で故障したので、修理店までけん引された。
1176	That company is drilling for petroleum just offshore.	その会社はまさにこの沖合で石油を採掘している。
1177	After the internal investigation proved his innocence, he was reinstated in his job.	内部捜査が彼の無実を証明した後、彼は仕事に復職した。
1178	Their parents made many sacrifices in order to pay for their children's education.	その両親は自身の子供の教育費を支払うため多くの犠牲を払った。
1179	She sprayed the room with perfume to try to mask the bad smell.	彼女は嫌なにおいを隠すため香水を部屋に振りまいた。
1180	Mushrooms are a type of fungus.	きのこは菌類の一種である。
1181	While hiking through the hills, she got lost, so she used the sun to orient herself in the right direction.	丘を渡りハイキングしている途中で、彼女は道に迷ったため、太陽を頼りに正しい方向へ自身を正しい位置に合わせた。
1182	It was a winding road through the countryside that was more enjoyable if you weren't in a hurry.	もし急いでいなければ、それはもっと楽しめる田舎を通る曲がりくねった道だった。
1183	The government official is making a speech on monetary policy related to interest rates.	政府の役人は利子率に関する金融政策について演説をしている。
1184	He subscribes to that newspaper, so he receives a copy of it at his home each day.	あの新聞を定期購読しているので、彼は毎日家でその新聞を一部受け取る。

1185	**microscope** [máikrəskòup] 《理系》	名 顕微鏡 形 microscopic (顕微鏡の；微細な)
1186	**rite** [ráit]	名 慣行，習慣；儀式 名 ritual (宗教的儀式；習慣的行為)
1187	**tolerant** [tálərənt]	形 寛容な；耐性 [抵抗] がある 副 tolerantly (寛大にも) = 形 permissive (寛大な；任意の)
1188	**composite** [kəmpázit]	形 合成の 名 合成物，複合物；モンタージュ (写真) 名 composition (合成物)
1189	**smelt** [smélt]	動 (金属)を精錬する；(鉱石)を溶解する 名 smelter (溶鉱炉)
1190	**inventory** [ínvəntɔ̀:ri]	名 在庫；商品目録，棚卸表
1191	**proximity** [prɑksíməti]	名 近接 = 名 vicinity (近所，付近，周辺)
1192	**barometer** [bərámitər] 《気象》	名 気圧計；晴雨計；バロメーター ⇔ 名 thermometer (温度計)
1193	**favorable** [féivərəbl]	形 好意的な，賛成の；好都合な；適した 名 favorite (お気に入り，好物)
1194	**portray** [pɔ:rtréi]	動 ~を描く，表現する 名 portrait (肖像画) = 動 depict (~を描く，描写する)
1195	**persistent** [pərsístənt]	形 粘り強い，しつこい；持続している 動 persist (貫く，固執する) = 形 dogged (根気強い，頑固な)
1196	**sediment** [sédəmənt] 《地学》	名 沈殿物，おり；堆積物 sediment rock (堆積岩) 名 sedimentation (沈殿；堆積)

1185	The invention of the <u>microscope</u> made many breakthroughs in science possible.	<u>顕微鏡</u>の発明が科学における多くの躍進を可能にした。
1186	Traveling to Florida for spring break is an annual <u>rite</u> in this fraternity.	この社交クラブでは春休みにフロリダへ旅行に行くことが毎年の<u>慣行</u>である。
1187	It is important for people to be <u>tolerant</u> of differences to maintain stability in a diverse society.	多様な社会で安定を維持するには、人が相違があることに対して<u>寛容である</u>ことが重要である。
1188	This <u>composite</u> drawing shows six different elements.	この<u>合成の</u>製図は6つの異なる要素を表している。
1189	Hundreds of years ago, they <u>smelted</u> iron from iron ore in furnaces.	何百年も前、彼らは鉄を加熱炉の中で鉄鉱石から<u>精錬して</u>いた。
1190	She was unable to find the car in the color she wanted as the dealership had low <u>inventory</u>.	その販売特約店の<u>在庫</u>が少なかったので、彼女は欲しい色の車を見つけることができなかった。
1191	His apartment was located in close <u>proximity</u> to the freeway, which made his commute to work shorter.	彼のアパートは幹線道路に<u>近接</u>していて、そのため仕事への通勤は短くて済んだ。
1192	A <u>barometer</u> measures atmospheric pressure rather than temperature.	<u>気圧計</u>は温度ではなく大気圧を測定する。
1193	The critic gave a <u>favorable</u> review of the movie as he enjoyed it very much.	批評家はその映画をとても楽しんで観たのでそれに対し<u>好意的な</u>評価を付けた。
1194	The famous man was <u>portrayed</u> as difficult and demanding in the movie.	その有名な男性は映画の中で気難しく要求が多い人物として<u>描か</u>れた。
1195	She does not give up easily; she is very <u>persistent</u>, and I think she will be very successful.	彼女は簡単には諦めない。彼女はとても<u>粘り強く</u>、私は彼女はとても成功する人だと思う。
1196	Sometimes, I find <u>sediment</u> is left at the bottom of my wine glass.	時々、私はワイングラスの底に<u>沈殿物</u>が溜まっているのを見つける。

1197	**empower** [impáuər]	動 ~に権利[権限]を与える；~に力を与える ＝動 authorize（~に権限を与える）
1198	**legacy** [légəsi]	名 遺産，遺物 ＝名 heritage（相続財産；文化的遺産）
1199	**residual** [rizídʒuəl]	形 残存する，残りの；《数学》余剰の 名 残り，余剰 名 residue（残りもの，残留物）
1200	**reception** [risépʃən]	名 歓迎（会），接待；受け入れ 形 receptive（理解がある[早い]）

1197	The training empowered her to meet with her boss and ask for a raise.	その訓練は彼女に上司に会い昇給を求める力を与えた。
1198	The aging composer worked hard on his opus as he wanted it to be his musical legacy.	年老いた作曲家は彼の音楽遺産にしたいという理由からその作品に懸命に取り組んだ。
1199	The long, hot days increased the residual sugar in the grapes in the vineyard.	暑く長い日が、ブドウ畑のブドウの残存糖を増した。
1200	The town organized a parade and a formal reception with the mayor and city council for the war hero.	その街は戦争の英雄のためにパレードと公式な歓迎会を市長や市議会と共に手配した。

STAGE 13 No.1201-1300

#	Word	Pronunciation	Meaning
1201	**impression**	[impréʃən]	名 印象，感銘；感じ；跡，印；(印刷の)刷り，(印刷)部数 派 impressionism (印象主義，印象派)
1202	**thread**	[θréd]	動 縫うように進む[通る]，曲がりくねる；~に糸を通す，(ひもなど)を通す 名 糸，(糸のように)細いもの；筋；脈略
1203	**freshman**	[fréʃmən] 《大学》	名 (高校・大学の)新入生，1年生；新人，新入社員 ⇔ 名 sophomore (2年生)
1204	**bid**	[bíd]	動 (品物に)値を付ける，入札する 熟 bid against ~ (~と競り合う) 名 入札
1205	**algebra**	[ǽldʒəbrə] 《学問》	名 代数学 ⇔ 名 geometry (幾何学)
1206	**confirmation**	[kànfərméiʃən]	名 確認，確証 派 confirm (~を確認する；承認する)
1207	**digest**	[daidʒést]	動 ~をかみしめて考える，熟考する；~を消化する；~を要約する 派 digestion (消化作用[機能])
1208	**flowering**	[fláuəriŋ]	名 全盛(期)；開花；《複》花飾り 形 花をつける，開花している
1209	**bore**	[bɔ́ːr]	動 ~を突き通す，(穴)を掘る；~を押しのけて進む；穴を空ける，穴を掘る 派 boring (ボーリング；中ぐり)
1210	**calling**	[kɔ́ːliŋ]	名 天職，職業；使命感；召集；神のお召し = 名 vocation (天職)
1211	**basin**	[béisn]	名 洗面器，たらい；《地学》盆地
1212	**follow-up**	[fálouʌ̀p]	形 追跡の，後追いの 名 追跡調査；追加的措置；続編

	EXAMPLE SENTENCE	TRANSLATION
1201	He took time with his clothing before the interview so he could make a good first impression.	彼は第一印象を良くするため面接の前に自分の服装に時間をかけた。
1202	He threaded through the busy city streets on his skateboard.	彼は混雑した街の通りをスケートボードで縫うように進んだ。
1203	The first year students at the university are called freshmen.	大学の1年生は新入生と呼ばれる。
1204	At the auction, the two men bid against each other, so the price of the item kept going up.	オークションで、2人の男性が互いに競り合ったので、その商品の価格は上昇し続けた。
1205	Algebra was one of her favorite subjects in school.	代数学は学校での彼女の好きな教科の1つだった。
1206	I received confirmation from the bank that my payment was received in an email.	私は銀行から支払いが受理されたという確認をEメールで受け取った。
1207	It took him some time to digest the news of his father's death as it came as a surprise.	彼の父が亡くなったという知らせは驚きの事実であったので、彼がかみしめて考えるまでにある程度時間がかかった。
1208	A flowering of the arts occurred during the Renaissance in Italy.	イタリアではルネサンス期に芸術の全盛期が興った。
1209	The construction crew is boring a new shaft through the rock for the tunnel.	建設作業員はトンネルのための新たなシャフトを岩に突き通している。
1210	She felt that she had found her calling when she became a nurse.	彼女は看護師になった時に天職を見つけたと感じた。
1211	There is a basin on one side of the chair in my dentist's office for spitting.	私の通う歯科医院の椅子の片側には口をゆすぐための洗面器がある。
1212	We're going to do a follow-up study in ten years to see if things change.	私たちは事象が変化しているかどうか確かめるため10年後に追跡の調査をする予定だ。

1213	**fish** [fíʃ]	動 探す, 探る；引っぱり出す；(魚など)を捕る；漁をする, 釣りをする 名 魚, 魚類
1214	**heated** [híːtid]	形 白熱した, 興奮した；暖められた 副 heatedly (激しく；興奮して)
1215	**well-rounded** [wélráundid]	形 多才な；ふくよかな
1216	**longing** [lɔ́ːŋiŋ]	名 切望, 憧れ 形 憧れに満ちた；強く望んでいる 動 long (〜をしきりに望む)
1217	**white-collar** [hwáitkàlər] 〈社会〉	形 ホワイトカラーの, 事務労働者の ⇔ 形 blue-collar (ブルーカラーの, 肉体労働者の)
1218	**crown** [kráun]	名 頂上；王冠；栄誉 動 〜に王位を授ける；〜の最後を(栄誉で)飾る = 名 top[summit] (頂上)
1219	**coating** [kóutiŋ]	名 膜, 上塗り 動 coat (〜を覆う) = 名 membrane (膜, 皮膜)
1220	**skirt** [skə́ːrt]	動 〜を回避する；〜を囲む, 〜の周囲に位置する；(周囲を)通る, 進む 名 スカート；覆い
1221	**atlas** [ǽtləs]	名 地図帳 = 名 map (地図)
1222	**elective** [iléktiv] 〈大学〉	名《米》選択科目 形 選択の；選挙による ⇔ required subject (必修科目)
1223	**dormitory** [dɔ́ːrmətɔ̀ːri] 〈大学〉	名《米》寄宿舎, 寮
1224	**fauna** [fɔ́ːnə] 〈動物〉	名 動物相, 動物群 ⇔ 名 flora (植物相, 植物群)

1213	He's <u>fishing</u> for information about the company, so he asked her lots of questions about her new job.	彼はその会社について情報を探しているので、彼は彼女に新しい仕事についてたくさん質問した。
1214	It was a <u>heated</u> argument, and both men started yelling.	それは白熱した議論で、両方の男性が怒鳴り始めた。
1215	He's a <u>well-rounded</u> student who gets good grades and also participates in student government.	彼は成績が良くまた学生自治会にも参加する多才な学生である。
1216	He was filled with a <u>longing</u> to see his childhood home, so he visited there.	彼は幼い頃の家を見たい切望にかられ、そこを訪れた。
1217	He has a <u>white-collar</u> job that requires a university degree.	彼は大学の学位が必要なホワイトカラーの職に就いている。
1218	It gets easier after you reach the <u>crown</u> of the hill since it goes down gradually after that.	その丘の頂上にたどり着けばあとは緩やかに下っているので楽になる。
1219	The <u>coating</u> on the inner layer of the cell sometimes breaks down during an illness.	細胞の内層の膜は病気の間に壊れることがある。
1220	The politician carefully <u>skirted</u> the controversial issue in his speech.	政治家は演説の中で論争中となっている問題を慎重に回避した。
1221	The library has an <u>atlas</u> with maps from all over the world.	その図書館には世界各地の地図を含んだ地図帳がある。
1222	The music class was not required; it was an <u>elective</u>.	音楽の授業は必須ではなく、選択科目であった。
1223	Freshmen at that university are required to live in the <u>dormitory</u> on campus.	その大学の1年生はキャンパス内にある寄宿舎に住むよう義務付けられている。
1224	She studied the <u>fauna</u>, or animals, of that particular region.	彼女は動物相、つまりその特定の地域の動物を研究していた。

1225	**transcript** [trǽnskript]	名 記録；写し；《米》成績証明書 名 transcription（書き写すこと）
1226	**academia** [æ̀kədíːmiə]《学問》	名 学究的環境［世界］，学究生活 形 academic（学問の；学究的な）
1227	**dilemma** [dilémə]	名 難問；板挟み，窮地，ジレンマ
1228	**deploy** [diplɔ́i]《政治》	動（軍隊など）を展開［配備］する，（兵器・人など）を配置する；（資金・人材など）を活用する；配置につく
1229	**well-off** [wélɔ́ːf]	形 裕福な；うまくいっている ＝ 形 rich（裕福な） ⇔ 形 badly-off（貧しい，金回りが悪い）
1230	**provincial** [prəvínʃəl]	形 垢抜けていない，田舎くさい；州の，省の，地方の 名 province（州，地方，田舎） 副 provincially（地方［州/省］で；田舎っぽく）
1231	**rationale** [ræ̀ʃənǽl]	名 論理的根拠 形 rational（合理［理性］的な，理性の） 形 rationalistic（合理主義の）
1232	**adhere** [ədhíər]	動 付着［粘着］する；（規則などを）固守する 名 adherent（味方，支持者） ＝ 動 stick（くっつく；執着する）
1233	**equator** [ikwéitər]《地学》	名 赤道 celestial equator（天球赤道） 形 equatorial（赤道の；酷暑の）
1234	**angelic** [ændʒélik]	形 天使のような；愛らしい，無垢な 名 angel（天使）
1235	**grading** [gréidiŋ]《大学》	名 採点，成績評価 動 grade（〜に成績をつける；〜を格付けする） 名 grade（等級，学年；成績）
1236	**precipitate** [prisípətèit]	動 〜を突然引き起こす；早める；〜を突き落とす；（雨・雪・露として）降る 形 precipitous（絶壁の，険しい）

1225	She typed up a <u>transcript</u> of the interview.	彼女はインタビューの記録をタイプして清書した。
1226	He left <u>academia</u> and his position as a professor to become an advisor to the president.	彼は大統領の相談役となるため教授としての学究的環境とその地位を離れた。
1227	I'm not sure which direction I should take; it's a <u>dilemma</u> for me.	どちらの方向を取るべきか私にはわからない。それは私にとって難問だ。
1228	The government <u>deployed</u> troops to fight the rebels.	政府は反逆者と戦うため軍隊を展開した。
1229	Her parents are <u>well-off</u>, and they can afford to send her to a private school.	彼女の両親は裕福であり、彼女を私立学校に通わせる余裕がある。
1230	When she arrived in the big city, she realized that her clothes looked unsophisticated and <u>provincial</u>.	その大都市へ到着したとき、彼女は自分の洋服が洗練されておらず垢抜けていないように見えると気づいた。
1231	Although he gave me his <u>rationale</u> for his decision, I still did not agree with him.	彼は私にその決定の論理的根拠を示したが、私はそれでも彼に同意しなかった。
1232	The starfish excretes adhesive from the tiny tube feet on the underside of its body that helps it <u>adhere</u> to the rocks.	ヒトデは体の下側にあるとても小さな管足から、岩へ付着するのに役立つ粘着性の物質を分泌する。
1233	It is warmer in regions located closer to the <u>equator</u> of the earth.	地球の赤道により近い場所にある地域ほどより暖かい。
1234	Despite her <u>angelic</u> face, she was difficult and could not be trusted.	天使のような顔とは裏腹に、彼女は気難しく信頼することができなかった。
1235	The professor assigns the papers, but his teaching assistant handles most of the <u>grading</u>.	教授が論文の課題を与えるが、彼の授業助手がその採点の大部分を担当する。
1236	The assassination of Archduke Franz Ferdinand <u>precipitated</u> the First World War.	フランツ・フェルディナント大公の暗殺は第一次世界大戦を突然引き起こした。

243

ROUND 3 STAGE 13 No.1201-1300

1237 surrender
[səréndər]

動 降伏 [降参] する ; ~を引き渡す, 放棄する
名 降伏 ; 引き渡し

1238 coincide
[kòuinsáid]

動 一致する ; 同時に起きる
名 coincidence (一致 ; 同時発生)

1239 poisonous
[pɔ́izənəs]

形 有毒 [有害] な, 毒性の
名 poison (毒)

1240 flora
[flɔ́:rə] 〈生物〉

名 植物相, 植物群
⇔ 名 fauna (動物相, 動物群)

1241 repetition
[rèpətíʃən]

名 繰り返し ; 反復, 復唱 ; 暗唱 ; 再演
動 repeat (~を繰り返す)

1242 encyclopedia
[insàikləpí:diə]

名 百科事典
walking encyclopedia (生き字引)
形 encyclopedic (博学の, 百科事典的な)

1243 vessel
[vésəl]

名 船 ; 容器 ; (血液などを通す)管
blood vessel (血管)
= 名 ship (船)

1244 commence
[kəméns]

動 始まる ; ~を始める, 開始する
名 commencement (卒業 [学位授与] 式)
動 begin (始まる ; ~を始める)

1245 head-on
[hédán]

副 真っ向から, 正面から
形 真向かいからの, 正面からの ; 直接の

1246 subjective
[səbdʒéktiv]

形 主観的な
名 subject (主語 ; 主題 ; 学科)
⇔ 形 objective (客観的な)

1247 deprive
[dipráiv]

動 deprive A of B A から B を奪う
形 deprived (恵まれない)

1248 lunar
[lú:nər] 〈宇宙〉

形 月の
熟 lunar calendar (太陰暦)
⇔ 形 solar (太陽の)

1237	Germany <u>surrendered</u> to the Allies at the end of World War II.	第二次世界大戦の終わりにドイツは連合国に降伏した。
1238	Our visit to Alaska <u>coincided</u> with the appearance of the northern lights, which were spectacular.	私たちのアラスカの滞在がオーロラの出現の日と一致し、そのオーロラは壮観だった。
1239	Those mushrooms growing in the forest might be <u>poisonous</u>.	その森に自生するこれらのきのこは有毒だろう。
1240	The botanist studied the <u>flora</u> of the area.	植物学者はその地域の植物相について研究した。
1241	<u>Repetition</u> is important in learning a language as it takes time to internalize the grammar and syntax.	文法と構文を習得するには時間がかかるため、言語を学ぶ際に繰り返しは大切である。
1242	The young students used an online <u>encyclopedia</u> to do research on the assigned topic.	その若い学生たちはオンラインの百科事典を利用して、割り当てられたテーマに関する調査をした。
1243	The Vikings crossed the ocean hundreds of years ago in very small <u>vessels</u>.	バイキングは何百年も前にとても小さな船で海を渡った。
1244	The Fourth of July picnic is in the afternoon, but the fireworks don't <u>commence</u> until 9 PM.	独立記念日のピクニックは午後だが、花火は午後9時まで始まらない。
1245	The city manager tried to confront the problem <u>head-on</u> at the city council meeting.	市政代行官は市議会でその問題に真っ向から取り組もうとした。
1246	His argument was not balanced because it was too <u>subjective</u>.	彼の議論は主観的すぎてバランスが取れていなかった。
1247	When her parents <u>deprived</u> her <u>of</u> her cell phone, she was very upset.	彼女の両親が彼女から携帯電話を取り上げたとき、彼女はひどく腹を立てた。
1248	Chinese New Year occurs on different dates each year as it follows the <u>lunar</u> calendar.	中国の正月は太陰暦に従うため毎年異なる日付に行われる。

1249	**grievance** [gríːvəns]	名 抗議, 苦情 ; 不平 (の原因), 不満 (の種) 名 grief (深い悲しみ) = 名 complaint (不平, 不満)
1250	**rebellion** [ribéljən] 《政治》	名 反逆, 反乱 動 rebel (謀反を起こす, 反抗 [反対] する)
1251	**restrain** [ristréin]	動 ~を動けないようにする, 制止する ; (感情など)を抑える restraining order《米》(禁止命令) 名 restraint (拘束 ; 抑制, 禁止)
1252	**vaccinate** [væksənèit] 《医療》	動 (~に)予防接種をする 名 vaccine (ワクチン, 予防接種)
1253	**confront** [kənfrʌ́nt]	動 ~に立ち向かう ; ~の前に立ちはだかる 名 confrontation (直面 ; 対立) = 動 face (~に直面する)
1254	**reign** [réin] 《政治》	動 支配する, 君臨する 名 (王の)治世, 統治期間 ; 支配
1255	**formally** [fɔ́ːrməli]	副 正式 [公式] に ; 形式的に, 形式上 形 formal (公式の)
1256	**vault** [vɔ́ːlt]	動 (~を)跳び越える ; 跳ぶ, 跳躍する 名 跳ぶこと, 跳躍
1257	**polygon** [páligàn] 《数学》	名 多角形 形 polygonal (多角形の)
1258	**nebula** [nébjulə] 《宇宙》	名 星雲
1259	**susceptible** [səséptəbl]	形 感染しやすい ; 影響を受けやすい, 多感な = 形 vulnerable (傷つきやすい, 害を被りやすい)
1260	**census** [sénsəs] 《社会》	名 人口調査, 国勢調査

1249	The nurse took her <u>grievance</u> to the union representative who handled complaints.	看護師は苦情に対処する組合代表に自分の<u>抗議</u>を持っていった。
1250	The organizers of the <u>rebellion</u> against the government have been gathering weapons for some time.	政府に対抗する<u>反逆</u>組織者はしばらくの間武器を収集している。
1251	She pulled hard on the leash to <u>restrain</u> her dog who was growling at the man.	その男性にうなり声を上げている犬を<u>動けないようにする</u>ため彼女はひもを強く引いた。
1252	If you <u>vaccinate</u> your children, you will prevent them from getting the disease.	子供に<u>予防接種をする</u>と、子供がその病気にかかるのを防ぐだろう。
1253	She decided to <u>confront</u> her fear of heights, so she climbed to the top of the Eiffel Tower.	彼女は自身の高所恐怖症に<u>立ち向かう</u>ことに決めたので、エッフェル塔の頂上に登った。
1254	Queen Elizabeth I <u>reigned</u> over England for almost fifty years.	エリザベス1世はおおよそ50年の間イングランドを<u>支配した</u>。
1255	I had seen him around town, but we were not <u>formally</u> introduced until he visited my house with his father.	私は街で彼を見かけたことがあったが、彼が彼の父親と共に私の家を訪れるまで<u>正式に</u>紹介されなかった。
1256	The gymnast <u>vaulted</u> over the horse in the Olympic competition.	その体操選手はオリンピック競技でその跳馬を<u>跳び越えた</u>。
1257	A <u>polygon</u> is a closed plane figure with 3 or more straight sides.	<u>多角形</u>は3つ以上の直線の辺を持つ閉じた平面図形である。
1258	The <u>nebula</u> was thought to be a part of the remains of a supernova explosion.	<u>星雲</u>は超新星の爆発の残骸の一部だと考えられていた。
1259	There are problems with her immune system, which makes her <u>susceptible</u> to viruses.	彼女は免疫系に問題を抱え、そのせいで彼女はウイルスに<u>感染しやすい</u>。
1260	They take a <u>census</u> of the population every ten years to get data on each resident.	各居住者のデータを収集するため彼らは10年ごとに<u>人口調査</u>を行う。

247

1261	**iteration** [ítəréiʃən]	名 繰り返し，反復 動 iterate (～を反復する) = 名 repetition (繰り返し，反復)
1262	**passive** [pǽsiv]	形 受動的な，受身の；おとなしい，無抵抗の 名 ⟨the —⟩ 受動態 副 passively (受身に；不活発に，消極的に)
1263	**spacecraft** [spéiskræft] 《宇宙》	名 宇宙船 = 名 spaceship (宇宙船)
1264	**precedent** [présədənt] 《法律》	名 前例；判例；慣例
1265	**earnings** [ə́ːrniŋz] 《経済》	名 収入，賃金；利益，収益 = 名 income (収入，所得)
1266	**syndrome** [síndroum] 《医療》	名 一連の事態；症候群
1267	**ingredient** [ingríːdiənt]	名 (食品などの)材料，成分
1268	**utensil** [juténsəl]	名 用具，器具；家庭用品 kitchen utensils (台所用品)
1269	**prejudiced** [prédʒudist]	形 偏見を持った；不公平な 名 prejudice (偏見，先入観；嫌悪感) without prejudice (不利益とならずに)
1270	**pertain** [pərtéin]	動 関連[関係]する；付属[付随]する 熟 pertain to ～ (～に関連する；～に付属する) = 動 relate (関係[関連]する)
1271	**symposium** [simpóuziəm] 《社会》	名 討論会，シンポジウム；論文[評論]集
1272	**layout** [léiàut]	名 配置(図)，設計；レイアウト

1261	The logo for the company went through multiple iterations before they decided on one.	その企業のロゴは1つに決定されるまで何度か繰り返しが行われた。
1262	The teacher encouraged her students to be active rather than passive learners.	教師は生徒たちに受動的ではなく能動的に学ぶよう勧めた。
1263	Solar panels are used on the design for spacecraft to generate electricity.	宇宙船のデザインには発電するためソーラーパネルが採用されている。
1264	The lawyer searched for a precedent, an earlier legal ruling, that would apply to his case.	弁護士は彼の事例に適用できる前例、すなわちそれ以前の法的判決を探した。
1265	Her earnings increased each year along with her expenses.	彼女の収入は支出と共に毎年増加した。
1266	Small business is subject to the syndrome of feast or famine.	小規模企業は浮き沈みの一連の事象にさらされやすい。
1267	Sugar is an ingredient in most recipes for pastry or pies.	砂糖は菓子パンやパイのレシピのほとんどで用いられる材料である。
1268	Chopsticks are important utensils for eating in Asia.	箸はアジアで食事をするのに重要な用具である。
1269	The players complained that the referee was prejudiced in favor of his country's team.	選手たちは審判が自身の国のチームに味方して不公平であると訴えた。
1270	The professor refused to answer the question as she said it did not pertain to the current topic.	教授は現在の話題に関連しないと言ってその質問に答えることを拒んだ。
1271	The researcher will read his paper at the upcoming symposium.	その研究者は次回の討論会で彼の論文を読む予定である。
1272	The bank robbers reviewed the layout of the building as they planned their escape.	銀行強盗は逃亡を計画するのにその建物の配置図を再検討した。

1273	**prescription**	[priskrípʃən] 〈医療〉	名 処方箋[処方薬]，処方；指示；提案；規定 on prescription（処方箋に従って）
1274	**articulate**	形 [ɑːrtíkjulət] 動 [ɑːrtíkjulèit]	形 はっきりと話す；(発音・言葉が)明瞭な；関節の 動 はっきりと話す；(関節などで)つながる
1275	**zip**	[zíp]	名 〈zip code〉郵便番号；活力；ジッパー 動 〜をジッパーで締める
1276	**bulk**	[bʌ́lk]	名 大部分，大半；容積，かさ，大きさ 動 かさばる，増大する 熟 the bulk of 〜（〜の大部分）
1277	**saturate**	[sǽtʃərèit]	動 〜を濡らす，ずぶ濡れにする；〜に浸す；〜を飽和状態にする 形 saturated（びしょ濡れの）
1278	**socialist**	[sóuʃəlist] 〈思想〉	名 社会主義者 形 社会主義(者)の = 形 socialistic（社会主義〔者〕の）
1279	**horizon**	[həráizn]	名 〈複〉(興味知識経験などの)視野，限界；〈the 〜〉水平線，地平線 on the horizon（地平線上に；切迫して）
1280	**diabetes**	[dàiəbíːtəs] 〈医療〉	名 糖尿病 形 diabetic（糖尿病の）
1281	**enact**	[inǽkt] 〈法律〉	動 (法律)を制定する，(法案)を法律にする；(演劇など)を上演する；(〜の役)を演じる 形 enactive（立法権のある）
1282	**sophomore**	[sάfəmɔ̀ːr] 〈大学〉	名 (大学の)2年生 ⇔ 名 freshman（1年生）
1283	**mystical**	[místikəl]	形 神秘的な，超自然的な 副 mystically（神秘的に） 形 mystic（神秘の）
1284	**equity**	[ékwəti] 〈経済〉	名 株主資本，(企業資産の)持ち分；財産物件の純価；公正，公平；〈複〉普通株

1273	The doctor gave her a prescription for her cough and told her to rest and drink fluids.	医者は彼女にせきの処方箋を渡し、休養して水分を取るように言った。
1274	He's very articulate when he talks about his work; he makes it seem interesting to everyone.	彼は自分の仕事について話すときとてもはっきりと話す。みなにとってそれが興味深くなるようにしている。
1275	The United States uses a zip code system for the mail delivery.	米国では郵便物の配送に郵便番号システムを活用している。
1276	We finished the bulk of the work yesterday, so we only have a little bit to do today.	私たちは昨日その仕事の大部分を終えたので、今日はすることが少ししかない。
1277	She saturated the sponge with water before she used it to wipe the counter.	彼女はスポンジでカウンターを拭く前にそのスポンジを水で濡らした。
1278	He's a socialist who believes that the government should have more control over private enterprise.	彼は政府はもっと民間企業に対し統制力を持つべきだという信念を持つ社会主義者だ。
1279	He traveled to Asia and Europe to broaden his horizons.	彼は自分の視野を広げるために、アジアとヨーロッパを旅した。
1280	Diabetes is a growing problem for developed countries as this disease is increasing worldwide.	糖尿病は世界中で増加していることから先進国にとって深刻さを増す問題となっている。
1281	Congress enacted new legislation to deal with the growing problem of illegal immigration.	重大さを増す不法移住の問題に対処するため、議会は新たな法律を制定した。
1282	She is a sophomore at the university, so she should graduate in 2 more years.	彼女は大学で2年生なので、あと2年経つと卒業のはずだ。
1283	Looking at the rare conjunction of the moon and the planets on the summer night was a mystical experience.	夏の夜に月と惑星の珍しい合を見られるのは神秘的な経験だった。
1284	We have equity in that company as investors in their stock.	投資家が株式で持っているのと同じように私たちはあの会社で株主資本を持っている。

1285	**incursion**	[inkə́:rʒən]	名 侵略, 侵入；侵害 = 名 invasion (侵略, 侵入；侵害)
1286	**stake**	[stéik]	名 杭, 棒；投資 [出資] (金)；関与 動 (金など)を賭ける；〜を杭で固定する；〜に支援する
1287	**halt**	[hɔ́:lt]	動 〜を中断する, 停止 [停車] させる；止まる, 停止する 名 停止, 休止, 中止
1288	**monopoly**	[mənάpəli]《経済》	名 独占企業；(市場などの)独占, 専売, 独占品 動 monopolize (〜を独占 [専売] する, 〜の独占権を持つ)
1289	**obstacle**	[άbstəkl]	名 障害(物), 邪魔 = 名 obstruction (障害物, 妨害物)
1290	**punitive**	[pjú:nətiv]	形 懲罰 [刑罰] 的な；(税金などが)過酷な = 形 disciplinary (懲戒的な；規律上の)
1291	**astronomy**	[əstrάnəmi]《宇宙》	名 天文学 名 astronomer (天文学者)
1292	**seizure**	[sí:ʒər]《健康》	名 発作；つかむこと；押収(物), 差し押さえ(品)
1293	**surveillance**	[sərvéiləns]	名 監視, 見張り；監督 put 〜 under surveillance (〜を監視の下に置く)
1294	**torture**	[tɔ́:rtʃər]	名 拷問(の方法)；苦痛, 苦悶 動 〜を拷問にかける；〜をひどく苦しめる
1295	**fiber**	[fáibər]	名 食物繊維, 繊維(質)；繊維組織；(人の)資質, 性質 moral fiber (道徳心；意志力)
1296	**surgical**	[sə́:rdʒikəl]《医療》	形 外科手術 [治療] の, 外科的な；正確な 名 surgery (外科 [医学]；手術) 副 surgically (外科的に)

1285	The Galápagos Islands were a base for pirates who made <u>incursions</u> into Spanish territory.	ガラパゴス諸島はスペイン領への侵略をはたらいた海賊の基地だった。
1286	He pounded a <u>stake</u> into the ground to secure the tent.	彼はテントを固定するため地面に杭を打ち込んだ。
1287	They <u>halted</u> the development of the drug when problems emerged in the clinical trials.	臨床試験で問題が生じたとき彼らはその薬の開発を中断した。
1288	The government broke up the company after they determined it was a <u>monopoly</u>.	政府はその企業が独占企業だと断定した後、その企業を解体した。
1289	Not having a degree was an <u>obstacle</u> for advancing in his career.	学位を持っていないことが彼の出世の障害となった。
1290	The principal threatened the students with <u>punitive</u> measures; he said they would be suspended for 3 days.	校長は学生たちを懲罰的な手段で脅かした。3日間の停学だと彼は言ったのだ。
1291	The study of <u>astronomy</u> is fascinating as you can learn about the birth of stars.	星の誕生について学べるので、天文学の研究は魅力的だ。
1292	He had an epileptic <u>seizure</u> after falling down the stairs.	彼は階段から落ちた後てんかんの発作を起こした。
1293	The cameras on his property provided 24-hour <u>surveillance</u>.	彼の不動産のカメラは24時間監視していた。
1294	Running for hours in the hot sun felt like <u>torture</u>.	暑い太陽の下での何時間にも及ぶランニングは拷問であるかのように感じた。
1295	A balanced diet includes natural sources of <u>fiber</u> like fresh fruits and vegetables.	バランスの取れた食事には新鮮な果物や野菜といった食物繊維の天然源が含まれる。
1296	In recent years, there have been rapid advances in <u>surgical</u> robotics.	近年、外科手術のロボット工学においてめざましい進歩があった。

1297 gravity
[ɡrǽvəti] 《物理》
图 重大さ，重大性；重力，引力；重量，重さ

1298 pastor
[pǽstər] 《文化》
图 牧師
形 pastoral (牧師の；田園の)
= 图 clergy (聖職者，牧師)

1299 resort
[rizɔ́ːrt]
動 (良くない手段に)頼る，訴える
熟 resort to 〜 (〔良くない手段〕に頼る，訴える)
图 行楽地，リゾート；頼ること

1300 veto
[víːtou]
動 〜を禁じる；拒否する，(計画などを)認めない
图 禁止；拒否；(大統領などの)拒否権(の行使)

1297	He didn't realize the full gravity of his situation until he saw the list of damages.	彼は損害のリストを見るまで事態の重大さを完全に理解していなかった。
1298	The pastor was the leader of his church.	その牧師は彼の教会のリーダーだった。
1299	The parents resorted to bribery to get their toddler to eat her dinner; they promised her ice cream.	両親は歩き始めの幼児に夕食を食べさせるため賄賂に頼った。彼らは彼女にアイスクリームを約束したのだ。
1300	He wanted to stay out all night, but his parents vetoed the idea.	彼は一晩中外出したかったが、彼の両親はその考えを禁じた。

ROUND 3 STAGE 14 No.1301–1400

#	見出し語	意味
1301	**follow** [fálou]	動 (〜に)ついていく[くる], 続く；〜に従う 熟 follow through (最後までやり抜く) 名 follow-through (完遂)
1302	**hold** [hóuld]	動 保持する, 持ちこたえる；抑える 熟 hold off 〜 (〜を控える, 遅らせる)
1303	**bow** [báu]	動 お辞儀をする；屈する；〜をかがめる, 曲げる 名 お辞儀, 会釈；身をかがめること
1304	**hang** [hǽŋ]	動 〜をかける, つるす；ぶら下がる 熟 hang out (たむろする, ぶらつく) hang over 〜 ([不安などが]〜にのしかかる)
1305	**gesture** [dʒéstʃər]	名 意思表示；身ぶり, しぐさ 動 (〜を)身ぶりで表す[示す]
1306	**grave** [gréiv]	形 深刻な, 重大な；厳粛な, 重々しい；地味な 名 gravity (重大さ；重力) = 形 serious (重大な；重い；真面目な)
1307	**furnish** [fə́ːrniʃ]	動 〜に家具などを備えつける 形 furnished (家具付きの) 名 furniture (家具)
1308	**niche** [nítʃ] 〈経済〉	名 隙間市場；ふさわしい場所, 適所；天職
1309	**pioneer** [pàiəníər]	名 先駆者, 開拓者 動 〜を開拓する；〜を創始する 形 最初の, 草分けの, 先駆的な
1310	**incredible** [inkrédəbl]	形 信じられない(ほどすばらしい), 最高の 名 incredibility (信じられないこと) = 形 unbelievable (信じられない)
1311	**ceremony** [sérəmòuni]	名 作法, 礼式；儀式, 祭典 熟 tea ceremony (茶道) 形 ceremonial (儀式的な；公式の)
1312	**cape** [kéip] 〈地学〉	名 岬 = 名 point (岬)

	EXAMPLE SENTENCE	TRANSLATION
1301	If you make a commitment, it's important to <u>follow</u> through on it.	深く関与するなら、最後までやり抜くのが重要だ。
1302	We need to <u>hold off</u> spending money until we find out what our budget is for the next quarter.	次の四半期の予算がどうなるかはっきりするまで支出を控える必要がある。
1303	The dignitaries from Japan <u>bowed</u> in greeting.	日本からの高官は挨拶としてお辞儀をした。
1304	The teenagers like to <u>hang</u> out at the ice cream shop after school chatting with friends.	10代の若者は友達とおしゃべりしながら放課後にアイスクリームショップでたむろするのが好きだ。
1305	In a <u>gesture</u> of respect, the young men saluted the older, retired soldier.	敬意の意思表示として、青年たちは退役軍人であるその老人に敬礼した。
1306	If you desert from the army, there are <u>grave</u> consequences.	もし軍隊から脱走すれば、深刻な結果が待っている。
1307	The apartment in New York was <u>furnished</u>, which made it easy to lease.	ニューヨークのアパートは家具などが備えつけられており、そのおかげで簡単に賃貸できた。
1308	<u>Niche</u> products often fail in the market because they don't have a broad appeal.	隙間市場の商品は広い顧客層がないため、市場で失敗することが多い。
1309	He's a <u>pioneer</u> in his field as he is making new discoveries that will change the direction of medicine.	彼は医療の方向性を変えるような新たな発見をしており彼の分野での先駆者である。
1310	He's an <u>incredible</u> runner; I think he'll make it to the Olympics.	彼は信じられないほどすばらしいランナーだ。彼はオリンピックに出場すると思う。
1311	The Japanese tea <u>ceremony</u> is famous throughout the world.	日本の茶道は世界中で有名である。
1312	There is a piece of land that juts out into the Atlantic Ocean, which is called a <u>cape</u>.	土地の一部が大西洋に突き出ており、この部分は岬と呼ばれる。

1313	**intermediary** [intərmíːdièri]	名 仲介者[物]，媒介；中間段階 形 仲介の，中継の；中間の ③ intermediate (中級者；中間生成物)	
1314	**repository** [ripázətɔ̀ːri]	名 宝庫；倉庫，貯蔵所，収納庫 repository of knowledge (知識の宝庫)	
1315	**venue** [vénjuː]	名 開催地；《法律》裁判地，訴訟の発生地 change the venue (裁判地を変更する)	
1316	**confine** [kənfáin]	動 ～を閉じ込める，監禁する； 　～を制限する，限定する ③ confinement (監禁，幽閉；制限，限定)	
1317	**geometry** [dʒiámətri] 《数学》	名 幾何学 solid geometry (立体幾何学) ⇔ ③ algebra (代数学)	
1318	**manuscript** [mǽnjuskrìpt] 《歴史》	名 写本；原稿，文書 形 手書きの；ワープロで打った in manuscript (原稿のままで)	
1319	**pharmacy** [fáːrməsi] 《医療》	名 薬局，薬屋；調剤(術)，薬学 ③ pharmacist (薬剤師，薬屋の店主) ⑯ pharmaceutical (調剤の，薬学の)	
1320	**rough** [rʌ́f]	形 ざらざらした，起伏のある；粗雑な 副 乱暴に，荒っぽく rough back road (でこぼこの田舎道)	
1321	**severely** [səvíərli]	副 ひどく，厳しく；地味に ⑯ severe (ひどい，厳しい) = 副 violently (激しく，乱暴に)	
1322	**endeavor** [indévər]	名 努力，試み 動 懸命に努力する，熱心に試みる do one's endeavors (全力を尽くす)	
1323	**endure** [indjúər]	動 ～を耐え抜く，～に持ちこたえる；我慢する ③ endurance (耐久性；忍耐力，辛抱強さ) = 動 survive (生き延びる)	
1324	**bachelor** [bǽtʃələr] 《大学》	名 学士；独身男性 ⇔ ③ master (修士)／doctor (博士)	

1313	The divorcing couple used their lawyers as <u>intermediaries</u> as they didn't want to talk directly to each other.	離婚協議中の夫婦は互いに直接話したくなかったので、仲介者として自身の弁護士を使った。
1314	That museum is a <u>repository</u> for many valuable historical items.	その博物館は数多くの貴重な歴史的収蔵品の宝庫である。
1315	They chose a hotel in San Francisco as the <u>venue</u> for their financial conference.	彼らは金融会議の開催地としてサンフランシスコのホテルを選定した。
1316	The child had misbehaved, so his parents <u>confined</u> him to his room for the rest of the evening.	その子供が無作法に振る舞ったので、彼の両親はその晩はそれ以降彼を部屋に閉じ込めた。
1317	The students need to take both <u>geometry</u> and algebra before graduation.	学生たちは卒業前に幾何学と代数学の両方を履修する必要がある。
1318	The ancient <u>manuscript</u> is kept in the rare book section of the library in an airtight case.	その古代写本は図書館の貴重書部門で気密ケースに入れられ保管されている。
1319	She went to the <u>pharmacy</u> to pick up some medicine that she needed.	彼女は必要な薬を取りに薬局に行った。
1320	The sandpaper was <u>rough</u> while the polished rock was smooth.	紙やすりはざらざらしていたが、磨かれた石はすべすべしていた。
1321	They were <u>severely</u> injured in the crash, and they are in the hospital.	彼らはその衝突でひどい怪我を負い、病院にいる。
1322	I wish you the best in all your future <u>endeavors</u>.	あなたの今後の努力が全て実を結びますように。
1323	They <u>endured</u> many days at sea in a lifeboat before they were rescued.	彼らは救出されるまで何日間も海に浮かぶ救命ボートの上で耐え抜いた。
1324	He received his <u>bachelor's</u> degree in computer science and his Ph.D. in bioinformatics.	彼はコンピューターサイエンスの分野で学士号を、生命情報学の分野で博士号を取得した。

259

1325	**comet**	[kάmit] 〈宇宙〉	名 彗星 comet group (彗星群)
1326	**immune**	[imjú:n] 〈医療〉	形 免疫がある；影響を受けない immune system (免疫組織) 名 immunity (免疫；免除，免責)
1327	**par**	[pά:r]	名 同等；平均，標準 熟 on a par with ~ (~に劣らない)
1328	**plug**	[plʌ́g]	動 ~をふさぐ，~に栓をする；(プラグなど)を差し込む 名 栓；プラグ pull the plug on A (Aへの援助を打ち切る；Aの生命維持装置をはずす)
1329	**conform**	[kənfɔ́:rm]	動 従う；適合する，一致する；~を従わせる；~を適合させる，一致させる 名 conformity (一致，調和)
1330	**mercy**	[mə́:rsi]	名 慈悲，哀れみ mercy killing (安楽死) 形 merciless (無慈悲な，容赦ない)
1331	**monarch**	[mάnərk] 〈政治〉	名 君主，王者；オオカバマダラ(蝶) absolute monarch (専制君主) 名 monarchy (君主国家)
1332	**mercury**	[mə́:rkjuri] 〈化学〉	名 水銀；〈M—〉水星 形 mercurial (水銀を含む；移り気の)
1333	**poll**	[póul] 〈政治〉	動 ~に聞き取り調査をする，世論調査する；(票)を獲得する；(票)を投じる；(毛)を刈る 名 世論調査；投票(数)
1334	**reconcile**	[rékənsàil]	動 仲直り[和解]する；~を仲直り[和解]させる，調和させる；~を納得させる 名 reconciliation (和解，仲直り；調停)
1335	**relay**	[rí:lei]	動 ~を取り次ぐ，伝達する；~を中継する 名 中継；交替要員；リレー relay race (リレー競技)
1336	**intrinsic**	[intrínsik]	形 本能的な，本来備わっている 副 intrinsically (本質的に，本来) ⇔ 形 extrinsic (付帯的な；外的な)

1325	The tail of the comet increased in brightness as it approached the sun.	その彗星の尾は太陽に近づくにつれ輝きを増した。
1326	He had the measles when he was a child, so as an adult he is immune to the disease.	彼は子供のときにはしかにかかったので、大人になりその病気に免疫がある。
1327	This restaurant is on a par with the best in the world.	このレストランは世界の最高のレストランに劣らない。
1328	The little boy tried to plug the hole in the boat to stop the water from coming in.	小さな男の子は水が入って来ないようボートの穴をふさごうとした。
1329	There is pressure for young people to conform to the same standards as their peers.	若者たちには仲間と同じ基準に従うというプレッシャーがある。
1330	She asked the judge for mercy before he gave his sentence.	彼女は判事が判決を下す前に慈悲を求めた。
1331	England was ruled by monarchs, or kings and queens, for centuries.	イングランドは君主、つまり王と女王によって何世紀もの間支配されていた。
1332	Mercury is used in thermometers even though it is toxic.	水銀は有害であるけれども温度計に用いられている。
1333	We polled the members of the club about raising the dues, and a majority agreed.	私たちは会費の引き上げについてクラブのメンバーに聞き取り調査をし、過半数が賛成した。
1334	After many years of bitter fighting, the two brothers finally reconciled and made peace.	何年もの激しい喧嘩の末、2人の兄弟はついに仲直りし和解した。
1335	He asked me to relay the message that he would be coming late.	彼は来るのが遅れるだろうという伝言を私に取り次いでほしいと依頼した。
1336	It is intrinsic behavior for the polar bear to hunt the ringed seal.	ホッキョクグマがワモンアザラシを狩るのは本能的な行動だ。

261

No.	単語	意味
1337	**nonetheless** [nÀnðəlés]	副 それでもなお，それにもかかわらず = 副 nevertheless（それにもかかわらず）
1338	**casualty** [kǽʒuəlti] 〈社会〉	名 死傷者，負傷者；犠牲者；災害 casualty insurance（損害保険） = 名 victim（被害者，犠牲者）
1339	**sensation** [senséiʃən]	名 感覚；感じ，気分；世間を騒がす事件；大評判 形 sensational（感覚の；衝撃的な）
1340	**widespread** [wáidsprèd]	形 広範囲にわたる，広く行きわたった widespread superstition（広く信じられている迷信） ⇔ 形 narrow（狭い，範囲が限られた）
1341	**deed** [díːd]	名 行い，行為；実績；捺印証書 動 (財産)を証書によって譲渡する in deed（実際に）
1342	**rainfall** [réinfɔ̀ːl] 〈気象〉	名 降雨[水]量，降雨 = 名 precipitation（降雨，降雨量）
1343	**denominator** [dinάmənèitər]	名 共通の特性；《数学》分母 ⇔ 名 numerator（分子）
1344	**recession** [riséʃən] 〈経済〉	名 不況，景気後退 形 recessionary（景気後退の） = 名 depression（不況）
1345	**mum** [mʌ́m]	形 無言の，黙っている 間 しっ！（静かに） 動 無言劇[パントマイム]を演じる
1346	**flattering** [flǽtəriŋ]	形 魅力を引き立てる；お世辞の 動 flatter（〜を引き立たせる；お世辞を言う） 形 flattered（嬉しい，気を良くして）
1347	**enrich** [inrítʃ]	動 〜を肥沃にする，豊かにする 名 enrichment（豊かにすること；強化） 形 enriched（豊富な；濃縮した）
1348	**exempt** [igzémpt]	動 〜を免除する 形 免除された 名 exemption（免除；税の控除）

1337	The mother was exhausted; <u>nonetheless</u>, she continued caring for her children.	その母親は疲れ切っていた。<u>それでもなお</u>、彼女は子供の世話を続けた。
1338	We won the battle, but there were hundreds of <u>casualties</u>.	我々は戦いに勝ったが、何百もの<u>死傷者</u>が出た。
1339	I was filled with a <u>sensation</u> of dread as I watched the horror movie unfold.	私はそのホラー映画が展開していくのを見ながら恐怖の<u>感覚</u>でいっぱいになった。
1340	Because of the low rainfall, forest fires have been <u>widespread</u> this year.	今年降雨が少なかったため、森林火災が<u>広範囲にわたった</u>。
1341	The children's story told of the hero's many good <u>deeds</u>.	その子供の物語は主人公の多くの善い<u>行い</u>を語った。
1342	The yearly <u>rainfall</u> in this region makes it a good place to grow these crops.	この地域の年間<u>降雨量</u>のおかげで、こうした作物を育てるのに適した場所となっている。
1343	As brothers and sisters in this family, we share one common <u>denominator</u>; we all have red hair.	この家族の兄弟姉妹として、私たちは<u>共通の特性</u>を有している。私たちはみな赤毛だ。
1344	Many people lost their jobs during the economic <u>recession</u>.	経済<u>不況</u>の間多くの人が職を失った。
1345	She has kept <u>mum</u> on this subject, so I don't think she wants to talk about it.	彼女はこの話題について<u>無言</u>のままでいるので、彼女はそれについて話したくないのだと思う。
1346	The new scarf was <u>flattering</u> as it emphasized her beautiful green eyes.	新しいスカーフは彼女の美しい緑色の目を強調し、<u>魅力を引き立て</u>ていた。
1347	The gardener <u>enriched</u> the soil with fertilizer to help his plants grow.	その園芸家は植物が育つのを促進させるため肥料で土壌を<u>肥沃にした</u>。
1348	The Swiss government <u>exempts</u> women from the requirement for military service.	スイス政府は兵役の規定から女性を<u>免除</u>している。

263

1349	**inclined** [inkláind]	形 〈受身〉〜したいと思っている；〜の傾向がある；傾いた 動 incline (〜を傾ける；〜の心を向けさせる) 名 inclination (意向，好み；傾き)
1350	**endow** [indáu] 《社会》	動 〜に寄付する，与える 名 endowment (寄付金；寄付すること) = 動 donate (〜を寄付する；捧げる)
1351	**singular** [síŋgjulər]	形 まれに見る，すばらしい；唯一の 副 singularly (きわだって，顕著に) = 形 outstanding (傑出した；明白な)
1352	**amplify** [ǽmpləfài]	動 〜を詳しく説明する；〜を増幅する 名 amplification (拡大，増大，増幅)
1353	**cultivate** [kʌ́ltəvèit]	動 (友情など)を育む；(技能など)を養う，(学問など)に励む；(土地)を耕す；〜を栽培[養殖]する 名 cultivation (栽培，耕作)
1354	**enclose** [inklóuz]	動 〜を囲い込む；〜を同封する；(物)を納める 名 enclosure (囲い込み，包囲；同封されたもの)
1355	**exaggerate** [igzǽdʒərèit]	動 (〜を)大げさに言う，(〜を)誇張する；〜を強調する 名 exaggeration (誇張表現；誇張) 形 exaggerated (誇張された，大げさな)
1356	**subsidy** [sʌ́bsədi] 《経済》	名 補助金，助成金；経済援助 形 subsidiary (補助の；子会社の) = 名 grant (助成金，補助金)
1357	**twig** [twíg]	名 小枝 hop the twig (逃げる；死ぬ) ⇔ 名 bough (大枝)
1358	**sweeping** [swíːpiŋ]	形 全面的な；完全な 動 sweep (〜を掃く) 副 sweepingly (大ざっぱに；徹底的に)
1359	**loyalty** [lɔ́iəlti]	名 忠誠(心)，誠実さ；〈複〉友愛；支持 unshaken loyalty (ゆるぎない忠節) = 名 allegiance (忠誠，忠義)
1360	**coalition** [kòuəlíʃən] 《政治》	名 連合(体)；連立政府[政権] coalition cabinet (連立内閣)

1349	I am inclined to believe her story as she has never lied to me.	彼女は私に嘘をついたことがないので、私は彼女の話を信じたいと思っている。
1350	He endowed the university with a gift of ten million dollars to build a new performing arts center.	彼は新しい舞台芸術センター建設のため大学に1千万ドルを寄付した。
1351	The debut of his first album was a singular success; it topped the charts.	彼の初めてのアルバムのデビューはまれに見る成功だった。それはチャートのトップになった。
1352	The professor amplified her earlier remarks by giving us more detail.	教授は私たちに詳細をさらに伝えることで彼女のそれまでの発言を詳しく説明した。
1353	He plans to cultivate the friendship as he enjoys spending time with him.	彼は彼と共に楽しい時間を過ごせるのでその友情を育むつもりである。
1354	We need to enclose the back yard with a fence to keep our puppy from wandering off.	子犬が迷い出ないよう裏庭をフェンスで囲い込む必要がある。
1355	He said he caught a giant fish when he only caught a small one; he always exaggerates.	彼は小さな魚しかつかまえていないときでも大きな魚をつかまえたと言った。彼はいつも大げさに言う。
1356	If you apply early in the quarter, you can get a subsidy to cover part of your tuition.	もし今学期に早期に申し込めば、学費の一部をまかなえる補助金を得ることができる。
1357	The small trees in the nursery looked like twigs as they were very young.	苗床の小さな木はとても若いため小枝のように見えた。
1358	The new administration instituted sweeping changes in the government.	新たな政権が政府で全面的な変革を行った。
1359	He never questioned the loyalty of his dog.	彼は自分の犬の忠誠心を決して疑わなかった。
1360	People from different political parties formed a coalition to fight global warming.	政党の異なる人たちが地球温暖化に立ち向かうための連合を形成した。

1361	**devise** [diváiz]	動 ~を考え出す，考案[発明]する；(不動産など)を遺贈する 名 遺贈；遺言書
1362	**milestone** [máilstòun]	名 節目；(歴史・人生の)画期的出来事；マイル標石
1363	**caption** [kǽpʃən]	名 表題，見出し；字幕；説明文 動 ~に見出し[説明文/字幕]を付ける
1364	**holy** [hóuli]	形 聖なる，神聖な；信心深い；ひどい holy place (聖域)
1365	**responsive** [rispánsiv]	形 反応が早い，敏感な；応じた 副 responsively (敏感に) 名 responsiveness (敏感さ)
1366	**stigma** [stígmə]	名 汚名，不名誉；傷跡；(病気などの)特徴 動 stigmatize (~に汚名を着せる；~を非難する) 名 stigmata (〈the —〉聖痕)
1367	**tract** [trǽkt]	名 区域，地域；器官系；(神経の)束，索
1368	**dictate** [díkteit] 〈政治〉	動 ~を押しつける；(~を)命令する；~を書き取らせる 名 dictator (独裁者，暴君)
1369	**prominent** [prámənənt]	形 重要な；著名な；突起した 名 prominence (目立つこと；卓越) 副 prominently (傑出して，著しく)
1370	**proprietor** [prəpráiətər]	名 所有者 名 proprietorship (所有権) = 名 owner[possessor] (所有者)
1371	**ruinous** [rú:inəs]	形 破滅的な，破滅を招く 名 ruin (破壊；遺跡) 副 ruinously (破壊的に)
1372	**dissent** [disént] 〈政治〉	名 反対意見；異議，不賛成 動 異議を唱える，意見を異にする 名 dissenter (反対者)

1361	The professor asked the students to devise a solution to the problem for extra credit.	教授は追加単位を与える代わりにその問題の解決策を考え出すよう学生たちに求めた。
1362	Their fiftieth wedding anniversary was a milestone celebrated by friends and family.	彼らの50回目の結婚記念日は友人や家族に祝福してもらった節目となった。
1363	The caption above the article about the movie caught his interest.	その映画についての記事上の表題が彼の興味をとらえた。
1364	The city of Jerusalem is considered holy ground by many religions.	エルサレムの街は多くの宗教から聖地と考えられている。
1365	That company is very responsive to feedback from customers.	あの企業は顧客からの反響に対してとても反応が早い。
1366	The dishonest behavior of the former CEO was a stigma on the reputation of the company.	前CEOの不誠実な行動は会社の評価にとって汚名となった。
1367	She inherited a small tract of land in the country from her grandfather.	彼女は祖父からその国の土地の小区画を相続した。
1368	The winner of the war usually dictates the terms of the peace treaty to the loser.	戦争の勝者は敗者に対し平和条約の条件を押しつけることが普通だ。
1369	She is a prominent figure in politics, and she is well-known in the state.	彼女は政界の重要な人物で、その州でよく知られている。
1370	He has been the proprietor of this hotel for many years; he inherited it from his father.	彼は何年もこのホテルの所有者である。彼はそれを父親から譲り受けた。
1371	The ongoing civil war has been ruinous to the country.	進行中の内戦はその国にとって破滅的である。
1372	The government did not allow dissent, so they arrested the editor of the paper that criticized the leader.	政府は反対意見を認めていなかったので、指導者を批判した新聞の編集者を逮捕した。

1373	**regardless** [rigá:rdləs]	形 気にかけない，無頓着な 熟 **regardless of** ~（~に関係なく，にもかかわらず） 副 それにもかかわらず，それでもなお
1374	**robust** [roubást]	形 壮健な，強力な；強靭な，頑丈な 名 robustness（頑丈さ；頑固さ） = 形 vigorous（壮健な，丈夫な；活発な）
1375	**sphere** [sfíər] 〈社会〉	名 階層；分野，範囲；球，球体 熟 **in different spheres**（違う次元に）
1376	**subordinate** 形・名 [səbɔ́:rdənət] 動 [səbɔ́:rdənèit]	形 下位の，従属した 名 部下，下位の人；従属物 動 ~を下位に置く，軽んじる；~を従属させる
1377	**dietary** [dáiətèri]	形 食事の；食餌療法の 名 規定食；食餌の規定量 dietary fiber（食物繊維）
1378	**esteem** [istí:m]	名 尊敬；(高い)評価 動 ~を尊重する；~を高く評価する = 名 respect（尊敬）
1379	**inevitable** [inévətəbl]	形 避けられない，必然の inevitable result（必然的結果） = 形 unavoidable（避けられない）
1380	**instantaneous** [instəntéiniəs]	形 即座の，瞬間的な 副 instantaneously（即座に） = 形 immediate（即座の）
1381	**boot** [bú:t]	動 ~を蹴飛ばす 熟 **boot out** ~（~を追い出す，クビにする） 名 蹴り；解雇；〈複〉長靴，ブーツ
1382	**decorate** [dékərèit]	動 ~に勲章を授ける；~を装飾する
1383	**cease** [sí:s]	動 ~を停止する，やめる；~を終える；やむ，終わる 形 ceaseless（絶え間のない）
1384	**charity** [tʃǽrəti] 〈社会〉	名 義援金；慈善団体［組織］；慈悲心 Charity begins at home.《諺》（慈愛は家庭から始まる。） = 名 donation（寄付）

1373	Regardless of what his parents think, he is planning to take a year off school.	彼の両親がどう思うかに関係なく、彼は1年休学する計画を立てている。
1374	He had a robust appetite and ate more than anyone else in his family.	彼には壮健な食欲があったので家族の誰よりもたくさん食べた。
1375	We travel in different spheres; he is a famous author while I am a struggling artist.	私たちは違う階層で旅行する。彼は有名な作家だが私は売れない芸術家だからだ。
1376	He was in a subordinate position, so he did not have the power to make the decision.	彼は下位の立場にあるので、その決断を行う権力を持っていなかった。
1377	She has dietary restrictions as she is allergic to shellfish.	彼女は貝類にアレルギーがあるので食事の制限がある。
1378	He's done outstanding work in his field, and his colleagues hold him in high esteem.	彼はその分野で優れた仕事をなしとげたので、彼の同僚たちは彼を多いに尊敬している。
1379	If you never exercise and you eat too much, it is inevitable that you will have health problems.	全く運動をせずたくさん食べるのであれば、健康に問題が生じるのは避けられない。
1380	I clicked on the link, and the response was instantaneous.	リンクをクリックすると、その反応は即座であった。
1381	He was booted out of the academy when he was caught cheating on his final exam.	彼は最終試験においてカンニングでつかまり学校から追い出された。
1382	He is a highly decorated war hero, who received many medals as a result of his bravery.	彼は多分に勲章を授けられた戦争の英雄で、勇敢さの賜物として多くのメダルを受け取った。
1383	The company ceased sales of this product when they found that it did not meet their standards.	会社はその商品が社の基準を満たしていないと気づいたとき、この商品の販売を停止した。
1384	The charity raised millions of dollars for medical research at their annual fundraiser.	年に一度の寄付金集めのイベントで、医療研究のため慈善団体は何百万ドルも集めた。

1385	**riot**	[ráiət]	《社会》	名 暴動, 騒動;大混乱 動 暴動を起こす, 騒ぐ 名 rioter (暴徒)
1386	**dispatch**	[dispǽtʃ]	《社会》	動 ~を派遣する;~を急送する 名 発送, 派遣;至急報;公文書 名 dispatcher (発送者)
1387	**tariff**	[tǽrif]	《経済》	名 関税(率), 関税制度;運賃[料金]表 動 ~に関税をかける tariff wall (関税障壁)
1388	**token**	[tóukən]		名 しるし, 証;代用硬貨;商品券 形 名目上の;保証としての
1389	**fluctuate**	[flʌ́ktʃuèit]	《経済》	動 (価格・数量などが)変動する, 波打つ 名 fluctuation (変動) ⇔ 動 stabilize (安定する, 固定する)
1390	**geologic**	[dʒìəládʒik]	《地学》	形 地質の, 地質学の 名 geology (地学) 名 geologist (地質学者)
1391	**municipal**	[mju:nísəpəl]	《社会》	形 地方自治(体)の, 市営[市政]の municipal bonds (地方債) 名 municipality (地方自治体, 市当局)
1392	**fertilizer**	[fə́:rtəlàizər]		名 肥料 chemical fertilizer (化学肥料) 動 fertilize (~に肥料を与える, ~を肥沃にする)
1393	**vogue**	[vóug]	《文化》	名 流行, 人気 熟 in vogue (流行して) = 名 fashion (流行)
1394	**contaminate**	[kəntǽmənèit]	《環境》	動 ~を汚染する;~に悪影響を及ぼす 名 contamination (汚染, 汚染物) = 動 pollute (~を汚染する)
1395	**enroll**	[inróul]	《大学》	動 入会[入学]する 名 enrollment (入会, 入学)
1396	**fore**	[fɔ́:r]		形 前方の, 前の 副 前方に;船首の方へ 名 前部;船首

1385	When the government cut the wages of public employees, there was a <u>riot</u> in the streets of the capital.	政府が公務員の賃金を削減すると、その首都の通りで<u>暴動</u>が起きた。
1386	The consulate <u>dispatched</u> a car and driver to pick up the diplomat at the airport.	領事館は空港で外交官を出迎えるための車と運転手を<u>派遣した</u>。
1387	That government imposed a <u>tariff</u> on all imported lumber, which raised the price on the local market.	その政府は全ての輸入木材に<u>関税</u>を課し、そのため現地の市場での価格が上昇した。
1388	He gave her a ruby necklace as a <u>token</u> of his affection.	彼は愛の<u>しるし</u>としてルビーのネックレスを彼女に捧げた。
1389	Interest rates <u>fluctuate</u>, and it is very difficult to predict what they will be a year from now.	利子率は<u>変動し</u>、今から1年後にはどうなっているのか予測するのは非常に困難だ。
1390	You can see evidence of <u>geologic</u> time in the layers of rock at the Grand Canyon.	グランドキャニオンでは岩の層に<u>地質</u>時代の証を見ることができる。
1391	He is running for mayor of the town in the <u>municipal</u> elections.	彼は<u>地方自治体の</u>議会選挙で市長に立候補している。
1392	The farmer preferred to use organic <u>fertilizer</u> on his crops.	その農夫は自身の作物に有機<u>肥料</u>を使うことを好んだ。
1393	That particular hairstyle is in <u>vogue</u> right now.	その独特の髪型が今<u>流行して</u>いる。
1394	The pesticides <u>contaminated</u> the environment and damaged wildlife in the area.	農薬がその地域の環境を<u>汚染し</u>、野生生物に被害が及ぼされた。
1395	She <u>enrolled</u> in the art class because she enjoyed drawing.	彼女は絵を描くことに楽しみを覚えるので芸術クラスに<u>入会した</u>。
1396	She spotted him in the <u>fore</u> section of the crowd.	彼女は人ごみの<u>前方の</u>あたりにいる彼に気づいた。

271

1397 commencement
[kəménsmənt] 〈大学〉
名 卒業式, 学位授与式；開始, 始まり
動 commence (始まる；〜を始める)
= 名 graduation (卒業式)

1398 westward
[wéstwərd]
形 西(方)への, 西(方)の
副 西(方)へ[に]
名 〈the —〉西部

1399 pertinent
[pə́:rtənənt]
形 関係がある；適切な
副 pertinently (適切に)
= 形 relevant (関連がある；適切な)

1400 fumble
[fʌ́mbl]
動 手探りする, 捜し回る；いじくる
名 しくじること, へま

1397	She was asked to give a speech at the commencement ceremony for the graduating seniors.	彼女は卒業する先輩のために卒業式でスピーチをするよう頼まれた。
1398	There is a westward migration in that region.	その地域では西への移住が見られる。
1399	The reporter checked all the pertinent facts before submitting her article.	記者は記事を提出する前に全ての関連がある事実を確認した。
1400	It was a new computer program, so she fumbled around a bit before figuring out how it worked.	そのコンピュータープログラムは新しかったので、彼女は少し手探りしてようやくそれがどう動くのかわかった。

No.	見出し語	MEANING
1401	**give** [gív]	動 寄付する，譲る；与える 熟 **give away** ~（~を寄付する，譲る；~をばらす）
1402	**pass** [pǽs]	動 通る；(時間が)過ぎる 熟 **pass away**（亡くなる；過ぎ去る）
1403	**abundant** [əbʌ́ndənt]	形 豊富な，大量の 名 abundance（豊富さ）
1404	**utopia** [ju:tóupiə] 《思想》	名 理想郷 形 utopian（理想郷の）
1405	**dystopian** [distóupiən] 《思想》	形 暗黒郷の 名 dystopia（暗黒郷）
1406	**seal** [síːl]	動 ~を確定させる；~を確認する；~をふさぐ；~に判を押す 名 シール；公印，印章；保証
1407	**valuate** [vǽljueit]	動 ~を見積もる，評価する 名 valuator（鑑定人） = 動 appraise（~を評価する，鑑定する）
1408	**voyage** [vɔ́iidʒ]	名 航海，船旅 動 (船・空の)旅をする 名 voyager（旅行者）
1409	**artifact** [áːrtifækt] 《歴史》	名 文化遺物，人工遺物；《生物》人為構造
1410	**humane** [hju:méin]	形 人道的な 名 humanism（人文主義）
1411	**aside** [əsáid]	副 脇へ；(~のために)別にして，取っておいて 熟 **put aside** ~（~を脇へ置く；~を蓄える）
1412	**blueprint** [blú:print]	名 設計図，青写真 動 ~の青写真を作る；~を計画する

	EXAMPLE SENTENCE	TRANSLATION
1401	He gave away all his money before he died.	彼は死ぬ前に全ての金を寄付した。
1402	The old man passed away peacefully at his home surrounded by his family.	その年老いた男性は家族に囲まれ自宅で安らかに亡くなった。
1403	The rainfall this year has been abundant, so the farmers are pleased.	今年の降水量は豊富であるので、農夫たちは喜んでいる。
1404	The science fiction book described a utopia where there was no poverty.	そのサイエンスフィクションの本の中で貧困のない理想郷が描かれていた。
1405	That science fiction story portrays a dystopian world, which is depressing.	そのSF物語は暗黒郷の世界を描いていて、それは気がめいるようだ。
1406	Lowering the price sealed the agreement and the contract was signed.	価格の引き下げは合意を確定させ、契約書が交わされた。
1407	The property was valuated at 2.3 million dollars by the county assessor.	その資産は郡の査定人により230万ドルと見積もられた。
1408	They went on a voyage to the Antarctic to see the wonderful animals and sights.	彼らは南極への航海をして、すばらしい動物と景色を見た。
1409	The archeologists discovered many artifacts of the ancient civilization while digging, including pottery and tools.	考古学者は採掘時に、陶器や道具などの古代文明の文化遺物を数多く発見した。
1410	She campaigned for humane treatment of animals.	彼女は人道的な動物の扱いをするようキャンペーンを行った。
1411	The father put his newspaper aside to play a game with his young child.	父親は幼い子供とゲームをするために新聞を脇へ置いた。
1412	The supervisor of the construction site used the building blueprints as a guide.	建設現場の監督は参考のために建物の設計図を利用した。

275

ROUND 3 STAGE 15 No.1401-1500

1413 individualistic
[ìndivìdʒuəlístik]
形 個人主義(者)な，個人主義(者)の
名 individualism (個人主義)

1414 tryout
[tráiàut]
名 入団テスト

1415 viable
[váiəbl]
形 実行可能な；成長し得る；生存できる
= 形 feasible (実現可能な；ありそうな)

1416 proverb
[právə:rb]
名 諺
形 proverbial (諺の；よく知られた)

1417 bankrupt
[bǽŋkrʌpt] 《経済》
動 ～を破産させる
形 破産した；支払い不能の
名 bankruptcy (破産)

1418 magnificent
[mægnífəsnt]
形 最高の，すばらしい；
　　壮大な，堂々とした

1419 legendary
[lédʒəndèri]
形 伝説的な，伝説に残るような
名 legend (伝説)
= 形 famous (有名な)

1420 authentic
[ɔ:θéntik]
形 本物の
名 authenticity (信憑性，確実性)
= 形 genuine (まがい物でない)

1421 combat
[kámbæt]
動 ～と対抗する；～を防止する
名 戦い，戦闘
= 動 battle (～と戦う)

1422 elicit
[ilísit]
動 ～を引き起こす
名 elicitation (喚起)
= 動 provoke (～を誘発する)

1423 encrypted
[inkríptid] 《IT》
形 暗号化された
動 encrypt (～を暗号化する)
名 encryption (暗号化)

1424 erupt
[irʌ́pt] 《地学》
動 噴火する；(感情が)ほとばしり出る；
　(暴動などが)勃発する
名 eruption (噴火)

1413	The individualistic culture of the United States is often called a "cowboy culture."	米国の個人主義的な文化はたびたび「カウボーイ文化」と呼ばれる。
1414	The tryouts for the baseball team are next week after school.	その野球チームの入団テストは来週放課後に行われる。
1415	We need to focus on practical, viable solutions to this problem.	この問題に対しては実用的で、実行可能な解決策に特化する必要がある。
1416	Proverbs are often used to teach children more about how to act as adults in a community.	諺は社会の中で大人としてどう振る舞うべきかをより多く子供に教えるために使われることが多い。
1417	Building the new stadium almost bankrupted the city as the costs were far above the original estimate.	新たなスタジアムの建設はその費用が当初の見積もりをはるかに超えたのでその都市を破産させるところだった。
1418	You've done a magnificent job planning this big event; everything is perfect.	あなたはこの大きなイベントの企画に最高の仕事をした。全て完璧だ。
1419	The skills of that martial arts actor are legendary, and he is recognized worldwide.	その武道家俳優の技能は伝説的で、彼は世界中で認識されている。
1420	They called in an art expert to determine if the painting was an authentic masterpiece, or a copy.	彼らはその絵画が本物の作品なのか、それとも模写なのかを見極めるため美術の専門家を呼んだ。
1421	Vaccines are used by doctors to combat diseases like polio and measles.	ワクチンはポリオやはしかといった病気に対抗するため医者に使われている。
1422	Her presentation elicited a great response from the audience as they cheered loudly.	彼女のプレゼンテーションは観衆が大きな歓声を上げるなど盛大な反響を引き起こした。
1423	The message was encrypted, and it took some time to break the code so they could read it.	そのメッセージは暗号化されており、彼らがそれを読めるよう暗号を解くのに時間がかかった。
1424	The volcano on the island erupts periodically.	島のその火山は定期的に噴火する。

No.	単語	発音	意味
1425	**biotic**	[baiátik] 《生物》	形 生物の
1426	**ecosystem**	[ékousìstim] 《生物》	名 生態系
1427	**flaw**	[flɔ́ː]	名 欠陥, 不備 動 ~を欠点のあるものにする, ~に傷をつける ⇔ 名 flawlessness (欠陥のないこと)
1428	**illuminate**	[ilúːmənèit]	動 ~を明らかにする, 解明する； ~を照らす；~を啓蒙する = 動 clarify (~を理解しやすくする)
1429	**legitimate**	[lidʒítəmət]	形 筋の通った, 道理に合った； 合法の, 適法の；嫡出(子)の ⇔ 形 illegitimate (非論理的な)
1430	**pragmatic**	[prægmǽtik]	形 実際的な, 実践的な；内政の, 国事の = 形 practical (実用的な)
1431	**retreat**	[ritríːt]	動 逃げる, 後退する 名 後退；変更 = 動 withdraw (退く, 引き下がる)
1432	**modest**	[mádəst]	形 質素な；控えめな, 謙虚な = 形 humble (質素な, つつましい) ⇔ 形 immodest (慎みのない)
1433	**primitive**	[prímətiv]	形 原始的な = 形 undeveloped (未発達の, 未開発の)
1434	**arouse**	[əráuz]	動 ~を喚起する = 動 provoke (~を引き起こす, 誘発する)
1435	**mobilize**	[móubəlàiz] 《社会》	動 ~を動員する；(人・物など)を結集する, ~を集める 名 mobilization (動員)
1436	**staple**	[stéipl]	名 主食；食糧 形 主要な

1425	An ecosystem includes the physical environment along with the creatures that inhabit it, which are part of a <u>biotic</u> community.	生態系には物理的環境およびそこに住む生物が含まれ、それは<u>生物の</u>群集の一部をなす。
1426	It's important to study the plants and animals in their <u>ecosystem</u> as there are many relationships to consider.	<u>生態系</u>の植物と動物は考慮すべき多くの関係性があることから、それらを研究することは重要である。
1427	The student discovered a <u>flaw</u> in the professor's argument, and he asked a question about it.	学生は教授の議論の中に<u>欠陥</u>を見つけ、それについて質問した。
1428	Her explanation was clear and concise, and it <u>illuminated</u> the subject.	彼女の説明は明快で簡潔であり、それがその主題（が何であるか）を<u>明らかにした</u>。
1429	He could not give me one <u>legitimate</u> reason for his actions, so I asked him to leave.	彼は自身の行動について<u>筋の通った</u>理由を私に説明できなかったので、私は彼に出ていくよう言った。
1430	He has a <u>pragmatic</u> approach to problems, which proves efficient.	彼は問題に対して<u>実際的な</u>取り組みをしており、効率が良いことを証明している。
1431	The giant panda is a shy creature that <u>retreats</u> from human contact in the wild.	ジャイアントパンダは野生では人との接触から<u>逃げる</u>シャイな生き物である。
1432	Despite his wealth, he still lives in a very <u>modest</u> house in his hometown.	裕福であるにもかかわらず、彼はまだ故郷の町でとても<u>質素な</u>家に住んでいる。
1433	During the Stone Age, <u>primitive</u> tools for cutting were made of stone rather than metal.	石器時代、切断のための<u>原始的な</u>道具は金属ではなく石で作られていた。
1434	His actions <u>aroused</u> suspicion, and his neighbors began watching him closely.	彼の行動は疑いを<u>喚起し</u>、彼の隣人は彼を注意深く見るようになり始めた。
1435	The governor <u>mobilized</u> the National Guard in the state to assist with rescuing residents in flooded areas.	浸水した地域の住人救出を補助するため州知事はその州の州兵を<u>動員した</u>。
1436	Bread is a <u>staple</u> in some cultures while rice is a <u>staple</u> in others.	ある文化ではパンが<u>主食</u>であるがほかの文化では米が<u>主食</u>である。

No.	単語	発音	意味
1437	**excerpt**	[éksəːrpt]	名 抜粋 動 ~を引用する；抜粋する
1438	**keen**	[kíːn]	形 強い, 熱心な；鋭敏な, 感覚が鋭い；猛烈な
1439	**fond**	[fánd]	形 好きな, 好んで；優しい, 好意的な
1440	**longitude**	[lándʒətjùːd]	名 経度 ⇔ 名 latitude (緯度)
1441	**plead**	[plíːd]	動 嘆願する；~を主張する 名 plea (嘆願, 懇願)
1442	**discern**	[disə́ːrn]	動 ~を識別する, はっきりと認める
1443	**skeptical**	[sképtikəl]	形 懐疑的な 名 skepticism (懐疑的な態度, 懐疑主義) = 形 doubtful (疑わしい, 信頼できない)
1444	**encompass**	[inkʌ́mpəs]	動 ~を網羅する = 動 include (~を含む) = 動 span ((期間・範囲)に及ぶ)
1445	**reciprocal**	[risíprəkəl]	形 相互の 名 《数学》逆数 = 形 mutual (相互の)
1446	**shrug**	[ʃrʌ́g]	名 すくめること 動 (肩)をすくめる
1447	**chunk**	[tʃʌ́ŋk]	名 塊；大量, 多量 a chunk of ~ (大量の~)
1448	**offspring**	[ɔ́fspriŋ] 《動物》	名 子, 子孫；結果, 成果

1437	The author read an excerpt from his new novel on the radio show.	その作者はラジオ番組で新しい小説からの抜粋を読んだ。
1438	The young boy has a keen interest in cars and enjoys working on engines with his father.	若い少年は自動車に強い関心を持ち、父親と共にエンジン修理を楽しむ。
1439	I am fond of the dishes my mother cooked when I was a child.	私が子供の頃母が作ってくれたその料理が好きだ。
1440	Longitude is the angular measurement east or west on the earth's surface from a certain meridian.	経度とは、地球表面上における特定の子午線から東または西への角度を測ったものである。
1441	The teenager pleaded with her parents to let her stay out later, but she was unsuccessful.	その10代の若者はさらに遅くまで外出させてくれるよう両親に嘆願したが、それは失敗に終わった。
1442	He can't discern the difference between the two colors as he is colorblind.	彼は色盲なのでその2色の色の違いを識別することができない。
1443	The group is skeptical about his plan, and it will take a lot to convince them to go ahead with it.	そのグループは彼の計画に懐疑的であるので、その計画を進めるよう彼らを説得するのにはかなり時間がかかるだろう。
1444	This course encompasses French architecture from the 17th to the 18th century.	このコースは17世紀から18世紀にかけてのフランス建築について網羅している。
1445	The treaty between the two countries promises reciprocal aid in the event of a war.	その2国間の条約は、戦争勃発の際の相互の支援を約束している。
1446	With a quick shrug of her shoulders, she dismissed the rude comment.	彼女はすばやく肩をすくめ、その無礼なコメントをはねつけた。
1447	They are breaking up the old building, and there are chunks of concrete everywhere.	彼らはその古いビルを取り壊していて、コンクリートの塊がそこらじゅうにある。
1448	The offspring of giant pandas stay with their mother for 18 months after birth.	ジャイアントパンダの子は、生後18カ月間母親のそばにいる。

1449	**proclaim**	[proukléim]	動 ~を布告する，宣言する；~を公表する 名 proclamation（布告，公式発表，宣言）
1450	**refund**	動 [rifʌ́nd]　名 [ríːfʌnd]　《経済》	動 ~を払い戻す 名 返金，払い戻し = 動 reimburse（~を払い戻す，返金する）
1451	**spouse**	[spáus]	名 配偶者 形 spousal（配偶者の；結婚による）
1452	**mock**	[mák]	動 ~を馬鹿にする，あざける 形 模擬の a mock interview（模擬面談）
1453	**witchcraft**	[wítʃkræft]	名 魔術；魔力 名 witch（魔女）
1454	**limb**	[lím]　《生物》	名 大枝；手・足状のもの；四肢［手足］の一本
1455	**verdict**	[vɚ́ːrdikt]	名 評決，判決；判断
1456	**demon**	[díːmən]	名 悪魔
1457	**negligible**	[néɡlidʒəbl]	形 取るに足りない，わずかな = 形 insignificant（たいしたことがない，重要でない）
1458	**exclaim**	[ikskléim]	動 ~を強い口調で言う，叫ぶ 名 exclamation（叫ぶこと，感嘆） 形 exclamatory（詠嘆的な，感嘆の）
1459	**holistic**	[houlístik]	形 全体（論）的な，総合的な = 形 overall（総合的な，全般的な）
1460	**ideology**	[àidiáládʒi]　《思想》	名 (政治思想などの)イデオロギー，信条 = 名 doctrine（信条，主義）

1449	That country has proclaimed war on the neighboring country.	その国は隣国に対して宣戦を布告した。
1450	When I said I was unhappy with the product, they offered to refund my money.	その商品に関し私は満足していないと私が言うと、彼らは私が支払った金額を払い戻すと申し出た。
1451	He is married, and his spouse is a successful attorney.	彼は結婚していて、彼の配偶者は弁護士として成功している。
1452	The other boys mocked him for taking ballet lessons.	ほかの少年たちは、彼がバレエのレッスンを受けるのを馬鹿にした。
1453	In the late 17th century, many girls and women were accused of witchcraft in Salem, Massachusetts.	17世紀後半、マサチューセッツのセーレムで多くの少女と女性が魔術で告発された。
1454	The birds built their nest on the limb of the tree very close to the trunk.	鳥は幹に非常に近い木の大枝の上に、巣を作った。
1455	The lawyers have made their arguments, and now we are waiting to hear the verdict from the jury.	弁護士らが議論し、そして今私たちは陪審からの評決を聞くのを待っている。
1456	Demon is a word for an evil spirit, but sometimes it is used to describe mischievous children.	悪魔とは悪霊を指す言葉だが、時にそれはいたずら好きな子供を指すときにも使われる。
1457	Don't worry about paying me for that; the expense was negligible.	私へのその支払いについては、心配しないで。その費用は取るに足りなかったので。
1458	The crowd exclaimed their frustration over the delay with shouting.	その群集はその遅延に対する彼らの不満を叫びながら強い口調で言った。
1459	She's looking for a doctor who takes a holistic approach to health, so he'll also consider her diet and exercise.	彼女は健康に対し全体的なアプローチを取り、彼女の食習慣や運動についても考慮する医者を探している。
1460	Democrats and Republicans have different political ideologies.	民主党と共和党は異なる政治的イデオロギーを持っている。

1461	**randomize** [rǽndəmàiz]	動 ~を無作為に選ぶ，任意抽出する 形 random(無作為の，でたらめの) = 形 arbitrary(任意の，勝手な)
1462	**stroke** [stróuk]	動 (手で)~をなでる；(短い線を)引く，描く；(ボールなど)を打つ 名 (手や武器などで)打つこと，一撃
1463	**tragedy** [trǽdʒədi]	名 悲劇；惨事，悲しい事件
1464	**fossil** [fάsəl] 〈地学〉	名 化石 動 fossilize(化石化する；時代遅れになる)
1465	**barbaric** [bɑːrbǽrik]	形 野蛮な，未開の；粗野な 名 barbarian(野蛮人，未開人) = 形 savage(野生の；野蛮な)
1466	**elderly** [éldərli] 〈生理〉	形 年を取った，初老の 名 〈the ―〉高齢者，お年寄り
1467	**encode** [inkóud] 〈IT〉	動 ~を記号化する
1468	**fleet** [flíːt]	名 航空隊；艦隊，船団 形 速い，快速の
1469	**oasis** [ouéisis]	名 オアシス
1470	**cosmic** [kάzmik] 〈宇宙〉	形 宇宙の = 形 universal(世界中の；宇宙の；万物の)
1471	**serial** [síəriəl]	形 連載の；続きの，一連の 名 (出版・放送の)連載読み物，連続番組
1472	**broker** [bróukər]	動 ~の仲立ち[まとめ役]をする 名 ブローカー，仲介業者

1461	They randomized the samples for the experiment to avoid affecting the results.	彼らは結果に影響が及ばないよう実験のサンプルを無作為に選んだ。
1462	She stroked the cat's fur, and it purred loudly.	彼女はその猫の毛をなでると、その猫は大きく喉を鳴らした。
1463	The pilot was able to land the plane safely in the water and avoid a tragedy.	パイロットはその飛行機を水上に安全に着水させ、悲劇を回避することができた。
1464	The paleontologists discovered many dinosaur fossils in that area.	古生物学者はその地域で多くの恐竜の化石を発見した。
1465	Some people consider the death penalty to be a barbaric custom.	一部の人々は、死刑は野蛮な慣習であると考えている。
1466	His elderly father was very active and in surprising good health for his age.	彼の年を取った父親はとても活動的で、彼の年齢にしては驚くほど健康状態が良かった。
1467	If you encode the message, it will help protect the information.	メッセージを記号化すれば、その情報を保護するのに役立つだろう。
1468	It was a large company, and they owned a fleet of jets.	それは巨大な企業で、彼らはジェット機の航空隊を所有していた。
1469	This lovely park is an oasis in the middle of the big, crowded city.	この素敵な公園は大きく人の多い都市の真ん中にあるオアシスだ。
1470	The Aurora Borealis puts on a cosmic light show in the northern sky.	北の空でオーロラの宇宙光ショーが繰り広げられる。
1471	The story was published in serial form with one installment coming out in the magazine each month.	その物語は毎月雑誌で一話分が公開される連載形式で刊行された。
1472	An independent consultant brokered an agreement between management and the union.	独立した立場にあるコンサルタントが経営陣と組合間の合意の仲立ちをした。

1473	**fountain** [fáuntən]	名 噴水
1474	**portable** [pɔ́ːrtəbl]	形 移動可能な，携帯用の 名 携帯 [ポータブル] 機器
1475	**litter** [lítər]	名 ごみ，散乱物 動 〈受身〉〜を散らかす = 名 trash（ごみ，くず，がらくた）
1476	**rhetorical** [ritɔ́ːrikəl] 《文学》	形 修辞上の；修辞学の 名 rhetoric（修辞学）
1477	**rip** [ríp]	動 裂ける，破れる 名 裂け目；激流
1478	**sail** [séil]	動 航海する；帆走する；就航する 名 帆；帆船；航海
1479	**subtract** [səbtrǽkt] 《数学》	動 （ある数から別の数）を引く，減算する；差し引く 熟 subtract A from B（B から A を引く）
1480	**confederation** [kənfèdəréiʃən] 《政治》	名 同盟；連合，連盟 動 confederate（連合する，連盟する） = 名 alliance（同盟，提携）
1481	**lean** [líːn]	形 体が締まった，やせた；（肉が）赤身の 動 〈— on〉（援助など）を頼る，あてにする 名 leanness（細さ）
1482	**sacred** [séikrid] 《文化》	形 神聖な；宗教上の = 形 holy（神聖な）
1483	**secular** [sékjulər] 《文化》	形 宗教に関係ない，非宗教的な 名 （聖職者に対して）信徒，（世）俗人
1484	**bang** [bǽŋ]	名 一撃；発砲音 熟 (the) Big Bang（ビッグバン，宇宙大爆発）

1473	The sound of the water in the fountain was soothing.	噴水の水の音は心地良かった。
1474	Some schools are pressed for space, so they are using portable classrooms.	いくつかの学校は空間の問題で苦しい立場に置かれ、そのため移動可能な教室を活用している。
1475	The group of students volunteered to pick up litter from the beach on Saturday.	その学生の集団は土曜日にビーチでごみ拾いのボランティアをした。
1476	It was a rhetorical question, so he didn't expect an answer.	それは修辞上の質問だったので、彼は回答を期待しなかった。
1477	The fabric is reinforced so that it won't rip easily.	その布地は簡単に裂けないよう補強されている。
1478	Christopher Columbus took three ships and sailed to the New World.	クリストファー・コロンブスは3隻の船を率い、新世界へと航海した。
1479	When you subtract 2 from 4, the answer is 2.	4から2を引くと、答えは2である。
1480	In early American history, the southern states formed a confederation and tried to separate from the union.	アメリカの初期の歴史において、南部の州は同盟を形成し北部から離脱しようと試みた。
1481	The championship cyclists in the Tour de France are mostly tall and lean.	ツール・ド・フランスの選手権に出る自転車選手たちのほとんどは背が高く、体が締まっている。
1482	The city of Jerusalem is sacred to more than one religion.	エルサレムは複数の宗教にとって神聖な都市である。
1483	It's a secular matter, and the church is not involved.	これは宗教に関係ない問題であるし、教会は関与していない。
1484	The Big Bang theory is a model for the birth of the universe.	ビッグバン理論は宇宙誕生のためのモデルだ。

1485	**congested** [kəndʒéstid]	形 混雑した 名 congestion（混雑，密集）
1486	**harbor** [háːrbər]	動 (悪意・考え・計画など)を心に抱く 名 港，入江
1487	**trial-and-error** [tráiəl ənd érər]	名 試行錯誤 = test and fault（試行錯誤）
1488	**strive** [stráiv]	動 努力する，骨を折る；励む 動 endeavor（懸命に努力する，熱心に試みる）
1489	**trail** [tréil]	動 (試合で)負けて[リードされて]いる； 〜を引きずる；〜を追跡する 名 (通った)跡，道
1490	**consecutive** [kənsékjutiv]	形 連続した，引き続く；(論理が)一貫した = 形 successive（連続的な） = 形 consistent（一貫性のある，矛盾しない）
1491	**recurrent** [rikə́ːrənt]	形 周期的に生じる；再発する 形 recurring（再発性の）
1492	**alienate** [éiliənèit]	動 〜を遠ざける
1493	**dine** [dáin]	動 食事をする 熟 **dine out**（外で食事をする） = have a meal（食事をする）
1494	**anatomy** [ənǽtəmi] 《医療》	名 解剖学；分析
1495	**expanse** [ikspǽns]	名 広がり，広々とした場所
1496	**exposition** [èkspəzíʃən]	名 展覧会；展示 = 名 exhibition（展覧会；展示）

1485	Traffic on this freeway is always congested, so it's difficult to get to places quickly.	この幹線道路の交通はいつも混雑しているので、すぐに到着するのは難しい。
1486	She harbored suspicions that he was a spy for the other research company.	彼はほかの調査会社の利益を図るスパイではないかという疑念を彼女は心に抱いた。
1487	We went through a process of trial-and-error and finally found a practical solution.	私たちは試行錯誤のプロセスを経てついに実用的な解決法を見つけた。
1488	We will strive to do our best on the test.	私たちはその試験で全力を尽くそうと努力するつもりだ。
1489	The team was trailing by only three points at halftime, so there was still hope.	そのチームはハーフタイムの時点でわずか3点差で負けているだけだったので、まだ望みはあった。
1490	The pharmacist advised him to take the medicine for 14 consecutive days without a break.	薬剤師はその薬を14日間連続して途切れずに飲み続けるよう彼に助言した。
1491	The insurance industry relies on recurrent revenue as people have to pay for coverage every year.	保険業は加入者が毎年補償に対し支払いをする必要があるので、その周期的に生じる収益を頼りにしている。
1492	He alienated many of his friends with his rude behavior.	彼は無礼な行動を取ることで多くの友人を遠ざけた。
1493	Let's dine out tonight as I would like a break from cooking.	料理から一息つきたいので今夜は外で食事をしよう。
1494	The nursing student studied anatomy to prepare for her work with patients.	看護学生は患者と接する業務に備えて解剖学を学んだ。
1495	After living in a crowded city, it took time to get used to the great open expanse of the wilderness.	密集した都市に暮らした後では、雄大な自然の広がりに慣れるのに時間がかかった。
1496	It was an expo or exposition of antique cars.	それはクラシックカーの博覧会ないし展覧会であった。

1497	**recapture** [riːkǽptʃər]	動 ~を思い出す；~を再現する；~を奪い返す
1498	**sewer** [súːər]	名 下水道
1499	**stoop** [stúːp]	動 かがむ，身を落とす；腰が曲がっている ＝動 crouch（身をかがめる，しゃがむ）
1500	**toddler** [tɑ́dlər]	名 よちよち歩きの小児，歩き始めの幼児

1497	The couple took an island vacation together in an effort to recapture the closeness of their honeymoon.	カップルはハネムーンでの親密さを思い出そうと一緒に島でのバケーションに出かけた。
1498	One of the pipes in the sewer was broken and had to be replaced, which was a messy job.	下水道のパイプの1つが破損したので取り替えなければならなかったが、これは面倒な仕事だった。
1499	She stooped as she entered the cave because the ceiling was very low.	彼女は洞窟の天井が非常に低かったのでその洞窟に入るときかがんだ。
1500	The class was recommended for toddlers between the ages of 1-3.	その授業は1〜3歳の(よちよち歩きの)小児に薦められていた。

Column 3   The Creatures（生物）

▶生物の名称は日常会話だけでなく，Biology など理科系の授業でも頻出します。TOEFL テストでもよく出てくるので，ここでしっかりおさえておきましょう。

fish 魚類 
- fin ひれ
- gill えら
- scales うろこ
- swim bladder 浮き袋

amphibian 両生類 
- frog 蛙
- toad ヒキガエル
- tadpole オタマジャクシ
- salamander サンショウウオ
- newt イモリ

reptile 爬虫類 
- crocodile / alligator ワニ
- gecko ヤモリ
- lizard トカゲ
- snake ヘビ
- turtle カメ

bird 鳥類 
- wing 翼
- feather 羽
- beak / bill くちばし
- claw かぎ爪
- migration 渡り
- nest 巣

mammal 哺乳類 
- horn 角
- whisker （動物の）ひげ
- coat / fur 毛皮
- paw （動物の）足
- tail 尾
- fang 牙

arthropod 節足動物
- insect 昆虫
- arachnid クモ類
- centipede ムカデ
- crustacean 甲殻類
- antenna / feeler 触角

larva 幼虫
- grub 地虫
- caterpillar いも虫
- pupa サナギ
- cocoon 繭

worm 蠕虫
- earthworm ミミズ
- helminth 寄生虫

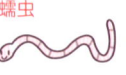

mollusca 軟体動物
- octopus タコ
- squid / cuttlefish イカ
- shellfish 貝
- snail カタツムリ
- slug ナメクジ

others その他 
- protozoa 原生動物
- bacteria バクテリア
- microbe 微生物
- coral サンゴ
- dinosaur 恐竜

ROUND 4

STAGE 16-20
No.1501-2000

2500 ESSENTIAL ENGLISH WORDS FOR THE TOEFL TEST

The mission of the Massachusetts Institute of Technology is to advance knowledge and educate students in science, technology, and other areas of scholarship that will best serve the nation and the world in the 21st century. We are also driven to bring knowledge to bear on the world's great challenges.

Massachusetts Institute of Technology

ROUND 4 STAGE 16 No.1501-1600

No.	単語	意味
1501	**urbane** [ə́ːrbéin]	形 都会的な，洗練された ⇔ 形 rural（地方の；田舎の）
1502	**seldom** [séldəm]	副 めったに～ない
1503	**torch** [tɔ́ːrtʃ]	動 ～に火をつける，放火する 名 たいまつ，光，光明
1504	**stand** [stǽnd]	動 立つ；～を立たせる；～を我慢する 熟 stand out（目立つ）
1505	**obedience** [oubíːdiəns]	名 服従；従順，忠実 形 obedient（従順な，忠実な）
1506	**biosphere** [báiəsfiər]	名 ⟨the ―⟩ 生物圏
1507	**rid** [ríd]	動 （望ましくないもの）を取り除く 熟 rid A of B（AからBを取り除く，除去する） = 動 discard（～を処分する，捨てる）
1508	**turn** [tə́ːrn]	動 曲がる；変化する 熟 turn away ～（～を拒否する）
1509	**idiot** [ídiət]	名 愚か者
1510	**transient** [trǽnʃənt]	形 短期の，一時の 名 短期滞在者，渡り労働者 = 形 temporary（一時的な）
1511	**hand** [hǽnd]　《法律》	動 ⟨― down⟩（判決）を言い渡す；～を公表する； 　～を手渡す
1512	**immigrate** [íməgrèit]　《社会》	動 移住する，他国へ入る = 動 migrate（移住する，移動する） 動 emigrate（〔移住のために〕自国を離れる）

	EXAMPLE SENTENCE	TRANSLATION
1501	He seemed sophisticated and <u>urbane</u> as he had lived in a big city all his life.	彼は生涯を通し大都市に住んでいたため洗練され<u>都会的であ</u>ると感じられた。
1502	It <u>seldom</u> rains in California during the summertime.	カリフォルニアでは夏の間<u>めったに</u>雨が降ら<u>ない</u>。
1503	The thieves <u>torched</u> the building when they left to try to hide their theft.	盗人たちは盗みの事実を隠そうと建物を出るときに<u>火をつけた</u>。
1504	The tall blonde boy <u>stood</u> out in the crowd in China.	その背が高く金髪の少年は中国の人ごみの中で<u>目立った</u>。
1505	They took their puppy to <u>obedience</u> school in order to train him.	彼らは彼らの子犬を訓練するため<u>服従</u>訓練学校に連れていった。
1506	The <u>biosphere</u> refers to the earth and all the creatures that inhabit it.	<u>生物圏</u>とは地球とそこに住む全ての生物を指す。
1507	She wanted to <u>rid</u> the garden <u>of</u> aphids, so she released ladybugs into the garden as they eat aphids.	彼女は庭<u>からアブラムシを除去</u>したかったのでアブラムシを食べるテントウムシを庭に放った。
1508	The hotel was full, so they had to <u>turn</u> away people looking for a room for the night.	そのホテルは満室だったので、その晩に部屋を探し求めてきた<u>人を拒否し</u>なければならなかった。
1509	My father thinks I am an <u>idiot</u> for wanting to pursue a career in art rather than engineering.	私の父は、エンジニアリングではなく芸術でキャリアを追い求めたい私を<u>愚か者</u>だと思っている。
1510	They hired <u>transient</u> laborers who worked for them only during the grape harvest.	彼らはブドウの収穫時のみ働く<u>短期の</u>労働者を雇用した。
1511	We are waiting for the jury to <u>hand</u> down their verdict in this trial.	私たちは陪審員がその裁判で評決<u>を言い渡す</u>のを待っている。
1512	People <u>immigrate</u> from all over the world to the United States.	世界中から人々がアメリカ合衆国に<u>移住する</u>。

295

No.	単語	発音	意味
1513	**factual**	[fǽktʃuəl]	形 事実に基づく；実際の
1514	**skull**	[skʌ́l] 〈生理〉	名 頭蓋骨 have a thick skull (頭が悪い)
1515	**needle**	[níːdl]	動 ～を意地悪くからかう，冷やかす 名 針
1516	**drone**	[dróun]	名 (無線操縦する)小型無人機(ドローン)；雄バチ
1517	**pension**	[pénʃən] 〈社会〉	名 年金；手当 動 ～に年金を給付する
1518	**oracle**	[ɔ́ːrəkl]	名 賢人，智者；(古代の)神殿；神官
1519	**archer**	[áːrtʃər]	名 射手，アーチェリーの選手
1520	**persuade**	[pərswéid]	動 ～を説得する 熟 persuade A to ～ (A を説得して～させる) = 動 convince (～に納得させる)
1521	**rear**	[ríər] 〈教育〉	動 (子供)を育てる，養育する 形 後ろの，背後の
1522	**shed**	[ʃéd]	動 (血・涙)を流す，こぼす；(木が葉)を落とす；(光・熱など)を発散する
1523	**patriot**	[péitriət] 〈政治〉	名 愛国者 = 名 nationalist (国家主義者)
1524	**steer**	[stíər]	動 ～を誘導[案内]する；～を運転[操縦]する 熟 steer A away from B (AをBから〔気を〕そらす)

1513	The police report gave a factual account of the car accident.	警察の報告は交通事故の事実に基づく説明であった。
1514	The skull in humans and most animals is very hard to protect their brains.	ヒトや大部分の動物の頭蓋骨は脳を守るためとても固い。
1515	His friends needled him about his new beard by making jokes about it.	彼の友達は彼の新しいあごひげについて冗談を言って意地悪くからかった。
1516	The male honeybee is called a drone.	雄のミツバチはドローンと呼ばれている。
1517	After her retirement from the city, she will receive a monthly pension.	彼女は、市から退職した後、毎月の年金を受け取ることになる。
1518	The famous investor has been called the oracle of Omaha as his stock picks have made lots of money.	その有名な投資家は彼の株式選定が大金を生み出したことからオマハの賢人と呼ばれている。
1519	The archer stretched his bow and shot his arrow at the target.	射手は弓を引き矢を的に当てた。
1520	The politician spent time talking to the group in an effort to persuade them to vote for her.	その政治家はそのグループを説得して自分に投票させるために、彼らとの会話に時間を費やした。
1521	After her husband died, she had to rear her three children on her own.	彼女は夫の死後、独力で3人の子供を育てなければならなかった。
1522	He shed tears when he heard the sad news.	彼はその悲しい知らせを聞いて涙を流した。
1523	He was a patriot who died for his country.	彼は自国のために命を失った愛国者だった。
1524	The parents tried to steer their children away from the candy counter in the store.	両親は子供たちを店のお菓子売り場から遠ざけて気をそらそうとした。

No.	単語	意味
1525	**breadth** [brédθ]	名 (見識などの)幅広さ，(心の)広さ；幅，横幅 = 名 width (幅, 幅広さ)
1526	**glory** [glɔ́:ri]	動 誇りとする 名 栄光，名誉，誇り 形 glorious (名誉ある)
1527	**panic** [pǽnik]	動 慌てる，うろたえる；~をうろたえさせる 名 パニック，恐怖 panic A into doing (Aに慌てて~させる)
1528	**slum** [slʌ́m] 《社会》	名〈複〉スラム[貧民]街
1529	**naked** [néikid]	形 裸の，むき出しの = 形 nude (裸の, むき出しの)
1530	**paraphrase** [pǽrəfrèiz]	動 ~を(わかりやすく)言い換える 名 (語句などの)言い換え，置き換え
1531	**handwriting** [hǽndràitiŋ]	名 手書きの文字，肉筆；書体 形 handwritten (手書きの)
1532	**anonymous** [ənánəməs]	形 匿名の 名 anonymity (匿名性)
1533	**thereby** [ðèərbái]	副 それによって，その結果；それに関して = 副 thus (従って, だから)
1534	**diarrhea** [dàiərí:ə] 《医療》	名 下痢
1535	**annotate** [ǽnətèit]	動 ~に注釈[注記]を付ける 名 annotation (注釈)
1536	**geek** [gí:k]	名 オタク，専門家

1525	The breadth of her knowledge on this subject is amazing.	このテーマにおける彼女の知識の幅広さはすばらしい。
1526	The movie star gloried in the attention and devotion of her many fans.	その映画スターは、多くの彼女のファンからの注目と愛情を誇りとした。
1527	Don't panic; just relax and review your options carefully before you decide.	慌てないで。ちょっと落ち着いて、決定する前に注意深く選択肢を再確認して。
1528	The slums in this city are full of run-down, substandard housing.	この都市のスラム街は荒れ放題で低水準の住居であふれている。
1529	She was naked when she got out of the shower, so she wrapped herself in a towel.	彼女はシャワーを出たとき裸だったので、タオルを巻いた。
1530	He didn't quote her word-for-word; he paraphrased her comments.	彼は彼女の言葉を一言一句引用しなかった。彼は彼女のコメントを言い換えた。
1531	He found it difficult to read her handwriting, so it took some time to finish reading the letter.	彼は彼女の手書きの文字を読むのは難しいと感じ、手紙を読み終えるのにしばらくかかった。
1532	The anonymous donor who gave $50,000 to the charity did not want credit for his gift.	慈善団体に50,000ドルを寄付した匿名の寄贈者は、その寄付に対する称賛を望んではいなかった。
1533	He studied very hard, thereby making it possible for him to get into a good university.	彼は懸命に勉強し、それによって良い大学に入ることが可能となった。
1534	Almost everyone on the cruise ship came down with diarrhea; it was a horrible experience.	そのクルーズ船に乗っていたほぼ全ての人に下痢の症状が現れた。それはひどい経験だった。
1535	I annotated the proposal with my comments and suggestions.	私はその提案書にコメントと提案で注釈を付けた。
1536	He's a proud technology geek.	彼は誇りを持ったテクノロジーオタクである。

1537	**convey** [kənvéi]	動 ~を伝える；~を運ぶ = 動 communicate (~を伝える，やり取りする) = 動 transport (~を運ぶ，輸送する)
1538	**pretense** [priténs]	名 口実，言い訳；見せかけ 動 pretend (装う，取り繕う)
1539	**debtor** [détər] 《経済》	名 債務者 名 debt (借金，債務)
1540	**kettle** [kétl]	名 やかん；鍋，釜；《地学》ケトル
1541	**fate** [féit]	名 運命；死 形 fateful (運命を決する，重大な) 形 fated (運命づけられた，宿命的な)
1542	**invoke** [invóuk]	動 ~を祈願する，請う； (法律)に訴える；~を発動する invoke a veto (拒否権を行使する)
1543	**ironic** [airánik]	形 皮肉な 名 irony (皮肉) 副 ironically (皮肉に言えば，皮肉にも)
1544	**spite** [spáit]	名 腹いせ，悪意；恨み 熟 out of spite (腹いせに，悪意から) 形 spiteful (意地の悪い，悪意のある)
1545	**collectively** [kəléktivli]	副 集団で，集合的に 名 collectivity (集合[集団]性；民衆) = 副 altogether (全部で)
1546	**cult** [kʌ́lt] 《社会》	形 熱狂的な 名 カルト教団；熱狂；崇拝 a cult figure (教祖的人物)
1547	**dome** [dóum]	名 円天井，ドーム 形 domed (ドーム形の，ドームのある)
1548	**folktale** [fóukteil] 《文化》	名 民話

1537	I brought you these flowers to convey my apologies.	お詫びの気持ちを伝えるため、あなたにこの花を持ってきた。
1538	He said he was stopping by to deliver the invitation, but it was really just a pretense to see her.	彼は招待状を届けに途中で立ち寄ると言っていたが、それは彼女に会うためのほんの口実にすぎなかった。
1539	This group of debtors have not been making their loan payments on time to the bank.	債務者のこのグループは、銀行に対し予定どおりにローンの支払いを行っていない。
1540	She boiled water in the kettle for tea.	彼女はお茶を入れるためやかんで湯を沸かした。
1541	The jury in this trial will decide the fate of this man.	この裁判の陪審員はこの男性の運命を決定するだろう。
1542	The priest invoked God's help in his prayer for the people affected by the disaster.	神父はその災害の影響を受けた人々へ捧げる祈りの中で、神の救いを祈願した。
1543	It is ironic that he has a fear of heights, since his office is on the 50th floor of the building.	彼の事務所はそのビルの50階にあるのに、彼が高所恐怖症だなんて皮肉である。
1544	He scratched the side of her car with a key out of spite.	彼は腹いせに鍵で彼女の車の側面に傷をつけた。
1545	We can accomplish so much more if we work collectively.	集団で取り組めば、かなり多くをなしとげられる。
1546	That performer is not popular with everyone, but she does have a cult following.	その役者はみんなに人気があるわけではないが、熱狂的なファンがいる。
1547	The building of the dome on Florence Cathedral was an amazing achievement during the Italian Renaissance.	フィレンツェの大聖堂の円天井の建造物は、イタリア・ルネサンス期の驚くべき偉業であった。
1548	There are different versions of the same folktale in many different cultures.	様々に異なる文化が多くあり、その中では同じ民話でも解釈が異なることがある。

1549	**hormone** [hɔ́ːrmoun] 〈医療〉	名 ホルモン hormone replacement therapy (ホルモン置換療法) 形 hormonal (ホルモンの)
1550	**impediment** [impédəmənt] 〈医療〉	名 (身体の)障害, 妨害 動 impede (〜を遅らせる, 妨げる)
1551	**confident** [kɑ́nfədənt]	形 確信している, 自信のある 名 confidence (自信；信頼；秘密) = 形 assured (確信している)
1552	**lawn** [lɔ́ːn]	名 芝生 mow the lawn (芝生を刈る)
1553	**prestigious** [prestídʒiəs] 〈社会〉	形 一流の, 名声ある 名 prestige (名声；威信) = 形 esteemed (高く評価されている, 立派な)
1554	**spindle** [spíndl]	名 紡錘, スピンドル；軸, シャフト 形 spindly (ひょろ長く伸びた, やせ細った)
1555	**throne** [θróun] 〈社会〉	名 玉座, 王座；〈the —〉王位
1556	**departure** [dipɑ́ːrtʃər]	名 出発；辞任；離脱, 違反 departure tax (出国税) ⇔ 名 arrival (到着)
1557	**countless** [káuntlis]	形 数え切れないほどの, 無数の
1558	**horrible** [hɔ́ːrəbl]	形 悲惨な, とても不愉快な；恐ろしい 動 horrify (〜をぞっとさせる, 怖がらせる) 名 horror (恐怖, ぞっとする物)
1559	**knight** [náit] 〈歴史〉	名 騎士, 騎馬武者；勇士； ナイトの爵位(の人) 名 knighthood (騎士道)
1560	**envious** [énviəs]	形 うらやましく思って, ねたんで 熟 be envious of 〜 (〜をうらやましく思う)

1549	The child was not growing properly, so the doctors prescribed a growth hormone.	その子供は正常に成長していなかったので、医者は成長ホルモンを処方した。
1550	The young child has a speech impediment, which makes it hard to understand her.	その子供は発話障害があり、そのせいでその子供が話すことは理解しづらい。
1551	I am confident I can finish this work on time as I've already completed over half of it.	この仕事の半分以上をもう既に終わらせているので、時間どおりに完了できると確信している。
1552	The students gathered on the green lawn in front of the arts building to eat their sack lunches.	学生たちは軽いお弁当を食べるため、アートビルディングの前の緑の芝生の上に集まった。
1553	Stanford is a prestigious university with a good reputation.	スタンフォードは評判の良い一流の大学である。
1554	The spindle on the sewing machine holds the thread.	ミシンについている紡錘が糸を支えている。
1555	In past times, queens and kings sat on their thrones when they formally greeted visitors and subjects.	昔、女王と王は訪問者や臣民を公式に出迎える際に王座に座った。
1556	He packed his bags and said goodbye before his departure.	彼は荷物をまとめ、出発前に別れを告げた。
1557	Her admirers were countless as she was both kind and beautiful.	彼女は優しくかつ美しいので彼女のファンは数え切れないほどいた。
1558	It was a horrible train accident and many people were injured.	それは悲惨な列車事故で、多くの人が怪我を負った。
1559	During the Middle Ages in England, knights wore armor when they went into battle.	中世イングランドでは、騎士は戦地へ向かう際よろいを着た。
1560	She is envious of her friend who gets great grades, but doesn't have to work hard.	彼女はあまり一生懸命勉強しなくても、良い成績を取る友達をうらやましく思っている。

1561	**plaza** [plɑ́:zə]	名 広場 = 名 square（[四角い] 広場）
1562	**lag** [lǽg]	動 遅れる，遅い；停滞する，衰える 熟 lag behind（～に遅れをとる） 名 遅延；時間の隔たり　= 動 delay（遅れる）
1563	**splendid** [spléndid]	形 すばらしい，光り輝く
1564	**mighty** [máiti]	形 強大な，強力な；すばらしい 名 might（力；腕力；権力） 副 mightily（力強く，激しく；非常に）
1565	**count** [káunt]	動 ～を数える，勘定に入れる 熟 count on ～（～を頼りにする）
1566	**aristocrat** [ərístəkræ̀t]	名 貴族，特権階級の人；最高級品 名 aristocracy（貴族階級 [政治]） 形 aristocratic（貴族階級 [政治] の）
1567	**evacuate** [ivǽkjuèit] 《社会》	動 ～を避難させる；（～から）避難する 名 evacuation（避難，疎開；撤退） evacuation orders（避難命令）
1568	**fertile** [fə́:rtl]	形 肥沃な，多産な 動 fertilize（～を肥沃な土地にする；～を受精させる） 名 fertilizer（肥料）
1569	**meteor** [mí:tiər] 《宇宙》	名 流星
1570	**supernova** [sù:pərnóuvə] 《宇宙》	名 超新星
1571	**astrology** [əstrɑ́lədʒi] 《宇宙》	名 星占い，占星術
1572	**inherent** [inhérənt]	形 生まれつきの，本来備わっている；固有の 副 inherently（生まれ持って；本来的に） = 形 inborn（先天的な）

1561	There was a beautiful fountain in the plaza at the center of the town.	街の真ん中にある広場には美しい噴水があった。
1562	This smart phone company is lagging behind its competitors in terms of new features and innovation.	このスマートフォン会社は新しい機能と革新の点について競合他社に遅れをとっている。
1563	The dinner was splendid; we had fun talking and enjoying the great food.	夕食はすばらしかった。私たちは会話を楽しみおいしい食事を満喫した。
1564	The ancient king was described as mighty and powerful in the history books.	古代の王は歴史本の中で強大な実力のある人物とされていた。
1565	She always counts on her friends to raise her spirits whenever she feels sad.	彼女は悲しくなると元気を出すのにいつも友達を頼りにする。
1566	The Italian count is an aristocrat whose family received their land and titles from a king long ago.	そのイタリアの伯爵は、大昔に王から土地と称号を受け取った家系の貴族である。
1567	When the ship started to sink, the captain ordered the crew to begin to evacuate passengers in lifeboats.	船が沈み始めると、船長は乗組員に乗客を救命ボートに乗せて避難させ始めるよう命令した。
1568	The soil in that area is fertile, and the wheat farmers there call it the "bread basket" of the nation.	その地域の土壌は肥沃で、そこの小麦農家はそれを国の「パンのバスケット」と呼んでいる。
1569	She watched the August sky at night, searching for meteors.	彼女は夜に8月の空を眺め、流星を探した。
1570	A supernova occurs when a star explodes, which scientists believe may be due to gravitational collapse.	超新星は星が爆発するときに生じるが、科学者たちはそれは重力崩壊に起因するのではないかと考えている。
1571	She does not believe in astrology, which is based on the assumption that planetary movements affect human events.	惑星運動が人々の生活事象に影響を及ぼすとする仮定に基づくような星占いを彼女は信用していない。
1572	The gibbon has an inherent sense of balance as it leaps from branch to branch in the tropical forest.	テナガザルは熱帯林の中を枝から枝へ跳ぶように生まれつきのバランス感覚を持っている。

1573	**collateral** [kəlǽtərəl] 《経済》	名 担保, 抵当 形 付帯的な, 二次的な；担保となる collateral asset (担保財産)
1574	**compassion** [kəmpǽʃən]	名 思いやり, 哀れみ 形 compassionate (思いやりのある, 哀れみ深い) = 名 sympathy (同情)
1575	**mild** [máild]	形 (程度などが)軽い, 軽度の； (人などが)優しい, 温和な；(気候が)温暖な
1576	**contoured** [kántuərd]	形 曲線を描いて作られた；傾斜した 動 contour (〜の輪郭を描く；〜に等高線を記す)
1577	**generosity** [dʒènərɑ́səti]	名 気前の良さ, 寛大さ 形 generous (気前の良い, 寛大な；豊富な) 副 generously (気前良く, 寛大に；豊富に)
1578	**meanwhile** [míːnhwàil]	副 その一方で, それと同時に； その間に, そうしているうちに
1579	**overhead** [óuvərhèd] 《経済》	名 諸経費, 間接費 an overhead budget (経費予算)
1580	**spontaneous** [spɑntéiniəs]	形 自発的な；自然に起きる 副 spontaneously (自発的に；自然に) = 形 unplanned (意図的でない)
1581	**exhaust** [igzɔ́ːst]	動 〜を使い果たす；〜を疲れ果てさせる 形 exhausting (骨の折れる, くたくたに疲れさせる) = 動 deplete (〜を枯渇させる, 使い果たす)
1582	**memorandum** [mèmərǽndəm] 《法律》	名 覚書, メモ memorandum of association (定款)
1583	**pedestrian** [pədéstriən]	名 歩行者 形 歩行者専用の；徒歩の a pedestrian crossing (《英》横断歩道)
1584	**agony** [ǽgəni]	名 激しい苦痛[苦悶]

1573	He used his house as collateral for the loan from the bank.	銀行からのローンのために、彼は自分の家を担保として利用した。
1574	He's a caring doctor, and he shows his compassion for his patients in his bedside manner.	彼は面倒見の良い医者で、患者の扱い方においても患者に思いやりを示す。
1575	She's not very sick; she just has a mild cold.	彼女はそんなに病気なわけではない。軽い風邪を引いているだけだ。
1576	The contoured seat fit his body and was very comfortable.	その曲線を描いて作られたシートは、彼の体にフィットしてとても快適だった。
1577	The university is very grateful for his generosity as he donated money for a new science building.	彼は新たな科学課の建物へ資金を寄付したので、大学は彼の気前の良さに心から感謝している。
1578	Her brother was playing in a volleyball game in Phoenix; meanwhile, she was playing in a game in Tucson.	彼女の兄はフェニックスでのバレーボールの試合に出ていた。その一方で、彼女はトゥーソンでの試合に出ていた。
1579	The costs for our business include overhead, like rent and utilities, in addition to salaries for employees.	当事業の費用には従業員への給与に加え、諸経費、例えば賃料や光熱費などが含まれる。
1580	We didn't plan this trip ahead of time; we decided to go at the last minute; it was spontaneous.	私たちはこの旅行の計画を前もって立てなかった。私たちは直前になって決めたのだ。それは自発的であった。
1581	The animals reproduce rapidly; consequently, they may exhaust their food supply.	その動物はどんどん繁殖する。その結果、その動物は食糧供給を使い果たしてしまうこともある。
1582	The two companies signed a memorandum of understanding before beginning on a formal contract.	その2社は、公式契約に着手する前に覚書に署名をした。
1583	There is a crosswalk outlined in white for pedestrians to use when crossing the street.	歩行者が通りを渡るときに使う、白で縁取りされた横断歩道がある。
1584	He was in agony when he suffered the compound fracture on the ski slopes.	彼はゲレンデで複雑骨折を負い激しい苦痛に苦しんでいた。

307

ROUND 4 STAGE 16 No.1501-1600

1585 self-esteem
[sélfistí:m] 《心理》
名 自尊心；自負心
= 名 pride（うぬぼれ；自尊心）

1586 testament
[téstəmənt]
名 証；遺言（書）；契約；聖書
New Testament（新約聖書）

1587 affirm
[əfə́:rm]
動 ～を確約する；～だと肯定する，断言する
名 affirmation（確約；肯定，断言）
形 affirmative（肯定的な，賛成の；明確に言い切った）

1588 totalitarian
[toutælitéəriən] 《思想》
形 全体主義の
名 全体主義者

1589 inhibited
[inhíbitid]
形 内気な，抑制された
動 inhibit（～を抑制する，妨げる）
名 inhibition（自制心，羞恥心；抑制）

1590 genuine
[dʒénjuin]
形 本当[本物]の，真の；
　心からの，誠実な；純血の；《医療》真正の

1591 calm
[ká:m]
形 冷静な；穏やかな，静かな
名 静けさ，平穏；平静；なぎ
keep calm（冷静を保つ）

1592 houseplant
[háusplæ̀nt] 《生物》
名 観葉植物

1593 chronology
[krənálədʒi] 《歴史》
名 年表

1594 barter
[bá:rtər] 《経済》
動 物々交換する
名 物々交換

1595 gimmick
[gímik]
名 仕掛け，からくり；工夫

1596 bimonthly
[bàimʌ́nθli]
副 隔月で
形 quarterly（年4回の，3カ月に1回の）

1585	Her rejection of his invitation was a blow to his self-esteem.	彼からの招待を彼女が拒否したのは、彼の自尊心を傷つけた。
1586	His success is a testament to his hard work and creativity.	彼の成功は彼の懸命な働きと創造力の証である。
1587	He affirmed his commitment to the relationship, which made her happy.	彼はその（2人の）関係に深く関わることを確約し、彼女はそれを嬉しく思った。
1588	A totalitarian government does not allow a free press to operate inside the country.	全体主義の政府は国内で自由な報道がなされることを認めない。
1589	It's no surprise that she is very inhibited as she grew up in a very strict environment.	彼女は非常に厳格な環境で育ったので、彼女がとても内気であるのは驚くことではない。
1590	It is a genuine mystery why the bird life has diminished so rapidly in the islands.	その島で鳥類がなぜそれほどまでに急激に減少してきているのか本当の謎である。
1591	She always seems calm even when everyone else is upset.	ほかの誰もが動揺していても、彼女は常に冷静であるようだ。
1592	She carefully waters her houseplants each week.	彼女は毎週観葉植物に丁寧に水をやる。
1593	Students of history must memorize the chronology of important historical events.	歴史学の学生たちは重要な歴史上の出来事の年表を暗記しなければならない。
1594	Europeans bartered with the native people by trading goods such as metal cooking pots for animal furs.	ヨーロッパ人は金属製の料理鍋などの品物と引き換えに動物の毛皮を手に入れることによって先住民と物々交換した。
1595	The salesman used a flashy gimmick to attract visitors to his booth at the convention.	コンベンションでブースに訪れた人を引きつけるため、その販売員は派手な仕掛けを使った。
1596	They visited bimonthly rather than every month.	彼らは毎月というよりは隔月で訪れた。

ROUND 4 STAGE 16 No.1501-1600

1597	**enchant** [intʃǽnt]	動 ~をおおいに喜ばせる，魅了する
1598	**rusty** [rʌ́sti]	形 (能力などが)なまった，衰えた；さびた，さびついた
1599	**actualize** [ǽktʃuəlàiz]	動 ~を実現する，顕在化させる = 動 realize (~を実現する；~に気がつく)
1600	**rude** [rúːd]	形 無礼な；素朴な，単純な

1597	The child was enchanted by the animated story.	子供はそのアニメの物語におおいに喜んだ。
1598	I haven't gone ice skating in a long time, so my skills are a little rusty.	私はもう長い間アイススケートに行っていないので、私の技術は少しなまっている。
1599	The city actualized its surveillance plan by putting cameras on every street corner.	その都市は全ての道の角にカメラを取り付けることで、その都市の監視計画を実現した。
1600	She is always polite while her brother is often rude.	彼女は常に丁寧だが彼女の兄は無礼なことが多い。

ROUND 4 STAGE 17 No.1601-1700

		MEANING
1601	**companion** [kəmpǽnjən]	名 仲間，友人；連れ
1602	**distract** [distrǽkt]	動 (人)の気を散らす[惑わす] 名 distraction (気を散らすこと，気持ちをそらせること)
1603	**notable** [nóutəbl]	形 注目に値する，著しい；有名な = 形 remarkable (注目に値する，著しい) = 形 prominent (有名な，卓越した)
1604	**cynical** [sínikəl]	形 ひねくれた，懐疑的な；皮肉な；利己的な
1605	**sterile** [stéril] 《医療》	形 殺菌した，無菌の；実を結ばない；(土地が)不毛の，やせた = 形 infertile (不毛の，やせた)
1606	**grid** [gríd]	名 配電網；格子，鉄柵
1607	**hub** [hʌ́b]	名 中心(地)，中枢 = 名 center (中心，軸)
1608	**pile** [páil]	動 積み重なる，溜まる 熟 pile up (山積みになる，積み重なる) 名 積み重ね，(もの・仕事などの)山
1609	**mosque** [mɑ́sk] 《文化》	名 モスク，イスラム教寺院
1610	**assimilation** [əsìməléiʃən]	名 同化，吸収 動 assimilate (同化する) = 名 integration (統合；融合)
1611	**presumably** [prizúːməbli]	副 おそらく，推定上 動 presume (〜を推定する) = 副 probably (おそらく)
1612	**aesthetically** [esθétikəli] 《芸術》	副 美学的に(見て)，美学上は 形 aesthetic[esthetic] (美学の，美[芸術]的な) 名 aesthetics (美学)

#	EXAMPLE SENTENCE	TRANSLATION
1601	They have been friends and <u>companions</u> for many years, spending most of their time together.	彼らはもう何年も友達で<u>仲間</u>であり、共に大部分の時間を過ごしてきた。
1602	She closed the blinds of her office so the beautiful view of the ocean would not <u>distract</u> her from working.	彼女は海の美しい景色が彼女の仕事をする<u>気を散らさ</u>ないよう、事務所のブラインドを閉めた。
1603	It was a gathering of many famous, <u>notable</u> authors.	それは有名で、<u>注目に値する</u>作家が多く集まる会合だった。
1604	He always makes <u>cynical</u> comments about their motives for making donations to those charities.	それらの慈善団体に寄付をする彼らの動機に関して彼はいつも<u>ひねくれた</u>発言をする。
1605	It is critical that all the instruments in the operating room be <u>sterile</u> in order to prevent infection.	手術室の全ての器具が、感染症を防ぐよう<u>殺菌されている</u>ことが必須だ。
1606	The heat wave put pressure on the electrical <u>grid</u> in the city.	この猛暑で街の<u>配電網</u>に負荷がかかった。
1607	This seaport is always a <u>hub</u> of activity as many shipping lines unload their cargo here.	多くの船会社がこの港で貨物を降ろすといったように、ここは常に活動の<u>中心地</u>となっている。
1608	My email has been <u>piling</u> up while I was away on vacation.	休暇で出かけていた間にEメールが<u>山積みになっ</u>ていった。
1609	The <u>mosque</u> where they worshipped was located in the central part of town.	彼らが礼拝に出る<u>モスク</u>は街の中心部分に位置していた。
1610	The process of <u>assimilation</u> in California has contributed to a population of mixed racial heritage.	カリフォルニアの<u>同化</u>プロセスは、様々な人種的伝統が混在して形成される人口に寄与してきた。
1611	Based on his skill, he is <u>presumably</u> an experienced basketball player.	彼の技術からすると、彼は<u>おそらく</u>経験のあるバスケットボール選手だ。
1612	The graphic artist did a great job of making sure that the web site was <u>aesthetically</u> pleasing.	グラフィックデザイナーはウェブサイトが確実に<u>美学的に見て</u>美しくなるようすばらしい仕事をした。

STAGE 17

313

1613	**refugee**	[rèfjudʒíː]〈社会〉	名 難民，亡命者 = 名 exile（亡命者）
1614	**hangover**	[hǽŋòuvər]〈生理〉	名 二日酔い；残存物，遺物
1615	**sober**	[sóubər]	形 禁酒している，しらふの；平静な；真面目な
1616	**dip**	[díp]	動 (値段などが急に)下がる，落ちる；(液体に)〜を浸す = 動 plunge（急落する）
1617	**inflict**	[inflíkt]	動 (苦痛・損害など)を与える，負わせる = 動 wreak（〜をもたらす，与える）
1618	**ache**	[éik]〈健康〉	名 痛み，うずき 動 痛む，うずく
1619	**naive**	[nɑːíːv]	形 考えが甘い，単純な；無邪気な 名 うぶな人 名 naivety（純真さ，素朴；純真な言動）
1620	**rhyme**	[ráim]〈文学〉	動 韻を踏む 名 韻
1621	**allegation**	[æ̀ligéiʃən]〈法律〉	名 申し立て，主張 動 allege（〜を申し立てる） = 名 pleading（申し立て，答弁）
1622	**dignity**	[dígnəti]	名 威厳，尊厳；品位，品格 = 名 majesty（威厳，尊厳）
1623	**fantastic**	[fæntǽstik]	形 すばらしい，非常に優れた；空想的な，幻想的な 名 fantasy（想像，空想）
1624	**gigantic**	[dʒaigǽntik]	形 非常に大きい，巨大な = 形 huge（巨大な）

1613	The refugees left their homes to escape the fighting in the civil war.	難民たちは自身の家を離れ、内戦の闘争から逃げた。
1614	He drank too much alcohol at the party last night, so he has a hangover.	昨夜のパーティーで彼はアルコールを飲み過ぎたので、彼は二日酔いだ。
1615	The former heavy drinker has been sober for over two years.	かつての大酒飲みは2年以上にわたって禁酒している。
1616	If the interest rates dip below a certain level, the housing market may recover.	金利(利子率)がある程度のレベルを下回るまで下がれば、住宅市場は回復するかもしれない。
1617	The storm inflicted damage throughout the coastal town, and it took many days to restore the power.	その嵐は海岸の町じゅうに被害を与え、電力を回復させるのに何日もかかった。
1618	Muscle aches can be treated by soaking in warm water and taking part in light exercise.	筋肉痛は暖かいお湯につかり軽い運動に参加することで良くなるだろう。
1619	It is naive to think that you can graduate from the university without studying hard.	懸命に勉強せずに大学を卒業できると思うなんて考えが甘い。
1620	The word "pain" rhymes with "gain" as they have the same vowel sounds and end with the same consonant sounds.	同じ母音を持ち、同じ子音で終わるので、単語「pain」は「gain」と韻を踏む。
1621	He made an allegation, but he was unable to prove it.	彼は申し立てをしたが、それを証明することができなかった。
1622	The old man feared he would lose his dignity if he asked for help.	その老人は助けを求めれば自身の威厳を失うのではないかと恐れた。
1623	We had a fantastic time in Costa Rica; it was our best vacation ever.	私たちはコスタリカですばらしい時間を過ごした。これは今までで一番のバケーションだった。
1624	The Statue of Liberty looks gigantic when you see it close up.	自由の女神は近寄って見上げると非常に大きく見える。

№	見出し語	発音	意味
1625	**imitation**	[ìmətéiʃən]	名 模造品, 偽物; 模倣 動 imitate (〜に似せる; 〜を模範とする) = 名 fake (偽物, 偽造品)
1626	**desperately**	[déspərətli]	副 是が非でも (〜したい); 必死になって; ひどく 形 desperate (必死の; 絶望的な; 向こう見ずの)
1627	**sentimental**	[sèntəméntl]	形 心情的な, 感傷的な = 形 emotional (感情の)
1628	**embassy**	[émbəsi] 《政治》	名 大使館;〈集合的に〉大使と大使館職員; 大使の地位
1629	**tackle**	[tǽkl]	動 〜に取り組む, 立ち向かう
1630	**adjacent**	[ədʒéisnt]	形 隣接している, 近隣の = 形 neighboring (隣接した, 近隣の)
1631	**imperative**	[impérətiv]	形 必須の, 避けられない; 命令的な = 形 essential (必須の, 欠くことのできない)
1632	**apparatus**	[æ̀pərǽtəs]	名 装置, 器具 = 名 device (機器, 装置) = 名 equipment (設備, 機器)
1633	**arbitration**	[à:rbətréiʃən] 《法律》	名 仲裁 = 動 arbitrate (〜を仲裁する)
1634	**counterpart**	[káuntərpà:rt]	名 (別組織で) 対応する [同等の] 人物 [もの]; (対の) 片割れ, 一方
1635	**courtesy**	[kə́:rtəsi]	名 礼儀 (正しさ), 作法; 好意; 優遇 形 courtly (礼儀正しい, 上品な)
1636	**dementia**	[diménʃiə] 《健康》	名 認知症

1625	She couldn't afford to buy the expensive brand of the handbag, so she purchased an <u>imitation</u> that looked similar.	彼女は高価なブランドのバッグを買う余裕がなかったので、同じように見える模造品を購入した。
1626	He <u>desperately</u> wanted to bring the championship trophy back to his college.	彼は是が非でも大学に優勝トロフィーを持ち帰りたかった。
1627	This necklace was not expensive, but it has <u>sentimental</u> value as it belonged to my mother.	このネックレスは高価ではなかったが、それは母が所持していた物だったので心情的な価値がある。
1628	The foreign <u>embassy</u> was located near the center of the capital.	その在外大使館は首都の中心近くに位置していた。
1629	We woke up early to <u>tackle</u> the big job of packing for our move.	引っ越し荷物の梱包という大仕事に取り組むため、私たちは早く起きた。
1630	Our house is <u>adjacent</u> to the market, so it's convenient for shopping.	私たちの家はマーケットに隣接しているので、買い物に便利である。
1631	It is <u>imperative</u> that we finish this on time, or we will lose our jobs.	時間どおりにこれを終わらせるのは必須で、さもなければ私たちは自身の仕事を失ってしまう。
1632	His breathing <u>apparatus</u> gives him oxygen when he needs it.	彼の呼吸装置は彼が必要とするときに酸素を送る。
1633	We agreed to go to <u>arbitration</u> in case of a major disagreement as it is less expensive than going to court.	裁判を起こすより費用がかからなくて済むように、意見の相違が大規模な場合、私たちは仲裁に付されることに合意した。
1634	She is the CFO of a large company, and he is her <u>counterpart</u> as he holds a similar position at another company.	彼女は大企業のCFOだ。そして彼は他会社で同様の職位に就いていることから、彼女に対応する人物である。
1635	<u>Courtesy</u> is an important aspect of a successful, long-term relationship.	礼儀はうまくいく長期的な関係を成功させるための重要な側面である。
1636	Her <u>dementia</u> caused her to forget the names of her grandchildren.	彼女は認知症によって孫の名前を忘れてしまった。

№	見出し語	発音	意味
1637	**arrogant** [ǽrəgənt]		形 傲慢な，横柄な 名 arrogance（横柄さ，無礼さ，尊大さ）
1638	**instability** [ìnstəbíləti]		名 不安定な性質，変わりやすさ ⇔ 名 stability（安定性，不変性）
1639	**overlook** [òuvərlúk]		動 ～に目をつぶる，～を大目に見る； ～を見落とす，見逃す；(景色など)を見渡す
1640	**predicate** [prédəkèit] 〈学問〉		動〈受身〉(理論など)の基礎を置く；～だと断言する 熟 be predicated on ～（～に基礎を置く）
1641	**spectacle** [spéktəkl]		名 壮観，見もの a pair of spectacles（眼鏡）
1642	**shrink** [ʃríŋk]		動 縮小する，縮む 名 shrinkage（収縮） = 動 contract（縮小する）
1643	**homogeneous** [hòumədʒí:niəs]		形 均質の，同質の = 形 coessential（同質の）
1644	**amateur** [ǽmətʃùər]		名 アマチュア，素人；愛好家 形 未熟な ⇔ 名 professional（プロ，職業選手）
1645	**degrade** [digréid] 〈社会〉		動 (品質・価値・地位などが)下がる； (人)の品位を下げる = 動 demean（～の品位を落とす，面目をつぶす）
1646	**kinetic** [kinétik]		形 動的な；《物理学》運動の ⇔ 形 static（静止した；静的な）
1647	**stance** [stǽns]		名 姿勢，立場
1648	**temperament** [témpərəmənt]		名 気質，気性 = 名 disposition（気質，性質）

1637	He was arrogant and difficult to talk to so very few people approached him after the lecture.	彼はとても傲慢であり話しかけづらかったので、講義の後に彼に近づく人はほとんどいなかった。
1638	The instability of the ground in this area made it an unsafe place to build the hospital.	この地域の土地は不安定な性質であるため、病院の建設には安全な場所ではなかった。
1639	The committee agreed to overlook her earlier mistake and give her a second chance.	委員会は彼女の先の過ちに目をつぶり、2度目のチャンスを与えることに合意した。
1640	Our research is predicated on this assumption.	私たちの研究は、この仮定に基礎を置いている。
1641	Seeing the flock of colorful butterflies rising up from the rainforest canopy was an amazing spectacle.	熱帯雨林の林冠部から色とりどりのチョウの群れが飛び立つを見るのは、すごい壮観だった。
1642	The habitat of many rainforest animals is shrinking, which puts them at risk.	多くの熱帯雨林動物の生息域が縮小してきており、その動物たちは危険にさらされている。
1643	There is almost no immigration in that country, so the population remains fairly homogeneous.	その国には移民がほぼいないので、人口は極めて均質なままである。
1644	He's an amateur not a professional as he plays music for fun; it is not his career.	彼は趣味で音楽を弾くのでプロではなくアマチュアである。音楽は彼の職業ではない。
1645	The nutrients in fresh food degrade over time even if they are refrigerated.	生鮮食品の栄養価は冷蔵したとしても時間と共に下がる。
1646	It was a kinetic sculpture with lights and movement.	それは光と動きを伴う動的な彫刻だった。
1647	The private golf club recently changed their stance on membership; they now allow women to join.	その民間のゴルフクラブは、最近会員権に関する姿勢を変えた。彼らは今では女性の入会を認めている。
1648	I like being around him; he has a sweet temperament.	私は彼のそばにいるのが好きだ。彼は優しい気質を備えている。

#	単語	発音	意味
1649	**deplete**	[dɪplíːt]	動 (保有物・資源など)を枯渇[激減]させる, 使い果たす = 動 exhaust (〜を使い果たす)
1650	**tease**	[tíːz]	動 (人)をからかう, (動物)をいじめる
1651	**artificial**	[ɑ̀ːrtəfíʃəl]	形 人工の, 人為的な; 不自然な, わざとらしい 副 artificially (人工的に, 不自然に)
1652	**shatter**	[ʃǽtər]	動 砕け散る; 〜を打ち砕く 形 shattered (粉々になった; 動揺した) ⇔ 形 shatterproof (粉々にならない, 破片が飛び散らない)
1653	**fatal**	[féitl]	形 命に関わる, 致命的な; 運命を左右する, 重大な = 形 deadly (致命的な)
1654	**nude**	[njúːd]	形 裸の, むき出しの = 形 naked (裸の, むき出しの)
1655	**forbid**	[fərbíd] 《法律》	動 〜を禁じる, 禁止する = 動 prohibit (〜を禁止する)
1656	**mainstream**	[méinstrìːm]	名 〈the 〜〉主流の[大多数と一致した]意見, 考え
1657	**duel**	[djúːəl]	名 決闘, 果し合い; 闘争 動 決闘する, 争う
1658	**furious**	[fjúəriəs]	形 激怒した, 荒れ狂う 副 furiously (怒り狂って)
1659	**pipeline**	[páiplàin]	名 パイプライン, 供給経路 熟 in the pipeline (開発[進展]中で)
1660	**additive**	[ǽdətiv]	名 添加物 food additives (食品添加物)

1649	The hikers had almost depleted their supply of water, so they carefully measured out the rest.	登山者たちは水の供給をほぼ枯渇させていたので、残りを慎重に量り分けた。
1650	The children teased the boy about his accent, which was cruel.	その子供たちは少年のアクセントについてからかったが、それは非情だった。
1651	The artificial reef was created to improve the diversity of marine life in the area.	その人工の岩礁はその地域の海洋生物の多様性を改善させるために造られた。
1652	The dish shattered into many pieces after being dropped on the cement.	その皿はセメントの上に落とされ砕け散り粉々になった。
1653	Rattlesnake bites can be fatal if the victim does not receive medical help.	被害者が医療行為を受けなければ、ガラガラヘビによる咬傷は命に関わりかねない。
1654	The exhibit included a number of paintings of nude human figures.	その展示には人の裸の姿の絵画がいくつも含まれていた。
1655	Her father forbid her to see the boy again as he did not approve of him.	彼女の父親は彼を認めていなかったので、彼女が彼に再度会うことを禁じた。
1656	His political views represent the mainstream.	彼の政治観は主流の意見を象徴している。
1657	In the play, Romeo and Juliet, one of the characters is killed in a duel where they fight with swords.	劇「ロミオとジュリエット」の中で、登場人物の1人は剣を使った決闘において殺されてしまう。
1658	They were furious over the repeated errors in the bill.	勘定に誤りが何度もあり彼らは激怒した。
1659	That drug company has lots of new products in the pipeline; they will be released soon.	その製薬会社は開発中の新薬を多く持っている。それらはすぐに発売される予定だ。
1660	Some of the additives that preserve food in the package make it less healthy.	その包装に入った食品を保存する添加物のせいで、その食品があまり健康に良いと言えなくなる。

1661	**nasty** [nǽsti]	形 不快な，不潔な；悪意のある，卑劣な；(状況などが)険悪な，危険な
1662	**enumerate** [injúːmərèit]	動 ~を列挙する，数え上げる
1663	**circulate** [sə́ːrkjulèit]	動 (噂などが)広まる，流れる；循環する 名 circulation (流れ；循環；流通)
1664	**discrepancy** [diskrépənsi]	名 相違，食い違い = 名 difference (相違，不一致)
1665	**rehearse** [rihə́ːrs]	動 稽古をする；~に稽古をつける；~を詳しく[繰り返し]説明する 名 rehearsal (リハーサル，下稽古，予行演習)
1666	**beloved** [bilʌ́vid]	形 敬愛される，最愛の
1667	**cherish** [tʃériʃ]	動 ~を大切にする，かわいがる
1668	**scar** [skάːr] 《医療》	名 傷跡 動 ~に傷跡を残す
1669	**goggle** [gάgl]	名 〈複〉ゴーグル
1670	**wholly** [hóu(l)li]	副 完全に，全く = 副 completely (完全に，全く)
1671	**convergence** [kənvə́ːrdʒəns]	名 集合，集中；収斂 動 converge (合流する；集中する) = 名 gathering (集めること)
1672	**intrigue** 動 [intríːg] 名 [íntriːg]	動 ~の興味を引きつける，好奇心をそそる；陰謀を企てる；密通をする 名 陰謀；密通

1661	A nasty smell filled the air when we accidentally hit a skunk on the highway.	ハイウェイでスカンクを不意にはねてしまったとき、不快なにおいが空中に漂った。
1662	His parents enumerated the reasons why they wanted him to finish school.	彼の両親は彼に学校を修了してもらいたい理由を列挙した。
1663	The rumor circulated through the school until almost everyone had heard it.	その噂はほぼ全員が聞くまで学校中に広まった。
1664	The accountant found a discrepancy in the bookkeeping that made him suspect a problem.	会計士は帳簿内に問題を疑わしく思わせる相違を見つけた。
1665	The actors rehearsed for hours to make sure they were prepared to perform the Shakespeare play.	シェイクスピアの戯曲を演技する準備ができているかを確認するために、俳優たちは何時間も稽古をした。
1666	When the beloved teacher retired, many former students came to the celebration.	敬愛される先生が退職したとき、多くの元学生たちがお祝いにやってきた。
1667	She cherished the time she spent with her elderly father.	彼女は年老いた父親と過ごす時間を大切にした。
1668	She had a scar on her forehead from where she fell and hit a rock as a child.	彼女のおでこには子供の頃に転んで岩にぶつけてできた傷跡があった。
1669	All the researchers in the lab wear safety goggles to protect their eyes.	ラボの研究者はみな目を保護する安全ゴーグルを装着する。
1670	I am not wholly convinced that he is innocent.	彼が無実であると私は完全に確信してはいない。
1671	Astronomers described the convergence of Mercury, Venus and Jupiter, which were side-by-side in the sky.	水星、金星および木星の、宇宙で隣り合わせとなる集合について天文学者たちは説明した。
1672	His story intrigued me, so I asked to interview him for the school newspaper.	彼の話は私の興味を引きつけたので、彼にインタビューすることを学校新聞に依頼した。

1673	**membrane** [mémbrein] 〈生物〉	名 皮膜, 細胞膜
1674	**misconceive** [mìskənsíːv]	動 (〜を)誤解する, 間違って解釈する 名 misconception (誤解, 勘違い) ⇔ 動 conceive (〜と考える；〜を思いつく)
1675	**neurologic** [njùərάlədʒik] 〈医療〉	形 神経(学)の；神経科の 例 neurologic disorder (神経障害〔疾患〕)
1676	**odds** [άdz]	名 見込み；勝ち目；不利な状況；賭け率 例 at odds (対立して, 不仲で)
1677	**omit** [oumít]	動 〜を除外[削除/省略]する 名 omission (省略, 削除) = 動 exclude (〜を除く)
1678	**oppress** [əprés]	動 (権力などで)〜を虐げる, 圧迫する 名 oppression (圧迫, 圧制)
1679	**oversight** [óuvərsàit]	名 見落とし, 見過ごし；監視, 監督 = 名 supervision (監督, 管理)
1680	**siege** [síːdʒ] 〈政治〉	名 包囲(攻撃) 動 〜を包囲する = 動 surround (〜を包囲する)
1681	**groom** [grúːm]	名 新郎, 花婿 ⇔ 名 bride (新婦, 花嫁) bride and groom (新郎新婦)
1682	**intimidating** [intímidèitiŋ]	形 気後れさせる, おびえさせるような 動 intimidate (〜を怖がらせる, おびえさせる)
1683	**mimic** [mímik]	動 〜を真似る, 模倣する 形 偽の, 模造の = 動 imitate (〜を真似る)
1684	**redistribute** [rìːdistríbjuːt] 〈経済〉	動 〜を再配分する 動 distribute (〜を配分する；〜を流通させる)

1673	Peregrine falcons have an extra eyelid, called a "nictitating membrane" to protect their eyes at high-speed flight.	ハヤブサには、「瞬膜」と呼ばれる付加的なまぶたがあり、高速飛行の際に目を保護する役割をしている。
1674	The plan was misconceived and was unlikely to succeed.	その計画は誤解され、成功しそうになかった。
1675	It was a neurologic disorder affecting her nervous system.	それは彼女の神経系に影響する神経障害であった。
1676	He is often at odds with his sister as they have very different political opinions.	彼は妹と政治的意見がとても異なるのでよく対立している。
1677	They omitted his name from the list, so he asked the teacher if there was a mistake.	彼らが彼の名前をそのリストから除外したので、彼は誤解があるかどうか先生に尋ねた。
1678	The dictator of that country oppressed his subjects.	その国の独裁者は彼の臣下を虐げた。
1679	We didn't mean to leave you off the guest list; it was an oversight.	ゲストリストからあなたを除外しておこうという意図はなかった。それは見落としだった。
1680	The siege by the foreign army left the town without access to food.	他国軍による包囲攻撃で街は食糧へのアクセスが断たれたままだった。
1681	The groom waited at the front of the church for his bride to walk down the aisle.	新郎はバージンロードを歩くため新婦を教会の前で待った。
1682	They have so much more experience than I do that it is intimidating to work with them.	彼らには私よりもかなり豊富な経験があるので彼らと共に働くのは気後れさせる。
1683	Macaws can mimic human speech and can learn up to 100 words.	コンゴウインコは人が話すことを真似ることができ、最大100単語を覚えることができる。
1684	The new government planned to redistribute the wealth so that it would be spread more equally.	新しい政府は、富がより平等に行きわたるよう、富を再配分することを計画した。

325

No.	単語	発音	意味
1685	**bilateral**	[bailǽtərəl] 《政治》	形 二国間の，双方（向）の 名 二国間協議 ⇔ 形 unilateral（一方の）
1686	**focal**	[fóukəl]	形 重要な；焦点の
1687	**defective**	[diféktiv]	形 欠陥がある，不良の 名 不良品，欠陥品 名 defect（欠陥，欠点）
1688	**gradual**	[grǽdʒuəl]	形 (勾配などが)緩やかな 副 gradually（徐々に）
1689	**invaluable**	[invǽljuəbl]	形 計り知れないほど貴重な = 形 priceless（大変貴重な，お金では買えない） ⇔ 形 valueless（無価値な，つまらない）
1690	**sensible**	[sénsəbl]	形 賢明な；目的に合った，実用的な
1691	**cascade**	[kæskéid]	名 カスケード，階段状に連続する滝 熟 a cascade effect（カスケード効果〔あることが次々とほかに影響を及ぼしていくこと〕）
1692	**cylinder**	[sílindər]	名 シリンダー，気筒；円筒，円柱 形 cylindrical（円筒［円柱］状の）
1693	**lap**	[lǽp]	名 一周；ひざ
1694	**drought**	[dráut] 《環境》	名 干ばつ，水不足；(長期にわたる)不足，欠乏 = 名 aridity（〔土地・気候の〕乾燥；味気なさ） = 名 scarcity（欠乏，不足）
1695	**inscribe**	[inskráib]	動 (文字など)を刻み込む； (比喩的に)〜を心に刻む 名 inscription（碑銘，碑文）
1696	**intercept**	[intərsépt]	動 〜をインターセプトする，途中で押さえる； 《数学》〜を2点で切り取る，区切る 名 interception（パス奪取；傍受）

1685	It was a bilateral agreement between Japan and the United States.	それは日本とアメリカとの二国間の協定であった。
1686	The swimming pool became the focal point of the party because it was so very hot that day.	その日はとても暑かったので、スイミングプールはそのパーティーの重要な場所となった。
1687	The customers returned the equipment to the store when they found it was defective.	顧客はその備品に欠陥があるとわかると、店に返品した。
1688	The climb was not difficult as it was gradual rather than steep.	その登山場所は急勾配というより緩やかであるので、難しくなかった。
1689	His first job at a small company where he had to do many things was an invaluable experience.	多くのことをしなければならない小規模な会社での彼の最初の仕事は、計り知れないほど貴重な経験だった。
1690	Her plan seems sensible; I think it will work.	彼女の計画は賢明なようだ。それはうまくいくと思う。
1691	The mistakes in the manufacturing process had a cascade effect, which created many more issues.	その製造過程のミスはカスケード効果があり、それにより問題がもっと増えた。
1692	The oxygen was stored in metal cylinders.	酸素は金属製のシリンダー内に溜まっていた。
1693	Runners in long distance races must complete lap after lap on the track.	長距離走のランナーはトラックの一周一周を確実に完走しなければならない。
1694	The lack of rainfall in the area caused a drought.	降雨量の不足でこの地域は干ばつになった。
1695	My father gave me this watch, and he had a message inscribed on the back.	私は父からこの腕時計をもらい、父はその後ろにメッセージを刻み込ませた。
1696	Our team had possession of the ball, but our opponents intercepted it and made a goal.	私たちのチームがボールを支配していたが、相手チームがそれをインターセプトし、ゴールした。

STAGE 17

327

1697 luminous
[lúːmənəs]

形 光り輝く，明るい；
(色が)鮮明な，派手な
= 形 incandescent（まばゆいほどの；白熱光の）

1698 prose
[próuz] 《文学》

名 散文

1699 abbreviate
[əbríːvièit]

動 ～を短縮[省略]する
名 abbreviation（省略[形]，略語[字]）
= 動 shorten（～を短縮する）

1700 underlying
[ʌ́ndərlàiiŋ]

形 内在する，潜在する；根本的な
動 underlie（～の根底にある，根拠をなす）
= 形 intrinsic（本来備わっている，内在する）

1697	Her smile was luminous as she turned to look at her new baby.	彼女が生まれたての赤ん坊を見るのに振り返ったとき、彼女の笑顔は光り輝いていた。
1698	I think poetry is more difficult to write than prose.	詩は散文より書くのが難しいと思う。
1699	They abbreviated the name of the state by using the first and last letters followed by a period.	彼らは最初と最後の文字にピリオドを付けて用いることで、その州の名前を短縮した。
1700	The underlying issues did not go away simply because they were not talked about.	内在する問題はそれについて話し合いがなされてないので、簡単にはなくならなかった。

No.	見出し語	MEANING
1701	**aftermath** [ǽftərmæθ] 〈社会〉	名 (災害・事件などの)**余波, 結果** 熟 **in the aftermath of** ~ ([災害・事件など]の余波[結果]で)
1702	**familial** [fəmíljəl]	形 **家族の;** (遺伝的に)**家族性の, 家族特有の** 参 family (家族)
1703	**handicap** [hǽndikæp]	名 **ハンディ(キャップ); 不利な条件,** (身体的・精神的な)**障害**
1704	**boom** [búːm] 〈経済〉	動 **急増する, とどろく** 名 **急発展, 急騰; 大流行**
1705	**contend** [kənténd]	動 **戦う, 争う; ~だと主張する** 熟 **contend with** ~ ([困難など]に取り組む, ~と戦う)
1706	**fetus** [fíːtəs] 〈生理〉	名 **胎児**(妊娠9週以後) = 参 embryo (胎芽, 胚)
1707	**hustle** [hʌ́sl]	動 **張り切る; ~を急がせる**
1708	**oath** [óuθ]	名 **誓い, 誓約; 宣誓** 熟 **take[make/swear] an oath** (誓う, 宣誓する) = 参 pledge (誓約, 公約)
1709	**cling** [klíŋ]	動 **密着する; 執着[固執]する** 熟 **cling to** ~ (~に密着する; ~に固執する) 名 **まとわりつき, 粘着; 執着**
1710	**pad** [pǽd] 〈大学〉	動 **~を長引かせる, 水増しする; ~に詰め物をする** 名 **詰め物**
1711	**cater** [kéitər]	動 **料理を提供する** 熟 **cater to** ~ (~に応じる) 参 catering (仕出し, ケータリング)
1712	**befriend** [bifrénd]	動 **~の友人になる**

	EXAMPLE SENTENCE	TRANSLATION
1701	In the aftermath of the hurricane, many people were left homeless.	ハリケーンの余波で、多くの人が家を失ったままだった。
1702	Her familial ties in the area made her hesitate to move.	彼女のその地域での家族のつながりが、彼女が引っ越すのをためらわせた。
1703	His speech impediment was a handicap that he overcame through training.	彼の発話障害は訓練を通して克服するハンディキャップだった。
1704	During the Gold Rush in California, the population of many small towns boomed.	カリフォルニアのゴールド・ラッシュの間、多くの小さな町で人口が急増した。
1705	The residents of that area have had to contend with blizzards and floods.	その地域の住人は、猛吹雪や洪水に取り組まなければならなかった。
1706	The doctor took a sonogram of the fetus and showed it to the pregnant mother.	医者は胎児の超音波診断を行い、それを妊娠した母親に見せた。
1707	I hustled around the house picking up and packing in an effort to leave for my vacation.	私は休暇に向けて出発するのに荷物を整理し荷づくりしながら、家中を張り切って行ったり来たりした。
1708	Doctors must take an oath to protect life.	医者は命を守ることを誓わなければならない。
1709	The parents clung to their children to shelter them as they walked across the plaza during the storm.	嵐の間に広場を横切って歩きながら、両親は子供たちを避難させようと彼らに密着していた。
1710	He padded his essay with unnecessary words in order to reach the minimum count.	彼は最低文字数に達するため、不必要な単語を使ってエッセイを長引かせた。
1711	He is spoiled as his parents cater to his every wish.	彼の両親が彼のどんな願いにも応じるほど、彼は甘やかされている。
1712	She befriended me when I was new to the school and made me feel welcome.	私がこの学校の転校生だった頃、彼女は私の友人になり温かく迎えてくれた。

STAGE 18

331

1713 consolidate
[kənsάlədèit] 《経済》
動 ~を合併する、1つにまとめる；~を強固にする、強化する
名 consolidation (合併、連結；強化すること)

1714 prologue
[próulɔ̀:g] 《文化》
名 プロローグ、序幕

1715 epilogue
[épəlɔ̀:g] 《文化》
名 エピローグ、終章

1716 obsession
[əbséʃən] 《心理》
名 執着、取りつかれること
動 obsess (~に取りつく、~を支配する)
形 obsessional (強迫神経症の)

1717 wilderness
[wíldərnis] 《環境》
名 原野、荒野
wilderness area (自然保護区)

1718 habitual
[həbítʃuəl]
形 (良くないことに)常習的な；習慣的な、いつもの
名 habit (習慣、癖)

1719 pantheon
[pǽnθiɑ̀n] 《歴史》
名 (全ての)神々；神殿、パンテオン
名 pantheism (汎神論；多神教)

1720 shaft
[ʃǽft]
名 (光の)筋、ひらめき；柄、軸部；やり；シャフト

1721 definite
[défənit]
形 明確な、確実な；一定の
the definite article (定冠詞)
副 definitely (明確に、きっぱりと；限定的に)

1722 hostile
[hάstl]
形 敵意を持った、敵対的な
a hostile attitude (敵意ある態度)
名 hostility (敵意、敵対；戦闘)

1723 worthwhile
[wə́:rθhwáil]
形 価値のある、やりがいのある

1724 junction
[dʒʌ́ŋkʃən]
名 ジャンクション、分岐合流点；(半導体などの)接合[連結]部

1713	They decided to consolidate the two divisions of the company into one, so some people lost their jobs.	彼らは会社の2つの部門を1つに合併することに決めたので、何人かは仕事を失った。
1714	The themes of the play were discussed in the prologue.	その演劇のテーマはプロローグで説明された。
1715	At the end of the novel, there was a short epilogue about the fate of the main characters.	その小説の締めくくりに、主人公の運命についての短いエピローグがあった。
1716	He has an obsession with model trains, and he spends all his spare time in his basement working on them.	彼は列車の模型に執着があり、地下でその模型の作成に彼の余暇の時間の全てを費やしている。
1717	Alaska has a large area of wilderness where few people can be found.	アラスカには人を見かけることがほとんどないような広大な原野がある。
1718	If you always make the same habitual errors, you will have a hard time raising your score.	いつも同じ常習的な間違いをすれば、点数を上げるのは難しいだろう。
1719	In Greek mythology, there were 12 Olympian gods in the Greek pantheon.	ギリシャ神話では、ギリシャの神々の中にオリンポス十二神がいた。
1720	A shaft of light from a tiny opening brightened the dark cave.	小さな隙間からの一筋の光が、暗い洞窟を照らした。
1721	The politician does not usually give definite answers to the reporters' questions.	通常その政治家は、レポーターの質問に明確な返答をすることはない。
1722	The speaker was surprised by the hostile audience that booed rather than clapped for him.	話し手は彼に対し拍手ではなくブーイングをする、敵意を持った聴衆に驚いた。
1723	All of the training finally proved worthwhile when the player finished his career at the top.	全てのトレーニングが価値のあるものだったと選手がそのキャリアを最高位で引退したときにようやく証明された。
1724	The roads meet at this junction where you can find a gas station and restaurant.	その道路はガソリンスタンドとレストランが見えるこのジャンクションで交差する。

333

1725	**extinguish**	[ikstíŋgwiʃ]	動 (火など)を消す；(生物)を絶滅させる 名 extinguisher（消火器）
1726	**nurture**	[nə́ːrtʃər]《教育》	動 ~を育てる，しつける 名 養育，飼育；教育，しつけ = 動 raise（~を育てる）
1727	**close-knit**	[klóusnít]	形 結びつきの強い
1728	**urn**	[ə́ːrn]	名 沸かし器；壺；骨壺
1729	**distorted**	[distɔ́ːrtid]	形 ゆがめられた，ねじれた 動 distort（~をゆがめる，ねじる） 名 distortion（ゆがみ；ひずみ）
1730	**stumble**	[stʌ́mbl]	動 つまずく，よろめく 名 つまずき；失敗
1731	**footnote**	[fútnòut]《学問》	名 脚注，補足説明 動 ~に脚注[注釈]を付ける
1732	**fork**	[fɔ́ːrk]	名 分岐点；フォーク 動 分岐する 形 forked（分岐を持つ，二またに分かれた）
1733	**healing**	[híːliŋ]《医療》	形 治療の，癒しの 名 治療，治癒，癒し 動 heal（~を治す，癒す；治る）
1734	**salvation**	[sælvéiʃən]	名 救世主；救済，保護 the Salvation Army（救世軍）
1735	**shame**	[ʃéim]	名 恥ずかしさ，不名誉 Shame on you!（恥を知れ！） 形 shameful（恥ずべき；けしからぬ）
1736	**swap**	[swɑ́p]	動 ~を交わす，交換する = 動 exchange（~を交換する）

#		
1725	If you don't <u>extinguish</u> a campfire completely, it could cause a forest fire.	キャンプファイヤーを完全に消さなければ、森林火災を引き起こしかねない。
1726	The parents <u>nurtured</u> their young child making sure all his needs were met.	両親は幼い子供の必要とする物が全て満たされていることを確認しながら彼を育てた。
1727	He comes from a <u>close-knit</u> family, and his new wife will need to respect that connection if she wants a happy marriage.	彼は結びつきの強い家族の出身で、彼の新しい妻が幸せな結婚を望むならその関係を尊重する必要があるだろう。
1728	She used her antique silver coffee <u>urn</u> when she entertained lots of guests.	彼女は多くの来客をもてなすとき、アンティークの銀製コーヒー沸かし器を使った。
1729	She thought that the journalist presented a <u>distorted</u> view of the facts, which fit his political point of view.	そのジャーナリストは、彼の政治的見解に合うよう、事実がゆがめられた見方を提示していると彼女は思った。
1730	She <u>stumbled</u> over the toy train in the dark and twisted her ankle.	彼女は暗闇で電車のおもちゃにつまずいて足首をひねった。
1731	He listed his source for information in his paper in a <u>footnote</u> at the bottom of the page.	彼はページの下部の脚注に論文の情報源を列挙した。
1732	There was a <u>fork</u> in the road where it divided and went in two different directions.	その道には異なる2方向に道路が分けられ続く分岐点があった。
1733	The nurse applied a <u>healing</u> ointment to the rash.	看護師は発疹に治療のための軟膏を塗った。
1734	The firefighters represented <u>salvation</u> to the family as they rescued both their children from the flames.	消防士たちは炎から子供を2人とも救出し、その家族にとって救世主となった。
1735	He was filled with <u>shame</u> when he thought about his cowardly behavior.	自身の臆病な態度を思い、彼は恥ずかしさでいっぱいになった。
1736	The old friends <u>swapped</u> stories as they sat around the campfire at night.	旧友たちは夜キャンプファイヤーを囲みながら座って話を交わした。

1737 bracket
[brǽkit] 《社会》
- 名 階層；括弧
- 動 〜を括弧で囲む，ひとくくりにする

1738 straightforward
[strèitfɔ́:rwərd]
- 形 率直[正直]な；わかりやすい，簡単な；直進の；直線[直接]的な

1739 occasionally
[əkéiʒənəli]
- 副 たまに，時折
- 形 occasional (時折の；臨時用の)
- 名 occasion (時；機会；理由)

1740 patrol
[pətróul]
- 動 〜を巡回する
- 名 巡回，巡回者，パトロール

1741 relativity
[rèlətívəti] 《物理》
- 名 相対性，相関性
- 形 relative (相対的な；〔〜に〕関連した)
- 副 relatively (相対的に；とても)

1742 shower
[ʃáuər]
- 動 〜をたくさん贈る；(人に)〜を浴びせる
- 名 シャワー；夕立；多量
- a shower party (祝い品贈呈パーティー)

1743 medieval
[mì:dí:vəl] 《歴史》
- 形 中世の

1744 swallow
[swálou]
- 動 〜を飲み込む，包み込む
- 名 ひと飲みすること
- ※同音異義語は swallow (ツバメ)

1745 triumph
[tráiəmf]
- 動 打ち勝つ，成功する
- 名 勝利；大成功；勝利の喜び
- 形 triumphant (勝利を得た，成功した)

1746 boast
[bóust]
- 動 自慢する，誇りにする
- 形 boastful (〔〜を〕自慢にする，自慢に満ちた)
- = take pride in 〜 (〜を自慢する)

1747 constructive
[kənstrʌ́ktiv]
- 形 建設的な
- 名 construction (建設)
- ⇔ 形 destructive (破壊的な；否定的な)

1748 disparity
[dispǽrəti] 《社会》
- 名 格差，不均衡；相違
- a disparity in rank (地位の違い)
- = 名 difference (差，相違)

1737	They have to pay more taxes this year as they've moved into a higher income bracket.	彼らは高所得階層に移行したため、今年はより多くの税金を納めなけばならない。
1738	I would prefer that you be straightforward with me as I value honesty.	私は正直さを尊重するのであなたには私に率直でいてもらいたい。
1739	Golf is not a frequent activity for him because of his busy schedule; he only goes golfing occasionally.	スケジュールが立て込んでいるためゴルフは彼にとって頻繁に行う活動ではない。彼はたまにしかゴルフをしない。
1740	The male elephant seal patrols his territory and challenges other males with loud bellows.	雄のゾウアザラシは自分の縄張りを巡回し、大きなうなり声でほかの雄を威嚇する。
1741	Albert Einstein developed two theories of relativity in physics.	アルバート・アインシュタインは、物理において2つの相対性理論を展開した。
1742	Her friends showered her with gifts at her birthday party.	彼女の友達は、彼女の誕生日パーティーでプレゼントをたくさん贈った。
1743	On their vacation in Europe, they visited many medieval castles.	ヨーロッパでの休暇で、彼らは中世の城をたくさん訪れた。
1744	The nurse made sure that the child had swallowed the pill.	看護師は、子供が薬を飲み込んだか確かめた。
1745	In the story, good triumphed over evil.	その物語の中で、善は悪に打ち勝った。
1746	He's not very popular as he likes to boast about his accomplishments so much.	彼は自分の業績を自慢するのがかなり好きなので、あまり人気がない。
1747	Constructive criticism should help one see where to make changes to improve.	改善のための変更をどこに施すべきか、建設的な批評によりわかるようになるはずだ。
1748	There is a great disparity in the living standards between North and South Korea.	北朝鮮と韓国の間には生活水準において大きな格差がある。

1749	**gulf**	[gʌ́lf]	名 大きな隔たり，大差；深い溝；湾
1750	**mayor**	[méiər] 《政治》	名 市長 [町長] 形 mayoral（市長の） 名 mayoralty（市長の職 [任期]）
1751	**moderator**	[mɑ́dərèitər] 《政治》	名 議長，司会者 動 moderate（司会をする；〔怒りなど〕を和らげる） 副 moderately（控えめに，程良く）
1752	**monastery**	[mɑ́nəstèri] 《文化》	名 (男子の) 修道院，僧院 = 名 convent（〔女子の〕修道院） = 名 abbey（大修道院）
1753	**morale**	[mərǽl]	名 士気 morale booster（士気を高めるもの）
1754	**timid**	[tímid]	形 臆病な，気が弱い
1755	**likeness**	[láiknis]	名 似ていること，類似；肖像画，似顔絵，写真
1756	**tradeoff**	[tréidɔ̀:f] 《経済》	名 交換条件，(相殺) 取引
1757	**uphold**	[ʌ̀phóuld]	動 〜を支持する，守る 名 upholder（支持者，後援者） = 動 support（〜を支持する）
1758	**balloon**	[bəlú:n] 《経済》	動 膨れ上がる；急騰する 名 風船；《医学》バルーン
1759	**directive**	[diréktiv] 《政治》	名 (国家・軍などの) 指令，命令 形 指示的な；支配する
1760	**shuffle**	[ʃʌ́fl]	動 (トランプ) をシャッフルする；足を引きずって歩く 熟 shuffle out of 〜（〜からうまく逃れる）

1749	There is a wide gulf between them in terms of education and advantages because of their different backgrounds.	経歴が異なるため、彼らには教育と強みの点においてとても大きな隔たりがある。
1750	The mayor was elected to lead the town and represent them at the state level.	その街を率いて州レベルで代表するよう、その市長が選出された。
1751	The moderator enforces the rules during the public debate.	公開討論の間、その議長が規則を施行する。
1752	The monks lived apart from society at a monastery.	修道士たちは修道院で社会から離れて暮らした。
1753	After a string of loses, winning the game raised the morale of the team.	連敗後、その試合に勝利したことがそのチームの士気を高めた。
1754	She's very timid and hardly ever speaks up in class.	彼女はとても臆病で授業で発言することはほとんどない。
1755	The drawing is a good likeness of him; I think the artist captured his personality.	その絵は彼によく似ている。その芸術家は彼の魅力をとらえていたと思う。
1756	We agreed to give up a raise in pay to get better health benefits; it was a tradeoff.	私たちはより良い医療サービスを受けるため昇給を諦めることに同意した。それが交換条件だった。
1757	The sheriff agreed to uphold the law when he took office.	保安官は就任する際、法律を支持することに同意した。
1758	Costs for housing have ballooned in this area, so many people cannot afford to live here.	この地域の住宅費は膨れ上がっているので、多くの人がここに住むだけの金銭的余裕はない。
1759	The president signed a new directive related to health care.	大統領は医療サービスに関連する新たな指令に署名した。
1760	Whenever he is given work to do, he always shuffles out of it.	彼はやるべき仕事を与えられるといつも、その仕事からうまく逃れる。

339

1761	**supposedly** [səpóuzidli]	副 たぶん，おそらく 動 suppose（〜と想像する，考える） = 副 presumably（おそらく，たぶん）
1762	**weird** [wíərd]	形 奇妙な；不気味な 名 weirdness（不思議，気味悪さ） = 形 bizarre（奇妙な，変な）
1763	**champion** [tʃǽmpiən]	名 (意見・主義などの)擁護[支持]者 形 チャンピオンの，優勝した 名 championship（選手権，優勝）
1764	**detain** [ditéin] 《社会》	動 〜を拘束[留置]する；(人)を引き留める 名 detainee（[政治的な理由による]抑留者）
1765	**supernatural** [sùːpərnǽtʃərəl]	形 超自然の，霊的な the supernatural（超自然現象）
1766	**garrison** [gǽrəsn] 《政治》	名 駐屯地；要塞
1767	**ultrasound** [ʌ́ltrəsàund] 《健康》	名 超音波；超音波診断 ultrasound echo（超音波エコー）
1768	**widow** [wídou]	名 未亡人，寡婦 名 widower（男やもめ）
1769	**biography** [baiágrəfi] 《文学》	名 伝記（文学） 名 autobiography（自伝） 名 biographer（伝記作家）
1770	**burst** [bə́ːrst]	動 破裂する；〜を破裂させる 熟 burst into 〜（〜に突入する）
1771	**chaos** [kéiɑs]	名 無秩序，混沌 形 chaotic（混沌とした，無秩序な） ⇔ 名 order（秩序）
1772	**envy** [énvi]	動 〜をうらやましがる 名 ねたみ，羨望の的

1761	She is supposedly my friend, but she certainly said some negative things about me.	彼女はたぶん私の友達であるが、彼女が私について否定的なことを言ったのは確かだ。
1762	I have been hearing some weird noises coming from that house, so I plan to check on our neighbor.	あの家から奇妙な音が聞こえているので、近所を確認することにする。
1763	Martin Luther King Jr. was a champion for the civil rights of African-Americans in the United States.	マーティン・ルーサー・キング・ジュニアは、アメリカ合衆国におけるアフリカ系アメリカ人の公民権の擁護者だった。
1764	The police detained him for questioning in connection with the crime.	警察はその犯罪に関連した質問をするために彼を拘束した。
1765	He does not believe in supernatural phenomena, like ghosts.	彼は超自然の現象、例えば幽霊などを信じていない。
1766	The garrison of troops was stationed in the frontier outpost.	部隊の駐屯地は、国境の前哨地に配置された。
1767	They monitored the unborn baby's development by using ultrasound.	彼らは超音波を用いて胎児の成長を確認した。
1768	She is the widow of the former president who died last year.	彼女は去年亡くなった前大統領の未亡人だ。
1769	She read the biography of the famous scientist, Marie Curie.	彼女は有名な科学者、マリー・キュリーの伝記を読んだ。
1770	He burst suddenly into the room without any warning.	彼は突然何の警告もなくその部屋に突入した。
1771	She entered the room of screaming children and established order out of the chaos.	彼女は金切り声を上げている子供たちの部屋へ入り、無秩序から秩序を作り上げた。
1772	I envy your time to relax and read as I am very busy.	私はとても忙しいので、あなたのそのリラックスし読書できる時間をうらやましがっている。

1773	**restless** [réstlis]	形 落ち着かない，不安な 熟 feel restless（焦りを感じる） ⇔ 形 restful（安らぎを与える，落ち着いた）
1774	**unrest** [ʌnrést] 《社会》	名 (社会的な)**不安，心配；不穏**(な状態)
1775	**conceal** [kənsíːl]	動 ～をかくまう，隠す 名 concealment（隠匿；潜伏） ＝ 動 hide（～を隠す）
1776	**corridor** [kɔ́ːridər]	名 廊下 a corridor train（《英》通廊式列車）
1777	**heritage** [héritidʒ] 《文化》	名 遺産，継承物；伝統 World Heritage (Site)（世界遺産）
1778	**outset** [áutsèt]	名 発端，着手 熟 from the outset（最初から）
1779	**righteous** [ráitʃəs]	形 道理のある；公正な 名 righteousness（正義，公正；高潔） 副 righteously（正しく；当然に）
1780	**satire** [sǽtaiər] 《文化》	名 風刺（文学） a biting satire（辛辣な風刺） 形 satiric（風刺的な）
1781	**steep** [stíːp]	形 急な，険しい；不法に高い，法外な 動 steepen（～を急勾配にする，険しくする）
1782	**supremacy** [supréməsi] 《政治》	名 支配権；主権；最高位，優位 naval supremacy（制海権） ＝ 名 dominance（支配権）
1783	**cosmopolitan** [kàzməpálətn] 《社会》	形 国際的な；世界主義的な； 　(動植物が)世界中に分布した 名 世界[国際]主義者
1784	**wizard** [wízərd]	名 名人；(男の)魔術師 名 wizardry（魔法，魔術） ⇔ 名 witch（女の魔術師）

1773	The whole team was feeling restless before the big match, so they went on a slow run around the field.	チーム全体がその大きな試合を前に焦りを感じていたので、ゆっくり走りにフィールドへ行った。
1774	The country has had a lot of civil unrest recently.	その国には最近市民の不安が多くある。
1775	During the war, people in Holland concealed Jews in their basements to keep them safe from the Nazis.	戦争中、オランダの人々は、ナチスからユダヤ教の人々を保護するため彼らを地下にかくまった。
1776	Their school lockers were located on one side of the corridor that ran alongside the classrooms.	彼らの学校のロッカーは教室に沿って伸びる廊下の片側にあった。
1777	The National Historic buildings preserve the heritage of the town.	国定史跡の建物はその街の遺産を保存している。
1778	We knew that this was a dangerous mission from the outset.	これは危険な任務だと、私たちは最初からわかっていた。
1779	He's a righteous man, and he has behaved honorably.	彼は道理のある人で、尊敬される行いをしてきた。
1780	The author of the play used satire to make fun of the people in power.	その演劇の作者は、権力者をからかうのに風刺を用いた。
1781	The trail up the mountain was very steep, and I was out of breath when I got to the top.	その山を登る道はとても急で、私は頂上に着いたときには息が切れていた。
1782	At one time, the British Navy held supremacy on the seas.	かつて、イギリス海軍はその海の支配権を持っていた。
1783	They worked hard to give the coffee house a sophisticated, cosmopolitan appearance.	そのコーヒーハウスの外観が洗練され、国際的になるよう彼らは懸命に取り組んだ。
1784	He's a wizard with electronics; he loves building gadgets.	彼は電子機器の名人だ。彼は装置を作るのが大好きだ。

1785	**affection** [əfékʃən]	名 愛情，好意；感情，情緒 形 affectionate（愛情の；情緒的な） 副 affectionately（愛情を込めて）
1786	**assassinate** [əsǽsənèit] 《社会》	動 ～を暗殺する 名 assassination（暗殺） 名 assassin（暗殺者，刺客）
1787	**overtime** [óuvərtàim]	名 延長戦；時間外労働[手当] 形 時間外の
1788	**deteriorate** [ditíəriərèit]	動 荒廃する，悪くなる 名 deterioration（悪化，劣化） ＝ 動 decay（腐敗する，朽ちる）
1789	**vocation** [voukéiʃən] 《社会》	名 適職，天職；(職業への)適性，才能；(職業に対する)使命感 形 vocational（職業上の；職業訓練の）
1790	**incidentally** [ìnsədéntəli]	副〈通例文頭で〉ところで，それはそうと；付随して，偶然に 名 incident（事件，出来事）
1791	**devastation** [dèvəstéiʃən]	名 荒廃；精神的ダメージ 動 devastate（～を荒廃させる，荒らす） 形 devastating（破壊的な，圧倒的な；〈口語〉すばらしい）
1792	**irrigate** [írəgèit] 《環境》	動 ～に水を引く，(土地)を灌漑する 名 irrigation（水を引くこと，灌漑）
1793	**din** [dín]	名 騒音 動 騒音を立てる，～をやかましく述べる in[over] the din of ～（～の騒音の中で）
1794	**epic** [épik] 《文学》	名 叙事詩 形 勇壮な
1795	**glance** [ɡlǽns]	名 ちらっと見ること 動 (～を)ちらっと見る at a glance（ひと目見て）
1796	**paranoid** [pǽrənɔ̀id] 《心理》	形 被害妄想の；偏執症の；異常に疑い深い a paranoid schizophrenia（妄想型統合失調症）

1785	He was filled with affection for his grandmother who had always been kind to him.	彼はいつも彼に親切だった祖母に対する愛情で満ちあふれていた。
1786	President John F. Kennedy was assassinated when he was only 46 years old.	ジョン・F・ケネディ大統領はわずか46歳のときに暗殺された。
1787	The game went into overtime, and the players were all very tired.	その試合は延長戦に持ち込まれ、選手たちはみなとても疲れていた。
1788	The old house has slowly deteriorated as it has been empty for many years.	その古い家は何年も空き家の状態なので、徐々に荒廃してきている。
1789	Trying to select a vocation can be difficult for students until they learn more about different jobs.	ほかの色々な職業を学ぶまでは適職を選ぼうと思っても学生には難しいだろう。
1790	The word "incidentally" is used to bring up or introduce a new thought into a conversation.	「ところで」という言葉は、会話の中で新たな考えを持ち出すあるいは紹介するのに用いられる。
1791	The public official flew to the town that had been hit by the hurricane to view the devastation in the area.	ハリケーンに襲われた町の荒廃を見るため、官僚がその町へ飛んだ。
1792	Due to the lower rainfall in this area, they have to irrigate their crops.	この地域の降水量が足りないので、彼らは作物に水を引かなければならない。
1793	He couldn't hear her over the din on the streets outside.	外の通りの騒音が邪魔して彼女の話すことが彼には聞こえなかった。
1794	The "Iliad" is a famous Greek epic.	「イーリアス」とは、有名なギリシャの叙事詩である。
1795	He did not stare at her; he only gave her a quick glance.	彼は彼女を見つめなかった。彼は彼女をすばやくちらっと見ただけだ。
1796	He was feeling paranoid, and he thought he was being followed.	彼は被害妄想にかられ、誰かにあとをつけられていると思った。

1797	**gorgeous** [gɔ́ːrdʒəs]	形 すばらしい，豪華な
1798	**lay** [léi]	動 横たわる；〜を横たえる；〜を(…に)置く 熟 **lay off** 〜（〔経営難を理由に〕〜を一時解雇する） → 動 fire[dismiss]（〜を解雇する，首にする）
1799	**speedily** [spíːdəli]	副 迅速に
1800	**hotspot** [hátspàt]	名 ホットスポット（インターネットに接続可能な場所）；政治的に不安定な場所；にぎやかな場所

1797	She came up with a gorgeous design that everyone liked.	彼女は誰もが気に入るすばらしいデザインを考えついた。
1798	The company laid off ten percent of their workforce in January to save money.	会社は費用削減のため1月に労働力の10%を一時解雇した。
1799	The company promised that all products would be speedily delivered to our doorstep.	その会社は全ての商品を玄関口まで迅速に届けると約束した。
1800	That city has lots of hotspots where you can connect with the Internet.	あの街にはインターネットに接続できるホットスポットがたくさんある。

No.	単語	意味
1801	**decree** [dikríː] 《法律》	名 (政府の)命令, 法令；判決 動 (法令に基づいて)~を命ずる；~と判決を下す
1802	**grassland** [grǽslænd] 《環境》	名 草原, 牧草地
1803	**dividend** [dívədènd] 《経済》	名 配当金；預金利子；《数学》割られる数, 被除数
1804	**souvenir** [sùːvəníər]	名 土産, 思い出の品
1805	**exert** [igzə́ːrt]	動 ~を与える, 及ぼす；~を発揮する exert oneself (努力する)
1806	**expressly** [iksprésli]	副 はっきりと, 明白に；特別に, わざわざ
1807	**harmonious** [hɑːrmóuniəs]	形 仲の良い, 睦まじい；調和した, つり合いの取れた 派 harmony (調和, 一致, ハーモニー)
1808	**sticky** [stíki]	形 (ウェブサイトが)人を引きつける；粘着性のある；(天候が)蒸し暑い, (人が)汗だくの
1809	**upright** [ʌ́pràit]	副 (上に向かって)まっすぐに, 垂直に 形 (物や姿勢が)まっすぐな, 垂直の；正直な 名 直立しているもの, 支柱
1810	**rain forest** [réin fɔ́ːrist] 《環境》	名 熱帯雨林
1811	**lick** [lík]	名 ひとなめ, なめること 動 ~をなめる 熟 salt lick (塩なめ場, 岩塩の塊)
1812	**instrumental** [instrəméntl]	形 役に立つ, 助けになって

	EXAMPLE SENTENCE	TRANSLATION
1801	He was freed from prison as a result of a presidential <u>decree</u>.	彼は大統領命令の結果刑務所から釈放された。
1802	The cows grew fat during the summer while they grazed on the <u>grassland</u>.	牛は夏の間草原で草を食べながら太っていった。
1803	The shareholders of that stock received a <u>dividend</u>.	その株式の株主は配当金を受け取った。
1804	She purchased a small <u>souvenir</u> in the gift shop of the glass factory to remind her of her visit there.	彼女はそこを訪れたことを忘れないためガラス工場のギフトショップで小さな土産を買った。
1805	Her parents <u>exerted</u> pressure on her to succeed in school.	彼女の両親は学校で成功するように彼女にプレッシャーを与えた。
1806	His father <u>expressly</u> told him not to climb that tree.	彼らの父親は彼にその木に登らないようはっきりと言った。
1807	It was a <u>harmonious</u> relationship; they were very happy.	それは仲の良い関係だった。彼らはとても幸せだった。
1808	The new design for the website was <u>sticky</u> since it caused visitors to stay longer.	そのウェブサイトの新しいデザインは訪問者がより長く滞在するので人を引きつける力があった。
1809	Several publications encourage people to sit <u>upright</u> while working at their desks and not to slouch.	いくつかの出版物はデスクワークの際に前かがみではなくまっすぐに（背筋を伸ばして）座るよう勧めている。
1810	The <u>rain forest</u> is home to a diverse group of plants and animals.	熱帯雨林は多様な種類の植物や動物の生息地である。
1811	The salt <u>lick</u> was an excellent spot to observe wildlife just before dawn and near sunset.	その塩なめ場は夜明け前と日没近くの野生生物を観察するのに絶好の場所だった。
1812	Their help was <u>instrumental</u> in saving the open space from development.	その空き地を開発から守るのに彼らの支援が役に立った。

No.	見出し語	発音	意味
1813	**hostage**	[hástidʒ] 《社会》	名 人質
1814	**guerrilla**	[gərílə] 《社会》	名 ゲリラ兵
1815	**midst**	[mídst]	名 最中；真ん中 熟 in the midst of ~ (~の最中に，真ん中に)
1816	**nominate**	[nάmənèit] 《社会》	動 (役職や地位に)~を指名する，推薦する；(賞の候補に)~を推す 名 nomination (指名，推薦)
1817	**override**	[òuvərráid] 《法律》	動 (決定・命令など)を覆す，無視[拒否]する；(機械などの自動制御)を解除[停止]する
1818	**rigid**	[rídʒid]	形 固定された；硬直した；厳格な；精密な = 形 stiff (堅い，硬直した)
1819	**fierce**	[fíərs]	形 激しい，すさまじい；獰猛な
1820	**firework**	[fáiərwə̀ːrk] 《文化》	名〈複〉花火
1821	**shallow**	[ʃǽlou]	形 浅い；表面的な；あさはかな 熟 shallow water (浅瀬) ⇔ 形 deep (深い) = 形 superficial (表面的な)
1822	**brace**	[bréis]	動 (望ましくない事態に)備える，身構える；踏ん張る 熟 brace for ~ (~に備える，構える) brace oneself (覚悟をする)
1823	**discourage**	[diskə́ːridʒ]	動 ~を思いとどまらせる；~をがっかり[落胆]させる；~に自信を失わせる 熟 discourage A from doing (Aに~するのを思いとどまらせる)
1824	**illusion**	[ilúːʒən]	名 幻想，錯覚 = 名 delusion (錯覚；妄想)

1813	The bank robbers took a <u>hostage</u> with them to prevent the police from shooting at them as they left the bank.	銀行強盗は銀行を去るときに警察に撃たれないよう<u>人質</u>を取った。
1814	The <u>guerrillas</u> are members of a rebel group living in the jungle, and they periodically attack government troops.	その<u>ゲリラ兵</u>たちはジャングルに住む反乱軍のメンバーで、周期的に政府軍を攻撃する。
1815	She interrupted us while we were <u>in the midst of</u> our recording session.	私たちの録音セッション<u>の最中に</u>、彼女が私たちの邪魔をした。
1816	That political party <u>nominated</u> him as their candidate for president.	その政党は大統領の候補者として彼を<u>指名した</u>。
1817	The president has the power to <u>override</u> the board's decision.	大統領は委員会の決定を<u>覆す</u>権限を持っている。
1818	The system is very <u>rigid</u>, and there is not much room for flexibility.	そのシステムはかなり<u>固定され</u>ていて、柔軟性のための余白があまりない。
1819	The competition is <u>fierce</u> for this academic award; I didn't expect it to be so intense.	この学術賞への競争は<u>激しい</u>。そんなに強烈だと予想していなかった。
1820	The children celebrated the holiday with <u>fireworks</u>.	子供たちは<u>花火</u>でその祝日を祝った。
1821	She waded in the <u>shallow</u> water and got her feet wet.	彼女は<u>浅瀬</u>を歩いて渡り、足が濡れた。
1822	Just before the accident, he saw the car coming toward him and he <u>braced</u> for impact.	事故の直前に、彼は自分の方に向かって車が来るのを見て衝撃に<u>備えた</u>。
1823	His friends <u>discouraged</u> him from studying; they wanted to party.	彼の友達は、彼に<u>勉強するのを思いとどまらせた</u>。彼らは盛り上がりたかったのだ。
1824	The magician created a wonderful <u>illusion</u> that seemed real.	手品師は本物に見えるすばらしい<u>幻想</u>を作り出した。

1825	**sip** [síp]	動 ~を少しずつ[ちびちび]飲む，すする 名 (飲み物の)ひとくち(分)
1826	**labyrinth** [læbərinθ]	名 迷宮，迷路；複雑な事情；《生理》内耳
1827	**melodrama** [mélədrà:mə] 《文化》	名 メロドラマ(のような状況)
1828	**nonexistent** [nànigzístənt]	形 存在[実在]しない ⇔ 形 existent (存在[実在]する)
1829	**spectator** [spékteitər]	名 観客，見物人 = 名 onlooker (見物人，傍観者)
1830	**specter** [spéktər] 《文化》	名 幽霊，亡霊；恐ろしいもの；不安のもと 形 spectral (幽霊の；奇怪な，恐ろしい)
1831	**unfold** [ʌnfóuld]	動 (話などが)展開する，明らかになる；~を説明する，明らかにする = 動 disclose (~を明らかにする，暴露する)
1832	**valve** [vælv]	名 バルブ，弁；《生理》(心臓などの)弁 a safety valve (安全弁)
1833	**bold** [bóuld]	形 勇敢な，大胆な；図々しい，厚かましい if I may be so bold (大変厚かましいとは思いますが) = 形 brave (勇敢な)
1834	**fanatic** [fənǽtik]	名 熱狂的ファン，狂信者
1835	**compulsive** [kəmpʌ́lsiv]	形 強迫観念にかられた；衝動的な，抑制の利かない 名 compulsion (強制；衝動)
1836	**mend** [ménd]	動 ~を修復する，補修する = 動 repair (~を直す，修復する)

1825	Don't drink your milkshake too quickly; just sip it.	急いでミルクシェイクを飲まないように。少しずつ飲みなさい。
1826	The characters in the story had to find their way out of a labyrinth, which was full of dead ends.	その物語の登場人物たちは迷宮から脱する道を探さなければならなかった、その迷宮は行き止まりばかりだった。
1827	She creates melodrama wherever she goes, so I try to stay out of her way.	彼女はどこへ行ってもメロドラマ（のような状況）を作り出すので、私は彼女に関わらないようにしている。
1828	Visibility was almost nonexistent as the fog was very thick.	霧がとても深かったので視界はほとんど存在しなかった。
1829	There were thousands of spectators in the stadium to watch the game.	何千人もの観客がその試合を見ようとスタジアムにいた。
1830	Some say that old house is haunted and that they have seen specters, or ghosts, floating past the windows.	その古い家は取りつかれていて、幽霊または亡霊が窓を横切って浮遊しているのを見たと言う人もいる。
1831	I'm not sure what will happen next; we have to wait and see how things unfold.	次に何が起こるかわからない。物事がどう展開するか様子を見るしかない。
1832	Look for a shut-off valve on the propane tank to turn it off.	プロパンボンベを閉めるにはそれに付いている遮断バルブを探すこと。
1833	The Vikings were bold explorers who set off in their small boats to unknown lands.	海賊は小さなボートで未知の土地に向かう勇敢な探検家だった。
1834	He's a fanatic when it comes to football, and he attends every local game.	彼はフットボールのこととなると熱狂的ファンで、地元の試合には全て行っている。
1835	Compulsive behaviors like pulling one's hair out are symptoms of that disorder.	自分の髪を引き抜く等の強迫観念にかられた行動はその障害の症状である。
1836	I hope we can mend our friendship as I value it very much.	私は私たちの友情をとても尊重しているので修復することができればと願っている。

#	単語	意味
1837	**discard** [diskáːrd]	動 (不要物)を処分する，捨てる = 動 relinquish (〜を手放す；〔所有権〕を放棄する) = get rid of 〜 (〜を取り除く；〜を脱する，免れる)
1838	**disconnect** [dìskənékt] 〈IT〉	動 〜の接続を切断する；(電気など)を止める；〜との連絡を断つ 名 disconnection (切断，分離；供給停止)
1839	**fixture** [fíkstʃər]	名 器具，取りつけの備品；(場所に)定着した人(物) = 名 fitting (付属品，備品)
1840	**peel** [píːl]	動 〜の皮をむく 名 (果物などの)皮
1841	**foil** [fɔ́il]	動 (計画など)を失敗させる，〜の裏をかく 名 金属箔，ホイル，金属の薄片 = 動 thwart (〜を妨げる，邪魔をする)
1842	**forefront** [fɔ́ːrfrʌ̀nt]	名 最前線，第一線 熟 in the forefront of 〜 (〜の最前線に) = 名 vanguard (〔分野・活動の〕先頭，先駆者；〔戦闘の〕先兵)
1843	**headquarters** [hédkwɔ̀ːrtərz] 〈社会〉	名 本社；本部，司令部
1844	**horn** [hɔ́ːrn] 〈生物〉	名 角；(動物の)枝角，触角；(車の)クラクション，警笛；管楽器 blow[beep/honk] a horn (クラクションを鳴らす)
1845	**pandemic** [pændémik] 〈医療〉	名 世界[全国]的流行病 形 (病気が)広域[全国/世界]で流行している
1846	**mutter** [mʌ́tər]	動 〜をつぶやく，(低い声で)ぶつぶつ言う 名 つぶやき；不平不満
1847	**murmur** [mə́ːrmər]	名 ざわめき，ささやき[つぶやき]声 動 ざわめく，ぶつぶつ言う，つぶやく
1848	**prolong** [prəlɔ́ːŋ]	動 〜を引き延ばす，長引かせる = 動 extend (〜を伸ばす；〜を延長する) = 動 lengthen (〜を延長[長く]する；伸ばす)

1837	She cleaned out her garage and <u>discarded</u> many things she no longer needed.	彼女は車庫を掃除し、もう必要としなくなった物をたくさん<u>処分した</u>。
1838	He <u>disconnected</u> the device by unplugging it.	彼はプラグを抜いて、その装置の<u>接続を切断した</u>。
1839	She replaced all the bulbs in her light <u>fixtures</u> with energy efficient bulbs.	彼女は、照明<u>器具</u>の全ての電球をエネルギー効率の良い電球に取り替えた。
1840	He <u>peeled</u> the orange, and divided it in half to share it with his friend.	彼はオレンジの<u>皮をむき</u>、友達と分けるため半分に割った。
1841	Their plan to rob the bank was <u>foiled</u> by two policemen on patrol in the area.	彼らの銀行強盗の計画は、その地域をパトロール中の２人の警察官により<u>失敗した</u>。
1842	That biotech company is <u>in the forefront</u> of medical research on gene therapy.	そのバイオテクノロジー関連の会社は、遺伝子治療の医学研究<u>の最前線に</u>いる。
1843	That company moved their <u>headquarters</u> to San Francisco.	その会社はサンフランシスコに<u>本社</u>を移した。
1844	The <u>horn</u> of a rhinoceros grows throughout its lifetime.	サイの<u>角</u>は生涯を通して成長する。
1845	When the disease spread rapidly to neighboring countries, it was called a <u>pandemic</u>.	病気が近隣の国々に急速に広まり、それは<u>世界的流行病</u>と呼ばれた。
1846	He <u>muttered</u> something, but I couldn't hear him clearly.	彼は何かを<u>つぶやいた</u>が、はっきり聞こえなかった。
1847	The low <u>murmurs</u> of the audience died away when the concert began.	聴衆の低い<u>ざわめき</u>はコンサートが始まると次第に静まった。
1848	He liked Italy so much that he decided to <u>prolong</u> his stay there.	彼はイタリアをかなり気に入ったのでそこでの滞在を<u>引き延ばす</u>ことに決めた。

1849	**propaganda** [prɑ̀pəgǽndə] 〈政治〉	名 (主義主張の)**宣伝活動，プロパガンダ**；**デマ**
1850	**receptor** [risépt*ə*r] 〈生理〉	名 **受容体[器]，感覚器官**
1851	**synchronize** [síŋkrənàiz]	動 (時計)の**時間を合わせる**；(機械)を**同期させる**；(同時代・同時期のもの)を**そろえる** 形 synchronous (同時の；同期の)
1852	**treatise** [tríːtəs] 〈学問〉	名 (学術)**論文，学術[専門]書** = 名 paper ([学術]論文) 名 dissertation ([学位]論文，形式の整った論述)
1853	**amnesia** [æmníːʒə] 〈医療〉	名 **記憶障害[喪失]**
1854	**antibiotic** [æ̀ntibaiátik] 〈医療〉	名 **抗生剤，抗生物質** 形 **抗生(物質)の**
1855	**deity** [díːəti] 〈文化〉	名 **神，女神**；**神性，神格**
1856	**dynasty** [dáinəsti] 〈歴史〉	名 **王朝，王家**；**名門** 形 dynastic (王朝の，王家の)
1857	**faction** [fǽkʃən] 〈政治〉	名 (政党などの)**派閥，党派**；**派閥争い，党争** 形 factional (派閥の)
1858	**fluency** [flúːənsi] 〈語学〉	名 (言葉の)**流暢さ，なめらかさ** with fluency (なめらかに，流暢に)
1859	**idle** [áidl] 〈社会〉	形 (人が)**働いていない**；(物が)**使われていない** = 形 jobless (仕事のない，失業中の) = 形 inactive (活動[稼動]していない；不活発な)
1860	**idol** [áidl]	名 **アイドル，崇拝される人[物]**；**偶像**

1849	The news is so one-sided in that paper that it seems like propaganda.	その新聞のニュースは非常に偏っていて宣伝活動のようだ。
1850	The jaguar has additional receptors in its eyes that allow it to see well in the dark.	ジャガーは、暗闇でもよく見えるようになる付加的受容体が眼にある。
1851	The group synchronized their watches and agreed to meet up in one hour in the town square.	そのグループは自分たちの時計の時間を合わせ、1時間後に街の広場で待ち合わせすることに合意した。
1852	My professor wrote a treatise on fifteenth century poetry.	私の教授は15世紀の詩に関する論文を書いた。
1853	He had short-term amnesia due to a head injury, and he could not remember things.	彼には頭部の怪我による短期記憶喪失があり、物事を覚えていることができなかった。
1854	The doctor recommended an antibiotic to fight the infection in his patient.	医者は患者の感染症と戦うための抗生剤を勧めた。
1855	In ancient Greece, the people worshipped multiple deities.	古代ギリシャでは、人々は複数の神々を崇拝した。
1856	The Ming dynasty ruled China from 1368-1644.	明王朝は1368年から1644年まで中国を統治した。
1857	There are many factions within this political party and they each have their own agenda.	この政党内には多くの派閥があり、各派閥にそれぞれの計略がある。
1858	Fluency is the ultimate goal for a language learner.	流暢さは語学を学ぶ者にとっての最終目標である。
1859	Because the union is on strike, the workers are currently idle.	組合がストライキ中なので、労働者たちは現在働いていない。
1860	That rock star is an idol to thousands of young girls.	そのロックスターはたくさんの若い少女にとってアイドルだ。

1861	**misery** [mízəri]	名 悲嘆；窮状；苦痛；不幸，苦難
1862	**repress** [riprés] 《心理》	動 ~を抑え込む，抑制[抑圧]する；(騒動や人々を)鎮圧[制圧]する 形 repressive (抑圧的な)
1863	**charismatic** [kæ̀rizmǽtik] 《社会》	形 カリスマ性がある 名 charisma (カリスマ性，強い魅力)
1864	**fingerprint** [fíŋgərprìnt]	名 指紋；(ある人や物を形作る)顕著な特徴
1865	**grind** [gráind]	動 ~をひく，ひいて粉にする；~を研ぐ，磨く ground beef (《米》牛ひき肉) ※過去・過去分詞形は ground
1866	**intimate** [íntəmət]	形 私的な，内々の；仲の良い，懇意な = 形 private (個人的な，私的な)
1867	**synthesize** [sínθəsàiz] 《化学》	動 ~を合成する；~を統合[総合]する；(音楽など)を電子的に作成する
1868	**explode** [iksplóud] 《社会》	動 爆発的に増える；(ガスなどが)爆発する，破裂する 名 explosion (激増；爆発，破裂)
1869	**hammer** [hǽmər]	動 (要点・考えなど)を力説する，たたき込む；~を打ちつける 名 ハンマー，つち
1870	**pervasive** [pərvéisiv]	形 まん延する，行きわたる 動 pervade (~に行きわたる，浸透する)
1871	**scratch** [skrǽtʃ]	名 かすり傷 動 ~をひっかく，こすり取る from scratch (最初から，ゼロから)
1872	**trivial** [tríviəl]	形 ささいな，取るに足らない = 形 unimportant (重要でない，ささいな) ⇔ 形 consequential (重大な；必然的な)

1861	The child's misery showed on her face when her pet cat died.	その子供のペットの猫が死んでしまい、彼女の顔に悲嘆な気持ちが表れていた。
1862	The psychiatrist said she may have repressed this painful memory.	彼女はたぶんこの苦痛な記憶を抑え込んできたのだろうと精神科医が言った。
1863	The young musician was not only talented but also charismatic, so she was popular.	その若い音楽家は才能があるだけでなくカリスマ性があったので、彼女は人気があった。
1864	My new phone unlocks with my fingerprint.	私の新しい電話は指紋で解錠される。
1865	Every morning I grind my coffee beans before I put them in the coffee maker.	毎朝コーヒー豆をひいてからコーヒーメーカーに入れる。
1866	She published a book with the intimate details of her relationship with the famous man.	彼女はその有名な男性との関係の私的な詳細を、本にして出版した。
1867	The company synthesized a lubricant that is widely used.	その企業は広く使われている潤滑油を合成した。
1868	Social networking companies have exploded in Silicon Valley recently.	ソーシャルネットワーク会社が、最近シリコンバレーで爆発的に増えてきている。
1869	He kept hammering his point in the debate.	彼はその議論において自身の意図を力説し続けた。
1870	The corruption in this government was pervasive; it had spread everywhere.	この政府内で汚職がまん延した。それはどこにでも広がっていた。
1871	I wasn't badly hurt in the fall; it was only a scratch.	私はその落下でひどい怪我を負ってはいなかった。ただのかすり傷だけだった。
1872	This is not a trivial matter; it is key to our research.	それはささいなことではない。私たちの研究にとっては重要なことだ。

№	単語	意味
1873	**vague** [véig]	形 漠然とした，曖昧な；ぼやけた = 形 unclear (不明瞭な，わかりづらい)
1874	**shudder** [ʃʌ́dər]	動 身震いする
1875	**shiver** [ʃívər]	動 (寒さ・恐怖などで)震える 名 震え，悪寒
1876	**tremble** [trémbl]	動 震える；振動する；(~を)ひどく心配する = 動 shake (おののく)
1877	**handy** [hǽndi]	形 手元にある，すぐ手に入る；便利な；扱いやすい
1878	**eradicate** [irǽdikèit] 《生物》	動 ~を根絶する，全滅させる 名 eradication (根絶，絶滅) = 動 eliminate (~を排除する；~を殺す)
1879	**leak** [líːk] 《社会》	動 ~を漏らす，漏れる 名 leakage (漏らすこと，漏えい) 形 leaky (漏れる，漏れやすい，穴の空いた)
1880	**lobby** [lάbi] 《政治》	動 (法案の)通過を働きかける 名 陳情者の団体；圧力団体 名 lobbyist (〔議員への〕陳情者，ロビイスト)
1881	**predator** [prédətər] 《生物》	名 捕食者，捕食[肉食]動物；略奪する人 熟 natural predator (天敵) 形 predatory (捕食性の)
1882	**sibling** [síbliŋ]	名 兄弟姉妹
1883	**annoy** [ənɔ́i]	動 ~をいらいらさせる；~を悩ませる 名 annoyance (いらだち；悩みの種) 形 annoying (うるさい，迷惑な，腹立たしい)
1884	**dialect** [dáiəlèkt] 《文化》	名 方言 形 dialectal (方言〔特有〕の)

1873	He made vague statements about it, but he was never clear and specific.	彼はそれについて漠然とした声明を出したが、明確かつ具体的になることはなかった。
1874	She shuddered when she remembered the villain in the horror movie.	彼女はホラー映画の悪役を思い出して身震いした。
1875	She shivered in the cold as she had forgotten to bring her coat.	彼女はコートを持ってくるのを忘れたので寒さに震えた。
1876	He trembled in fear as he prepared to jump out of the airplane.	彼は飛行機から飛び降りようとして怖くて震えた。
1877	I like to keep my phone handy in case I need to use it.	電話は使う必要があるときに備えて手元にあるようにしておきたい。
1878	Globally, we have yet to eradicate polio, a disease that often affects children.	世界的に、私たちはまだ、子供に頻繁に影響を及ぼす病気であるポリオを根絶しきれていない。
1879	The company is trying to identify the employee who leaked information about the new product.	その企業は新製品の情報を漏らした従業員を特定しようとしている。
1880	The special interest groups are lobbying for changes to the tax code.	その特定利益集団は税法改正の通過を働きかけている。
1881	The great white shark is at the top of the marine food chain and has no natural predators.	ホホジロザメは海洋の食物連鎖の頂点にあり、天敵はいない。
1882	There are five children in my family, myself and four other siblings.	私の家族は子供が5人で、私と4人の兄弟姉妹である。
1883	It annoys her when he drums his fingers on the table.	彼が指でテーブルをたたく行為は彼女をいらいらさせる。
1884	People from that small island speak a dialect that is a regional variation of the language.	あの小さな島出身の人々は、その言語の地域変種である方言を話す。

1885	**fatigue** [fətíːɡ]	名 疲労
1886	**solidarity** [sὰlədǽrəti] 《社会》	名 団結 形 solid (固体の；頑丈な) 動 solidify (〜を固める；固まる)
1887	**altruism** [ǽltruìzm] 《思想》	名 利他主義 形 altruistic (利他的な)
1888	**solicit** [səlísit] 《法律》	動 〜を嘆願する 熟 solicit B from A (B を A に求める, せがむ) 名 solicitor (懇願者；セールスマン；法務官)
1889	**liberate** [líbərèit] 《政治》	動 〜を解放 [釈放] する, 自由にする 名 liberation (解放運動；釈放, 解放) 形 liberated (解放された)
1890	**nationwide** [néiʃənwàid] 《社会》	形 全国規模の, 全国的な 名 nation (国家)
1891	**pant** [pǽnt]	動 息を切らす；渇望 [熱望] する pant for breath (ハーハー息をする) = long for 〜 (〜を待ち望む)
1892	**permanently** [pə́ːrmənəntli]	副 恒久的に, いつまでも 形 permanent (いつまでも続く, 永久的な) ⇔ 副 briefly (わずかの間)
1893	**strand** [strǽnd]	動 《受身》立ち往生する, 足止めを食う；座礁する
1894	**trespass** [tréspəs] 《法律》	動 不法侵入する 熟 trespass on 〜 (〜に侵入する, 〜を侵害する) 名 trespassing (不法侵入)
1895	**wander** [wάndər]	動 さまよい歩く；(話が) 横道にそれる 熟 wander away from 〜 (〜から離れてさまよう) = 動 roam (歩き回る)
1896	**bench** [béntʃ]	動 〜をベンチに下げる 名 ベンチ, 長いす 名 the bench (補欠選手；裁判官)

1885	Her fatigue was the result of a lack of sleep.	彼女の疲労は、睡眠不足の結果から来たものだった。
1886	When the police approached, the students surrounded the protestor as an expression of solidarity.	警察官が近づいたとき、学生たちは団結を示すため抗議者を取り囲んだ。
1887	His work in the Peace Corps was motivated by a sense of altruism.	平和部隊での彼の仕事は、利他主義の意識が動機となっていた。
1888	The state solicited aid from the federal government after the natural disaster.	自然災害の後、その州は連邦政府に援助を求めた。
1889	The Allied troops liberated Paris from German occupation during World War II.	連合軍は第二次世界大戦中にドイツの占領からパリを解放した。
1890	We are preparing for a nationwide launch of our product.	私たちは全国規模の商品発売のための準備をしている。
1891	The dog had been running fast, and he began to pant as he was thirsty and tired.	その犬は速く走り続け、喉の渇きと疲れのために息を切らし始めた。
1892	I'm afraid that the museum is permanently closed and has no plans to reopen.	その博物館は恒久的に閉館し、再開する計画はないのではないかと心配だ。
1893	When our car broke down, we were stranded in the countryside.	車が故障し、私たちは片田舎に立ち往生してしまった。
1894	The sign warned people not to trespass on private property.	その表示は、私有地に侵入しないよう人々に警告するものだった。
1895	The child wandered away from her parents in the forest and got lost.	その子供は森の中で両親から離れてさまよい、迷子になった。
1896	The coach benched him for the rest of the baseball game after he missed three fly balls.	彼がフライのボールを3度取り損なった後で、コーチはその野球の試合の残りで彼をベンチに下げた。

363

1897 bitter
[bítər]

形 苦い；むごい，つらい；
（言動が）辛辣な，激しい
⇔ 形 sweet（甘い）

1898 pardon
[páːrdn]

動 ～を赦免する；（借金など）を免除する
名 恩赦

1899 indulge
[indʌ́ldʒ]

動 （快楽・趣味などに）ふける；
（子供など）を甘やかす

1900 superficial
[sùːpərfíʃəl]

形 表面の，上皮の；表面的な；あさはかな；
重要でない
名 superficiality（浅薄，皮相）

1897	The coffee had an unpleasant, bitter taste as it had been sitting in the pot for a long time.	そのコーヒーはポットに入ったまま長らく放置されていたので、嫌な苦い味がした。
1898	The governor pardoned the prisoner, and he was set free from jail.	州知事はその囚人を赦免し、彼は刑務所から釈放された。
1899	After finals were over, I indulged in a long afternoon of watching movies with my friends.	最終試験が終わった後、私は午後の長い時間を友人と一緒に映画鑑賞にふけった。
1900	It was a superficial cut, so she covered it with a small bandage.	それは表面の切り傷だったので、彼女は小さな絆創膏を貼った。

No.	単語	意味
1901	**enthusiast** [inθúːziæst]	名 熱い人, 熱心家
1902	**intrude** [intrúːd]	動 邪魔をする；侵入する 名 intrusion (侵入；押しつけ) 形 intrusive (でしゃばりの, 侵入的な)
1903	**notorious** [noutɔ́ːriəs] 〈社会〉	形 悪名高い 副 notoriously (悪名高く；周知のこととして) = 形 infamous (悪名高い)
1904	**outweigh** [àutwéi]	動 〜を上回る, 〜にまさる
1905	**accustomed** [əkʌ́stəmd]	形 (〜に) 慣れている 熟 be accustomed to 〜 (〜に慣れている) 動 accustom (〜を〔…に〕慣れさせる)
1906	**earnest** [ɔ́ːrnist]	形 熱心な, 真面目な 名 手付金；かた, 抵当 副 earnestly (熱心に, 本気に)
1907	**innate** [inéit]	形 生まれながらの, 先天的な 副 innately (生まれつき；本質的に)
1908	**upward** [ʌ́pwərd]	副 上に向かって；高い位置へ； (数・量が) より多く
1909	**dubious** [djúːbiəs]	形 怪しい, 疑っている；曖昧な, 不明な
1910	**muscular** [mʌ́skjulər] 〈生理〉	形 筋肉質の 名 muscle (筋肉)
1911	**coup d'état** [kùː deitáː] 〈政治〉	名 クーデター, 武力政変
1912	**squad** [skwɑ́d]	名 班, 部隊；チーム, 一団

	EXAMPLE SENTENCE	TRANSLATION
1901	She's a real enthusiast and wants to tell everyone about the benefits of being active outdoors.	彼女はとても熱い人で、野外で活動する利点についてみなに話したいと思っている。
1902	He didn't want to intrude on their conversation, so he went to another part of the lounge to study.	彼は彼らの会話の邪魔をしたくなかったので、ラウンジのほかの場所へ行って勉強した。
1903	They were notorious for their bad behavior, so the whole team was watched closely when they arrived.	彼らは素行の悪さで悪名高いので、チーム全体で到着したとき厳しく監視された。
1904	The benefits outweighed the risks, so the committee voted to approve the proposal.	そのメリットはリスクを上回るので、委員会はその提案を承認する投票を行った。
1905	I am not accustomed to the traditions at this school, but I am eager to learn about them.	私はこの学校の伝統に慣れていないが、それらを学ぶ意欲はある。
1906	If you are earnest and dedicated, you can progress rapidly in this profession.	熱心でありかつ献身的であれば、この職業ですぐに向上できるだろう。
1907	He has innate musical talent as he composes symphonies without any formal training.	正式な訓練を受けずに交響曲を作曲するので、彼には生まれながらの音楽の才能がある。
1908	Birds almost always fly upward when they try to escape from danger.	鳥はほぼ常に危険から逃れるときは上に向かって飛ぶ。
1909	The information came from a dubious source, so she considered it unreliable.	その情報は怪しい情報源から来たものなので、彼女はそれを信頼できないと思った。
1910	He lifted weights to get a more muscular build before the school term began.	彼は学期が始まる前にもっと筋肉質の体にしようとウエイトを持ち上げた。
1911	The government was overthrown in a military coup d'état.	その政府は、軍事クーデターで倒されました。
1912	The squad of volunteers spread out across the meadow to start looking for several rare plants.	ボランティアの班は牧草地中に広がって珍しい植物を探し始めた。

No.	単語	発音	意味
1913	**vow**	[váu]	名 誓い 動 誓う
1914	**coherent**	[kouhíərənt]	形 理路整然とした，首尾一貫した；結束した，密着した
1915	**greedy**	[gríːdi]	形 欲張りな；切望している；大食の
1916	**hinder**	[híndər]	動 ~を妨げる，遅らせる
1917	**reckless**	[réklis]	形 無謀な
1918	**procure**	[proukjúər]	動 ~を獲得[入手]する = 動 obtain (~を獲得する)
1919	**afflict**	[əflíkt]	動 ~を苦しめる，悩ませる 名 affliction (苦痛；災難) = 動 plague (~を疫病にかからせる)
1920	**conscience**	[kánʃəns] 《心理》	名 良心，善悪の判断力 形 conscientious (良心的[誠実]な)
1921	**reconsider**	[rìːkənsídər]	動 ~を再考する，考え直す 名 reconsideration (見直し，再考)
1922	**interplay**	[íntərplèi]	名 相互作用；交錯 = 名 interaction (相互作用)
1923	**livestock**	[láivstàk] 《動物》	名 家畜(類)
1924	**optimism**	[áptəmìzm] 《思想》	名 楽観(主義) 形 optimistic (楽観的な) ⇔ 名 pessimism (悲観[主義])

1913	The monks took a vow of silence when they entered the monastery.	修道士は修道院に入り静寂の誓いを立てた。
1914	After they noticed that his speech wasn't coherent and his breathing was labored, they called for help.	彼の話し方が理路整然とせず呼吸が苦しくなってきていると気づいた彼らは、助けを呼んだ。
1915	He was not a greedy person; he was content with his life and did not want to change things.	彼は欲張りな人ではなかった。彼は自分の生活に満足しており何も変えたいと思わなかった。
1916	If you hinder the growth of the seedling at a critical stage, it will never produce fruit.	重要な段階で若木の成長を妨げると、果物を実らせなくなってしまう。
1917	It was reckless to try the mountain climbing trip without a local guide.	地元のガイド無しに登山旅行に挑戦するなんて無謀であった。
1918	The newspaper worked hard to procure the missing documents in the investigation.	その新聞は、その捜査で紛失した文書を獲得することに熱心に取り組んだ。
1919	Disease afflicts people of all income levels.	病気はどのような所得水準にある者も苦しめる。
1920	His conscience bothered him when he behaved dishonestly, and he had trouble sleeping.	彼は不誠実な行動をすると良心が痛み、眠ることが困難になった。
1921	I'd like to reconsider my decision, so is there still time to think about it?	私は自分の判断について再考したいのですが、それを考える時間はまだありますか?
1922	The interplay between the sweet and savory elements in the food made it delicious.	その食品の中の甘さと塩辛さの成分間の相互作用が、その食品をおいしくしていた。
1923	He manages the livestock on the ranch, which includes horses and cattle.	彼は牧場で家畜類を管理しており、その家畜は馬や牛などである。
1924	Her optimism makes me feel more hopeful.	彼女の楽観主義のおかげで、私はより希望を持つことができる。

1925	**spike** [spáik]	動 急上昇する 名 大釘
1926	**stationary** [stéiʃənèri]	形 固定された，据えつけの；静止した，変化しない = 形 fixed (固定された)
1927	**territorial** [tèrətɔ́:riəl]	形 縄張りを守るための；領土の，地域的な 名 territory (領地，地域)
1928	**humble** [hʌ́mbl]	形 謙虚な；質素[粗末]な；地位が低い
1929	**parody** [pǽrədi] 《文化》	名 パロディー，もじり 動 ～をもじる
1930	**reluctant** [rilʌ́ktənt]	形 渋っている，気の進まない 名 reluctance (気の進まないこと) = 形 unwilling (気の進まない)
1931	**apparel** [əpǽrəl]	名 衣服，服装 = 名 clothes (衣服)
1932	**embody** [imbádi]	動 ～を具現化[具体化]する 名 embodiment (体現，具現)
1933	**specimen** [spésəmən] 《生物》	名 標本
1934	**escalate** [éskəlèit]	動 段階的に拡大する 名 escalation (段階的な拡大[激化])
1935	**greenhouse** [grí:nhàus]	名 温室
1936	**irregularity** [irègjəlǽrəti] 《法律》	名 不正，反則；不規則，変則 形 irregular (不法な，法的に無効の)

1925	Over the last two years, interest rates have <u>spiked</u> 3 separate times as a result of unrest internationally.	混乱の結果、ここ2年間で利子率は国際的に3回急上昇した。
1926	It is much easier to hit a <u>stationary</u> target than a moving one.	動く標的よりも固定された標的を打つ方が格段に簡単だ。
1927	That male dog displays <u>territorial</u> behavior when he barks at strangers who knock at the door.	ドアをノックする見知らぬ人に向かって吠え、その雄犬は縄張りを守るための行動を示す。
1928	She is a <u>humble</u> person who rarely talks about herself or her accomplishments.	彼女は自分自身や自分の功績についてめったに話さない謙虚な人だ。
1929	The new play was a <u>parody</u> of the current president and his staff, and it was very funny.	その新しい演劇は、現在の大統領や彼のスタッフについてのパロディーで、とても面白かった。
1930	She was <u>reluctant</u> to join us, but we finally convinced her to come.	彼女は私たちに参加するのを渋っていたが、最終的に私たちは彼女を説得して来させた。
1931	That company designs and manufactures women's <u>apparel</u>.	その会社は婦人衣服のデザインと製造を行っている。
1932	The Washington Monument <u>embodies</u> the promise of a democratic government.	ワシントン・モニュメントは民主政治の誓いを具現化している。
1933	The scientist examined the tissue <u>specimen</u> under her microscope.	科学者は顕微鏡でその組織標本を調べた。
1934	If this conflict <u>escalates</u>, more countries may get involved.	この闘争が段階的に拡大したら、関与する国も増えるだろう。
1935	During the winter, they grow vegetables in their <u>greenhouse</u>, which is heated to protect the plants from the cold.	冬の間、彼らは温室で野菜を育てるのだが、その温室は寒さから植物を守るために温められている。
1936	The auditor found some <u>irregularities</u> in their finances.	監査役は、彼らの財政でいくつか不正を発見した。

#	見出し	意味
1937	**massacre** [mǽsəkər] 〈政治〉	動 ~を虐殺する；~を(大失敗して)台無しにする 名 大虐殺
1938	**persecute** [pə́ːrsikjùːt] 〈社会〉	動 ~を迫害する，虐げる；~をしつこく悩ます 名 persecution (迫害)
1939	**proxy** [práksi] 〈社会〉	名 (代理投票)委任状；代理権；代理人 = 名 substitute (代わりになるもの)
1940	**quest** [kwést]	名 冒険の旅；探究，追求 動 (~を)探し求める = 名 search (捜索)
1941	**sack** [sǽk] 〈政治〉	動 (財貨や都市など)を略奪する 名 略奪
1942	**agitated** [ǽdʒitèitid]	形 動揺[興奮]した 動 agitate (~を動揺させる；~を扇動する) 名 agitation (動揺；扇動)
1943	**hook** [húk]	名 釣り針；かぎ，留め金 動 ~を釣り上げる，引っかける
1944	**maternity** [mətə́ːrnəti] 〈生理〉	形 妊婦の(ための) 名 母性；母らしさ；産科(病院) 形 maternal (妊婦の，母の)　maternal instinct (母性本能)
1945	**overly** [óuvərli]	副 過度に = 副 excessively (あまりに)
1946	**ratify** [rǽtəfài] 〈政治〉	動 ~を承認[批准]する 動 validate (~を承認[批准]する)
1947	**thrust** [θrʌ́st]	動 ~を突き出す 名 (急な)押し；突き
1948	**bolt** [bóult]	動 駆け出す 名 ボルト，ねじくぎ；稲妻，電光

1937	Millions of Jews were massacred during World War II.	何百万ものユダヤ人が第二次世界大戦中に虐殺された。
1938	The pilgrims came to America because they were persecuted for their religious beliefs in Europe.	巡礼者はヨーロッパで宗教的信仰を理由に迫害されたのでアメリカに来た。
1939	I received a proxy from my friend to vote for him in the stockholders' meeting.	私は株主総会で彼の代わりに投票する（代理投票）委任状を彼から受け取った。
1940	In the story, the hero joins the group on a quest for treasure.	その物語では、ヒーローは宝物を求める冒険の旅へ向かう集団に加わる。
1941	The conquering army sacked the city of Troy and carried away many treasures.	征服者部隊はトロイの町を略奪し、多くの財宝を運び去った。
1942	The psychiatric patient seemed agitated and upset.	その精神病患者は、動揺し冷静さを失っているようだった。
1943	She used a hook to catch the fish, which she cooked for her dinner.	彼女は釣り針を使い魚をつかまえ、その魚を夕食用に料理した。
1944	That store carried great maternity clothes for pregnant women.	その店は妊娠中の女性のための妊婦（マタニティー）服の品揃えが良かった。
1945	He was overly friendly to my new girlfriend, which I did not like.	彼は私の新しいガールフレンドに対し過度に友好的で、私はそれが気に入らなかった。
1946	The legislature ratified the amendment with a majority vote.	議会は過半数の得票でその修正案を承認した。
1947	He thrust a knife at him in an effort to defend himself in the fight.	彼はその喧嘩で自己防衛しようと彼にナイフを突き出した。
1948	When the rattlesnake startled it, the horse bolted.	ガラガラヘビに驚き、その馬は急に駆け出した。

373

1949	**bourgeois** [buərʒwá:] 《社会》	形 ブルジョアな，中産階級の ⇔ 形 proletarian（プロレタリアの，無産階級の）
1950	**delta** [déltə] 《地学》	名 デルタ（地帯），三角州；（ギリシャ文字の）デルタ
1951	**honorable** [ánərəbl]	形 立派な，高潔な；尊敬すべき，名誉な 名 honor（名誉，名声；信用）
1952	**foreground** [fɔ́:rgràund] 《芸術》	名 （絵画などの）前景；最前面，人目を引く位置 動 （重要性を与え）~を目立たせる
1953	**inhabitant** [inhǽbətənt] 《社会》	名 住民；棲息動物 動 inhabit（~に住んでいる，居住する） = 名 resident（居住者）
1954	**mourn** [mɔ́:rn]	動 ~を嘆き悲しむ 形 mournful（悲しみに沈んだ，哀れをそそる） = 動 grieve（〔~を〕深く悲しむ）
1955	**pan** [pǽn]	動 ~を酷評する 動 criticize（~を批評する）
1956	**reservoir** [rézərvwà:r]	名 貯水池；貯蔵所；（知識，事実などの）貯蔵，蓄積
1957	**underscore** [ʌ́ndərskɔ̀:r]	動 ~を強調する；~の下に線を引く = 動 emphasize（~を強調する）
1958	**withhold** [wiðhóuld]	動 ~を引き留める，許可しない；（税金など）を給料から差し引く
1959	**jargon** [dʒá:rgən] 《学問》	名 専門用語，特殊用語 = 名 terminology（専門語）
1960	**refrain** [rifréin]	動 差し控える，慎む 熟 refrain from ~（~を差し控える，遠慮する） 名 繰り返し，反復句

1949	They made fun of his <u>bourgeois</u> lifestyle as money and possessions were unimportant to them.	彼らはお金や財産に重点を置いていなかったので、彼の<u>ブルジョアな</u>生活スタイルをからかった。
1950	The Mississippi <u>delta</u> is one of the largest areas of coastal wetlands in the United States.	ミシシッピ<u>デルタ</u>はアメリカ合衆国の最も大きな沿岸湿地の1つである。
1951	She is an <u>honorable</u> woman who I respect very much.	彼女は私がとても尊敬する<u>立派な</u>女性である。
1952	In the <u>foreground</u> of the picture, there is a small house; in the background, there is a mountain.	その絵画の<u>前景</u>に小さな家があり、背景には山がある。
1953	He is one of the 56 <u>inhabitants</u> of the small village, and he has lived there all his life.	彼はその小さな村の56人の<u>住民</u>の1人で、彼はそこで生涯を過ごした。
1954	The children <u>mourned</u> the death of their father.	子供たちは父親の死を<u>嘆き悲しんだ</u>。
1955	The critics <u>panned</u> the movie; they gave it one star out of a possible five stars.	その批評家たちはその映画を<u>酷評した</u>。彼らは5つ星中星を1つしか付けなかった。
1956	The drinking water for the city is stored in a <u>reservoir</u>.	その市の飲料水は<u>貯水池</u>に貯められている。
1957	The recent series of accidents at that intersection <u>underscores</u> the need for a traffic light.	その交差点で起きた最近の一連の事故は、信号機の必要性を<u>強調している</u>。
1958	Her parents threatened to <u>withhold</u> their financial support if she did not improve her grades.	彼女の成績が改善されなければ財政支援を<u>引き留める</u>と、彼女の両親は脅した。
1959	The group of software engineers used a common <u>jargon</u> to describe their work.	ソフトウェアエンジニアのグループは共通の<u>専門用語</u>を使って自身の仕事を表現した。
1960	The presenter asked the audience to <u>refrain</u> from asking questions until she was finished with her talk.	司会者は彼女の発言が終わるまで、質問するの<u>を差し控える</u>よう聴衆に依頼した。

1961	**resign** [rizáin] 〈社会〉	動 辞める，辞職する 熟 resign from ~ (~を辞職する) resign oneself to ~ (~に甘んじる，~で妥協する)
1962	**dump** [dʌ́mp]	動 ~をどさっと落とす，投げ出す；(人)を(見)捨てる 名 ごみ捨て場
1963	**glucose** [ɡlúːkous] 〈化学〉	名 ブドウ糖
1964	**handful** [hǽndfùl]	名 わずか，一握り 熟 a handful of ~ (ひとつかみの~) = a few (少量の)
1965	**mesh** [méʃ]	動 調和する in mesh (かみ合って) = 動 entwine (〈受身〉絡まる，密接に関係する)
1966	**monk** [mʌ́ŋk] 〈文化〉	名 修道士 ⇔ 名 sister (修道女) ⇔ 名 nun (修道女)
1967	**revoke** [rivóuk]	動 ~を取り消す 名 revocation (取り消し，破棄) = 動 cancel (~を取り消す)
1968	**signify** [sígnəfài]	動 ~を示す，意味する；~を表明する = 動 denote (~を示す，意味する)
1969	**appetite** [ǽpitàit] 〈生理〉	名 食欲；欲求 形 appetizing (食欲[欲望]をそそる)
1970	**benchmark** [béntʃmàːrk]	名 基準 = 名 standard (基準，標準)
1971	**despair** [dispéər]	名 絶望 動 絶望する
1972	**hesitate** [hézətèit]	動 ためらう，躊躇する 名 hesitation (ためらい，躊躇) 形 hesitant (ためらう)

1961	The man decided to resign from his position on the board of directors in order to spend more time with his family.	その男性は家族と過ごす時間を増やすため、取締役会での自身の立場を辞職することに決めた。
1962	She dumped the contents of her purse onto the table in her search for her keys.	彼女は鍵を探すため、テーブルの上にハンドバッグの中身をどさっと落とした。
1963	The doctor was concerned, so he ordered a blood test to check her glucose levels.	医者は心配になり、彼女のブドウ糖値を確認する血液検査を指示した。
1964	There are only a handful of companies that still make that product, so it is difficult to find.	今もなおその商品を作っているのはほんのひとつかみの会社しかないので、見つけるのは難しい。
1965	Our personalities did not mesh well together, so we often argued.	私たちの性格はあまり調和しなかったので、口論が絶えなかった。
1966	The monks spend the early morning hours in prayer.	修道士たちはお祈りをして朝の早い時間を過ごす。
1967	Because he had multiple drunk driving convictions, the state revoked his driver's license.	彼は飲酒運転で複数回有罪判決を受けたので、州は彼の運転免許証を取り消した。
1968	His badge signifies his position as a member of law enforcement.	彼のバッジは警察の一員としての立場を示している。
1969	She had a big appetite after running the race, so she cooked a big dinner.	彼女はレースで走った後に食欲旺盛となり、夕食をたくさん用意した。
1970	Achieving one million dollars in sales was an important benchmark for our small company.	100万ドルの売上を達成することは、私たち小規模企業にとっての重要な基準であった。
1971	He was filled with despair when his wife died suddenly.	彼の妻が突然死したとき、彼は絶望でいっぱいになった。
1972	Please do not hesitate to call me if you have any questions.	質問があれば、ためらわずに私にお電話ください。

1973	**monstrous** [mánstrəs]	形 極悪非道の，ひどい 名 monster (極悪非道な人；怪物) = 形 atrocious (残虐な，ひどい)
1974	**nightmare** [náitmèər] 〈心理〉	名 悪夢；恐ろしい出来事
1975	**prop** [práp]	動 支える，支持する 熟 **prop up** ～ (～を下支えする，てこ入れする) 名 支柱，大黒柱
1976	**spark** [spá:rk]	動 ～を誘発する；～を活気づける；火花が散る = 動 arouse (～を喚起する)
1977	**spiral** [spáiərəl]	動 悪循環に陥る；(物価などが)急上昇[下降]する 形 らせん(状)の；渦巻き(状)の
1978	**statesman** [stéitsmən] 〈政治〉	名 指導的政治家，大物政治家 名 statesmanship (政治家としての資質) policy maker (政治家)
1979	**theatrical** [θiǽtrikəl] 〈芸術〉	形 劇場の；演劇の；芝居じみた，わざとらしい 名 〈複〉(素人)芝居
1980	**censor** [sénsər] 〈政治〉	動 (出版物など)を検閲する 名 検閲官 名 censorship (検閲制度)
1981	**deliberate** [dilíbərət]	形 意図的な，計画的な；慎重な，思慮深い 副 deliberately (わざと，故意に；慎重に)
1982	**predecessor** [prédəsèsər] 〈社会〉	名 前任者；先輩；以前使われていたもの，前のもの ⇔ 名 successor (後任者)
1983	**redundancy** [ridʌ́ndənsi] 〈経済〉	名 余剰(労働者)；余剰人員の解雇；余分，冗長；冗語 形 redundant (余分な)
1984	**thrive** [θráiv] 〈生物〉	動 (植物などが)よく育つ，生い茂る；栄える；成功している = 動 prosper (成功する，繁盛する)

1973	He was convicted of a <u>monstrous</u> crime and was given a life sentence without parole.	彼は極悪非道な犯罪で有罪判決を受け、仮釈放無しの終身刑判決を受けた。
1974	Watching the horror movie gave the child <u>nightmares</u>.	ホラー映画を観て、子供は悪夢を見た。
1975	The government <u>propped</u> up the price of wheat to protect the farmers.	政府は農夫を保護するため小麦の価格を下支えした。
1976	The conversation <u>sparked</u> an idea for his new design.	その会話が彼の新しいデザインのアイディアを誘発した。
1977	Inflation in that country is <u>spiraling</u> out of control.	あの国のインフレは制御不能で悪循環に陥っている。
1978	Churchill became a respected <u>statesman</u> in England due to his leadership of the country during the war.	チャーチルは戦時中における国の統率力が評価され、尊敬に足るイングランドの指導的政治家になった。
1979	The audience clapped loudly at the end of the <u>theatrical</u> performance.	劇場の上演の最後に観客は大きな拍手を送った。
1980	The government <u>censored</u> the information coming into the country.	政府はその国に入ってくる情報を検閲した。
1981	It was an accidental rather than a <u>deliberate</u> mistake.	それは意図的ではなく予想外の誤りだった。
1982	My <u>predecessor</u> left to take a position at another company, so they hired me to replace her.	私の前任者がほかの会社の職位に就くため去ったので、会社は彼女に替えて私を雇用した。
1983	The new management reviewed the positions to look for <u>redundancies</u> to save money.	経費を削減するために余剰を探そうと、新たな管理者は職位を再検討した。
1984	Oranges <u>thrive</u> in that warm, sunny climate.	オレンジは暖かく太陽が注ぐ気候でよく育つ。

1985	**toll** [tóul] 〈社会〉	名 通行料金, 使用料; 被害, 損害, 犠牲者 toll call (長距離通話料金)
1986	**crushing** [kráʃiŋ]	形 痛烈な, 辛辣な; 圧倒的な, 決定的な 動 crush (ひしめく, 殺到する)
1987	**elegant** [éligənt]	形 洗練された; 上品な, 優雅な = 形 graceful (上品な, 優雅な)
1988	**gentry** [dʒéntri] 〈社会〉	名 〈the —〉紳士階級 熟 landed gentry (地主階級)
1989	**hone** [hóun]	動 (技術など)を磨く; 〜を砥石で研ぐ
1990	**lifespan** [láifspæn] 〈生理〉	名 寿命 = 名 lifetime (寿命; 一生, 生涯)
1991	**terrain** [təréin] 〈地学〉	名 地形, 地勢; 地域, 領域 = 名 topography (地勢; 地形学)
1992	**timber** [tímbər]	名 木材, 板材; 樹木, 森林 名 timbering (建築用材) 名 timberland (森林地)
1993	**aerodynamic** [èəroudainǽmik] 〈物理〉	形 空気力学的な 名 aerodynamics (空気[航空]力学)
1994	**exotic** [igzátik] 〈生物〉	形 (植物などが)外来種の, 外国由来の; 異国風の; 魅惑的な ⇔ 形 indigenous (土地固有の; 原産の)
1995	**moan** [móun]	動 (人が)うめき声を上げる, (風が)うなる; 不平を言う, 嘆く
1996	**slump** [slʌ́mp] 〈経済〉	名 不況; スランプ, 不調 = 名 depression (不況)

1985	Cars must pay a toll when they cross the Golden Gate Bridge into San Francisco.	ゴールデン・ゲート・ブリッジを渡ってサンフランシスコに行く際、車は通行料金を支払わなければならない。
1986	Losing the game in overtime was a crushing blow to the fans.	延長戦の末での試合の敗北は、ファンに痛烈な打撃を与えた。
1987	Her clothes are always stylish and elegant.	彼女の服装はいつもスタイリッシュで洗練されている。
1988	In England, the landed gentry are entitled to a coat of arms.	イングランドでは、土地を所有する地主階級は紋章を得る資格がある。
1989	He honed his skills while working as an apprentice to a master craftsman.	彼は優れた職人の見習いとして働きながら、自分の技術を磨いた。
1990	The lifespan of butterflies is very short.	チョウの寿命は非常に短い。
1991	The terrain was uneven, so it took longer for us to hike through it.	地形に起伏があったので、私たちがそれを渡っていくにはより時間がかかった。
1992	The shipbuilders used timber from the forests to build the masts of their tall ships in centuries past.	何世紀も前、造船技師は森から採取した木材を使って、背の高い船の帆柱を建てた。
1993	The new jet was designed to be very aerodynamic.	その新しいジェット機は、とても空気力学的に設計された。
1994	That nursery carries many exotic and rare plants that you can't find elsewhere.	その養樹園は他では見つけられないたくさんの貴重な外来種の植物を取り扱っている。
1995	When he woke up after the accident he moaned in pain.	事故後彼は目を覚ますと痛みでうめき声を上げた。
1996	The building industry was in a slump for a few years, but it has improved recently.	建築業はここ2、3年不況であったが、最近改善してきている。

381

1997	**temperate** [témpərət]	形	(気候が)温暖な，温和な；穏やかな，節度のある ＝形 moderate (穏やかな；節度のある)
1998	**tundra** [tÁndrə] 《地学》	名	ツンドラ，凍土帯
1999	**glacier** [gléiʃər] 《環境》	名	氷河 形 glacial (氷河の，氷河期の)
2000	**unmistakable** [ʌnmistéikəbl]	形	間違いようもない，まぎれもない ⇔ 形 mistakable (まぎらわしい，間違えやすい)

1997	She prefers to live in a temperate climate as she doesn't enjoy long, cold winters.	彼女は長く、寒い冬を楽しめないので温暖な天候の地域に住む方を好む。
1998	Caribou migrate across the tundra in search of food.	カリブーは食糧を求めてツンドラを渡る。
1999	There is concern that the melting of glaciers is caused by global warming.	地球温暖化により氷河が溶けているという懸念がある。
2000	She recognized his son immediately as the resemblance between father and son was unmistakable.	父親と息子が似ていることは間違いようもなかったので、彼女は彼の息子をすぐに認識した。

Column 4 — Illness（病気）

▶留学生活で重要な病気やその症状についてはもちろん，社会問題となるような病気の単語も重要なので，しっかりおさえておきましょう。

symptom 症状
cough 咳
sneeze くしゃみ
feel dizzy 目まいがする
fever 熱
sore throat 喉の痛み
chill 寒気
nasal congestion 鼻づまり
hypertension 高血圧
hypotension 低血圧
asthma 喘息
coma 昏睡(状態)
arthritis 関節炎

virus ウイルス
bacteria / germs 細菌
cold 風邪
flu インフルエンザ
avian influenza 鳥インフルエンザ
measles はしか
polio ポリオ
chicken pox 水ぼうそう
mumps おたふくかぜ
smallpox 天然痘
cholera コレラ
AIDS エイズ

Ebola hemorrhagic fever エボラ出血熱
plague ペスト
TB (tuberculosis) 結核
rabies 狂犬病
malaria マラリア
dengue fever デング熱
diabetes 糖尿病
stroke 脳卒中
heart attack 心臓発作
cancer 癌
dementia 認知症
leukemia 白血病
ALS (amyotrophic lateral sclerosis) 筋萎縮性側索硬化症
Parkinson's disease パーキンソン病
dysentery 赤痢
typhus チフス

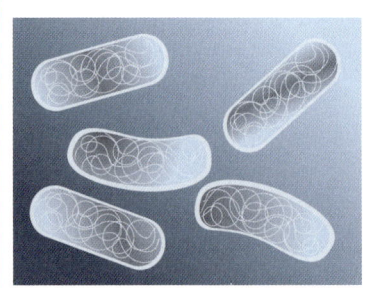

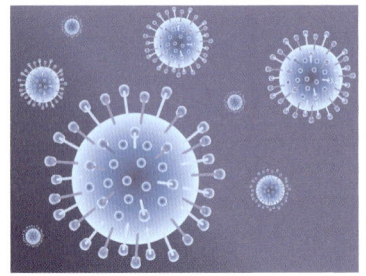

2500 ESSENTIAL ENGLISH WORDS FOR THE TOEFL TEST

ROUND 5

STAGE 21-25
No. 2001-2500

The University of Oxford aims to lead the world in research and education. We seek to do this in ways which benefit society on a national and a global scale. Over the period of this Plan we will build on the University's long traditions of independent scholarship and academic freedom while fostering a culture in which innovation plays an important role.

The University of Oxford

ROUND 5 STAGE 21 No.2001-2100

No.	単語	意味
2001	**dazzle** [dǽzl]	動 (光が)〜の目をくらませる，まぶしくする 形 dazzling (目がくらむほどの，まぶしい)
2002	**baton** [bətán]	名 バトン；警棒；指揮棒 熟 pass the baton (責任を受け渡す)
2003	**respectable** [rispéktəbl]	形 相当な，かなりの；立派な = 形 admirable (立派な)
2004	**scrap** [skrǽp]	動 〜を破棄[廃止]する；〜を解体する 名 (大きな物の)かけら，(物事の)断片
2005	**tedious** [tíːdiəs]	形 退屈な，うんざりする = 形 tiresome (退屈な，飽き飽きする)
2006	**irritate** [írətèit]	動 〜をヒリヒリさせる，刺激する； 〜を怒らせる，いらいらさせる = 動 annoy (〜をいらいらさせる)
2007	**sprint** [sprínt]	動 全力疾走する 名 短距離走
2008	**affluent** [ǽfluənt]	形 裕福な；豊富な 名 affluence (豊かさ) = 形 wealthy (裕福な)
2009	**anthology** [ænθάlədʒi]	名 選集 = 名 compilation (編集物，寄せ集め)
2010	**eloquent** [éləkwənt]	形 雄弁な，説得力のある；表情豊かな = 形 persuasive (説得力のある)
2011	**demolish** [dimάliʃ]	動 (建物)を破壊する；(理論など)を覆す； (制度など)をやめる = 動 raze (〈受身〉〜を取り壊す)
2012	**gossip** [gάsəp]	動 噂話[雑談]をする 名 人の噂話，陰口；無駄話，世間話

#	EXAMPLE SENTENCE	TRANSLATION
2001	He was <u>dazzled</u> by her appearance at the party.	彼はパーティーで彼女の外見に目がくらんだ。
2002	She planned to <u>pass the baton</u> during the next meeting and announce the next leader.	彼女は次の会議で責任を受け渡し、次のリーダーを発表しようと計画した。
2003	You must keep a <u>respectable</u> distance away from the fireworks or you risk an injury.	相当離れた距離から花火を見なければならない、さもないと怪我をする恐れがある。
2004	We <u>scrapped</u> the results and started over as something was wrong with our initial plan.	最初の計画に何か間違いがあったため、私たちは結果を破棄して最初からやり直した。
2005	It was <u>tedious</u> to memorize the verb tenses, but it was critical for becoming fluent in the language.	動詞の時制を覚えるのは退屈だったが、その言語で流暢になるためにはそれは重大なことだった。
2006	The cream <u>irritated</u> her face and made it red, so she had to stop using it.	そのクリームは彼女の顔をヒリヒリさせて赤くしたので、彼女はそれを使うのを止めなければならなかった。
2007	The runner <u>sprinted</u> to the finish line.	そのランナーはゴールに向け全力疾走した。
2008	The neighborhood was becoming popular with <u>affluent</u> young families as it had lots of trees and parks.	その地区は木々や公園がたくさんあったので裕福な若い家族に人気になってきた。
2009	The committee decided to create an <u>anthology</u> of novels and short stories about cowboys.	委員会はカウボーイに関する小説や短編の選集を作成することに決めた。
2010	She's an <u>eloquent</u> and inspiring speaker.	彼女は雄弁であり、人を感激させる話し手だ。
2011	They <u>demolished</u> the old building rather than remodeling it.	彼らは古い建物を改装するというより破壊した。
2012	The group of girls <u>gossiped</u> about each other all the time, which caused problems.	その少女のグループはいつもお互いのことについて噂話をし、そのことで問題が生じた。

#	英単語	発音	意味
2013	**phenomenal**	[finámənl]	形 驚異的な 副 phenomenally (驚くほど, すばらしく)
2014	**mute**	[mjúːt]	形 無言の, 沈黙した 動 (音)を消す [弱める]；(感情など)を和らげる
2015	**rim**	[rím]	名 縁, へり；(車輪の)リム
2016	**egotistic**	[ìgətístik] 《心理》	形 自己中心の, 利己的な 名 egotist (目立ちたがり屋)
2017	**drastically**	[dréstikəli]	副 大幅に, 徹底的に 形 drastic (激烈な, 徹底 [抜本] 的な)
2018	**ambivalent**	[æmbívələnt]	形 相反する感情を持つ；両面感情の 名 ambivalence (感情の交錯, ためらい) ＝形 equivocal (どっちつかずの；多義性の)
2019	**peek**	[píːk]	動 こっそり見る；ちらっと見える
2020	**pierce**	[píərs]	動 (静けさ)を破る；(光が)～に差し込む； ～に穴を空ける；～を貫通する 形 piercing (甲高い；突き刺すような；鋭い)
2021	**responsibly**	[rispánsəbli]	副 責任を持って；確実に 形 responsible (責任がある)
2022	**transparent**	[trænspǽrənt]	形 透明な, 透き通った；明白な 名 transparency (透明度；透明なもの) ⇔ 形 opaque (不透明な；不明瞭な)
2023	**skim**	[skím]	動 ～をざっと読む, 拾い読みする； ～をすくい取る
2024	**immerse**	[imə́ːrs]	動 ～を浸す, ～を(…に)沈める 熟 immerse oneself in ～ (～に没頭する, ふける)

2013	She was a phenomenal runner who won all her races.	彼女は出場した全レースを制覇した驚異的なランナーだった。
2014	She stood there mute with a surprised look on her face; she was at a loss for words.	彼女はそこに驚きの表情を顔に浮かべ無言で立ち尽くしていた。彼女は言葉を失っていた。
2015	Viewing the rim of the Earth from space is a beautiful sight that few experience.	地球の縁を宇宙から眺めるのはほとんどの人は経験できない美しい光景だ。
2016	He is very proud and egotistic.	彼は非常に高慢で自己中心的である。
2017	The drought required them to drastically reduce their water use.	干ばつのため彼らは水の使用を大幅に削減しなければならなかった。
2018	We haven't decided if we are moving or not; my wife and I are feeling ambivalent about it.	私たちはまだ引っ越すかどうか決めかねている。私の妻と私はそれについて相反する感情を持っている。
2019	The children peeked at their Christmas gifts by opening just a part of the wrapping, so they could see the picture on the box.	子供たちはクリスマスプレゼントの箱の写真が見えるよう、包装紙の一部を開けてこっそり見た。
2020	The loud sound pierced the silence of the library.	大きな音が図書館の静寂を破った。
2021	Her parents urged her to act responsibly when she was away at school.	彼女が両親と離れ学校にいる間は責任を持って行動するよう、彼らは彼女に求めた。
2022	The fabric of the curtains was transparent, so you could easily see through them.	カーテンの生地は透明であったので、簡単に透けて見えた。
2023	I skim the newspaper for articles I might be interested in and then go back and read those carefully.	私は興味があるかもしれない記事があるか新聞をざっと読み、それから戻ってその記事を注意深く読む。
2024	She wanted to learn Spanish quickly, so she decided to immerse herself in the language and moved to Argentina.	彼女はすぐにスペイン語を修得したかったので、その言語に没頭することに決め、アルゼンチンへ引っ越した。

2025	**landing** [lǽndiŋ]	名 着陸，上陸；(階段の)踊り場 = 名 touchdown (着陸；タッチダウン)
2026	**pit** [pít]	動 ~を競わせる；~をへこませる；~に穴を掘る 熟 pit A against B (AをBと対抗させる) 名 穴，くぼみ
2027	**abide** [əbáid]	動 ~を我慢する，~に耐える abide by ~ ([規則など]を守る，~に従う)
2028	**acronym** [ǽkrənìm] 《語学》	名 頭字語(複数の語の頭文字部分を集めて作った語) = 名 abbreviation (略語；省略)
2029	**cathedral** [kəθí:drəl] 《文化》	名 大聖堂；司教[主教]座聖堂
2030	**exacerbate** [igzǽsərbèit]	動 ~を悪化させる 名 exacerbation (悪化) = 動 worsen (~をさらに悪化させる)
2031	**harness** [hɑ́:rnis]	動 ~を利用する；(自然の力)を動力とする 名 馬具；(固定させる)安全ベルト
2032	**heir** [éər] 《法律》	名 相続人，跡取り；後継者 ⇔ 名 heiress (女性の相続人；女性の後継者)
2033	**intercourse** [íntərkɔ̀:rs]	名 (意見などの)交換，やり取り；交流；情事，肉体関係
2034	**lateral** [lǽtərəl]	形 横方向の；側面の 名 側面部分；(アメフトの)横パス 熟 lateral move (左遷)
2035	**parasite** [pǽrəsàit] 《生物》	名 寄生虫，寄生生物；居候
2036	**provoke** [prəvóuk]	動 ~を引き起こす，誘発する；~を怒らせる，立腹させる 熟 provoke A to do [into doing] (Aを刺激して~させる)

2025	It was a rough landing, and the passengers of the airline were happy to be safely on the ground.	着陸が荒かったので、その飛行機の乗客は無事地上に着き喜んだ。
2026	Long-term rivals were pitted against each other in the competition.	長年のライバルはその競技で互いに対抗した。
2027	I can't abide his constant insults, so I will stay away from him.	絶えず続く彼の失礼な行為に私は我慢することができなくなったので、彼に近づかないことにする。
2028	An acronym is different from an abbreviation as it uses the first letter of each word, like PC for personal computer.	頭字語は、personal computerでのPCのように、各単語の最初の文字を使うので略語とは異なる。
2029	The group toured the famous cathedral in Spain where people still worship on Sunday.	今でも日曜日に人々が礼拝に訪れるスペインの有名な大聖堂をその集団は見て回った。
2030	A lack of sleep has exacerbated his health problems.	睡眠不足は彼の健康問題を悪化させている。
2031	Solar panels harness the energy of the sun and use it to generate power.	ソーラー・パネルは太陽のエネルギーを利用し、それを使って電力を生み出す。
2032	He is the only heir to his father's fortune.	彼は父親財産の唯一の相続人だ。
2033	In the intercourse of our discussion between our countries, we have discovered many commonalities.	私たちの国家間の意見の交換において、私たちは多くの共通性を発見した。
2034	He is moving to a new position in the company, but it is a lateral move not a promotion.	彼は社内での新たな職務に異動しているが、それは昇格ではなく左遷の異動である。
2035	The Galápagos tortoises are troubled by parasites, tiny ticks that live in the folds of their skin.	ガラパゴスゾウガメは、寄生虫、すなわち皮膚のしわに生息する小さなダニに悩まされている。
2036	The criticism provoked him to leave in anger.	その批評が彼を刺激して怒って出ていかせてしまった。

2037	**foresee** [fɔːrsíː]	動 ~を予期する，予感する 形 foreseeable (予見できる) = 動 predict (~を予測する)
2038	**innovate** [ínəvèit] 〈社会〉	動 革新[刷新]する；~を新たに導入する 名 innovation (革新；新方式) 形 innovative (革新的な)
2039	**regimented** [rédʒəməntid] 〈法律〉	形 厳格に管理[統制]された 動 regiment (~を厳格に管理[統制]する) 名 regimentation (統制，画一化)
2040	**solitary** [sálətèri]	形 1人だけの，孤独な = 形 lonely (1人の；寂しい) = 形 isolated (孤立した)
2041	**hardship** [háːrdʃip]	名 苦難，苦境 = 名 plight (悪い状態，苦境)
2042	**speculation** [spèkjəléiʃən]	名 憶測；思索；投機 動 speculate (憶測する；考える；投機する)
2043	**habitat** [hǽbitæt] 〈動物〉	名 (動植物の)生息環境[地域]；住宅，住所
2044	**personalize** [pə́ːrsənəlàiz]	動 ~に自分の名前[イニシャル]を入れる； ~を人の好みに合わせる
2045	**breakthrough** [bréikθrùː]	名 突破(口)，打開；前進，躍進
2046	**hemisphere** [hémisfìər] 〈宇宙〉	名 (天体の)半球；半球体；(脳の)半球 熟 the Southern Hemisphere (南半球) cerebral hemisphere (大脳半球)
2047	**keynote** [kíːnòut]	名 基調，要旨 動 ~を強調する keynote speech (基調講演)
2048	**proactive** [prəǽktiv]	形 事前に行動を起こした[起こす]

2037	She did not <u>foresee</u> the problems that emerged as a result of her decision.	彼女は自身の決断の結果生じる問題を予期していなかった。
2038	Companies in Silicon Valley, California continue to <u>innovate</u>.	カリフォルニアのシリコンバレーにある企業は、革新し続けている。
2039	Her schedule is very <u>regimented</u>; she gets up at the same time each day and goes to bed at the same time at night.	彼女のスケジュールは非常に厳格に管理されたものであり、彼女は毎日同じ時間に起床し同じ時間に床に就く。
2040	She prefers to live alone; she is happy with her <u>solitary</u> life.	彼女は一人暮らしの方がいいと感じている。彼女は1人だけの生活に満足している。
2041	It was a <u>hardship</u> when the farmer had his water allotment cut by more than 50%.	農夫にとって水の割り当てが50％以上削減されるのは至難だった。
2042	The upcoming retirement of the college president has led to <u>speculation</u> about his successor.	じき訪れる大学の学長の退職により、継承者についての憶測が持ち上がってきた。
2043	The <u>habitat</u> of the polar bear is changing and it appears to be adapting.	ホッキョクグマの生息環境は変化しており、彼らは状況に合わせて変化しているようだ。
2044	The company has an option for you to <u>personalize</u> the luggage with your initials.	その企業は旅行かばんにイニシャルを入れるオプションを用意している。
2045	The research company has made a <u>breakthrough</u> in this area, and their stock is rising as a result.	調査会社はこの分野で突破口を開き、結果としてその株価は上昇している。
2046	The country of Australia is located in the Southern <u>Hemisphere</u>.	オーストラリアの国は南半球に位置している。
2047	The <u>keynote</u> speaker at the conference gave the main presentation.	その会議で基調講演者は、メインのプレゼンテーションを行った。
2048	Be <u>proactive</u> and make regular checkups rather than seeing the doctor only when you have a problem.	問題があるときだけに医者を訪れるのではなく、事前に行動を起こし、定期的な健康診断を受けるように。

393

2049	**wholesale** [hóulsèil] 《経済》	形 卸売の；大規模な 名 卸売 ⇔ 形 retail（小売りの）
2050	**bubble** [bʌ́bl] 《経済》	名 バブル；怪しい事業[投機]；泡，気泡；シャボン玉 bubble economy（バブル経済）
2051	**covenant** [kʌ́vənənt] 《法律》	名 (契約)条項；契約，誓約 動 〜の寄付を約束[誓約]する；〜を契約する
2052	**nobility** [noubíləti] 《社会》	名 〈the 〜〉貴族階級，上流階級；気高さ，高尚さ
2053	**proponent** [prəpóunənt]	名 支持者，擁護者；提唱者 ＝ 名 supporter（支持者，賛同者；援助者）
2054	**humiliate** [hju:mílièit]	動 〜に恥をかかせる，〜の自尊心を損なわせる humiliate oneself（恥をかく）
2055	**lava** [lá:və] 《地学》	名 溶岩
2056	**peculiar** [pikjú:ljər]	形 一風変わった，奇妙な；固有の ＝ 形 strange（奇妙な，不思議な，変わった） ＝ 形 particular（特有の，独特の）
2057	**preclude** [priklú:d]	動 〜を妨げる，〜の邪魔をする；〜を締め出す，除外[排除]する ⇔ 動 enable（〜を可能にする）
2058	**safeguard** [séifgà:rd]	名 安全装置；保護(手段)；保証 動 〜を保護する，守る
2059	**summons** [sʌ́mənz] 《法律》	名 召喚(状)，出頭命令 動 〜を召喚する ※ 複数形は summonses
2060	**veiled** [véild]	形 遠回しの；不明瞭な，ぼんやりとした；ベールで覆わ[包ま]れた

2049	That company serves only wholesale customers; it doesn't handle retail customers.	その企業は卸売の客にのみ奉仕している。小売り客を取り扱わない。
2050	The economists are concerned about a housing bubble in China as prices for property are so high.	不動産価格がかなり高額なので、経済学者たちは中国の住宅バブルについて懸念している。
2051	They violated the covenants in the contract, so we canceled our agreement.	彼らはその契約内の条項に違反したので、私たちは合意を取り消した。
2052	As a member of the nobility, he inherited his title from his father.	貴族階級の一員として、彼は父親から称号を継承した。
2053	She's an enthusiastic proponent of exercise as she had participated in 3 triathlons this year.	今年3つのトライアスロンに参加したように、彼女は運動することに対する熱心な支持者である。
2054	She felt that her parents humiliated her in front of her friends by screaming at her in public.	公の場で彼女を怒鳴りつけることで、彼女の両親は友達の前で恥をかかせたと彼女は感じた。
2055	After the volcano erupts, the molten lava turns to hard rock.	火山の噴火後、溶けた溶岩が硬い岩になっている。
2056	It was not a normal or usual request; it was peculiar.	それは通常のまたは一般的な要求ではなかった。それは一風変わっていた。
2057	His knee injury precluded him from participating in the cycling competition.	ひざの怪我が、彼のサイクリング競技への出場を妨げた。
2058	It's important to make sure safeguards are in place to prevent abuse.	誤用を避けるため、安全装置が備わっていることを確かめることが重要だ。
2059	I received a summons for jury duty.	私は陪審義務の召喚状を受け取った。
2060	His comments sounded like a veiled threat, so I took precautions.	彼のコメントは遠回しの脅しのように聞こえたので、念のため用心した。

2061	**vibrant** [váibrənt]	形 (色や光が) 鮮やかな，きらめく；活気に満ちた，刺激的な
2062	**dispense** [dispéns]	動 ～を施す，分け与える；薬を調合 [調剤] する 名 dispensary (薬局；保健室；診療所)
2063	**subsist** [səbsíst]	動 存続する，存在する 熟 **subsist on** ～ (～を常食とする) 名 subsistence (生計，生活；生存，存続)
2064	**ubiquitous** [ju:bíkwətəs]	形 遍在する，いたる所にある 副 ubiquitously (いたる所で) = 形 pervasive (普及している，広がる)
2065	**clash** [klǽʃ]	動 (意見が) 食い違う；衝突する 名 不一致，対立；衝突 = 動 dispute (～を議論する，～に反論する)
2066	**multitude** [mʌ́ltətjùːd]	名 多数；群衆，大勢 熟 **a multitude of** ～ (多数の～)
2067	**panorama** [pæ̀nərǽmə]	名 全景，パノラマ 形 panoramic (全景の見える，パノラマの)
2068	**spec** [spék]	名 〈複〉スペック，仕様 (書)；明細書 名 specification (〈複〉仕様書；明細書)
2069	**binding** [báindiŋ] 《法律》	形 拘束力のある，義務となる 名 (本の) 表紙；装丁 動 bind (～を縛る；～を束縛する)
2070	**kin** [kín]	名 〈複数扱い〉近親者，親族 熟 **one's next of kin** (最も近い親族) = 名 relative (親類，縁者，身内)
2071	**leather** [léðər]	形 (なめし) 皮の，皮革の 名 皮革；革製品
2072	**meditation** [mèdətéiʃən] 《思想》	名 瞑想，熟慮；〈複〉瞑想録 動 mediate (瞑想 [熟考] する)

2061	The vibrant colors of the painting always cheer me up when I look at it.	その絵画の鮮やかな色彩を見ると私はいつも元気が出る。
2062	She is always ready to dispense advice, even if it is not requested.	彼女はたとえ頼まれていなくても、いつも助言を施す準備ができている。
2063	He subsisted on a diet of energy bars and caffeinated drinks during the all night study session.	彼は徹夜で勉強する間、おなじみのエナジーバーとカフェイン飲料を常食とした。
2064	Cell phones are ubiquitous in major cities around the world as more and more people carry them.	ますます多くの人が携帯電話を持つようになり、携帯電話は世界中の主要都市に遍在している。
2065	They always clashed because their belief systems were very different.	彼らは信念体系がかなり異なるので、常に意見が食い違った。
2066	There are a multitude of reasons for eating healthy food.	健康的な食物を食べるのには多数の理由がある。
2067	The panorama from Glacier Point in Yosemite is spectacular as you can see for miles.	そこから何マイルも見渡せるため、ヨセミテのグレーシャー・ポイントからの全景は荘厳である。
2068	People usually study the specs carefully before buying a new phone.	新しい電話を買う前に、たいてい注意深くそのスペックを研究するものである。
2069	After long negotiations, they entered into a binding agreement.	長い交渉の後、彼らは拘束力のある合意を締結した。
2070	When he became seriously ill, they contacted his next of kin.	彼が重篤な病気になったとき、彼らは彼の最も近い親族に連絡をした。
2071	Very old books sometimes have beautiful leather bindings.	とても古い本は美しい皮の装丁が施されていることがある。
2072	The spa offered classes in yoga and meditation.	そのスパはヨガと瞑想のクラスを提供していた。

397

2073	**dye** [dái]	動 ~を染める，~に色付けする 名 染料；染め色
2074	**subtle** [sʌ́tl]	形 わずかな，微妙な；難解な 名 subtlety (希薄；繊細さ，微妙さ；巧妙さ)
2075	**fugitive** [fjúːdʒətiv] 〈政治〉	名 亡命者，避難者 形 亡命中の；一時的な
2076	**literal** [lítərəl]	形 文字どおりの；ありのままの literal translation (逐語訳) 副 literally (文字どおりに，逐語的に)
2077	**perpetually** [pərpétʃuəli]	副 絶え間なく，どんなときも；果てしなく 形 perpetual (絶え間ない，ひっきりなしの)
2078	**alleviate** [əlíːvièit]	動 (苦痛など)を緩和する，和らげる 名 alleviation (軽減，緩和) ⇔ 動 aggravate (~を悪化させる)
2079	**anniversary** [æ̀nivə́ːrsəri] 〈社会〉	名 (年に一度の)記念日；~周年記念日
2080	**cemetery** [sémətèri] 〈文化〉	名 (教会管轄外の)墓地，埋葬地 = 名 graveyard (墓地；廃棄場)
2081	**dizzy** [dízi]	形 目まいがする
2082	**gadget** [gǽdʒit]	名 (目新しい)機械装置，小道具； (気の利いた)小物
2083	**lightning** [láitniŋ] 〈気象〉	名 稲妻，雷 be struck by lightning (雷に撃たれる) = 名 thunderbolt (雷)
2084	**nuisance** [njúːsns]	名 迷惑(行為)；厄介者，邪魔者；不法妨害 make a nuisance of oneself (人に迷惑をかける)

2073	She <u>dyed</u> her hair bright red for her part in the play.	彼女はその演劇の役のために、髪を明るい赤に染めた。
2074	She made some <u>subtle</u> changes in the design, and it was much more effective.	彼女はそのデザインにわずかな変更を加え、それがはるかに大きな効果を生んだ。
2075	He was a <u>fugitive</u>, and he was planning to go to a foreign country to escape the law.	彼は亡命者で、法律から逃れようと外国へ行く計画を立てていた。
2076	If you just take a <u>literal</u> interpretation, you may miss the bigger meaning.	もし文字どおりの解釈しか取らなければ、大意を逃すかもしれない。
2077	The young boy seemed <u>perpetually</u> hungry.	その若い少年は絶え間なく空腹であるようだった。
2078	This ointment promises to <u>alleviate</u> muscle pain.	この軟膏は筋肉痛を緩和すると保証している。
2079	It was the <u>anniversary</u> of the founding of the college, and they planned a special event.	大学創立の記念日だったので、彼らは特別なイベントを企画した。
2080	On Sundays they bring flowers to the grave of their grandfather at the <u>cemetery</u>.	毎週日曜に彼らは墓地の祖父の墓に花を供える。
2081	After turning in circles, she felt <u>dizzy</u>, so she sat down quickly.	体を回転させた後で、彼女は目まいがし、すぐに座り込んだ。
2082	He's like a little boy that wants every new <u>gadget</u> that comes on the market.	彼は市場に出る新しい機械装置をどれも全部欲しがる小さな男の子のようだ。
2083	Dangerous thunderstorms produce <u>lightning</u> in the sky.	危険な激しい雷雨は空に稲妻を引き起こす。
2084	That dog is a <u>nuisance</u> as he barks constantly.	その犬は常に吠えているので迷惑だ。

2085	**piety** [páiəti] 《文化》	名 敬虔(な行い)，信心 形 pious (信心深い，敬虔な) = 名 devotion (信心，信仰；献身)
2086	**vanity** [vǽnəti]	名 うぬぼれ，慢心；虚栄心；むなしさ，つまらなさ
2087	**acquaint** [əkwéint]	動 ~に精通させる；~を紹介する 熟 be acquainted with ~ (~に精通している) acquaint oneself with ~ (~を知る，~と知り合う)
2088	**autobiography** [ɔ̀:təbaiágrəfi] 《文学》	名 自伝 名 autobiographer (自伝作家)
2089	**conceivable** [kənsí:vəbl]	形 想像できる，考えられる 動 conceive (~を心に抱く，思いつく)
2090	**conversely** [kənvə́:rsli]	副 逆に，反対に 名 converse (〈the converse〉反対，逆)
2091	**obscure** [əbskjúər]	形 目立たない，世に知られていない；はっきりしない
2092	**savage** [sǽvidʒ]	形 獰猛な，凶暴な，残忍な；(侮蔑的に)野蛮な，未開の
2093	**divinity** [divínəti] 《文化》	名 神々しさ，神性；神；神位[格]
2094	**embark** [imbá:rk]	動 乗船する；~を乗船させる，積み込む 熟 embark on ~ (~に乗り出す，着手する)
2095	**feminist** [fémənist] 《思想》	名 フェミニスト，男女同権論者 feminist movement (女性解放運動) 名 feminism (男女同権主義)
2096	**invoice** [ínvɔis]	動 ~へ請求書[送り状]を送る 名 送り状，請求書，仕入れ書

2085	The nuns are models of <u>piety</u> with their daily devotions and prayers.	修道女は毎日信仰心を持ち祈りを捧げるなど、<u>敬虔</u>のお手本だ。
2086	Being passed over for the position of chairperson was a blow to his <u>vanity</u>.	議長の席を見送られたことは、彼の<u>うぬぼれ</u>にとって精神的ダメージだった。
2087	I'm not <u>acquainted</u> with that theory; can you summarize it for me?	私はその理論に<u>精通していま</u>せん。私のために要約してくれますか？
2088	The famous journalist wrote his own <u>autobiography</u> about his years as a war correspondent.	その有名なジャーナリストは、彼自身の従軍記者としての年月について<u>自伝</u>を書いた。
2089	If they keep spending like this, it's <u>conceivable</u> that the company will run out of money before the end of the year.	彼らがこのように出費を続けたら、今年度末前に会社の資金が底をつくのは<u>想像できる</u>。
2090	The first few speakers were boring; while <u>conversely</u>, the last few were dynamic.	最初の数名のスピーカーはつまらなかった。<u>逆に</u>、最後の数名は生き生きとしていた。
2091	It was an <u>obscure</u> fact that very few people knew.	それは知っている人があまりいない、<u>目立たない</u>事実だった。
2092	The circus show advertised the lion as a <u>savage</u> beast.	そのサーカスショーは、<u>獰猛な</u>獣としてライオンを宣伝した。
2093	At one time in England, the <u>divinity</u> of kings and queens was assumed.	かつてイングランドでは、王と女王の<u>神々しさ</u>は当然と考えられていた。
2094	They <u>embarked</u> on a journey that would last a year.	彼らは1年続く旅<u>に乗り出した</u>。
2095	She was a committed <u>feminist</u> who always spoke out for women's rights.	彼女はつねに女性の権利を支持してはっきり意見を述べる、熱心な<u>フェミニスト</u>だった。
2096	The company <u>invoiced</u> the customer for the work and received the money thirty days later.	その企業はその仕事に対して顧客に<u>請求書を送り</u>、30日後にその金額を受け取った。

2097	**explicit** [iksplísit]	形 しっかり練り上げられた；明確な，はっきりした；露骨な
2098	**fabulous** [fǽbjələs]	形 すばらしい；信じがたい，並はずれた
2099	**obscene** [əbsíːn]	形 節度を欠いている，低俗な
2100	**blossom** [blásəm]	動 開花する；栄える 名 花；開花；最盛期

2097	She gave the team explicit and detailed instructions before they started the project.	チームがプロジェクトに着手する前に彼女は彼らにしっかり練り上げられた詳細な指示書を与えた。
2098	It was a fabulous experience, and we all loved it.	それはすばらしい経験で、私たちはみなかなり気に入った。
2099	The parents objected to their children viewing the movie as they thought it was obscene.	その映画は節度を欠いていると考えた両親は子供たちがそれを観るのを反対した。
2100	Under his careful instruction, the young student was rapidly blossoming into a well-respected scholar.	彼の慎重な指導のもと、その若い学生は急速に開花し誰からも尊敬される学者になった。

No.	単語	意味
2101	**hurdle** [hə́ːrdl]	名 困難, 障害；ハードル 動 ～を飛び越える；(障害など)を乗り越える = 名 hindrance (障害, 妨害物)
2102	**marathon** [mǽrəθàn]	形 (マラソンのように)非常に長い, 耐久力がいる 名 マラソン；耐久競争
2103	**anarchy** [ǽnərki] 《政経》	名 政治的混乱, 無政府状態； (一般的な意味での)無秩序, 混乱
2104	**haunt** [hɔ́ːnt]	動 (考え・記憶などが)～に絶えず思い浮かぶ； (幽霊などが)出没する；たびたび訪れる 熟 be haunted by ～ (～にとらわれる, つきまとわれる)
2105	**grotesque** [groutésk]	形 奇怪な, グロテスクな = 形 bizarre (異様な, 奇怪な)
2106	**guillotine** [gíləti:n]	名 断首台, ギロチン 動 ～をギロチンで処刑する
2107	**inconceivable** [ìnkənsíːvəbl]	形 あり得ない, 考えも及ばない ⇔ 形 conceivable (想像できる, 考えられる) = beyond consideration (考えも及ばない)
2108	**scrub** [skrʌ́b]	動 ～をごしごし磨く[洗う]
2109	**amenity** [əmíːnəti]	名 〈複〉娯楽[生活用]設備；楽しみ； 〈the ―〉心地良さ, 快適さ； 〈複〉礼儀；感じの良い態度
2110	**innumerable** [injúːmərəbl]	形 数え切れないほどの, 無数の = 形 countless (数え切れないほどの, 無数の)
2111	**lament** [ləmént]	動 ～を嘆き悲しむ 名 悲しみ；泣き言
2112	**outfit** [áutfit]	動 (衣服)を身につけさせる 熟 outfit A with B (A に B を身につけさせる) 名 服装一式；装備一式；支度

	EXAMPLE SENTENCE	TRANSLATION
2101	She had to conquer one hurdle after another in her attempt to join the club, but she never gave up.	彼女はそのクラブに入ろうと試みている間に次から次へと困難を乗り越えなければならなかったが、彼女は決して諦めなかった。
2102	We had a marathon study session in preparation for the final; it lasted all night!	最終試験に備えて非常に長い勉強会があった。それは夜通し続いたのだ！
2103	If there was total anarchy, it would be difficult to provide care for the young or elderly members of society.	完全な政治的混乱になれば、地域の若者や年配者に配慮することは難しくなるだろう。
2104	She was haunted by memories of her old house, which she hated to leave.	彼女はかつての家の思い出にとらわれており、彼女はそこを離れたくなかった。
2105	That actor has had so many facelifts that he looks almost grotesque.	その俳優は何度も美容整形をしてきており奇怪にしか見えなくなっている。
2106	During the French Revolution, the king and queen were beheaded with a guillotine.	フランス革命時、王と女王は断頭台で首をはねられた。
2107	They thought it was inconceivable that she would be elected president.	彼女が大統領に選ばれるなんてあり得ないと彼らは思った。
2108	She scrubbed the kitchen sink to get it clean.	彼女は台所のシンクをごしごし磨いてきれいにした。
2109	The infinity swimming pool is just one of the great amenities at this resort.	インフィニティスイミングプールはこのリゾートの優れた娯楽設備のたった1つにすぎない。
2110	There are innumerable reasons for you to study hard.	懸命に勉強するのには数え切れないほどの理由がある。
2111	She lamented the loss of her good friend in the accident.	彼女はその事故で大切な友達を失い、嘆き悲しんだ。
2112	The wealthy explorer outfitted the members of the expedition with all the equipment they needed.	裕福な探検家は遠征のメンバーに必要な装備全てを身につけさせた。

405

No.	単語	発音	意味
2113	**footprint**	[fútprìnt]	名 足跡，足型
2114	**gloomy**	[glú:mi]	形 悲観的な，憂鬱な；暗い 名 gloom（希望のなさ，深い悲しみ；うす暗闇） 副 gloomily（暗く；陰気に，憂鬱に）
2115	**attentive**	[əténtiv]	形 注意深い，気を配った ⇔ 形 inattentive（不注意な，怠慢な）
2116	**quake**	[kwéik]	動 震える；(物が)振動する 名 震え，振動 熟 quake with ~（～で身震いする）　名 Quaker（クエーカー教徒）
2117	**lump**	[lámp]	名 塊；《医療》腫れ物；大量，多量
2118	**martyr**	[má:rtər] 《文化》	名 殉死者 動〈受身〉～を殉教[犠牲]者として殺す 名 martyrdom（殉教，殉死）
2119	**novice**	[návis]	名 未熟者，初心者； 　見習い僧[尼]，修練士[女] = 名 amateur（アマチュア）
2120	**cardinal**	[ká:rdənl]	形 基本的な；深紅の 名 枢機卿
2121	**chronicle**	[kránikl] 《歴史》	名 年代記，編年史；物語，歴史 動 ～を年代記に載せる = 名 annals（年代記）
2122	**conjecture**	[kəndʒéktʃər]	名 憶測，推測 動 ～を憶測する，推測する = 名 speculation（憶測，推測）
2123	**crust**	[krást] 《地学》	名 地殻；パンの外皮
2124	**decode**	[di:kóud]	動 ～を解読する；～を翻訳する = 動 decipher（～を解読する） ⇔ 動 code（～を暗号にする，符合にする）

2113	The detective found footprints in the muddy ground near the crime scene.	事件の現場近くのぬかるんだ地面に刑事は足跡を見つけた。
2114	That author has a very gloomy view of the future; he predicts we will run out of food soon.	その作者は将来に対しとても悲観的な考えを抱いている。私たちはすぐに食糧不足になると予想しているのだ。
2115	When the professor began to describe the final exam, the students became very attentive.	教授が最終試験について説明し始めると、学生たちはとても注意深くなった。
2116	He quaked with fear as he waited to speak in front of the auditorium full of people.	彼は人であふれた講義堂の前で演説するのを待ちながら不安で身震いした。
2117	The pudding was full of lumps when it should have been smooth.	そのプリンはなめらかであるべきだったのに、塊がいっぱいあった。
2118	That historical figure is a religious martyr as he was killed for his beliefs.	その歴史上の人物は自身の信仰のために殺されたので、宗教的な殉死者である。
2119	I am a novice in the field, and I have just started my training.	私はその分野では未熟者で、訓練を始めたばかりだ。
2120	Their mother had one cardinal rule, which was no fighting in the house.	彼らの母親は基本的なルールを1つ設けた。それは家の中で喧嘩をしないことだった。
2121	That book is a chronicle of the adventures of the polar explorer.	その本は極地探検家の冒険の年代記である。
2122	There is no real evidence to support that conjecture.	その憶測を支持する物的証拠はない。
2123	The earth's crust is a thin layer of rock, which covers the mantle beneath it.	地球の地殻は薄い岩の層であり、その地殻がその下にあるマントルを覆っている。
2124	The team worked to decode the message from the spy.	そのチームはスパイからのメッセージを解読することに取り組んだ。

2125	**detrimental** [dètrəméntl] 〈生理〉	形 有害な，不利益な = 形 adverse (不利な，不都合な)
2126	**fusion** [fjúːʒən] 〈物理〉	名 (核)融合 動 fuse (〜を融合させる)
2127	**hereditary** [hərédətèri] 〈社会〉	形 相続の，世襲の；遺伝性の 名 heredity (遺伝)
2128	**impeach** [impíːtʃ] 〈社会〉	動 〜を弾劾する，告発する 名 impeachment (告発，告訴，弾劾) = 動 accuse (〜を告訴する，起訴する)
2129	**marvel** [máːrvəl]	動 驚嘆する，驚く 名 驚異；すばらしい[驚くべき]人 形 marvelous (驚くべき)
2130	**militia** [milíʃə] 〈政治〉	名 市民軍 ⇔ 名 military (正規軍)
2131	**millennium** [miléniəm]	名 千年(間)；千年祭 形 millenary (千年の)
2132	**precursor** [prikə́ːrsər]	名 先駆け，先駆者 形 precursory (先触れの，先行する)
2133	**showcase** [ʃóukèis]	動 〜を披露する，紹介する 名 展示[陳列]用ケース
2134	**sizable** [sáizəbl]	形 かなり大きな，相当に大きい = 形 hefty (かなりの額の，多量の)
2135	**uplifting** [ʌplíftiŋ]	形 気持ちを高めさせる
2136	**canon** [kǽnən] 〈社会〉	名 規範；〈the 〜〉正典

2125	Drinking too much alcohol can be detrimental to your health.	アルコールの飲み過ぎは健康にとって有害になり得る。
2126	Fusion reactors promise an abundant source of energy in the future.	核融合炉は将来の豊富なエネルギー源を約束している。
2127	In the past, the oldest son had a hereditary right to the land owned by his father.	かつては、長男が父親の所有する土地の相続権を持った。
2128	The Congress threatened to impeach the president as a result of his illegal activities.	大統領の違法な活動の結果として、アメリカ連邦議会は大統領を弾劾すると脅迫した。
2129	Tourists still marvel at the beautiful paintings of Michelangelo.	旅行客は今もなおミケランジェロの美しい絵画に驚嘆する。
2130	The villages formed a militia to protect the people from bandits.	その村々は山賊から人々を守るため市民軍を形成した。
2131	Geology studies the layers of rock that were formed over many millenniums.	地質学は何千年もかけて形成された岩の層を研究する。
2132	The model T was a precursor to modern cars today.	T型フォードは今日存在する現代の自動車の先駆けであった。
2133	The band plans to showcase the songs in their new album on their tour.	そのバンドはツアーで彼らの新しいアルバムに収録された曲を披露する予定だ。
2134	The wealthy man made a sizable donation to charity.	裕福な男性は慈善団体にかなり大きな寄付を贈った。
2135	His speech was very uplifting, and many people were inspired by it.	彼の演説は非常に気持ちを高めさせ、多くの人がそれに触発された。
2136	His wild behavior violates the canons of good conduct for this academy.	彼の乱暴な行為が、この学校の善行の規範を破っている。

409

#	見出し	意味
2137	**condense** [kəndéns]	動 ~を濃縮する，濃くする；凝縮する 熟 condense A into B（AをBに要約する） condensed milk（コンデンスミルク）
2138	**ensemble** [ɑːnsɑ́ːmbl] 《芸術》	名 合同合奏[合唱]；合奏[合唱]団；（集合として1つをなす）全体，総体
2139	**excel** [iksél]	動 秀でる = 動 exceed（~を上回る）
2140	**fitting** [fítiŋ]	形 ふさわしい = 形 suitable（適切な）
2141	**flesh** [fléʃ]	名 身，肉 動 ~から肉を削り落とす flesh and blood（生身の人間；血を分けた肉親）
2142	**friction** [fríkʃən]	名 衝突；摩擦，抵抗
2143	**interim** [íntərim]	名 合間 形 仮の，一時的な；中間の
2144	**marital** [mǽrətl]	形 結婚の marital status（配偶者の有無，婚姻区分）
2145	**quarrel** [kwɔ́rəl]	動 言い争いをする 名 口論，不和 = 動 squabble（口論する，喧嘩する）
2146	**appalling** [əpɔ́ːliŋ]	形 ぞっとするような；ひどく悪い
2147	**ridicule** [rídikjùːl]	動 ~をからかう，冷やかす 形 ridiculous（馬鹿馬鹿しい） = 動 mock（~を嘲笑する，あざける）
2148	**condemnation** [kɑ̀ndemnéiʃən]	名 激しい非難；《法律》有罪判決 動 condemn（~を責める，非難する）

2137	You need to condense this information into a short speech as you only have fifteen minutes.	15分しかないので、この情報を短いスピーチに要約する必要がある。
2138	She plays saxophone in the jazz ensemble.	ジャズの合同合奏で彼女はサックスを演奏する。
2139	She excels in academics while her brother excels in sports.	彼女は学問に秀で、その一方で彼女の弟はスポーツに秀でている。
2140	It was a fitting tribute to the famous author when his son dedicated his new book to his father.	有名な作家の息子が父に新たな本を捧げたのは、彼にふさわしい贈り物だった。
2141	The flesh of the freshly caught salmon was moist and pink.	獲れたての鮭の身は水分がありピンク色をしていた。
2142	There is often friction between them as they are very competitive.	彼らは競争心が旺盛なので、彼らの間には頻繁に衝突がある。
2143	There was a short interim between the time when the award was announced and the formal presentation.	賞が発表され公式に贈呈されるまでの間に短い合間があった。
2144	She specializes in marital counseling, and she works with couples to resolve their disagreements.	彼女は結婚カウンセリングを専門とし、カップルの不一致を解決する取り組みをしている。
2145	I don't like to quarrel with you, so let's just change the subject.	あなたと言い争いをしたくないので、話題を変えましょう。
2146	His lack of manners was appalling.	彼のマナーのなさにはぞっとした。
2147	The boys ridiculed him for taking ballet lessons.	バレエのレッスンを受けているからと、その少年たちは彼をからかった。
2148	That nation's condemnation of these hostile acts may be the first step toward war.	これらの敵対行為へのその国の激しい非難が、戦争へと向かう第一歩になるのだろう。

2149	**disguise**	[disgáiz]	動 ~を隠す、ごまかす 名 変装、偽装；ごまかし = 動 masquerade（ふりをする）
2150	**refute**	[rifjú:t] 《法律》	動 ~に異議を唱える、反論する 名 refutation（反論、論破） = 動 contradict（~に反論する）
2151	**revolve**	[riválv]	動 回る、回転する；~を思い巡らす；定期的に起こる = 動 rotate（回る、回転する）
2152	**stall**	[stɔ́:l]	動 ~を立ち往生させる；(エンジンなどが)止まる 名 エンスト、(不調で)止まること
2153	**sympathize**	[símpəθàiz]	動 同情する 名 sympathy（同情、共感） 形 sympathetic（同情を表す、思いやりのある）
2154	**advent**	[ǽdvent]	名 出現、登場；〈the ~〉キリストの降臨；再臨 = 名 appearance（登場）
2155	**cannon**	[kǽnən]	名 大砲 cannonball（砲弾）
2156	**hermit**	[hə́:rmit]	名 世捨て人 = 名 recluse（隠遁者）
2157	**insomnia**	[insάmniə] 《医療》	名 不眠症 形 insomniac（不眠症の）
2158	**baron**	[bǽrən] 《社会》	名 男爵
2159	**bribe**	[bráib] 《社会》	名 賄賂 動 ~に賄賂を贈る
2160	**delinquent**	[dilíŋkwənt] 《経済》	形 滞納している；義務を怠る；非行の、非行を犯した 名 delinquency（滞納金；非行）

2149	She tried to <u>disguise</u> the pimple on her face by wearing makeup.	彼女は化粧をすることで彼女の顔にあるニキビを隠そうとした。
2150	The attorney introduced new evidence in the trial that <u>refuted</u> the testimony of the first witness.	その弁護士は、第一証人の証言に異議を唱えた新たな証拠を裁判で紹介した。
2151	They are both dedicated athletes and their social life <u>revolves</u> around athletic competitions.	彼らは2人とも熱心なアスリートで、彼らの社会生活はスポーツ競技を中心に回っている。
2152	Our car <u>stalled</u> in the middle of the intersection, and we had to call a tow truck.	私たちの車は交差点の真ん中で立ち往生し、レッカー車を呼ばなければならなかった。
2153	My professor said he <u>sympathized</u> with my problem, but he could not change the rules for me.	教授は私の問題に同情すると言ったが、彼は私のために規則を変えることはできなかった。
2154	With the <u>advent</u> of refrigeration, people were able to preserve food for longer.	冷却の出現によって、人々は食糧をより長く保存することができるようになった。
2155	The invention of the <u>cannon</u> changed the tactics of war.	大砲の発明により戦争の戦術が変わった。
2156	The <u>hermit</u> lives alone in the forest; he prefers his solitude.	その世捨て人は森の中で1人で暮らしている。彼は孤独を好むのだ。
2157	I've been experiencing <u>insomnia</u> lately, and I am very tired from the lack of sleep.	私は最近不眠症で、睡眠不足からとても疲れている。
2158	The title of <u>baron</u> was inherited from his father who was a member of the House of Lords.	貴族院の一員であった父親から男爵の称号が受け継がれた。
2159	The driver offered the police officer a <u>bribe</u> to not give him a traffic ticket, so he was arrested.	その運転手は交通違反チケットを切らないよう警察官に賄賂を贈ったので、彼は逮捕された。
2160	She received a warning in the mail that her account was <u>delinquent</u>, and that she would have to pay a late fee.	口座が滞納しており、遅延金を支払わなければならないという内容の手紙で彼女は警告を受けた。

2161	**digitize** [dídʒitàiz] 《IT》	動 ~をデジタル化する 形 digital(デジタルの，数字で表記する)
2162	**diplomatic** [dìpləmǽtik]	形 そつがない；外交(上)の；原典そのままの = 形 tactful(機転の利く)
2163	**displaced** [displéist] 《社会》	形 住むところを失った；強制退去させられた 動 displace(~を強制的に退去させる；~に取って代わる)
2164	**endangered** [indéindʒərd] 《動物》	形 絶滅寸前の；危険にさらされた 熟 endangered species(絶滅危惧種) 動 endanger(~を危険に陥れる)
2165	**gang** [gǽŋ] 《社会》	名 非行集団；(労働者・囚人などの)仲間 gang up(団結する；加わる) 名 gangster(ギャングの一員)
2166	**humid** [hjú:mid] 《気象》	形 湿気の多い = 形 damp(湿った)
2167	**kidnap** [kídnæp]	動 ~を誘拐する = 動 abduct(~を誘拐する，拉致する)
2168	**passionate** [pǽʃənət] 《心理》	形 情熱的な = 形 ardent(熱烈な)
2169	**rifle** [ráifl]	動 (奪い取るために)探す 熟 rifle through ~([盗むために]~をくまなく探す)
2170	**segregation** [sègrəgéiʃən] 《社会》	名 人種差別；分離，隔離 動 segregate(~を差別する；~を隔離する) = 名 discrimination(差別，区別)
2171	**swell** [swél] 《医療》	動 腫れる；増大する
2172	**vein** [véin] 《医療》	名 静脈；傾向，特徴 ⇔ 名 artery(動脈)

2161	That hospital is working to <u>digitize</u> all their medical records, which are currently on paper.	その病院は全ての医療記録をデジタル化しようと取り組んでいる。そのデータは今のところ紙ベースなのだ。
2162	If he is upset or angry, he doesn't show it; he's always <u>diplomatic</u>.	彼はいらいらしても怒っても、それを表に出さない。彼は常にそつがない。
2163	The refugee camp is full of <u>displaced</u> people.	その難民キャンプは住むところを失った人々であふれている。
2164	Animals on the <u>endangered</u> species list may disappear from the earth if steps are not taken to protect them.	絶滅危惧種リスト上の動物は保護するための手段が取られなければ地球上から消えてしまうかもしれない。
2165	His father did not want him to associate with those boys; he said they were a <u>gang</u> of thieves.	彼の父親は彼がその少年たちと一緒に行動するのを望まなかった。彼らは窃盗犯の非行集団だと彼の父は話した。
2166	The weather was warm and <u>humid</u> in the summertime.	夏になると天気は暖かく湿気が多かった。
2167	The official was <u>kidnapped</u> by the rebel group who held him for ransom.	その役人は反乱軍に誘拐され、その軍は彼を人質として身代金を請求した。
2168	She's a <u>passionate</u> chef who spends long hours creating wonderful dishes.	彼女は何時間もかけてすばらしい料理を創作する情熱的なシェフだ。
2169	He <u>rifled</u> through her drawers looking for something.	彼は何かを見つけようと彼女の引き出しの中をくまなく探した。
2170	In the southern part of the United States, racial <u>segregation</u> in the schools was once common.	かつてアメリカ合衆国南部では、学校での人種差別がよく見られた。
2171	When he was stung by the bee, his cheek <u>swelled</u>.	ハチに刺され、彼の頬は腫れた。
2172	The nurse had to locate a <u>vein</u> in order to take the blood sample.	看護師は血液サンプルを取るため、静脈を見つけなければならなかった。

2173	**adjunct** [ǽdʒʌŋkt]	形 非常勤の；補助の，付属する 名 付加物，付属品 = 名 assistant (助手)
2174	**decompose** [dìːkəmpóuz]	動 ～を腐乱させる；～を分解する 形 decomposed (腐乱した；分解された) = 動 decay (～を腐敗させる)
2175	**detachable** [ditǽtʃəbl]	形 取りはずし可能な 動 detach (～を切り離す，分離する)
2176	**erode** [iróud]	動 ～を損なう；～を浸食する 名 erosion (浸食；腐食)
2177	**fuse** [fjúːz]	動 ～を融合させる； 　(回路)にヒューズを取りつける = 動 combine (～を結合する)
2178	**hail** [héil]	動 ～を呼び止める 名 呼び声；あられ，ひょう
2179	**lethal** [líːθəl]	形 致命的な = 形 deadly (致死の)
2180	**orphan** [ɔ́ːrfən]	名 孤児 名 orphanage (児童養護施設)
2181	**overthrow** 動 [òuvərθróu] 名 [óuvərθròu]	動 (政府など)を打倒する，転覆させる 名 打倒，転覆，破壊 = 動 topple ([政府や権力者]を倒す)
2182	**predetermine** [prìːditə́ːrmin]	動 ～を運命づける 形 predetermined (前もって決定されている)
2183	**quota** [kwóutə]	名 定数，割り当て； 　〈単〉当選に必要な最低票数 set a quota (割当量を定める)
2184	**anecdote** [ǽnikdòut]	名 逸話，秘話 形 anecdotal (逸話の) = 名 yarn (物語，冒険談)

2173	He's not a full-time employee; he's an adjunct professor.	彼は常勤の従業員ではない。彼は非常勤の教授である。
2174	The decomposed body was found in the river.	腐乱した死体が川で見つかった。
2175	The raincoat came with a detachable hood, so you could wear it with or without it.	そのレインコートには取りはずし可能なフードがついていたので、付けてもはずしても着られた。
2176	The recent scandals surrounding this politician have eroded his popularity.	この政治家にまつわる最近のスキャンダルは彼の人気を損なってきている。
2177	The pieces of glass were fused together when they melted in the hot fire.	ガラスの破片は熱い火の中で溶けて融合した。
2178	She hailed a cab outside her apartment by whistling loudly.	彼女は彼女のアパートの外で大きく口笛を吹いてタクシーを呼び止めた。
2179	The researchers have strict guidelines for handling samples as they are experimenting with lethal viruses.	致命的なウイルスで実験を行っているので研究者たちにはサンプルを扱うための厳しいガイドラインがある。
2180	When her parents died in the car accident, she became an orphan.	彼女の両親は交通事故で亡くなり、彼女は孤児になった。
2181	The rebels plan to overthrow the current government.	反逆者たちは現行政府を打倒しようと計画している。
2182	Her love of animals and interest in medicine predetermined her career as a veterinarian.	彼女の動物への愛と医療への関心が獣医としての彼女のキャリアを運命づけた。
2183	They cannot take any more students in that school; they've reached their yearly quota.	あの学校ではもうそれ以上の学生を受け入れられない。学生は年間定数に達していた。
2184	The speaker used an anecdote to illustrate his point and make it easier to remember.	その話し手は彼の要点を説明し、それをより覚えやすくするため逸話を用いた。

#	単語	発音	意味
2185	**blanket**	[blǽŋkit]	動 ～を覆う 名 毛布；覆い
2186	**streak**	[strí:k]	名 (勝ち負けなどの)連続；筋，線，光線；(脂肪などの)層；〈単〉かすかな傾向[兆候]
2187	**disperse**	[dispə́:rs]	動 散り散りになる，分散する；～を広める 名 dispersion (分散，ばらつき；流布) = 動 scatter (散り散りになる，分散する)
2188	**glaring**	[gléəriŋ]	形 明白な；目立つ 動 glare (ぎらぎら光る)
2189	**imminent**	[ímənənt]	形 差し迫った，切迫した 副 imminently (差し迫って)
2190	**implicit**	[implísit]	形 暗黙の，それとなしの；絶対の implicit trust (絶対の信頼) 副 implicitly (それとなく)
2191	**royalty**	[rɔ́iəlti] 《社会》	名 王族，王家の人々；印税，特許権の使用料
2192	**treason**	[trí:zn] 《政治》	名 反逆，大逆 high treason (国家反逆罪)
2193	**baptism**	[bǽptizm] 《文化》	名 《キリスト教》洗礼式，バプテスマ ※浸水して信仰告白した者を神の子(教会員)とするキリスト教会の儀式
2194	**intact**	[intǽkt]	形 無傷の，損なわれていない；手つかずの，完全なままの = 形 untouched (手つかずの，汚れのない)
2195	**bleach**	[blí:tʃ]	動 ～を脱色させる，漂白する 名 漂白剤；漂白すること
2196	**chuckle**	[tʃʌ́kl]	動 (気分良く)くすくす笑う，面白がる 名 くすくす笑い，ほくそ笑み

2185	They blanketed their neighborhood with flyers showing a picture of their lost puppy.	彼らは迷子の子犬の写真を示したチラシで近所中を覆った。
2186	Our team is on a winning streak as we've won eight games in a row.	私たちのチームは連続で8勝して連勝中である。
2187	After the championship game, the crowd took a long time to disperse because of the many celebrations.	決勝戦の後、祝福がやまなかったので人ごみが散り散りになるまでに時間がかかった。
2188	She made a number of glaring errors, which everyone noticed.	彼女は明白な間違いを何度もし、みんなそれに気づいた。
2189	People who live close to the volcano are now in imminent danger as it is erupting.	その火山の近くに住む人々は火山が噴火しているため、今や差し迫った危険にさらされている。
2190	They shared an implicit understanding that was never put into words.	彼らは言葉に表せない暗黙の理解を共有していた。
2191	England still has royalty while the United States has never had kings or queens.	イングランドには未だに王族があるが、一方でアメリカ合衆国には王や女王がいたことはない。
2192	Sharing secrets with the enemy is an act of treason during war.	戦時中に敵と秘密を共有するのは反逆行為である。
2193	We attended the baptism of the new baby in church last week.	私たちは先週教会で行われた新生児の洗礼式に出席した。
2194	The salmon was served with the head and tail intact.	鮭は頭も尾も無傷のまま出された。
2195	The sun bleached his hair to a lighter color when he was working as a lifeguard that summer.	その夏彼が救助員として働いていたとき太陽は彼の髪を明るい色に脱色させた。
2196	He didn't laugh out loud, but he did quietly chuckle at my joke.	彼は私のジョークに大声では笑わなかったが、確かに静かにくすくす笑った。

STAGE 22

ROUND 5 STAGE 22 No.2101-2200

2197 reptile
[réptl] 《動物》

名 爬虫類；卑劣な人
形 reptilian（爬虫類の；卑劣な）

2198 umpire
[ʌ́mpaiər]

名 審判，アンパイア；仲裁者，裁定人
＝ 名 arbitrator（調停者，仲裁人）

2199 iceberg
[áisbə̀ːrg] 《地学》

名 氷山
the tip of the iceberg（氷山の一角）

2200 sugary
[ʃúgəri]

形 甘い；感傷的な

2197	Snakes are members of a group of cold-blooded creatures called reptiles.	ヘビは爬虫類と呼ばれる冷血生物の分類の一種である。
2198	The decision of the umpire is final in the baseball game.	野球の試合では審判の判断が最終的なものである。
2199	The famous ship, the Titanic, sank when it hit an iceberg.	有名な船、タイタニックは、氷山にぶつかり沈んだ。
2200	Don't believe her sugary words; she's actually very deceitful.	彼女の甘い言葉を信じるな。彼女は実はとても嘘つきなのだ。

STAGE 23 No.2201–2300

No.	単語	意味
2201	**ponder** [pάndər]	動 ~をじっくり考える，思案する = 動 deliberate (~を熟慮[思案]する)
2202	**surpass** [sərpǽs]	動 ~を超える；~をしのぐ，上回る surpass oneself (前[期待]以上に良くやる) = 動 excel (秀でる)
2203	**apt** [ǽpt]	形 ~しがちな，~の傾向がある； 利発な，覚えが早い；適切な 熟 be apt to ~ (~しがちな，する傾向がある)
2204	**audible** [ɔ́:dəbl]	形 聞こえる，聞き取れる 名 audibility (聞き取れること，可聴性)
2205	**chiefly** [tʃí:fli]	副 主として，大部分は；まず第一に，特に 名 chief ([組織の]長)
2206	**dogma** [dɔ́:gmə] 〈文化〉	名 教義；原則；独断的な考え[意見] 形 dogmatic (独断的な；教義上の)
2207	**fasten** [fǽsn]	動 (~に視線・注意など)を向ける，注ぐ； ~をしっかり固定する；閉まる，留まる
2208	**obsolete** [ὰbsəlí:t]	形 時代遅れ[旧式]の，廃れた = 形 outdated (時代遅れの)
2209	**plight** [pláit]	名 苦しい状況，逆境 = 名 predicament (苦難，困難な状況)
2210	**potency** [póutnsi]	名 有効性，効能；潜在力；精力；権威
2211	**premiere** [primíər]	名 プレミア上映；初演；封切 形 初日[初演]の；主要な
2212	**scramble** [skrǽmbl]	動 はい登る，よじ登る； ~をごちゃ混ぜにする scramble to ~ (~しようと先を争う)

	EXAMPLE SENTENCE	TRANSLATION
2201	He pondered his options after graduation and decided to travel for a year.	彼は卒業後の選択肢をじっくり考え、1年間旅に出ることに決めた。
2202	After intensive practice, he surpassed his brother in the archery competition and won first place.	熱心な練習の末、彼はアーチェリーの試合で兄を超え1位を獲得した。
2203	The toddlers are apt to get into trouble if they are left unsupervised.	歩き始めの子供は、見張っていないと面倒を起こしがちだ。
2204	Her throat was sore and her voice was barely audible due to a bad cold.	彼女は悪い風邪のため喉が痛く彼女の声がほとんど聞こえなかった。
2205	The CFO is chiefly responsible for the company finances.	CFOは主として会社の財務について責任を持つ。
2206	The church has a clear set of beliefs or dogma that they teach.	その教会には彼らが教える明確な信仰や教義の一式がある。
2207	She fastened her eyes on the road ahead as it was a difficult, winding route.	難しく曲がりくねった道だったので、彼女はその道の前方に目を向けた。
2208	My old computer is obsolete; I need to replace it with a newer model.	私の古いコンピューターは時代遅れだ。もっと新しいモデルに取り替える必要がある。
2209	The plight of the refugees in this camp was described in the news article.	このキャンプの避難民の苦しい状況がニュースの記事で説明された。
2210	Over time, the vitamins in fresh vegetables lose their potency.	時間が経つと、新鮮な野菜に含まれるビタミン類は有効性を失う。
2211	They held the movie premiere in Hollywood, and it was attended by many movie stars.	ハリウッドで映画のプレミア上映が開催され、多くの映画スターが出席した。
2212	The children scrambled over the rocks looking for starfish in the tide pools.	その子供たちは潮だまりでヒトデを探して岩場をはい登った。

STAGE 23

2213	**carnival**	[káːrnəvəl] 《文化》	名 お祭り；カーニバル，謝肉祭 = 名 festival (お祭り；文化行事)
2214	**crouch**	[kráutʃ]	動 身をかがめる，しゃがむ = 動 huddle (うずくまる；身を寄せ合う)
2215	**flare**	[fléər]	名 発煙筒，照明(弾)；ゆらめく炎 動 (炎が)ゆらゆら燃える；再発する，再燃する
2216	**fragrant**	[fréigrənt]	形 良い香りの，香り豊かな 名 fragrance (香り，香料) = 形 aromatic (芳しい，香りの良い)
2217	**stealthy**	[stélθi]	形 奇襲の，ひそかな 形 stealth (レーダーで捕捉しがたい)
2218	**expedition**	[èkspədíʃən]	名 遠征，探検；遠征隊，探検隊 make an expedition (遠征する) = 名 passage (旅行，船旅，航海)
2219	**interchange**	[íntərtʃèindʒ]	名 やり取り，(情報や意見の)交換；(高速道路の)インターチェンジ 動 〜を入れ替える
2220	**mold**	[móuld]	動 〜を成形する，作る；(人格など)を形作る 名 鋳型，型；骨組み
2221	**octagon**	[áktəgàn] 《数学》	名 八角形 形 octagonal (八角形の)
2222	**penetrate**	[pénətrèit]	動 〜に浸透する；〜を貫く；〜を見抜く，理解する = 動 pierce (〜を貫く，刺す)
2223	**stiff**	[stíf] 《生理》	形 (筋肉が)こわばっている；堅苦しい，よそよそしい = 形 rigid (堅い，硬直している)
2224	**costume**	[kástuːm] 《文化》	名 衣装，服装 costume ball (仮装舞踏会) in costume (衣装に身を包んで)

2213	The school has a <u>carnival</u> with games to raise money at the end of the year.	その学校には年度末に資金集めのためのゲームも行うお祭りがある。
2214	The tiger <u>crouched</u> before he leaped on his prey.	そのトラは獲物に向かって跳ぶ前に身をかがめた。
2215	The people in the lifeboat let off a <u>flare</u> when a plane flew overhead.	救命ボートに乗った人々は頭上に飛行機が飛ぶと発煙筒を発射した。
2216	The gardenias were very <u>fragrant</u>, and she could smell their scent in the garden.	そのクチナシの花はとても良い香りで、彼女は庭でその香りを嗅ぐことができた。
2217	The leopard is a <u>stealthy</u> hunter that often drops from the trees on his prey.	ヒョウは木の上から獲物の上にしばしば飛び降りる奇襲ハンターだ。
2218	The mountain climbers hired a guide for their climbing <u>expedition</u>.	登山者たちは登山遠征のためのガイドを雇った。
2219	We just had a quick <u>interchange</u> on the phone about the new project.	私たちは新しいプロジェクトについて電話で手短なやり取りをした。
2220	The sculptor <u>molded</u> the clay into the shape of an eagle.	彫刻家は粘土をこねてワシの形に成形した。
2221	An <u>octagon</u> is an eight-sided figure.	八角形は8つの辺を持つ形である。
2222	It is difficult for the water to <u>penetrate</u> the thick clay-filled soil.	水が濃度の高い粘土でいっぱいの土に浸透するのは困難である。
2223	In the early morning, the elderly man's joints feel <u>stiff</u> before he warms them up with activity.	朝早く、その高齢の男性が動いて調子を整える前は、関節がこわばっているように感じる。
2224	The historical site has people in period <u>costumes</u> showing the visitors around the village.	その史跡には当時の衣装を着た人がいて、訪問客にその村を案内する。

2225	**genesis** [dʒénəsis] 〈歴史〉	名 起源，発生；〈G—〉(キリスト教の)創世記 = 名 origin (起源；発生)
2226	**glimpse** [ɡlímps]	名 ちらっと見ること，ひと目 熟 get a glimpse of ～ (～をちらっと見る) = 名 glance (ちらりと見ること)
2227	**imprint** [ímprint]	動 ～を強く印象づける；～を刻印する 名 しるし，跡；印象，面影
2228	**acrobatic** [ækrəbætik]	形 曲芸的な
2229	**maxim** [mæksim]	名 格言，金言；行動原理
2230	**mob** [máb]	名 群れ，集団；暴徒，群衆，やじ馬
2231	**nonsense** [nánsens]	名 たわごと，無意味なこと； 　　愚かな[馬鹿げた]言動 ⇔ 名 sense (思慮，良識，分別)
2232	**requisite** [rékwəzit]	形 必須な，必要な 名 必要条件，必要品 ⇔ 形 dispensable (必要のない，なくてもよい)
2233	**torment** 動[tɔːrmént] 名[tɔ́ːrment]	動 ～を悩ま[困ら]せる；～をいじめる 名 苦痛，苦悩 = 名 anguish (激しい苦痛[苦悶])
2234	**cement** [səmént]	動 ～を強固にする 名 セメント；接着剤；絆 cement a relationship (関係を強化する)
2235	**dwell** [dwél]	動 住む，居住する；宿る 熟 dwell on ～ (～を長々と話す) 名 dwelling (小さな住居[家])
2236	**drunken** [drʌ́ŋkən]	形 酔っぱらった ⇔ 形 sober (禁酒している，しらふの)

2225	The genesis of the idea for his security company came from a bad experience with a computer virus.	彼のセキュリティ会社の構想の起源は、コンピューターウイルスの苦い経験から来ていた。
2226	He got a quick glimpse of the new girl across the street when she opened her front door.	彼女が玄関のドアを開けたとき、彼は通りの向こうにいる別の女の子をちらっと見た。
2227	His early experiences on a farm imprinted the importance of hard work on his mind.	農場での彼の初期の経験が、彼の心の中に勤労の重要さを強く印象づけた。
2228	The gibbons move with an acrobatic grace along the branches of the trees.	テナガザルは木の枝から枝へ曲芸的な優美さを持って移動する。
2229	"The early bird gets the worm" is a popular maxim that expresses a general truth.	「早起きは三文の徳」とは一般的真理を表現した通俗の格言である。
2230	A large mob of people waited in front of the store before it opened for the big sale.	店の前で大勢の人の群れが、大規模セールで店が開店するのを待った。
2231	The young child was talking, but I couldn't understand her; it sounded like nonsense to me.	小さな子供が話をしていたが、私には彼女の話すことが理解できなかった。私にはそれはたわごとのように聞こえた。
2232	Do you have the requisite permit for hiking into this area in Yosemite?	ヨセミテのこのエリアで、ハイキングをするのに必須な許可証を持っていますか？
2233	She complained to her mother that her brother was tormenting her.	彼女は弟が自分を悩ませると母親に文句を言った。
2234	The treaty between the two countries cemented their new relationship.	その2国間の条約が互いの新たな関係を強固にした。
2235	I don't want to dwell on our argument; let's put it aside.	私はこの議論を長々と話したくはない。それは脇に置いておこう。
2236	He left the party in a drunken state.	彼は酔っぱらった状態でパーティーをあとにした。

2237	**oceanographer** [òuʃənágrəfər] 《地学》	名 海洋学者 派 oceanography (海洋学)
2238	**tiresome** [táiərsəm]	形 うんざりする，厄介な = 形 weary (飽き飽きする，うんざりする)
2239	**slander** [slǽndər]	動 ~を中傷する；~をおとしめる 名 中傷，誹謗；虚偽の宣伝
2240	**vastly** [vǽstli]	副 かなり，おおいに；限りなく 派 vast (ものすごい，莫大な)
2241	**adaptable** [ədǽptəbl]	形 順応性がある；改造[変更]できる 派 adaptability (順応性，適応性)
2242	**axiom** [ǽksiəm] 《文化》	名 格言；原理；自明の理；《数学》公理
2243	**crater** [kréitər] 《地学》	名 噴火口；クレーター 動 穴が空く，へこみができる
2244	**drawback** [drɔ́ːbæk]	名 欠点；障害を起こすもの；控除；補償金 = 名 shortcoming (短所，欠点)
2245	**fidelity** [fidéləti]	名 忠誠；(配偶者への) 貞節； (翻訳などの) 正確性，忠実さ
2246	**manageable** [mǽnidʒəbl]	形 扱いやすい，従順な 派 manageability (扱いやすさ，従順さ)
2247	**prosperity** [prɑspérəti] 《社会》	名 繁栄，成功 ⇔ 名 want (欠乏，不足；必要)
2248	**vicious** [víʃəs]	形 意地が悪い；不道徳な；凶暴な

2237	Jacques Cousteau was a famous oceanographer who invented a one-man, jet-propelled submarine.	ジャック・クストーは1人用ジェット式潜水艦を発明した有名な海洋学者であった。
2238	His many excuses were tiresome.	彼の数多くの言い訳にはうんざりした。
2239	The actor sued the newspaper because he said it had slandered his good name with false accusations.	誤った非難で自身の名声を中傷したとして、その俳優は新聞社を訴えた。
2240	We vastly underestimated the time it would take to complete the project.	そのプロジェクトを完成させるのに必要な時間を、私たちはかなり低く見積もっていた。
2241	Though foxes are wild animals, they are adaptable; they have been seen living in New York City.	キツネは野生動物であるが、順応性がある。ニューヨーク市にキツネが生息しているのが見かけられている。
2242	An axiom is an obvious truth, like "you need to study to succeed."	格言とは、「成功するためには勉強する必要がある」などのように、明らかな真実のことである。
2243	The crater was a huge cup-shaped depression in the earth left by the eruption of the volcano.	その噴火口は火山の噴火によって地表に残された、大きなお椀型のくぼみであった。
2244	We've looked at the plan carefully, and we don't see any drawbacks, so we should go ahead.	私たちはその計画を慎重に確認し、何の欠点も見当たらなかったので、前に進むべきだ。
2245	His fidelity to his wife was never questioned; he was devoted to her.	彼の妻に対する忠誠は疑いようもなかった。彼は彼女に夢中だった。
2246	We need to divide the work into manageable chunks and then assign a person to each one.	私たちはその仕事を扱いやすい量に分割し、その各々に人材を1人ずつ割り当てる必要がある。
2247	The discovery of oil near the town led to a period of economic prosperity.	その町付近での石油の発見が経済繁栄期へつながった。
2248	It's a vicious dog, and it has bitten many people.	その犬は意地が悪く、多くの人に噛みついてきた。

2249	**avail** [əvéil]	名 効力，効用 動 ～を利用する；役立つ 熟 to no avail (かいなく)
2250	**glamorous** [glǽmərəs]	形 魅惑的な，魅力的な = 形 appealing (魅力的な)
2251	**crude** [krúːd]	形 自然のままの；未完成の
2252	**unintelligible** [ʌníntélidʒəbl]	形 わかりにくい，理解できない ⇔ 形 intelligible (わかりやすい，理解しやすい) = 形 incomprehensible (理解しがたい，不可解な)
2253	**regenerate** [ridʒénərèit] 《生物》	動 (損傷部分)を再生する； 　～を更生 [改心] させる 形 改心した，生まれ変わった
2254	**sanctuary** [sǽŋktʃuèri]	名 聖域，聖なる場所；禁猟区，鳥獣保護区
2255	**tic** [tík] 《健康》	名 顔面けいれん = 名 twitch (けいれん，引きつり)
2256	**caricature** [kǽrikətʃùər] 《文化》	名 風刺画；戯画の技法 動 ～を風刺的に描く，漫画化する
2257	**cerebral** [sérəbrəl]	形 知性に訴える，頭を使う；(大)脳の cerebral cortex (大脳皮質)
2258	**apartheid** [əpáːrtheit] 《社会》	名 アパルトヘイト，隔離政策
2259	**durable** [djúərəbl]	形 耐久性がある，長続きする durable goods (耐久消費財) 名 durability (耐久性)
2260	**endemic** [endémik]	形 地域に特有の，風土性の

2249	The lifeguard administered CPR to the man, but it was to no avail as his heart had stopped.	救助員はその男性に CPR を施したが、それはかいなく彼の心臓は停止した。
2250	She is a very glamorous, movie star.	彼女はとても魅惑的な、映画スターだ。
2251	The child made a crude drawing of the tree, which his proud parents put on the wall.	その子供は木の自然のままの絵を描き、誇りに思った両親はそれを壁に飾った。
2252	There was so much static on the phone that her message was unintelligible.	電話中にかなりの雑音が混ざっていたので、彼女の伝言がわかりにくかった。
2253	A starfish can regenerate its damaged or lost arms.	ヒトデは損傷したり失ったりした腕を再生することができる。
2254	A sanctuary is a holy or sacred place in a temple or church.	聖域とは寺院や教会にある神聖な、または宗教的な場所である。
2255	She has developed an involuntary contraction in her cheek or a tic.	彼女は頬に不随意収縮、つまり顔面けいれんを患っている。
2256	The cartoonist drew a caricature of the president, which exaggerated some of his features.	その漫画家は大統領の風刺画を描いたが、それは彼の特徴のいくつかを誇張していた。
2257	He prefers cerebral games to physical games as he likes to challenge his mind.	彼は記憶に挑戦するのが好きなので身体を使うゲームよりも知性に訴えるゲームを好む。
2258	The years of apartheid in South Africa ended when they officially renounced segregation.	南アフリカのアパルトヘイトの時代は、人種差別が公式に放棄されたときに終わった。
2259	This backpack has proved very durable; it's lasted for years.	このバックパックはかなり耐久性があることがわかった。何年も持ちこたえている。
2260	Malaria is endemic to this tropical region.	マラリアはこの熱帯地域に特有である。

2261	**gross** [gróus] 〈経済〉	形 総計の，総額の；目にあまる；下品な gross income（総収入）
2262	**myriad** [míriəd]	名 無数 形 無数の；多種多様な
2263	**overwhelmingly** [òuvərhwélmiŋli]	副 圧倒的に 動 overwhelm（〈受身〉〜を圧倒する，打ちのめす） 形 overwhelming（圧倒的な）
2264	**polish** [páliʃ]	動 〜に磨きをかける；〜を磨く 名 磨き粉；磨くこと；つや；洗練
2265	**hardy** [hάːrdi]	形 丈夫な，頑丈な；耐寒性の
2266	**facet** [fǽsit]	名 (物事の)面，様相 = 名 aspect（局面，側面；外観）
2267	**torque** [tɔ́ːrk]	動 〜をひねる；〜にトルクを加える 名 トルク，回転力
2268	**ally** 名 [ǽlai] 動 [əlái] 〈政治〉	名 味方；同盟国 動 同盟する，提携する = 名 partner（協力者，相棒）
2269	**basement** [béismənt]	名 地下(室)；(建築物の)下部
2270	**betray** [bitréi]	動 (秘密など)を漏らす，あばく；〜を裏切る 名 betrayer（裏切り者；密告者）
2271	**brutal** [brúːtl]	形 過酷な；手加減のない；残酷な
2272	**capitol** [kǽpətl] 〈政治〉	名 (米国の)州議会議事堂； 〈the C—〉米国連邦議会議事堂

2261	My gross earnings are much higher before taxes.	私の総収入は税を引かれる前はかなり高額だ。
2262	She was overwhelmed by a myriad of options; it was very hard to decide.	オプションが無数にあり彼女は圧倒された。決めるのがとても困難だった。
2263	He was elected by an overwhelmingly large margin.	彼は圧倒的に大きな差で選出された。
2264	She wants to polish her speech before she makes the presentation, so she asked me for feedback.	彼女はプレゼンテーションを行う前にスピーチに磨きをかけたいと思い、私に意見を求めた。
2265	Rosemary is a fairly hardy plant that grows in places with lots of sunlight or lots of shade.	ローズマリーは日光が多い場所でも日陰が多い場所でも育つかなり丈夫な植物である。
2266	The lawyers went over every facet of the case carefully while preparing their arguments.	弁護士は論拠を準備しながらあらゆる面を注意深く調べた。
2267	I torqued my wrist during the wrestling match, and it's a little sore.	私はレスリングの試合最中に手首をひねり、そこが少し痛い。
2268	I'm not sure if he's an enemy or an ally.	彼が敵なのか味方なのか私には定かではない。
2269	The basement of their home was flooded during the storm.	嵐の間彼らの家の地下室は浸水した。
2270	He promised he would not betray his friend's secret.	友達の秘密を漏らさないと彼は約束した。
2271	It was a brutal hike as the trail was very steep, and we had to get to camp before dark.	道がとても急勾配だったので過酷なハイキングであり、私たちは暗くなる前にキャンプ地にたどり着かなければならなかった。
2272	The capitol building in Sacramento is where the state legislature meets.	サクラメントにある州議会議事堂は州議会が召集されるところである。

No.	単語	発音	意味
2273	**clutter**	[klʌ́tər]	名 がらくた；散乱物 動 ~を散らかす；(心を)乱す = 名 litter (散乱したごみ)
2274	**cornerstone**	[kɔ́ːrnərstòun]	名 基礎をなすもの；隅石 = 名 foundation (基礎, 土台)
2275	**eccentric**	[ikséntrik]	形 変わっている, 常軌を逸した 名 変人, 奇人 名 eccentricity (奇抜, 風変り)
2276	**epoch**	[épək]	名 (注目すべき)新時代；記念すべき出来事；(地層年代の)世 epoch-making (画期的な)
2277	**ferry**	[féri]	動 ~を船で輸送する；(飛行機や車で)~を輸送する 名 フェリー, 渡し船；渡船場
2278	**flourish**	[fləˈːriʃ]	動 花開く, (植物が)生い茂る；活躍する, 栄える
2279	**guild**	[gíld] 〈歴史〉	名 ギルド(中世の商工業者組合)；(同業者の)組合, 団体
2280	**monotony**	[mənɑ́təni]	名 変化のなさ；退屈 形 monotonous (単調な, 退屈な)
2281	**preface**	[préfəs]	動 ~を始める；~の前置きをする 名 序文, 前書き 動 prelude (~に前置きする)
2282	**redeem**	[ridíːm]	動 ~を取り戻す, 回復する；~を救い出す, 解放する
2283	**rope**	[róup]	動 縄を張る；~をロープで縛る
2284	**shortcut**	[ʃɔ́ːrtkʌ̀t]	名 近道, 抜け道

2273	The old house was filled with clutter, and she worked hard to clean it out.	その古い家はがらくたであふれ、彼女はそれを片づけるために懸命に取り組んだ。
2274	Freedom of religion is a cornerstone of the constitution.	宗教の自由は憲法の基礎をなすものである。
2275	The old man is a bit eccentric in his ways, but I like talking to him.	その高齢の男性のやり方は少し変わっているが、私は彼と話すのが好きだ。
2276	The Renaissance was an epoch of great creativity in Europe.	ルネサンス期はヨーロッパでの偉大な創造性の新時代だった。
2277	We had to ferry supplies back and forth to the island in a rowboat.	私たちはその島へ漕ぎ船で行ったり来たりして、物資を船で輸送しなければならなかった。
2278	Given the right amount of sunlight and water, this plant will flourish.	適度な量の太陽の光と水を与えられると、この植物は花開くだろう。
2279	In medieval times, merchants formed guilds based on their trade.	中世に、商人は自身の取引に基づいてギルドを形成した。
2280	Every day seems exactly the same, and I am tired of the monotony.	毎日全く同じ日のようで、私は変化のなさに飽きている。
2281	She prefaced her remarks with a tribute to her mentor.	彼女は自身の発言をまず師への賛辞で始めた。
2282	He hopes to redeem himself in her eyes by working hard.	彼は懸命に働くことで彼女の瞳に自分自身を取り戻したいと考えている。
2283	They roped off the seats at the front of the concert hall for honored guests.	名誉あるゲストのため彼らはコンサートホールの前の席に縄を張った。
2284	We decided to take a shortcut, but we got lost, so it took us a long time to get home.	私たちは近道をすることに決めたが、道に迷い、家にたどり着くのに長い時間がかかってしまった。

2285	**trustworthy** [trʌ́stwə̀ːrði]	形 信頼するに値する 動 trust（〜を信頼する） = 形 reliable（信頼できる）
2286	**algae** [ǽldʒiː] 〈生物〉	名 藻類 ※ alga（藻）の複数形
2287	**allude** [əlúːd]	動 ほのめかす，暗に示す = 動 imply（〜をほのめかす）
2288	**trajectory** [trədʒéktəri] 〈物理〉	名 (天体や投射物の)軌道，弾道； 　(人生などの)軌跡，通り道
2289	**automaton** [ɔːtɑ́mətn] 〈IT〉	名 ロボット；自動装置
2290	**enlist** [inlíst] 〈政治〉	動 入隊する；(主義や運動に)参加する
2291	**erect** [irékt]	動 (家など)を建てる；〜を直立させる 形 直立した，まっすぐな = 動 construct（〜を建設する）
2292	**foothill** [fúthil] 〈地学〉	名 山麓丘陵
2293	**startling** [stɑ́ːrtliŋ]	形 衝撃的な，驚くべき 動 startle（〜を驚かせる）
2294	**homecoming** [hóumkʌ̀miŋ]	名 帰郷，帰国； 　(米国の大学・高校などの年一度の)同窓会
2295	**pastime** [pǽstàim]	名 娯楽，気晴らし = 名 diversion（娯楽，気晴らし）
2296	**profound** [prəfáund]	形 深刻な，重大な； 　(学問などが)深遠な，難解な = 形 meaningful（意味深長な）

2285	She's very honest and trustworthy; she's a good friend.	彼女はとても正直で信頼するに値する。彼女は良い友達だ。
2286	Algae grow in the water and is green in color.	藻類は水の中で育ち、色は緑である。
2287	She didn't talk directly about the incident, but she alluded to it in her conversation.	彼女はその出来事について直接的には話さなかったが、会話の中でほのめかした。
2288	The scientists plotted the trajectory of the rocket based on multiple factors like thrust and wind resistance.	科学者は推進力や風の抵抗等複数の要因に基づいてロケットの軌道を記録した。
2289	He needs to work on intonation as his speech is very flat, which makes him sound like an automaton.	彼のスピーチはとても単調で、そのせいで彼がロボットのように聞こえてしまうためイントネーションの改善に取り組む必要がある。
2290	The young man enlisted in the marines when he was 18 years old.	その青年は18歳のとき海兵隊に入隊した。
2291	The children erected a tower out of their toy blocks.	子供たちはおもちゃのブロックで塔を建てた。
2292	The foothills, or low hills at the base of this mountain are covered with oak trees.	その山麓丘陵、すなわちこの山の麓の低い丘はナラの木で覆われている。
2293	The dramatic change in his appearance was startling.	彼の外見の劇的な変化は衝撃的だった。
2294	The town cheered at the homecoming of the soldier.	街はその兵士の帰郷に喝采を送った。
2295	Her favorite pastime is reading.	彼女の好きな娯楽は読書だ。
2296	Despite a profound hearing loss, Beethoven continued to compose music throughout his life.	深刻な聴力損失にもかかわらず、ベートーベンは生涯を通して作曲し続けた。

2297 tumble
[tʌ́mbl]
- 動 転ぶ, 倒れる
- 熟 **tumble down**（転がり落ちる；崩壊する）
- 名 転倒；崩壊

2298 debut
[deibjúː]
- 動 ～を初公開する, デビューさせる
- 名 初公開, デビュー

2299 mumble
[mʌ́mbl]
- 動 (～を)つぶやく, ぶつぶつ言う

2300 flick
[flík]
- 動 ～を弾き飛ばす

2297	She <u>tumbled</u> down the grassy hill laughing all the way.	彼女は草で覆われた坂をずっと笑いながら転がり落ちた。
2298	The company <u>debuted</u> their new product at their annual conference.	その会社は年次会議で社の新しい商品を初公開した。
2299	It was difficult to understand the speaker as he <u>mumbled</u> his message in a low tone.	話し手がメッセージを低い声でつぶやくので、彼の話していることを理解するのは難しかった。
2300	She <u>flicked</u> the fly off the picnic table with a piece of newspaper.	彼女は新聞紙でピクニックテーブルからハエを弾き飛ばした。

STAGE 24 No.2301-2400

No.	単語	意味
2301	**growl** [ɡrául]	動 (犬などが)うなる；がみがみ不平を言う = 動 roar (吠える，うなる)
2302	**likewise** [láikwàiz]	副 同じように；その上に，さらに
2303	**phantom** [fǽntəm]	名 幽霊，幻，幻影 形 幻影の，妄想の
2304	**supersonic** [sùːpərsánik] 《物理》	形 超音速の，超音波の 名 超音速 supersonic wave (超音波)
2305	**tomahawk** [táməhɔ̀ːk]	名 トマホーク，斧
2306	**alarmingly** [əláːrmiŋli]	副 注意が必要なほどに，驚くほどに 形 alarming (驚くべき，不安にさせる) 副 frighteningly (驚くほど)
2307	**insistently** [insístəntli]	副 しつこく，強情に 形 insistent (しつこい，強要する)
2308	**longstanding** [lɔ́ːŋstændiŋ]	形 長年に渡る，長続きする
2309	**melancholy** [mélənkàli]	形 物悲しい；憂鬱な 名 物悲しさ；憂鬱
2310	**montage** [mɑntáːʒ]	名 モンタージュ(写真) ※複数の断片的な画像を編集して1つに合成すること。また、その合成された写真。
2311	**downsizing** [dáunsàiziŋ] 《社会》	名 人員削減；小型化 動 downsize (〜の数を削減する；〜を小型化する)
2312	**overboard** [óuvərbɔ̀ːrd]	副 船外に

#	EXAMPLE SENTENCE	TRANSLATION
2301	The dog <u>growled</u> at the stranger.	その犬は見知らぬ人に向かって<u>うなった</u>。
2302	He's relaxing at the beach this weekend, and I'm tempted to do <u>likewise</u>.	彼はこの週末にビーチでのんびり過ごしていて、私も<u>同じように</u>そうしたい。
2303	She said she did not believe in ghosts or <u>phantoms</u>.	彼女はおばけや<u>幽霊</u>を信じていないと言った。
2304	The jet travels at <u>supersonic</u> speed, which is greater than the speed of sound waves.	そのジェット機は<u>超音速</u>のスピードで飛ぶが、これは音波のスピードよりも速い。
2305	In the story, the Iroquois Indians used <u>tomahawks</u> as weapons in the battle.	物語の中で、イロコイ・インディアンは戦闘での武器として<u>トマホーク</u>を使った。
2306	The water level in the reservoirs is <u>alarmingly</u> low this year due to the lack of rainfall.	貯水池の水位は今年降雨不足のため<u>注意が必要なほど</u>低い。
2307	She questioned him <u>insistently</u>.	彼女は彼に<u>しつこく</u>質問した。
2308	We enjoy a <u>longstanding</u> relationship, and I value his advice.	私たちは<u>長年に渡る</u>関係を享受し、私は彼の助言を尊重する。
2309	Looking at the pictures of her dead husband put her in a <u>melancholy</u> mood.	亡き夫の写真を見たことは、彼女を<u>物悲しい</u>気分にした。
2310	She created a <u>montage</u> of photos for his retirement celebration.	彼女は彼の退職祝いに写真の<u>モンタージュ</u>を作成した。
2311	When the company announced the <u>downsizing</u>, all the workers were nervous.	会社が<u>人員削減</u>を発表したとき、労働者はみな心配になった。
2312	When he fell <u>overboard</u>, they had to turn the boat around to pick him up.	彼が<u>船外に</u>転落したとき、彼らは彼を引き上げようとボートの向きを変えなければならなかった。

441

No.	単語	発音	意味
2313	**beforehand**	[bifɔ́ːrhænd]	副 事前に、あらかじめ = in advance（事前に）
2314	**marine**	[məríːn]《地学》	形 海洋の；海軍の
2315	**terrace**	[térəs]《地学》	名 段丘；テラス；バルコニー
2316	**terrific**	[tərífik]	形 すばらしい 動 terrify（〜をぞっとさせる） 副 terrifically（とても、非常に）
2317	**trump**	[trʌ́mp]	動 〜に勝つ、〜よりもまさる；（トランプの）切り札を出す 形 triumphant（勝利を得た、成功した）
2318	**tyrant**	[táiərənt]《政経》	名 暴君（のような人）；専制君主 名 tyranny（暴政、専制政治）
2319	**bombard**	[bɑmbáːrd]《大学》	動 〜を攻める 名 bombardment（質問攻め；爆撃） 熟 bombard 〜 with questions（〜を質問攻めにする）
2320	**clutch**	[klʌ́tʃ]《生物》	名 一腹卵（一匹の腹に入っている卵全部）；群れ 動 〜を強く握る
2321	**fetch**	[fétʃ]	動 〜を（行って）取ってくる、連れてくる fetch and carry（雑用をする；〜をあちこち連れていく）
2322	**meantime**	[míːntàim]	名 合間 熟 in the meantime（その間にも）
2323	**nova**	[nóuvə]《宇宙》	名 新星
2324	**pier**	[píər]	名 埠頭；橋脚；角柱

2313	He let me know <u>beforehand</u> that he was planning a surprise party for his best friend.	彼は親友のためにサプライズパーティーを計画していると<u>事前に</u>私に知らせてくれた。
2314	<u>Marine</u> animals live in the ocean or sea.	<u>海洋</u>動物は大洋または海に生息する。
2315	The farmers raised their crops on a series of <u>terraces</u> on the side of the mountain.	農夫たちは山の横に並んだ<u>段丘</u>で作物を育てた。
2316	It was a <u>terrific</u> dinner that ended with cake and ice cream.	それは最後にケーキとアイスクリームが出てきた、<u>すばらしい</u>ディナーだった。
2317	He <u>trumped</u> my argument with his careful reasoning.	彼は慎重に説得しながら私との議論に<u>勝った</u>。
2318	Dictators throughout history have often been cruel <u>tyrants</u>.	歴史を通して独裁者というものは残忍な<u>暴君</u>であることが多い。
2319	The teacher was <u>bombarded</u> with questions after she announced a quiz.	先生はクイズを出した後に<u>質問攻めに</u>された。
2320	The green sea turtle buried her <u>clutch</u> of eggs in the sand away from the water.	アオウミガメは海水から離れた砂に<u>一腹卵</u>を埋めた。
2321	He threw the ball and his dog ran to <u>fetch</u> it.	彼はボールを投げ、彼の犬が走っていってそれを<u>取ってきた</u>。
2322	The dance is Friday night, and <u>in the meantime</u>, she has to shop for a dress.	ダンスは金曜の夜で、<u>その間にも</u>、彼女はドレスを買いに行かなければならない。
2323	The Hubble telescope allows us to extend our studies of stars going <u>nova</u>.	ハッブル望遠鏡により、<u>新星</u>になる星の研究を拡大することができる。
2324	The <u>pier</u> extended from the shore into the lake and was used by fishermen.	その<u>埠頭</u>は沿岸から湖に向かって伸びており、漁師が使っていた。

2325	**plunder** [plʌ́ndər]	動 ~を略奪する = 動 loot (~を略奪する；略奪を行う)
2326	**posterity** [pɑstérəti]	名 後世の人々；子孫 形 posterior (後ろの, 後の) ⇔ 名 ancestry (先祖, 祖先)
2327	**precaution** [prikɔ́ːʃən]	名 用心, 警戒, 念のための準備；予防 形 precautionary (用心の；警告の) 形 precautious (用心深い, 慎重な)
2328	**rage** [réidʒ]	名 怒り, 激怒 動 激怒する；荒れ狂う, 猛威をふるう be in a rage (かっとなっている)
2329	**saddle** [sǽdl]	動 (困難な仕事など)を課す 名 鞍, サドル 熟 saddle A with B (AにBを課す)
2330	**sharpen** [ʃɑ́ːrpən]	動 (対立点や争点など)をはっきりさせる； ~を鋭くする, 研ぐ；~を激しくする
2331	**smash** [smǽʃ]	動 ~を打ち破る, ~に衝突する；~を殴る smash and grab (ショーウインドーを破って盗む)
2332	**sow** [sóu]	動 (種)をまく, 植えつける 名 sower (種をまく人, 種まき機)
2333	**vicinity** [visínəti]	名 付近, 近所 形 vicinal (近所の, 隣接の)
2334	**aqueduct** [ǽkwidʌ̀kt] 《歴史》	名 水路橋, 水道橋；(送)水路
2335	**archetype** [ɑ́ːrkitàip]	名 原型, 典型的な見本 形 archetypal (原型的な, 手本の) 名 prototype (原型)
2336	**ascertain** [æ̀sərtéin]	動 ~を究明する, 確かめる 形 ascertainable (確かめ得る) = 動 confirm (~を確認する)

2325	In ancient times, the Vikings plundered villages in Ireland and Scotland.	その昔、海賊はアイルランドやスコットランドの村を略奪した。
2326	All of his speeches were preserved for posterity in the presidential library.	彼の演説は全て後世の人々のために、大統領図書館で保管された。
2327	You should take precautions before lighting fireworks as they can be dangerous.	花火は危険なりうるので花火に火をつける前に用心するべきだ。
2328	He was filled with rage when he discovered his classic car had been stolen.	彼のクラシックカーが盗まれたと気づいたとき、彼は怒りで満ちあふれた。
2329	The instructor saddled us with homework just before the school vacation.	講師は夏休みが始まる直前に私たちに宿題を課した。
2330	We need to sharpen our arguments for the debate.	私たちはその討論会のために、自分たちの主張をはっきりさせる必要がある。
2331	The victorious team smashed all the records.	その勝ちチームは全ての記録を打ち破った。
2332	The administrator sowed seeds of doubt about next year's budget, making the faculty nervous.	管理者は来年の予算について疑いの種をまき、教授たちを緊張させた。
2333	Everyone in the vicinity of the lake was warned about the possible floods.	湖の付近にいる人はみな洪水の可能性について警告された。
2334	The Romans built aqueducts, which still stand today.	ローマ人は水路橋を建て、それは今でも残っている。
2335	The Empire State Building became the archetype for the modern skyscraper in 1931.	1931年にエンパイア・ステート・ビルは現代の超高層ビルの原型となった。
2336	It was hard to ascertain the truth as the stories from witnesses were contradictory.	証人たちの話は矛盾していたので、真実を究明するのは困難だった。

2337	**dreaded** [drédid]	形 手ごわい，恐怖の 動 dread (〜を恐れる)
2338	**sanitation** [sæ̀nətéiʃən]《社会》	名 公衆衛生；衛生設備 sanitation worker《米》([ごみ収集] 清掃作業員) 形 sanitary (衛生の)
2339	**glue** [glúː]	名 接着剤，のり 動 〜を接着剤で付ける
2340	**heterosexual** [hètəroséksjuəl]《社会》	名 異性愛者 形 異性愛の 名 heterosexuality (異性愛)
2341	**impede** [impíːd]	動 〜を妨げる，遅らせる 名 impedance (電気抵抗) 名 impediment (障害)
2342	**lyric** [lírik]《文学》	名 歌詞；叙情詩 形 叙情詩の ⇔ 名 epic (叙事詩)
2343	**masculine** [mǽskjulin]	形 男性らしい ⇔ 形 feminine (女性らしい)
2344	**mishandle** [mishǽndl]	動 (状況)を読み誤る；〜を手荒く扱う
2345	**nasal** [néizəl]	形 鼻にかかった；鼻の the nasal cavity (鼻腔)
2346	**ornamentation** [ɔ̀ːrnəməntéiʃən]	名 装飾 (品) 形 ornamental (装飾用の；飾りにすぎない) 名 ornament (装飾)
2347	**peninsula** [pənínsjulə]《地学》	名 半島
2348	**prey** [préi]《生物》	名 餌食，獲物 prey on 〜 (〜を餌食にする)

2337	The dreaded final exam is tomorrow, and everyone is nervous.	手ごわい最終試験は明日で、みな緊張している。
2338	When the sanitation workers went on strike in New York City, the garbage piled up in the streets.	ニューヨーク市の清掃作業員がストライキを起こしたとき、通りにごみが積み上がった。
2339	His leadership is the glue that holds our team together.	彼のリーダーシップは私たちのチームをまとめる接着剤である。
2340	He's a heterosexual, so he is attracted to the opposite sex.	彼は異性愛者なので、異性に惹かれる。
2341	The accident on the highway impeded the flow of traffic for hours.	幹線道路での事故は何時間もの間交通の流れを妨げた。
2342	She liked the music, but she had trouble understanding the lyrics.	彼女はその音楽が好きだったが、歌詞をなかなか理解できなかった。
2343	The cowboy in the advertisement looked very masculine.	その広告のカウボーイはとても男性らしく見えた。
2344	The politician has mishandled the situation, and it will hurt his career.	その政治家はその状況を読み誤り、それは彼のキャリアを傷つけるだろう。
2345	His nasal voice was a bit irritating because of the high pitch.	彼の鼻にかかった声は高音なので少し耳障りだった。
2346	The architecture had simple lines and little ornamentation.	その建物は質素な外形で装飾がほとんどなかった。
2347	The lighthouse was built on the tip of the peninsula that extended out into the water.	その灯台は海に向かって伸びた半島の先に建てられていた。
2348	Wolves follow their prey, the caribou, during their annual migration.	オオカミは年に一度の移動の間、餌食であるカリブーを追う。

2349	**recoil** [rikɔ́il]	動 後ずさりする，ひるむ；反動で跳ね返る
2350	**recombine** [rì:kəmbáin]	動 ~を再結合させる 名 recombination (組み換え)
2351	**terrify** [térəfài]	動 ~を怖がらせる 形 terrifying (非常に恐ろしい) = 動 frighten (~を怖がらせる)
2352	**underpinning** [ʌ́ndərpìniŋ]	名 基礎を増強するもの，土台；(思想の)根拠，基礎 動 underpin (~を下から支える；~を確証する)
2353	**vomit** [vámət] 《健康》	動 (~を)吐く 名 吐くこと；吐しゃ物
2354	**witty** [wíti]	形 気の利いた，機知に富んだ 名 wit (才気；とんち，しゃれ) = 形 humorous (ユーモアのある)
2355	**aversion** [əvə́:rʒən]	名 嫌悪感，反感 動 avert (~を避ける，~から目をそらす) 形 averse (ひどく嫌って)
2356	**brittle** [brítl]	形 もろい，壊れやすい 名 brittleness (もろさ)
2357	**circumference** [sərkʌ́mfərəns]	名 外周，円周
2358	**hypnosis** [hipnóusis] 《心理》	名 催眠術[状態]；催眠 形 hypnotic (催眠の；催眠術にかかりやすい) 名 hypnotherapy (催眠療法)
2359	**inadvertently** [ìnədvə́:rtntli]	副 うっかり，不注意に 形 inadvertent (軽率な，不注意な；故意でない) 名 inadvertence (不注意，見落とし)
2360	**pagan** [péigən] 《文化》	名 多神教徒；異教徒；無宗教者 名 paganism (異教思想；無宗教)

2349	She recoiled in horror at the discovery.	彼女はその発見に恐ろしさのあまり後ずさりした。
2350	In order to break up the cliques, we recombined the students in new study groups.	派閥を解体するため、私たちは新たな研究グループの学生を再結合させた。
2351	Heights terrify me, so I don't enjoy going to the top of a skyscraper to see the view.	高いところが怖いので、私は景色を見に高層ビルの最上階へ行っても楽しくない。
2352	The recent research provides the underpinnings of his theory.	最近の研究によって彼の理論の基礎を増強するものができる。
2353	The boat was rocking back and forth, and the nausea overcame her and caused her to vomit.	ボートが前後に揺れていて、彼女は吐き気が込みあげ吐いてしまった。
2354	I enjoy her company as she always makes witty remarks.	彼女はいつも気の利いたことを言うので、私は彼女と一緒にいると楽しい。
2355	He has an aversion to snakes and prefers not to look at my pet python.	彼にはヘビに対し嫌悪感があるので、私のペットのパイソンを見たがらない。
2356	The piece of clay was very thin and brittle, so it broke easily.	粘土の破片はとても薄くもろいため、簡単に壊れた。
2357	He has placed lights in a one-mile circumference around his property.	彼は敷地の周りの外周1マイルにわたってライトを設置している。
2358	Some people undergo hypnosis to help them stop smoking.	喫煙を止める手助けをする催眠術を受ける者もいる。
2359	I did not intend to do it, but I think I inadvertently left my front door unlocked when I departed.	そうするつもりはなかったのだが、出かけるときに玄関のドアをうっかり施錠せずに出てしまったのだと思う。
2360	In ancient times, pagans prayed to many gods or deities.	その昔、多神教徒たちは多くの神々や女神たちに祈りを捧げた。

2361	**pave** [péiv]	動 (道)を開く；(道)を舗装する 形 paved (舗装された) 名 pavement (舗装された歩道)
2362	**puberty** [pjú:bərti] 《心理》	名 思春期；成熟期 reach the age of puberty (婚姻年齢に達する)
2363	**repeal** [ripí:l] 《法律》	動 (法など)を廃止する 名 (法などの)廃止, 破棄
2364	**restitution** [rèstətjú:ʃən] 《経済》	名 賠償；正当な返還
2365	**spawn** [spɔ́:n]	動 〜を出す, 発生させる spawning ground (産卵場所)
2366	**annex** 動[ənéks] 名[ǽneks] 《政治》	動 〜を併合する 名 別館；付帯物, 付録 名 annexation (併合；付加)
2367	**artillery** [ɑ:rtíləri]	名 砲術；大砲
2368	**catastrophic** [kætəstráfik]	形 壊滅的な, 悲惨な；大災害の 名 catastrophe (大被害, 大災害) = 形 disastrous (悲惨な)
2369	**constellation** [kànstəléiʃən] 《宇宙》	名 星座
2370	**contrive** [kəntráiv]	動 〜をたくらむ, 企画する 形 contrived (不自然な, わざとらしい) 名 contriver (考案者, 計略者)
2371	**exile** [éksail] 《政治》	動 〜を(国から)追放する 名 流刑, 追放 exile oneself (亡命する)
2372	**faint** [féint]	動 卒倒する 形 弱々しい, かすかな = 形 fainthearted (臆病な, 意気地のない)

2361	Jackie Robinson, the first black player in Major League baseball, paved the way for other black players.	ジャッキー・ロビンソン、彼は野球のメジャーリーグで初の黒人選手であるが、ほかの黒人選手のための道を開いた。
2362	Male adolescents may start to grow facial hair during puberty.	若い男性は思春期になると顔の毛が濃くなり始めるかもしれない。
2363	Prohibition in the United States was repealed in 1933 with an amendment to the U.S. Constitution.	アメリカ合衆国の禁酒法は合衆国憲法改正と共に1933年に廃止された。
2364	When his son burned the neighbor's field, his father had to pay over $3,000 in restitution.	彼の息子が隣人の土地に火を放ち、彼の父親は賠償として3,000ドルより多く支払わなければならなかった。
2365	After that start-up released their new device, it spawned imitations from other companies.	その新興企業が新たな装置を発売した後、他企業から模造品が出た。
2366	Just before the beginning of World War II, Nazi Germany annexed the country of Austria.	第二次世界大戦が始まる直前、ナチスドイツはオーストリアという国を併合した。
2367	Missile launchers were part of the artillery used by the rebel troops.	ミサイル発射装置は、反乱軍が用いる砲術の一部の要素であった。
2368	The breaking of the dam had a catastrophic effect on the townspeople living close to the river.	そのダムの崩壊は、その川の近くに住む町人たちに壊滅的な影響を与えた。
2369	Orion is a famous constellation of stars in the night sky that represents a hunter.	オリオン座は狩人を夜空に映し出す有名な星座である。
2370	The dishonest man contrived a plan to steal the money from his investors.	そのいい加減な男性は彼の投資者から金を盗もうとたくらんだ。
2371	In the story, the cruel leader exiles the hero from his home.	その物語の中で、残忍な指導者はその主人公を母国から追放する。
2372	It was a very hot day and she hadn't had enough water, so it wasn't a surprise when she fainted.	その日はとても暑く、彼女は十分な水を持っていなかったので、彼女が卒倒してもおかしくなかった。

2373	**flank** [flǽŋk]	名 側面
2374	**preoccupy** [priːάkjupài]	動 ~を奪う；~を夢中にさせる 形 preoccupied (夢中の) 名 preoccupation (先入観, 偏見)
2375	**prim** [prím]	形 整った, きちんとした prim and proper (きちんとした) 副 primly (きちんと)
2376	**tender** [téndər]	形 触ると痛い, 敏感な；傷つきやすい；優しい, やわらかい a tender spot (痛いところ)
2377	**zoom** [zúːm]	動 疾走する；急上昇する；(画面を)拡大 [縮小] する
2378	**buck** [bʌ́k]	動 ~に対抗する；~を振り落とす buck up ~ (~を励ます)
2379	**catalyst** [kǽtəlist]	名 きっかけ, 要因となる物 [人]；触媒
2380	**chilling** [tʃíliŋ]	形 萎縮させる, 身も凍るような 動 chill (~を冷やす)
2381	**lexicon** [léksəkὰn] 《語学》	名 語彙；辞書 名 lexicographer (辞書編集者)
2382	**outrage** [áutreidʒ]	名 非道な行為, 暴行；激怒 形 outrageous (極めて侮辱的な；非道な) 副 outrageously (無法に；乱暴に)
2383	**perish** [périʃ]	動 命を落とす；滅びる, 腐る 形 perishable (腐りやすい, 滅びやすい) 形 perishing (とても寒い；いまいましい)
2384	**purge** [pə́ːrdʒ] 《政治》	動 ~を追放する；~を浄化する 熟 purge A of B (A から B を追放する) 名 浄化；下剤

2373	The general positioned his special troops to the far right to guard their <u>flank</u>.	大将は彼の特殊部隊を部隊の側面を護衛するため、ずっと右の方に配置した。
2374	Problems with his family <u>preoccupy</u> his time, so it is difficult for him to focus at work.	家族の問題は彼の時間を奪い、それで彼は仕事に集中するのが難しい。
2375	Her manner is always very <u>prim</u> and correct, so I cannot imagine her rebelling.	彼女の立ち居振る舞いはいつも非常に整っていて正確なので、彼女が反抗的な態度を取るなんて私には想像できない。
2376	Her injury is still <u>tender</u> to the touch; it will take some time for it to fully heal.	彼女の怪我はまだ触ると痛い。完全に癒えるまでしばらくかかるかもしれない。
2377	The little boy was <u>zooming</u> around the yard on his new scooter.	その小さな男の子は新しいキックスクーターで庭中を疾走していた。
2378	Our flight may take longer as our plane is <u>bucking</u> a strong headwind.	私たちの乗った飛行機は強い向かい風に対抗しているので飛行時間は長引くだろう。
2379	Losing his job was a <u>catalyst</u> for changing his life; he started his own business and became very rich.	失業は彼の人生を変えるきっかけとなった。彼は自分の事業を起こしとても裕福になった。
2380	The appearance of the villain had a <u>chilling</u> effect on the characters in the movie.	その悪役の登場は映画の登場人物たちを萎縮させる効果があった。
2381	The English language is fluid in the sense that new vocabulary is regularly being added to the <u>lexicon</u>.	英語は新たな単語が定期的に語彙に追加されているという意味合いから流動的である。
2382	The poor treatment of the animals was an <u>outrage</u>, and their caretakers were arrested.	その動物たちの粗末な扱いが非道な行為だったので、その動物の飼い主は逮捕された。
2383	Three mountain climbers <u>perished</u> in the avalanche, and their bodies were never found.	3人の登山者は雪崩で命を落とし、その遺体は発見されなかった。
2384	The new leader of this political party plans to <u>purge</u> it of all members who don't agree with his policies.	この政党の新たなリーダーは、党から彼の方針に同意しないメンバー全員を追放するつもりである。

453

2385	**rumor** [rúːmər]	名 噂，風評
2386	**shear** [ʃíər]	動 (〜を)切る，刈る 熟 shear off 〜(〜を削ぎ取る，刈り取る) 名 大ばさみ；刈り込み
2387	**stratification** [strætifikéiʃən] 〈社会〉	名 階層，階層化 動 stratify (〜を階層化する，層にする) 形 stratified (階層化された，層状の)
2388	**stringent** [stríndʒənt]	形 厳重な；厳しい 名 stringency (厳しさ，厳格；ひっ迫) ＝形 strict (厳しい)
2389	**tilt** [tílt]	動 〜を傾ける，かしげる ＝動 slant (〜を傾ける)
2390	**volatile** [válətl]	形 不安定な；揮発性の 名 volatility (不安定；気まぐれ；揮発性)
2391	**deceit** [disíːt]	名 偽り，詐欺 動 deceive (〜をだます；〜に思い違いをさせる) 形 deceitful (人をだます，嘘つきの)
2392	**farewell** [fèərwél]	形 別れの，送別の 名 別れ；別れの言葉
2393	**footstep** [fútstèp]	名 足音；足取り；階段 follow in 〜's footsteps (〜の志を継ぐ)
2394	**lumber** [lʌ́mbər]	名 木材，材木 動 のしのし歩く
2395	**masterpiece** [mǽstərpìːs] 〈芸術〉	名 傑作，名作 ＝名 masterwork (傑作，名作)
2396	**spacious** [spéiʃəs]	形 広い，広々とした 副 spaciously (広々と，ゆったりして)

2385	There's a <u>rumor</u> that the company may lay off workers, but I'm not sure if it is true.	会社が労働者を一時解雇するかもしれないという噂があるが、それが本当かどうか私にはわからない。
2386	The crash <u>sheared</u> off part of the airplane's wing.	その衝突は飛行機の羽の一部を削ぎ取った。
2387	The <u>stratification</u> of that society was clear as each person's role was dictated by his or her rank.	その社会の階層は、各自の役割がその人の階級によって決定するので明確だった。
2388	The dictator of that country enacted <u>stringent</u> laws to prevent any kind of protest.	その国の独裁者はいかなる種類の異議も阻止する厳格な法律を制定した。
2389	The game requires you to <u>tilt</u> the device to move the ball through the maze.	そのゲームではその装置を傾けてボールを動かし、迷路の中を通り抜けることが求められる。
2390	The <u>volatile</u> political situation in that country may lead to violence in the streets.	その国の不安定な情勢が原因となり、通りでの暴動が生じるかもしれない。
2391	She is full of tricks and <u>deceit</u>.	彼女はいんちきと偽りばかりである。
2392	The college president made a <u>farewell</u> speech when he left.	大学の校長は去るときに別れのスピーチをした。
2393	She heard <u>footsteps</u> on the stairs and realized he was coming down for breakfast.	彼女は階段から足音が聞こえたので、彼が朝食を取りに降りてきているのだと気づいた。
2394	They cut down the forest to use the wood as <u>lumber</u> to build the houses.	彼らは家を建設するための木材としてその木を利用するため、森林を伐採した。
2395	His final musical composition was a <u>masterpiece</u>.	彼の最後の楽曲は傑作だった。
2396	Her new house is much more <u>spacious</u> than her old house, which was very small.	彼女の新しい家は古い家よりずいぶんと広く、前の家はかなり小さかった。

2397 folklore
[fóuklɔːr] 《文化》

名 民間伝承；民俗学
形 folkloric（民間伝承の）
= folk legend（民間伝承）

2398 harem
[héərəm] 《生物》

名 雌の群れ，ハーレム

2399 privatize
[práivətàiz] 《政治》

動 ～を民営化する
名 privatization（民営化）
⇔ 動 nationalize（～を国有化する）

2400 scarce
[skéərs]

形 乏しい，不十分な；まれな，珍しい
名 scarcity（欠乏，不足）
⇔ 形 abundant（豊富な）

2397	The traditional country dances are part of their folklore.	伝統的な国の踊りは民間伝承の一部である。
2398	The male elephant seal defends his harem of females with loud bellowing when another male approaches.	雄のゾウアザラシは別の雄が近づくと、大きなうなり声を上げて雌の群れを守る。
2399	The government privatized the federal agency in an effort to put some public agencies under private control.	政府はいくつかの公的機関を民間規制下に置こうとし、連邦政府関連機関を民営化した。
2400	Water is scarce in the desert, so you should carry adequate amounts with you.	砂漠で水は乏しいので、十分な量を持参すべきである。

ROUND 5 STAGE 25 No.2401-2500

MEANING

2401 unworthy
[ʌ̀nwə́ːrði]
形 (~に)値しない，価値がない；
(地位などに)不相応な

2402 vintage
[víntidʒ] 〈文化〉
名 ワインの醸造年；ビンテージワイン；ブドウの収穫期
形 (同種の中で)代表的な，最高級の

2403 aromatic
[æ̀rəmǽtik]
形 芳しい，香りの良い
名 芳香植物；芳香剤

2404 tombstone
[túːmstòun] 〈文化〉
名 墓石，墓碑
＝ 名 tomb (墓，墓石)

2405 gourmet
[gúərmei]
形 グルメ志向な
名 食通，美食家；ワイン通

2406 narcissist
[náːrsəsist] 〈心理〉
名 ナルシスト，うぬぼれ屋
形 narcissistic (自己陶酔的な)
名 narcissism (ナルシシズム，自己愛)

2407 nostalgia
[nɑstǽldʒə]
名 郷愁
形 nostalgic (郷愁に満ちた)

2408 pathetic
[pəθétik]
形 救いようのない；哀れな，痛ましい
形 pitiful (かわいそうな，気の毒な)

2409 yearn
[jə́ːrn]
動 切望する，憧れる
＝ 動 hanker (憧れる，渇望する)

2410 bouquet
[bukéi]
名 花束

2411 caravan
[kǽrəvæ̀n]
名 (砂漠を行く)一団，隊商；大型の馬車[トレーラー]

2412 politicize
[pəlítəsàiz] 〈政治〉
動 ~を政治化する，政治的に扱う
名 politics (政治学)

	EXAMPLE SENTENCE	TRANSLATION
2401	She felt unworthy of the honor as she was very humble.	彼女はとても謙虚なので、その栄誉に自分が値しないと感じた。
2402	That was an exceptional vintage; the weather that year allowed the grapes to stay on the vines longer.	それは格別のワイン醸造年で、その年の気候によりブドウがより長い期間ブドウの木に育つことができた。
2403	The kitchen was filled with the smells of the aromatic herbs used in the stew.	台所がシチューに使われた芳しいハーブのにおいで満たされた。
2404	His family had a tombstone erected on his grave in his memory.	彼の家族は彼をしのんで、彼の墓地に墓石を建ててもらった。
2405	He cooked a lovely gourmet dinner for his guests.	彼は客人のために素敵でグルメ志向な夕食を用意した。
2406	He's a narcissist who is very vain and selfish.	彼はうぬぼれが強く自己中心的なナルシストだ。
2407	Her grandparents experienced nostalgia for the music from the past decades when they enjoyed dancing together.	彼女の祖父母は共にダンスを楽しみながら、過去数十年前からの音楽に郷愁を感じた。
2408	The teacher told the student that it was a pathetic excuse for not completing her homework.	これは宿題を終わらせていないことへの救いようのない言い訳だと先生はその学生に言った。
2409	She yearns to return to her homeland as she misses her family.	彼女は家族を恋しく思っているので故郷に戻りたいと切望している。
2410	He brought her a bouquet of roses for her birthday.	彼は彼女の誕生日にバラの花束を贈った。
2411	The caravan of camels moved through the desert.	ラクダの一団は砂漠を渡って移動した。
2412	I would prefer that we keep this a private dispute rather than politicize it.	これを政治化するよりも私的な論争に留めておく方がいいと思う。

2413	**unrelated** [ʌnriléitid]	形 無関係の；親類でない，血縁関係のない ⇔ 形 related (関連した；親類の，血縁関係にある)
2414	**haste** [héist]	名 急ぎ 熟 in haste (急いで，慌てて) = 名 hurry (急ぐこと，大急ぎ)
2415	**foothold** [fúthòuld]	名 足掛かり，足場；よりどころ = 名 scaffold (足場)
2416	**alkaline** [ǽlkəlàin] 《化学》	形 アルカリ性の
2417	**artisan** [áːrtəzən] 《社会》	名 職人 = 名 craftsman (職人)
2418	**biodiversity** [bàioudəvə́ːrsəti] 《生物》	名 生物学的多様性
2419	**interstate** [ìntərstéit]	形 各州間の 熟 interstate highway (州間幹線道路)
2420	**multilingual** [mʌ̀ltilíŋgwəl] 《語学》	形 多言語を使いこなせる
2421	**outermost** [áutərmòust]	形 最も外側の，一番遠い
2422	**ascribe** [əskráib]	動 (意見)を心に抱く；(～に原因など)を帰する 熟 ascribe A to B (AをBのものとみなす；AをBのせいにする) = 動 attribute ～ to … (～は…に起因すると考える)
2423	**asylum** [əsáiləm] 《社会》	名 難民収容所；保護施設 seek asylum (亡命を求める)
2424	**deflect** [diflékt]	動 ～をそらす，屈曲させる；それる = 動 deviate (逸脱する)

2413	At first the topics seemed <u>unrelated</u>, but later I saw there was a connection between them.	最初そのテーマは<u>無関係の</u>ように思えたが、後にそれらの間に関連があるとわかった。
2414	In her <u>haste</u>, she locked her keys inside her car.	彼女は<u>急いで</u>いたので、車の中に鍵を置いたままドアをロックしてしまった。
2415	That company gained a <u>foothold</u> in the market with their new tablet.	その企業は新しいタブレットでその市場の<u>足掛かり</u>を得た。
2416	The <u>alkaline</u> soil in this area is heavy with clay.	この地域の<u>アルカリ性の</u>土壌は粘土質で重い。
2417	He is a skilled <u>artisan</u> who makes beautiful pottery.	彼は美しい陶器を作り上げる熟練した<u>職人</u>である。
2418	Protecting the Amazon from deforestation will also protect the <u>biodiversity</u> of our planet.	アマゾンを森林破壊から保護することは、私たちの惑星の<u>生物学的多様性</u>を守ることにもつながるだろう。
2419	She drove down the <u>interstate</u> highway on her way to work.	彼女は仕事に行く途中で<u>州間幹線道路</u>を運転した。
2420	My roommate in college was <u>multilingual</u>; she spoke 7 languages.	大学の私のルームメイトは<u>多言語を使いこなせた</u>。彼女は7言語を話せた。
2421	The <u>outermost</u> layer of my skin peeled off after I got a bad sunburn.	ひどい日焼けをしてしまい、皮膚の<u>最も外側の</u>層がむけた。
2422	He <u>ascribed</u> his success <u>to</u> his good study habits.	彼は自身の成功<u>を</u>良い学習習慣<u>によるものとみなした</u>。
2423	The refugees sought <u>asylum</u> as they fled across the border.	難民たちは国境を越え逃れて来て、<u>難民収容所</u>を探した。
2424	He was a humble man, and he <u>deflected</u> compliments on his work by giving credit to his co-workers.	彼は謙虚な男性で、同僚を褒めたたえることで自身の仕事への賛辞を<u>そらした</u>。

461

ROUND 5 STAGE 25 No.2401-2500

2425 famine
[fǽmin] 《社会》
名 飢餓
動 famish (飢える)

2426 fragile
[frǽdʒəl]
形 壊れやすい, もろい
= 形 delicate (壊れやすい；はかない)

2427 fuzzy
[fʌ́zi]
形 毛で覆われた；不明瞭な

2428 hull
[hʌ́l] 《生物》
名 殻

2429 inaugurate
[inɔ́ːgjərèit]
動 ~を任命する；(組織・政策など)を開始する
名 inauguration (就任；開始)

2430 livelihood
[láivlihùd] 《経済》
名 生計

2431 maneuver
[mənúːvər]
動 ~を誘導する, 巧みに操る；~に作戦行動を取らせる
名 巧妙な手段, 策略

2432 pasture
[pǽstʃər] 《地学》
名 牧草地
動 (家畜)を放牧する；(土地)を牧場として用いる

2433 pepper
[pépər]
動 (質問などを)~に浴びせる
熟 pepper A with B (A に B〔質問など〕を浴びせる)

2434 pilgrimage
[pílgrəmidʒ] 《文化》
名 (聖地への)巡礼
動 巡礼をする, 巡り歩く
名 pilgrim (巡礼者)

2435 soar
[sɔ́ːr]
動 急上昇する；(気分などが)高まる
名 飛翔, 高く飛ぶこと

2436 tide
[táid] 《地学》
名 潮；〈単〉(世論などの)動向, 風潮
形 tidal (潮の)

2425	The severe weather reduced crop production, which led to a famine.	厳しい天候のため作物の生産が減少し、これにより飢餓が生じた。
2426	The vase was very fragile, and it broke when the wind pushed it over.	その花瓶はとても壊れやすく、風がそれを押し倒したときに割れた。
2427	The stuffed animal was soft and fuzzy, and the little girl liked to hold it.	そのぬいぐるみはやわらかく毛で覆われており、少女はそれを抱くのが好きだった。
2428	Crushed almond hulls are used as mulch to cover the soil around plants and reduce water use.	砕いたアーモンドの殻は植物の周りの土壌を覆い、水やりを減らす根覆いとして用いられる。
2429	They inaugurated the new chancellor of the university in a ceremony.	彼らはセレモニーで大学の新しい総長を任命した。
2430	He earned his livelihood as an electrician.	彼は電気技師として生計を立てていた。
2431	The parking attendant maneuvered the car into the parking place carefully.	駐車係員は慎重に車を駐車場所へ誘導した。
2432	The sheepherders take their sheep to the pastures in the mountain valleys during the summer months.	夏の間羊飼いは山間の谷の牧草地へ羊を連れていく。
2433	The reporters peppered the presidential candidate with questions about her law firm.	レポーターたちはその大統領候補に彼女の法律事務所に関する質問を浴びせた。
2434	Muslims often go on a pilgrimage to Mecca.	イスラム教徒たちは頻繁にメッカへ巡礼に旅立つ。
2435	The glider soared into the sky.	グライダーが空へと急上昇した。
2436	The farther north you go, the higher the tides.	北へ向かうほど、潮は満ちていく。

463

2437	**vivid**	[vívid]	形 色鮮やかな；(人や動物などが) 生き生きとした，活発な = 形 bright (鮮明な)
2438	**artery**	[ɑ́ːrtəri] 〈社会〉	名 幹線道路；《医療》動脈 形 arterial (幹線の；動脈の)
2439	**bloodstream**	[blʌ́dstrìːm] 〈医療〉	名 血流
2440	**bypass**	[báipæs]	動 ～を見送る；～を迂回する 形 バイパス，迂回路；補助管
2441	**envision**	[invíʒən]	動 ～を思い描く，想像する 動 envisage (～を想像する，心に描く)
2442	**garment**	[gɑ́ːrmənt]	形 衣料品の 動〈受身〉着物を着る，衣装をつける
2443	**pitfall**	[pítfɔ̀ːl]	名 落とし穴 = 名 trap (わな)
2444	**renowned**	[rináund] 〈社会〉	形 名高い，名声のある 名 renown (名声，有名) = 形 acclaimed (有名な)
2445	**snap**	[snǽp]	動 耐えられなくなる；ポキンと折れる；(～に) がみがみ言う = 動 break (くじける，まいる)
2446	**throttle**	[θrɑ́tl]	動 ～の喉を締める；～を圧迫[抑制]する 名 スロットル；絞りレバー[弁]
2447	**turnover**	[tə́ːrnòuvər] 〈社会〉	名 離職率；〈単〉(一定期間の) 総売上高，取引高；〈単〉(商品の) 回転率
2448	**wedge**	[wédʒ]	名 分裂の原因；くさび 動 ～にくさびを打ち込んで固定する，留める 熟 drive a wedge between ～ (～の仲を裂く，～を決裂させる)

2437	The macaw's vivid feathers blend in with the colorful fruits of the rainforest.	コウゴウインコの色鮮やかな羽が熱帯雨林の色とりどりの果物と調和する。
2438	The freeway is an important transportation artery for the city.	そのフリーウェイはその都市の重要な交通幹線道路である。
2439	Some drugs are administered directly into the bloodstream with an IV drip.	点滴を使って直接血流に投与する薬剤もある。
2440	He was bypassed for the promotion a third year in a row, so he began looking for another job.	彼は3年連続で昇格を見送られたので、別の仕事を探し始めた。
2441	The architect could envision the new museum in his head.	建築家は頭の中で新しい博物館のことを思い描くことができた。
2442	She likes to go shopping in the garment district in New York.	彼女はニューヨークの衣料品区域へ買い物に出かけるのが好きだ。
2443	There were many pitfalls to be avoided in his career, and the final one was pride.	彼のキャリアには避けるべき落とし穴がたくさんあり、最後の落とし穴は傲慢であった。
2444	She is a renowned chef and people wait for months to get a reservation at her restaurant.	彼女は名高いシェフで、彼女のレストランの予約を取ろうと客は何カ月も待つ。
2445	He snapped under the pressure and had a nervous breakdown.	彼はプレッシャーに耐えられなくなり、精神的におかしくなった。
2446	The cartoon characters throttle each other frequently, but none of them seems to really get hurt.	その漫画のキャラクターたちは頻繁に互いの喉を締めるが、誰も本当に傷ついてはいないようだ。
2447	The turnover in that company is very high, so I don't know if it's a good place to work.	その会社の離職率は非常に高いので、そこが働くのに良い場所かどうか私にはわからない。
2448	Their disagreement over money drove a wedge between them.	お金に関する意見の不一致が、彼らの仲を裂いた。

2449	**wipe** [wáip]	動 消し去る；ふき取る 熟 wipe out ~（~を消し去る，全滅させる；~をふき取る）
2450	**beaker** [bíːkər] 《化学》	名 ビーカー
2451	**defamation** [dèfəméiʃən] 《法律》	名 名誉毀損 動 defame（~を中傷する） 形 defamatory（中傷的な，名誉を傷つける）
2452	**denounce** [dináuns]	動 ~を非難する；~を告発する ＝動 condemn（~を非難する，咎める） ＝動 accuse（~を告訴[告発]する）
2453	**disgust** [disgʌ́st]	名 不快感，嫌悪感；吐き気 動 ~に吐き気を催させる；~をうんざりさせる 熟 in disgust（うんざりして）
2454	**doom** [dúːm]	名 悲運，(不幸な)運命；終焉，破滅 動〈受身〉~を運命づける 熟 meet one's doom（死ぬ）
2455	**eyewitness** [áiwìtnis] 《法律》	名 目撃者[証人]
2456	**finalize** [fáinəlàiz]	動 ~をまとめる，仕上げる 動 consummate（~を完成[完了]する）
2457	**frankly** [frǽŋkli]	副 率直に，ざっくばらんに 形 frank（率直な，ざっくばらんな） ＝副 honestly（正直に，正直言うと）
2458	**funeral** [fjúːnərəl] 《文化》	名 葬儀，葬式；葬列 形 葬式の，葬儀の
2459	**misfortune** [misfɔ́ːrtʃən]	名 不運，不幸；災難 ＝名 adversity（逆境，不運，不幸） ＝名 affliction（災難，悩みの種；苦痛，苦悩）
2460	**nickname** [níknèim]	名 あだ名，愛称 nickname A B（A を B という愛称で呼ぶ）

2449	During the 1300s, a plague wiped out over 30% of Europe's population.	1300年代、ペストが30%以上ものヨーロッパの人口を消し去った[全滅させた]。
2450	The lab worker measured the liquid and poured it into the glass beaker.	実験室の作業者はその液体を量り、ガラスのビーカーに注いだ。
2451	She sued the newspaper for defamation of character over articles she said were lies about her.	彼女は記事内の彼女についてでたらめであるとして、新聞社を名誉毀損で訴えた。
2452	He denounced the mayor of the town in an interview for the newspaper accusing him of taking bribes.	彼は新聞のインタビューにおいて、その町の町長を収賄容疑で非難した。
2453	Some of the audience members left the theatre in disgust as they found the play offensive.	観客の中にはその演劇が侮辱的であるとしてうんざりして劇場を去る者もいた。
2454	The people of Pompeii met their doom when the volcano, Mt. Vesuvius, erupted.	その火山、ベスビオ山が噴火したとき、ポンペイの人々は亡くなった。
2455	Police interviewed an eyewitness to the crime, and she was asked to identify the thief from a lineup.	警察はその犯罪の目撃者と面談し、彼女は容疑者の列からその泥棒を識別するよう言われた。
2456	We have finalized our plans for vacation and made our reservations.	私たちは休暇の計画をまとめ、予約をした。
2457	She told me frankly that she was planning to leave her job.	彼女は仕事を辞めようと計画していることを私に率直に言った。
2458	Many people attended the funeral of the popular teacher.	多くの人々が評判の良かった先生の葬儀に参列した。
2459	It was his misfortune to be on the bridge when it collapsed.	橋が崩壊したときに、その橋の上に彼がいたなんて不運だった。
2460	His name is Christopher, but people use his nickname, Chris.	彼の名前はクリストファーだが、人々は彼のあだ名、クリスを使っている。

2461	**ripple** [rípl] 《地学》	名 さざ波, 波紋；〈複〉(物事の) 波紋, 影響 動 さざ波が立つ, 波立つ
2462	**stagger** [stǽgər]	動 よろめく, ふらつく；動揺する；~をびっくり [呆然と] させる 形 staggering (びっくりするような)
2463	**stalk** [stɔ́ːk]	動 ~を追いつめる；~に忍び寄る；~につきまとう；ゆったりと歩く 名 stalker (ストーカー)
2464	**whip** [hwíp]	動 ~を泡立てる；~を撹拌する；~を鞭打つ 形 whipped (泡立った) 名 whipping (鞭打ち)
2465	**behavioral** [bihéivjərəl]	形 行動の 名 behavior (振る舞い, 行い)
2466	**catalogue** [kǽtəlɔ̀ːg]	動 ~を目録に載せる, 列挙する 名 大学要覧, 履修便覧；カタログ, 目録, 一覧
2467	**diffuse** [difjúːz]	動 ~を拡散 [発散] する；~を普及させる；普及する 形 diffusive (広まりやすい, 拡散性の；くどい)
2468	**longevity** [lɑndʒévəti] 《生理》	名 長寿, 長生き；寿命, 生存期間
2469	**narrowly** [nǽrouli]	副 ぎりぎりのところで, かろうじて；詳しく, 入念に, 綿密に；狭く
2470	**palette** [pǽlit]	名 色の広がり [範囲]；パレット
2471	**phonetics** [fənétiks] 《学問》	名 音声学；音声体系 形 phonetic (音声の, 音声学の)
2472	**placebo** [pləsíːbou] 《医療》	名 偽薬, プラシーボ；気休め (のもの) placebo effect (プラシーボ効果)

2461	I threw a rock into the pond and watched the <u>ripples</u> spread out from the impact.	私は池に石を投げ、その衝撃から<u>さざ波</u>が広がっていくのを見た。
2462	He could barely walk when he <u>staggered</u> into the emergency room.	彼は歩くのがやっとで<u>よろめき</u>ながら救命救急室に入った。
2463	The tiger uses its whiskers to help it navigate through the dark as it <u>stalks</u> its prey.	トラは獲物を<u>追いつめる</u>とき、方向をつかむのに役立つ頬ひげを使って暗闇の中を進む。
2464	The cook <u>whipped</u> the egg whites before adding them to the mixture.	そのコックは卵白を<u>泡立てて</u>からそれを調合物の中に加えた。
2465	The psychologist worked with children who had <u>behavioral</u> problems.	その心理学者は<u>行動</u>障害を持つ子供を対象に取り組んでいた。
2466	The museum <u>catalogues</u> all the items in its collections to keep track of them.	博物館はコレクション内の作品を把握するため、その全てを<u>目録に載せている</u>。
2467	The stained glass <u>diffused</u> the light that came through the window of the church.	ステンドグラスは教会の窓から差し込む光を<u>拡散した</u>。
2468	The elderly inhabitants of this island community believe their <u>longevity</u> is due to daily exercise and fresh air.	この島の地域社会に住むお年寄りは、自身の<u>長寿</u>が毎日の運動と新鮮な空気によるものだと信じている。
2469	The race car driver <u>narrowly</u> missed crashing into the other car.	そのレースカードライバーは<u>ぎりぎりのところで</u>ほかの車との衝突を免れた。
2470	I like the <u>palette</u> of colors the graphic designer chose for this web site.	私はこのグラフィックデザイナーがウェブサイト用に選んだ<u>色の広がり</u>が好きだ。
2471	<u>Phonetics</u> include the sounds and the symbols of a language.	<u>音声体系</u>には言語の音や記号が含まれる。
2472	In the study, some patients were given a new drug while others received only a <u>placebo</u>.	その研究において、新薬を投与される患者もいれば<u>偽薬</u>のみを受ける患者もいた。

2473	**rave** [réiv]	動 べた褒めする；うわごとを言う；どなりちらす，わめき立てる
2474	**stab** [stǽb]	動 ~を突き刺す；~を傷つける 名 刺し傷；激痛，心の痛み
2475	**stain** [stéin]	動 ~にしみを付ける，~を汚す 名 しみ，汚れ；汚点，傷 = 動 spot (~にしみを付ける，~を汚す)
2476	**abrupt** [əbrʌ́pt]	形 ぶっきらぼうな，無骨な；不意の，急な 副 abruptly (急に) 形 sudden (急な)
2477	**ascend** [əsénd]	動 上昇する；登る；(道などが)上りになる ⇔ 動 descend (下る)
2478	**astonishing** [əstɑ́niʃiŋ]	形 驚異的な，驚くべき 動 astonish (~を驚かせる) 形 amazing (驚嘆すべき)
2479	**canvas** [kǽnvəs] 《芸術》	名 キャンバス，画布；油絵；(歴史・小説などの)背景
2480	**homicide** [hɑ́məsàid] 《社会》	名 殺人(事件)
2481	**rejoice** [ridʒɔ́is]	動 喜ぶ，嬉しく思う；~を喜ばせる 名 rejoicing (喜び，歓喜)
2482	**rub** [rʌ́b]	動 ~を擦り込む；こする 名 摩擦；障害；でこぼこ
2483	**sermon** [sə́ːrmən] 《文化》	名 説教 動 sermonize (説教する)
2484	**blight** [bláit]	動 ~を枯らす，害する；~をだめにする，破滅させる 名 虫害 動 spoil (~を台無しにする)

2473	She raved about her new boyfriend; she thought he was wonderful.	彼女は新しいボーイフレンドのことをべた褒めした。彼はすばらしいと彼女は思っていた。
2474	She stabbed the piece of meat on her plate with her fork.	彼女は皿の上の肉にフォークを突き刺した。
2475	The blueberries stained my blouse, and it was hard to remove the spot.	私のブラウスにブルーベリーのしみが付き、そのしみを取り除くのに大変だった。
2476	She was very abrupt with me; I guess she was in a hurry.	彼女は私に対してとてもぶっきらぼうだった。彼女は急いでいたのだろう。
2477	She ascended quickly through the corporate ranks and became the CFO.	彼女は会社の階級を急速に上昇し、CFOになった。
2478	The speed of the racehorse was astonishing; he was the fastest I've ever seen.	その競走馬のスピードは驚異的だった。今まで見た中で最速だった。
2479	The artist starts with a blank canvas and then adds color.	その芸術家は真っ白なキャンバスから始めそれから色を足す。
2480	After an investigation, the police have ruled his death a homicide, so they are looking for the murderer.	捜査の後、警察は彼の死を殺人事件と判断したので、彼らは殺人者を探している。
2481	The family rejoiced when their young child was found to be safe.	家族の幼い子供が安全だとわかったとき、家族は喜んだ。
2482	If you rub this ointment on your sore muscle, it will relieve the ache.	この軟膏を痛む筋肉に擦り込むと、その痛みを和らげるだろう。
2483	The minister delivers his sermon to the church congregation every Sunday.	牧師は毎週日曜に教会の信徒に対し説教をする。
2484	The early frost blighted the farmer's crops.	早霜がその農夫の作物を枯らした。

STAGE 25

2485	**cartographer** [kɑːrtɑ́grəfər]	名 地図製作者 派 cartography (地図作成法)
2486	**dock** [dák]	動 ~をドックに入れる；(宇宙船が)ドッキングする 名 ドック；埠頭
2487	**hospice** [háspis] 《医療》	名 ホスピス, 緩和ケア病棟
2488	**lame** [léim]	形 (口実などが)見えすいた, へたな；足の悪い
2489	**mesa** [méisə] 《地学》	名 メサ, 卓状台地
2490	**moisture** [mɔ́istʃər]	名 水分, 湿気 派 moist (湿った)
2491	**transplant** 動[trænsplǽnt] 名[trǽnsplænt]	動 ~を移植する；~を移住[移動]させる 名 (臓器などの)移植
2492	**utmost** [ʌ́tmòust]	形 最も, 最大の 名 最大限, 極限
2493	**regrettable** [rigrétəbl]	形 残念な, 後悔させる 動 regret (~を後悔する) = 派 lamentable (残念な, 悲しむべき)
2494	**diligent** [dílidʒənt] 《心理》	形 勤勉な, 絶えず努力する 名 diligence (勤勉, 精励；注意〔義務〕) = 派 assiduous (勤勉な)
2495	**indispensable** [ìndispénsəbl]	形 不可欠の 名 indispensability (絶対必要なこと, 必須) = 派 necessary (必要な)
2496	**madness** [mǽdnəs]	名 狂気, 狂乱状態；愚行；熱狂

2485	The cartographer created maps of the newly explored territory.	地図製作者は新たに探索した領土の地図を作成した。
2486	We docked our sailboat in the harbor of the town.	私たちはヨットを町の港のドックに入れた。
2487	He spent the final days of his life in hospice care where they made him comfortable.	彼は生涯の最後の日々を、快適に過ごせるホスピスケアで過ごした。
2488	He gave the teacher a lame excuse when he said the dog ate his homework.	彼は先生に対し犬が宿題を食べてしまったと言い、見えすいた言い訳をした。
2489	In the old movie, the Indians took the high ground at the top of the mesa before their attack.	古い映画の中で、インディアンは攻撃の前にメサの頂上で優位な立場を取った。
2490	Plants need moisture to survive.	植物が生き延びるには水分が必要だ。
2491	He wrapped the roots of the tree carefully as he prepared to transplant it to a new location.	彼はその木を新しい場所に移植する準備をしており、注意深くその根を包んだ。
2492	Please take care of this project first as it is of the utmost importance.	このプロジェクトは最も重要なので、真っ先に対処してください。
2493	It was regrettable, but the popular tourist attraction was closed because funding for staff was reduced.	残念なことに、スタッフへの財政支援が削減されたので、その人気の観光名所は閉鎖になった。
2494	He was a diligent worker, and he often worked additional hours.	彼は勤勉な労働者で、よく残業をした。
2495	I find that computers have become indispensable to completing many jobs in our society.	私たちの社会において多くの仕事をこなすにはコンピューターは不可欠になってきていると思う。
2496	Some people say that falling in love produces a temporary state of madness.	恋に落ちることで一時的な狂気の状態になると言う人もいる。

2497	**unprecedented** [ʌ̀nprésədèntid]	形 前例のない，無比な
		副 unprecedentedly (前例なく，これまでになく)
		名 unprecedentedness (前代未聞，前例のなさ)
2498	**succumb** [səkʌ́m]	動 屈服する；死ぬ
		熟 **succumb to** 〜 (〜に屈する；〜〔の原因〕で死ぬ)
		= give in to 〜 (〜に屈する，従う)
2499	**menace** [ménis]	名 脅威，危険なもの[人]；威嚇
		動 〜を脅かす
2500	**pitiful** [pítifəl]	形 哀れな；かわいそうな
		名 pity (哀れみ，同情)

2497	In an unprecedented victory, she was the first woman to be elected president of the country.	前例のない勝利で、彼女はこの国で大統領に選ばれた最初の女性だった。
2498	I had planned to save the chocolate for dessert, but I succumbed to temptation and ate it after breakfast.	私はチョコレートをデザートに取っておこうとしたが、誘惑に屈して朝食後に食べてしまった。
2499	The dog was considered a menace as it had bitten several people in the neighborhood.	その犬は近所の住人の2、3人に噛みついていたので脅威とみなされていた。
2500	His pitiful attempt to apologize made her even more angry.	謝罪するための彼の哀れな試みはさらに彼女を怒らせた。

Column 5 — The School（学校）

▶ Listening や Speaking でよく使う単語です。留学後の学生生活でも使われますので覚えておきましょう。

nursery school 保育園
kindergarten 幼稚園
elementary school 小学校
junior high school 中学校
high school 高校
college 単科大学
university 総合大学
junior college 短期大学
graduate school 大学院
law school 法科大学院
student affairs division 学生課
student government 学生自治会
student's ID 学生証
chapel 礼拝堂
library 図書館
dormitory 寮
playground 運動場
cafeteria カフェテリア
gymnasium 体育館
university hospital 大学病院
lab / laboratory 実験室
classroom 教室
undergraduate 大学生, 学部学生
freshman 1年生
sophomore 2年生
junior 3年生
senior 4年生
graduate student 大学院生
professor 教授
emeritus 名誉教授
dean 学部長
Faculty / Department 学部
boarding school 寄宿学校
roomer 下宿人
roommate ルームメイト, 同居人

2500 ESSENTIAL ENGLISH WORDS FOR THE TOEFL TEST

INDEX

STAGE 01-25
No.0001-2500

- [ ] この索引には，本文の見出語（計2500語）およびその関連語（派生語・同義語・類義語・対義語）が掲載されています。
- [ ] 太字は見出語，細字は関連語として掲載されている単語です。
- [ ] 左端の赤文字（-bや-cなど）は「2つ目のスペル」です。例えば，A列にある-cの右側にはacで始まる単語（academicなど）がくるという意味です。単語検索の際にご活用ください。

INDEX A–B

A

-b
- abandon 206
- abandoned 206
- abbey 176
- abbreviate 328
- abbreviation 328, 390
- abduct 414
- abide 390
- ability 184
- abolish 114
- abolition 114
- abrupt 470
- abruptly 470
- absence 84
- absolute 86
- absolutely 86
- absolutism 86
- absorb 206
- abstract 76
- abstraction 76
- absurd 212
- absurdity 212
- abundance 274
- abundant 274
- abuse 28

-c
- academia 242
- academic 96
- academy 96
- accelerate 208
- accelerated 208
- accept 94
- accessible 116
- accidental 48
- acclaimed 464
- accommodate 100
- accommodation 100
- accompaniment 128
- accompanist 128
- accompany 128
- accord 160
- accordance 154
- accordingly 148
- accountability 212
- accountable 212
- accumulate 152
- accumulation 152
- accuracy 98
- accurate 98

- accuse 408, 466
- accustom 366
- accustomed 366
- ache 314
- achieve 180
- acknowledge 98
- acknowledgment 98
- acquainted 400
- acquire 26, 144
- acquisition 144
- acrobatic 426
- acronym 390
- acrophobia 196
- actualize 310
- acute 190

-d
- adaptability 428
- adaptable 428
- addicted 68
- addiction 68
- additive 320
- address 20
- adequate 114
- adhere 242
- adherent 242
- adjacent 316
- adjunct 416
- administer 146
- administration 146
- admirable 386
- admission 114
- adolescent 70
- advantage 156
- advantageous 136
- advent 412
- adverse 408
- adversity 466
- adviser 166
- advisory 166
- advocacy 134
- advocate 134

-e
- aerodynamic 380
- aerodynamics 380
- aesthetic 312
- aesthetically 312
- aesthetics 312

-f
- affair 78
- affect 26
- affection 344
- affectionate 344
- affectionately 344

- affiliate 154
- affirm 308
- affirmation 308
- affirmative 308
- afflict 368
- affliction 368, 466
- affluence 386
- affluent 386
- afoot 160
- aftermath 330

-g
- agenda 188
- aggravate 154, 398
- aggregate 136
- aggregation 90
- agitate 372
- agitated 372
- agitation 372
- agony 306
- agree 92
- agreement 224
- agricultural 116
- agriculture 116

-i
- air 48

-l
- alarming 440
- alarmingly 440
- algae 436
- algebra 238
- algorithm 40
- alienate 288
- align 216
- alignment 216
- alkaline 460
- all 80
- allegation 314
- allege 314
- allegiance 264
- alleviate 398
- alleviation 398
- alliance 286
- allocate 64
- allowance 130
- allude 436
- ally 432
- alter 134
- alteration 134
- alterative 134
- altogether 300
- altruism 362
- altruistic 362
- alumna 196
- alumnus 196

-m
- amateur 318

- amazing 470
- ambiguity 222
- ambiguous 222
- ambiguously 222
- ambitious 122
- ambivalence 388
- ambivalent 388
- amend 66
- amenity 404
- amnesia 356
- ample 202
- amplification 264
- amplify 264

-n
- analogy 176
- anarchy 404
- anatomy 288
- ancestry 444
- anchor 178
- anecdotal 416
- anecdote 416
- angel 242
- angelic 242
- anger 78
- angry 78
- anguish 426
- ankle 128
- annals 406
- annex 450
- annexation 450
- anniversary 398
- annotate 298
- annotation 298
- annoy 360
- annoyance 360
- annoying 360
- anonymity 298
- anonymous 298
- anthology 386
- anthropologist 204
- anthropology 204
- antibiotic 356
- antonym 226
- anxiety 102
- anxious 102

-p
- apartheid 430
- appalling 410
- apparatus 316
- apparel 370
- apparent 218
- apparently 218
- appeal 38
- appealing 430

	appearance	412	-s ascend	470	attribute	46	bath	228
	appetite	376	ascertain	444	-u audibility	422	bathe	228
	appetizing	376	ascertainable	444	audible	422	baton	386
	applicable	48	ascribe	460	audit	222	battery	192
	application	20	aside	274	auditor	222	battle	276
	appoint	58	aspect	30	authentic	276	-e beaker	466
	appointment	58	aspiration	100	authenticity	276	beam	36
	appraise	274	aspire	100	authorize		beaming	36
	appreciate	80	assassin	344		104,180,236	bear	62
	appreciation	80	assassinate	344	autobiographer		beforehand	442
	apprentice	188	assassination	344		400	befriend	330
	apprenticeship	188	assault	172	autobiography		begin	244
	apt	422	assert	188		400	beginning	178
-q	aqueduct	444	assertion	188	automatic	78	behalf	158
-r	arbitrary	284	assertive	188	automaton	436	behavior	468
	arbitrate	316	assess	24	autonomy	230	behavioral	468
	arbitration	316	assessment	24	-v avail	430	belief	80
	arbitrator	420	asset	124	averse	448	believe	80
	archaeologist	190	assiduous	472	aversion	448	beloved	322
	archaeology	190	assign	64	avert	448	bench	362
	archer	296	assignment	90	avian	190	benchmark	376
	archetypal	444	assimilate	312	aviation	190	beneficial	136
	archetype	444	assimilation	312	aviator	190	benefit	136
	architect	112	assistant	416	-x axiom	428	beta	188
	architectural	112	associate	18	axis	86	betray	432
	architecture	112	assume	32,152			betrayer	432
	archive	124	assumption	32	**B**	PAGE	-i bias	90
	archivist	124	assurance	210	-a bachelor	258	bibliography	216
	ardent	414	assure	210	background	40	bid	238
	area	230	assured	302	bacteria	170	bilateral	326
	argue	54	astonish	470	bacterial	170	bill	96
	argument	54	astonishing	470	badly-off	242	billing	96
	aridity	326	astrology	304	balloon	338	bimonthly	308
	aristocracy		astronomer	252	ballot	174	binary	154
		208,304	astronomy	252	ban	214	bind	38,396
	aristocrat	304	asylum	460	bang	286	binding	396
	aristocratic	304	asymmetry	74	bankrupt	276	biodiversity	460
	arithmetic	228	-t athlete	92	bankruptcy	276	biographer	340
	arithmetical	228	athletic	92	baptism	418	biography	340
	aromatic	458	atlas	240	bar	64	biological	128
	arouse	278	atmosphere	88	barbarian	284	biologist	128
	arrival	302	atmospheric	88	barbaric	284	biology	128
	arrogance	318	atom	140	barometer	234	biosphere	294
	arrogant	318	atomic	140	baron	412	biotic	278
	arterial	464	atrocious	378	barrel	214	bitter	364
	artery	464	attack	172	barren	152	bizarre	340,404
	articulate	250	attain	180	barter	308	-l blanket	418
	artifact	274	attend	128	baseline	84	bleach	418
	artificial	320	attendance	128	basement	432	bleed	164
	artificially	320	attendant	128	basic	38	blight	470
	artillery	450	attentive	406	basin	238	bloodstream	464
	artisan	460	attorney	44	batch	204	blossom	402

479

INDEX B–C

	blue-collar	240	bury	220	cellular	36	cite	60
	blueprint	274	bush	206	Celsius	172	civilian	192
-o	boast	336	-y bypass	464	cement	426	-l clandestine	78
	boastful	336			cemetery	398	clarify	32,278
	bob	110	**C** PAGE		censor	378	clarity	32
	bold	352	-a calculate	96	censorship	378	clash	396
	bolt	372	calculation	96,112	census	246	classification	120
	bombard	442	calling	238	center	312	clay	116
	bombardment	442	calm	308	centigrade	172	clergy	254
	bond	104	campaign	74	cerebral	430	climate	54
	booklet	128	campus	164	ceremonial	256	climatic	54
	boom	330	cancel	134,376	ceremony	256	climatology	54
	boot	268	cancer	72	certificate	134	cling	330
	border	54	cancerous	72	certified	182	close-knit	334
	bore	238	candidate	52	-h chamber	206	closure	28
	boring	238	cannon	412	champion	340	clothes	370
	bough	264	canon	408	championship	340	cluster	90
	boulder	212	canvas	470	channel	46	clutch	442
	bound	38	capable	158	chaos	340	clutter	434
	bouquet	458	cape	256	chaotic	340	-o coal	94
	bourgeois	374	capital	232	char	226	coalition	264
	bow	256	capitalism	232	character	40	coat	240
-r	brace	350	capitol	432	characteristic	84	coating	240
	bracket	336	caption	266	characterize	40	code	406
	brave	352	caravan	458	charisma	358	coefficient	196
	breach	142	carbohydrate	80	charismatic	358	coessential	318
	breadth	298	carbon	80	charity	268	coherent	368
	break	30,464	cardinal	406	charter	222	coincide	244
	breakage	30	career	22	chemist	110	coincidence	244
	breakthrough	392	caricature	430	chemistry	110	collaborate	142
	bribe	412	carnival	424	cherish	322	collaboration	142
	bride	324	cartographer	472	chew	170	collaborative	142
	brief	56	cartography	472	chewy	170	collateral	306
	briefly	362	cartoon	132	chief	422	colleague	122
	bright	464	cascade	326	chiefly	422	collect	152
	brisk	228	cast	210	chill	452	collectively	300
	briskly	228	casualty	262	chilling	452	collectivity	300
	brittle	448	catalogue	468	chimney	172	collide	190
	brittleness	448	catalyst	452	chin	90	collision	190
	brochure	128	catastrophe	450	china	152	colonial	164
	broker	284	catastrophic	450	chronic	160	colonialism	164
	brutal	432	cater	330	chronicle	406	colony	164
-u	bubble	394	catering	330	chronology	308	column	102
	buck	452	cathedral	390	chuckle	418	columnar	102
	bud	204	caution	136	chunk	280	combat	276
	buffer	186	cautious	136	-i circle	72	combine	416
	bulk	250	cautiously	136	circuitous	114	comet	260
	bulletin	164	cave	72	circulate	322	commence	244
	bundle	182	cavern	72	circulation	322	commencement	272
	burden	132	-e cease	268	circumference	448	commentary	60
	burdensome	132	ceaseless	268			commentator	60
	burst	340	cell	36	circumstantial	64		

Word	Page
commerce	48
commercial	48
commission	58
commit	26
committed	26
commodity	212
common	154
commonplace	228
communal	18
communicable	56
communicate	300
communism	232
companion	312
compare	100
comparison	100
compassion	306
compassionate	306
compatibility	182
compatible	182
compel	222
compelling	222
compensate	72
compensation	72
compete	158
competence	184
competent	158
compilation	138,386
compile	138
compiler	138
complaint	246
complement	132
complete	114,128
completely	162,322
complex	28
compliance	110
complicate	140
complicated	140
complication	140
comply	110
component	26
compose	132
composer	132
composite	234
composition	132,234
compound	154
comprehend	128
comprehensive	128
compress	224
compression	224
comprise	148
compromise	156
compulsion	352
compulsive	352
compulsory	224
computation	112
compute	96,112
conceal	342
concealment	342
conceivable	400
conceive	324,400
concise	56
conclude	104
concoct	160
concrete	92
condemn	410,466
condemnation	410
condense	410
condition	24
conditional	166
conditioning	20
conductor	26
confederate	286
confederation	286
confer	42
conference	42
confidence	78,302
confident	302
confidential	78
configuration	198
configure	198
confine	258
confinement	258
confirm	238,444
confirmation	238
conform	260
conformity	260
confront	246
confrontation	246
congested	288
congestion	288
congress	96
conjecture	406
conjunction	190
connection	22
conquer	168
conqueror	168
conscience	368
conscientious	368
conscious	136
consciousness	136
consecutive	288
consensus	90
consent	90
consequential	358
considerable	160
considerably	160
considerate	62
consistency	210
consistent	148
consolidate	332
consolidation	332
consonant	174
consortium	152
constellation	450
constituent	26
constitute	122
constitution	62
constrain	154
constrained	154
construct	436
construction	336
constructive	336
consume	110
consummate	466
consumption	110
contagious	56
contain	30,48
contained	48
containedly	48
container	30
containment	30
contaminate	270
contamination	270
contemporary	66
contend	330
content	22
contentment	22
continent	72
continental	72
contingent	166
continuous	148
continuously	148
contour	306
contoured	306
contract	22
contradict	192
contradiction	192
contradictory	192
contrary	176
contribute	34,164
contribution	34
contrive	450
contrived	450
contriver	450
controversial	136
controversy	136
convent	338
conventional	120
converge	322
convergence	322
converse	400
conversely	400
conversion	60
convert	42
convey	300
convict	174
conviction	174
convince	158
convincing	158
cope	214
copper	118
coppery	118
cornerstone	434
corporate	88
corporation	88
correct	98
correlate	168
correlation	168
correspond	84
corridor	342
corroborate	122
corrupt	206
cortex	184
cortical	184
cosmic	284
cosmopolitan	342
costume	424
counsel	38
count	304
counterpart	316
countless	302
country	104
coup d'état	366
courtesy	316
courtly	316
courtship	112
covenant	394
coworker	122
-r crack	142

481

INDEX C–E

craft	216	decomposed	416	dense	128	diarrhea	298
craftsman	460	**decorate**	268	**density**	128	**dictate**	266
crater	428	decree	348	**department**	18	dictator	266
credible	230	**dedicate**	96	**departure**	302	**dietary**	268
credibly	230	dedicated	96	**dependable**	66	difference	
credit	84	deed	262	**dependence**	68		322,336
crisis	48	deem	226	**dependent**	68	**differential**	120
criterion	46	deep	350	depict	140	**differentiate**	164
critic	34	**deepen**	208	depiction	140	differentiation	164
critical	34	**defamation**	466	**deplete**	320	diffuse	468
criticize	374	defamatory	466	**deploy**	242	diffusive	468
crouch	424	defame	466	**deposit**	56	digest	238
crown	240	default	120	**depress**	150	digestion	238
crucial	110	**defect**	210	**depression**	150	digit	214
crucially	110	**defective**	326	**deprive**	244	digital	414
crude	430	defend	42,186	derive	78	digitize	414
cruise	228	**defendant**	42	**descend**	470	dignity	314
crush	380	**deficiency**	176	**describe**	92	**dilemma**	242
crushing	380	deficient	176	**description**	92	**diligence**	472
crust	406	deficit	214	**deserve**	202	**diligent**	472
-u **culinary**	170	**define**	82	**designate**	152	**dimension**	228
cult	300	**definite**	332	**despair**	376	**dimensional**	228
cultivate	264	definitely	332	**desperate**	316	**dimensionless** 228
cultivation	264	**definition**	82	**desperately**	316	**diminish**	224
cumulative	160	**deflect**	460	**despite**	220	diminutive	154
cumulatively	160	**degrade**	318	**destruction**	204	din	344
curvature	58	**degree**	20	**destructive**	204	**dine**	288
curved	58	**deity**	356	**detach**	416	dinosaur	90
custody	224	**delegate**	206	**detachable**	416	**dioxide**	102
custom	136	**deliberate**	378	**detain**	340	dip	314
customary	136	deliberately	378	detainee	340	**diploma**	134
-y **cylinder**	326	delicate	462	**detect**	24	**diplomatic**	414
cylindrical	326	**delinquency**	412	**detective**	24	**direction**	28
cynical	312	**delinquent**	412	**deteriorate**	344	**directive**	338
D PAGE		delta	374	deterioration	344	**disable**	156
		delusion	350	**detrimental**	408	disabled	156
-a damp	414	demand	50	**devastate**	344	**disadvantage** 156
dazzle	386	**demanding**	50	devastating	344	disadvantageous	
dazzling	386	demean	318	**devastation**	344		156
-e **deadly**	320,416	**dementia**	316	**deviate**	460	**disagree**	92
dean	182	**democracy**	114	**device**	86	**disagreement**	92
debt	300	**democratic**	114	**devise**	266	**disappear**	188
debtor	300	**demographic**	158	**devote**	158	**disarray**	122
debut	438	demography	158	devotion	400	**disaster**	64
decay	32	**demolish**	386	-i **diabetes**	250	**disastrous**	64
deceit	454	demon	282	diabetic	250	**discard**	354
deceitful	454	**demonstrate**	100	**diagnose**	64	**discern**	280
deceive	454	demonstration	100	diagnosis	64	**discharge**	148
decipher	406	**denominator**	262	**diagram**	40	disciplinary	
declare	66	denotation	166	**dialect**	360		196,252
decode	406	**denote**	166	dialectal	360	**discipline**	42
decompose	416	**denounce**	466	diameter	188	**disciplined**	42

disclose	102	distressing	142	durable	430	embody	370
disclosure	102	distribute	130,324	duration	122	embrace	208
disconnect	354	distribution	130	-w dwell	426	embryo	216
disconnection	354	distributor	130	dweller	82	emerge	76
discount	160	disturb	138	dwelling	426	emergency	76
discourage	350	disturbance	138	-y dye	398	emergent	76
discourse	166	disturbing	138	dynamic	46	emigrate	294
discover	24	diversion	436	dynastic	356	emission	172
discreet	208	dividend	348	dynasty	356	emit	224
discrepancy	322	divinity	400	dystopia	274	emotional	62
discrete	148	division	44	dystopian	274	emphasize	374
discriminate	86	dizzy	398	**E**	PAGE	empirical	100
discriminating	86	-o dock	472			employ	152
discrimination	86	doctorate	50	-a earnest	366	empower	236
discussion	166	doctrine	50,282	earnestly	366	-n enable	76
disguise	412	document	24	earnings	248	enact	250
disgust	466	dogged	234	ease	208	enactive	250
dismiss	216	dogma	422	-c eccentric	434	enchant	310
dismissive	216	dogmatic	422	eccentricity	434	enclose	264
disorder	48	domain	62	echo	220	enclosure	264
disparity	336	dome	300	ecological	166	encode	284
dispatch	270	domed	300	ecology	166	encompass	280
dispatcher	270	dominance	342	ecosystem	278	encounter	78
dispensable	426	dominant	86	-d edge	56	encourage	210
dispensary	396	donate	164	educate	168	encrypt	276
dispense	396	donation	164,268	-f effectively	56	encrypted	276
disperse	418	doom	466	effectiveness	24	encryption	276
dispersion	418	dormitory	240	efficacy	24	encyclopedia	244
displace	414	dot	202	efficient	56	encyclopedic	244
displaced	414	double	174	-g egotist	388	end	104
dispose	156	doubtful	280	egotistic	388	endanger	414
disposition	318	downsize	440	-l elaborate	216	endangered	414
dispute	132	downsizing	440	elaborately	216	endeavor	258
disrupt	160	-r draft	42	elderly	284	endemic	430
disruption	160	drastic	388	elective	240	endless	148
disruptive	160	drastically	388	electrical	106	endorse	228
dissent	266	draw	38	electricity	106	endorsement	228
dissenter	266	drawback	428	electron	58	endow	264
dissertation	76	dread	446	elegant	380	endowment	264
dissolve	214	dreaded	446	element	22	endurance	258
distant	176	drive	32	elicit	276	endure	258
distinct	130	driven	32	elicitation	276	engage	40
distinctive	130	drone	296	eligible	50	engagement	40
distinctly	130	drought	326	eliminate	96	enhance	60
distinguish	124	drunken	426	elimination	96	enhanced	60
distort	334	-u dual	174	elite	208	enhancement	60
distorted	334	dubious	366	eloquent	386	enlighten	168
distortion	334	due	22	-m emaciation	186	enlightenment	168
distract	312	duel	320	embark	400	enlist	436
distraction	312	dump	376	embassy	316	enormous	154
distress	142	duplicate	180	embed	150	enrich	262
distressful	142	durability	430	embodiment	370	enriched	262

483

INDEX E–G

enrichment	262	esteemed	302	existent	352	factual	296
enroll	270	estimate	82	existential	60	faculty	96
enrollment	270	estimation	82	exotic	380	Fahrenheit	172
ensemble	410	-t et cetera	230	expanse	288	fail	82
ensure	46	eternally	192	expectant	112	failure	82
entail	164	eternity	192	expedition	424	faint	450
enterprising	122	ethical	86	expend	202	fainthearted	450
enthusiast	366	ethics	86	expenditure	202	fake	316
entire	80	ethnicity	20	experience	226	familial	330
entirely	80	-v evacuate	304	experienced	170	familiar	60
entitle	104	evacuation	304	experiential	100	family	330
entity	76	evaluate	130	expert	38	famine	462
entrepreneur	212	evaluation	130	expertise	38	famish	462
entwine	376	eventual	68	explain	72	famous	276
enumerate	322	eventually	68	explanation	72	fanatic	352
envious	302	evidence	26	explanatory	72	fantastic	314
environment	36	evil	138	explicit	402	fantasy	314
envisage	464	evolution	52	explode	358	farewell	454
envision	464	-x exacerbate	390	exploit	204	fascinate	212
envy	340	exacerbation	390	exploration	104	fascinating	212
enzymatic	176	exact	74	explore	104	fascinatingly	212
enzyme	176	exaggerate	264	explorer	104	fashion	270
-p epic	344	exaggerated	264	explosion	358	fast	48
epidemic	186	exaggeration	264	exponential	146	fasten	422
epilogue	332	examination	86	exponentially	146	fastidious	22
episode	168	exceed	124	expose	80	fatal	320
epoch	434	excel	410	exposition	288	fate	300
-q equate	112	exception	68	exposure	80	fated	300
equation	130	exceptional	68	expressly	348	fateful	300
equator	242	excerpt	280	extend	58	fatigue	362
equatorial	242	excess	168	extinct	194	fault	116
equilibrium	56	excessive	168	extinction	194	faulty	46
equipment	316	excessively	372	extinguish	334	fauna	240
equity	250	exchange	334	extinguisher	334	favorable	234
equivalent	52	exclaim	282	extract	84	favorite	234
equivocal	388	exclamation	282	extraordinary	178	-e feasibility	202
-r era	148	exclamatory	282	extrinsic	260	feasible	202
eradicate	360	exclude	324	-y eyesight	174	feature	78,84
eradication	360	exclusive	226	eyewitness	466	federal	32
erect	436	exclusively	226			fee	112
erode	416	execute	124	**F** PAGE		feedback	48
erosion	416	exempt	262			fellow	84
erupt	276	exemption	262	-a fabricate	160	feminine	446
eruption	276	exercise	28	fabrication	160	feminism	400
-s escalate	370	exert	348	fabulous	402	feminist	400
escalation	370	exhaust	306	face	246	ferry	434
essence	82	exhausting	306	facet	432	fertile	304
essential	82,316	exhibit	80	facilitate	94	fertilize	270,304
essentially	82	exhibition	80,288	facilitator	94	fertilizer	270
establish	86	exile	450	faction	356	festival	424
estate	92	exist	82	factional	356	fetch	442
esteem	268	existence	82	factor	20	fetus	330
				factory	166		

-i fiber 252
fidelity 428
fierce 350
figure 18
finalize 466
finance 54
finding 36
fine 42
fingerprint 358
finished 72
finishing 72
finite 68
fire 42
firework 350
firm 28
fiscal 156
fish 240
fitting 410
fixed 370
fixture 354
-l flag 206
flank 452
flare 424
flatter 262
flattered 262
flattering 262
flaw 278
flawlessness 278
flection 58
fleet 284
flesh 410
flexible 68
flick 438
flora 244
flourish 434
flow 46
flowering 238
fluctuate 270
fluctuation 270
fluency 356
fluid 160
flux 178
-o focal 326
focus 116
foil 354
folklore 456
folkloric 456
folktale 300
follow 256
follow-through 256
follow-up 238

fond 280
foothill 436
foothold 460
footnote 334
footprint 406
footstep 454
forbid 320
fore 270
forecast 44
forefront 354
foreground 374
foresee 392
foreseeable 392
forever 192
forge 212
fork 334
forked 334
formal 246
formally 246
former 76
formerly 76
formula 126
formulate 60
fort 230
forthcoming 188
fortress 230
fortunately 26
forum 68
fossil 284
fossilize 284
foster 210
found 230
foundation 22
founder 230
fountain 286
-r fraction 72
fracture 72
fragile 462
fragment 202
fragrance 424
fragrant 424
framework 64
frank 466
frankly 466
fraud 142
fraudulent 142
freeze 112
freezing 112
freshman 238
friction 410
frighten 448
frighteningly 440

frontier 194
frost 172
frosty 172
-u fuel 114
fugitive 398
fulfill 164
fulfillment 164
fumble 272
function 76
functional 76
fund 30
fundamental 38
funding 30
funeral 466
fungus 232
furious 320
furiously 320
furnish 256
furnished 256
furniture 256
furthermore 98
fuse 416
fusion 408
fuzzy 462

G PAGE
-a gadget 398
gang 414
gangster 414
garment 464
garrison 340
gathering 322
gauge 110
gaze 220
-e gear 206
geek 298
gender 58
gene 94
generation 46
generic 186
generosity 306
generous 82,306
generously 306
genesis 426
genetics 94
genre 224
gentry 380
genuine 308
geography 120
geologic 270
geologist 270
geology 270

geometry 258
gesture 256
-i gigantic 314
gimmick 308
give 274
-l glacial 382
glacier 382
glad 220
glamorous 430
glance 344
glare 418
glaring 418
glimpse 426
gloom 406
gloomily 406
gloomy 406
glorious 298
glory 298
glucose 376
glue 446
-o goggle 322
goods 212
gorgeous 346
gossip 386
gourmet 458
govern 18
government 18,134
-r graceful 208,380
gracefully 208
grade 242
gradient 230
grading 242
gradual 326
gradually 326
graduation 272
grain 112
grant 264
graphic 154
grasp 230
grassland 348
grave 256
graveyard 398
gravity 254
greatly 152
greedy 368
green 68
greenhouse 370
grid 312
grief 246
grievance 246
grieve 374

485

INDEX G–K

grind	358	heated	240	-u hub	312	immodest	278
groom	324	heatedly	240	huddle	424	immortal	140
gross	432	heel	90	huge	218,314	immune	260
grotesque	404	hefty	160,408	hull	462	immunity	260
ground	40	heighten	50	humane	274	impact	24
growl	440	heir	390	humanism	274	impair	196
-u guarantee	88	heiress	390	humble	370	impaired	196
guerrilla	350	hemisphere	392	humid	414	impairment	196
guild	434	hereditary	408	humiliate	394	impartial	146
guillotine	404	heredity	408	humor	64	impartiality	146
guilt	178	heritage	342	humorous	448	impatient	70
guilty	178	hermit	412	hurdle	404	impatiently	70
gulf	338	hesitant	376	hurry	460	impeach	408
gut	192	hesitate	376	hustle	330	impeachment	408
		hesitation	376	-y hybrid	174	impedance	446

H — PAGE

		heterosexual	446	hydrogen	176	impede	446
-a habit	332	heterosexuality		hydrogenate	176	impediment	302
habitat	392		446	hygiene	192	imperative	316
habitual	332	-i hide	98	hygienic	192	imperial	222
hail	416	hierarchical	62	hypnosis	448	imperialism	222
halt	252	hierarchy	62	hypnotherapy	448	implement	26
hammer	358	highlight	78	hypnotic	448	implication	66
hand	294	highly	152	hypothesis	46	implicit	418
handful	376	hinder	368			implicitly	418

I — PAGE

handicap	330	hindrance	404			imply	124
handout	174	-o hold	256	-c iceberg	420	impose	120
handwriting	298	holistic	282	icon	216	impression	238
handwritten	298	holy	266	-d idea	122	impressionism	
handy	360	homecoming	436	ideal	96		238
hang	256	homeland	224	identical	138	imprint	426
hangover	314	homicide	470	identify	28	imprison	132
hanker	458	homogeneous		ideology	282	imprisonment	132
happiness	22		318	idiot	294	improve	190
harass	228	hone	380	idle	356	impulse	162
harassment	228	honestly	466	idol	356	impulsive	162
harbor	288	honor	374	-g ignorance		-n inaccurate	46
hardship	392	honorable	374		166,224	inactive	356
hardy	432	hook	372	ignorant	224	inadequate	114
harem	456	horizon	250	ignore	166	inadvertence	448
harmonious	348	hormonal	302	-l illegitimate	278	inadvertent	448
harmony	348	hormone	302	illiteracy	80	inadvertently	448
harness	390	horn	354	illuminate	278	inattentive	406
haste	460	horrible	302	illusion	350	inaugurate	462
haunt	404	horrify	302	illustrate	74	inauguration	462
haven	192	horror	302	illustration	74	inborn	304
hazard	192	hospice	472	-m imitate	316,324	incandescent	328
hazardous	192	hostage	350	imitation	316	incentive	182
-e head-on	244	hostile	332	immediate	268	incident	74
headquarters	354	hostility	332	immerse	388	incidental	74
heal	334	hotspot	346	immigrate	294	incidentally	344
healing	334	household	96	imminent	418	inclination	264
hearing	80	houseplant	308	imminently	418	incline	94,264

inclined	264	inhabitant	374	integral	154	investigation	76
include	228,280	inherent	304	integrate	154	invisible	102
inclusion	228	inherently	304	integration	312	invoice	400
income	66,248	inherit	118	integrity	138	invoke	300
incomprehensible	430	inherited	118	intellect	228	-r ironic	300
inconceivable	404	inhibit	308	intellectual	228	ironically	300
inconsistency	210	inhibited	308	intelligible	430	irony	300
inconsistent	148	inhibition	308	intensity	84	irrational	230
increasingly	88	initial	44	intensive	84	irrationality	230
incredibility	256	initiative	56	intentional	48	irregular	370
incredible	256	inject	160	intentionally	48	irregularity	370
incursion	252	injection	160	interact	172	irrelevant	48
indemnify	72	inmate	144	interaction	172,368	irrigate	344
independence	230	innate	366	interactive	172	irrigation	344
in-depth	114	innately	366	intercept	326	irritate	386
indicate	32	innocence	188	interception	326	-s isolated	130
indication	32	innocent	188	interchange	424	isolation	130
indifference	182	innovate	392	intercourse	390	-t iterate	248
indifferent	182	innovation	392	interdisciplinary	196	iteration	248
indigenous	142	innovative	392	interfere	120	**J** PAGE	
indiscreet	208	innumerable	404	interim	410	-a japan	152
indispensability	472	inoperable	112	interior	118	jargon	374
indispensable	472	input	30	intermediary	258	-o jobless	356
individualism	276	inquest	226	intermediate	258	joint	68
individualistic	276	inquiry	74	intern	38	jointly	68
induce	134	insane	212	internship	38	-u junction	332
inducement	134	inscribe	326	interplay	368	jurisdiction	78
indulge	364	inscription	326	interpret	106	jurist	78,118
inevitable	268	inshore	176	interpretation	106	jury	118
infamous	366	insight	80	interpreter	106	justice	114
infant	110	insignificant	110,282	interrogation	74	justification	114
infectious	120	insinuate	124	intersect	146	justify	114
infectiously	120	insinuation	66	intersection	146	juvenile	212
infer	206	insistent	440	interstate	460	**K** PAGE	
inference	206	insistently	440	intervene	36	-e keen	280
inferior	124	insomnia	412	intimate	358	kettle	300
infertile	312	insomniac	412	intimidate	324	keynote	392
inflexible	68	inspect	86	intimidating	324	-i kid	98
inflict	314	inspection	86	intrigue	322	kidnap	414
influence	50	instability	318	intrinsic	260	kidney	184
influential	50	instantaneous	268	intrinsically	260	kin	396
informant	60	instantaneously	268	intrude	366	kinetic	318
information	60	instinctive	122	intrusion	366	-n knight	302
informer	60	institute	30	intrusive	366	knighthood	302
infrastructural	94	instrumental	348	intuition	122	knowledge	194
infrastructure	94	insufficiency	100	intuitive	122	knowledgeable	194
ingredient	248	insurance	118	invaluable	326		
inhabit	374	insure	118	invasion	252	**L** PAGE	
		intact	418	inventory	234	-a labyrinth	352
				investigate	76		

487

INDEX L–O

Word	Page
lag	304
lame	472
lament	404
lamentable	472
land	32
landing	390
landlady	96
landlord	96
landlordism	96
landscape	120
lap	326
lateral	390
latitude	280
latter	124
launch	86
lava	394
lawn	302
lawyer	38
lay	346
layout	248
-e leak	360
leakage	360
leaky	360
lean	286
leanness	286
lease	138
leather	396
lecture	54
lecturer	54
legacy	236
legal	24
legality	24
legend	276
legendary	276
legislate	196
legislation	196
legitimate	278
leisure	210
lengthen	354
lessen	194
lethal	416
lexicographer	452
lexicon	452
-i liability	62
liberal	82
liberate	362
liberated	362
liberation	362
lick	348
lifespan	380
lifetime	380
lightning	398
likelihood	98
likeness	338
likewise	440
limb	282
limit	62
limited	68
linear	124
linguist	216
linguistic	216
linguistics	216
link	22
literacy	80
literal	398
literally	398
literate	80
literature	72
litter	286
livelihood	462
livestock	368
living	66
-o lobby	360
lobbyist	360
locale	24
locate	54
location	54
locomotive	176
logic	44
lonely	392
long	240
longevity	468
longing	240
longitude	280
longstanding	440
loot	444
lower	50
loyalty	264
-u lumber	454
luminous	328
lump	406
lunar	244
lung	102
-y lyric	446
M PAGE	
-a madness	472
magnificent	276
magnitude	82
mainly	54
mainstream	320
majesty	314
major	30
majority	18
malice	228
malicious	228
maliciously	228
mammal	104
mammalian	104
man	48
manage	18
manageability	428
manageable	428
mandate	180
mandatory	224
maneuver	462
manifest	188
manipulate	190
mannerism	64
manual	78
manufacture	44
manufacturer	44
manufacturing	44
manuscript	258
map	46
marathon	404
marginal	152
marine	442
marital	410
martyr	406
martyrdom	406
marvel	408
marvelous	408
masculine	446
mask	232
masquerade	412
mass	20
massacre	372
massive	160
master	20
masterpiece	454
masterwork	454
material	50
maternal	372
maternity	372
matrix	38
mature	118
maturity	118
maxim	426
maximal	222
maximum	222
mayor	338
mayoral	338
mayoralty	338
-e meaningful	436
meantime	442
meanwhile	306
measure	20
mechanism	44
median	42
mediate	136
mediator	136
medical	20
medieval	336
meditation	396
medium	24
melancholy	440
melodrama	352
membrane	324
memorandum	306
menace	474
mend	352
mentor	192
mentoring	192
merciless	260
mercurial	260
mercury	260
mercy	260
merely	128
merge	194
merger	194
merit	202
mesa	472
mesh	376
metal	92
metallic	92
metaphor	170
metaphorical	170
meteor	304
methodical	18
methodically	18
metropolis	210
metropolitan	210
-i microscope	234
microscopic	234
midst	350
might	304
mightily	304
mighty	304
migrate	294
mild	306
milestone	266
military	408
militia	408
mill	166
millenary	408
millennium	408

	mimic	324	moor	178	nationwide	362	novelty	76
	mine	50	moral	42	native	122	novice	406
	mineral	90	morale	338	navigate	230	-u nuclear	192
	mineralogy	90	moreover	146	navigation	230	nucleus	192
	minimal	222	mortal	140	navigator	230	nude	320
	minister	172	mortality	140	-e nebula	246	nuisance	398
	minor	42	mortgage	214	necessary	472	null	126
	minority	40	mosque	312	needle	296	numerator	262
	minute	42	mostly	54	neglect	138	numerical	140
	misconceive	324	motivation	82	negligence	138	numerically	140
	misconception	324	motive	82,182	negligent	138	numerous	110
	misery	358	mount	190	negligible	282	numerously	110
	misfortune	466	mounting	190	negotiate	120	nun	376
	mishandle	446	mourn	374	negotiation	120	nursery	116
	mistakable	382	mournful	374	neighboring	316	nurture	334
-o	moan	380	move	182	nerve	202	nutrient	194
	mob	426	-u multilingual	460	nervous	176	nutrition	194
	mobilization	278	multitude	396	net	68	nutritious	194
	mobilize	278	mum	262	neurologic	324		
	mock	282	mumble	438	neutral	104	**O** PAGE	
	modality	124	mundane	194	neutrality	104	-a oasis	284
	moderate	166	municipal	270	nevertheless	190	oath	330
	moderately	166,338	municipality	270	-i niche	256	-b obedience	294
	moderator	338	murmur	354	nickname	466	obedient	294
	modest	278	muscle	366	nightmare	378	obese	186
	modification	86	muscular	366	nitrogen	212	obesity	186
	modify	86	mutation	210	nitrogenous	212	objective	36
	moist	472	mute	388	-o nobility	394	obligate	126
	moisture	472	mutter	354	nominal	202	obligation	126
	mold	424	mutual	154	nominate	350	obscene	402
	molecule	66	-y myriad	432	nomination	350	obscure	400
	moment	44	mystic	250	nonetheless	262	observation	82
	momentarily	44	mystical	250	nonexistent	352	observe	82
	momentary	44	mystically	250	nonsense	426	obsess	332
	momentum	90			norm	136	obsession	332
	monarch	260	**N** PAGE		normalize	166	obsessional	332
	monarchy	152,260	-a naive	314	nostalgia	458	obsolete	422
	monastery	338	naivety	314	nostalgic	458	obstacle	252
	monetary	232	naked	298	nostril	226	obstruction	252
	monitor	48	namely	214	notable	312	obtain	26
	monk	376	narcissism	458	notably	58	obvious	94
	monopolize	252	narcissist	458	notation	150	obviously	94
	monopoly	252	narcissistic	458	notice	36	-c occasion	336
	monotonous	434	narrative	140	notification	168	occasional	336
	monotony	434	narrow	262	notify	168	occasionally	336
	monster	378	narrowly	468	notion	122	occupied	172
	monstrous	378	nasal	446	notorious	366	occur	50
	montage	440	nasty	322	notoriously	366	occurrence	50
	monumental	156	nation	362	notwithstanding	190	oceanographer	428
	monumentally	156	nationalist	296			oceanography	428
			nationality	20	nova	442	octagon	424
			nationalize	456	novel	76		

489

INDEX O–P

	octagonal	424	outdated	422	paradigm	188	pension	296
-d	odds	324	outermost	460	paradigmatic	188	pepper	462
	odor	186	outfit	404	paradox	216	perceptible	64
	odorless	186	outlet	190	paradoxical	216	perception	64
-f	offend	204	outlook	146	parameter	28	perfect	96
	offense	204	output	28	paranoid	344	period	40
	offset	184	outrage	452	paraphrase	298	periodic	40
	offshore	176	outrageous	452	parasite	390	perish	452
	offspring	280	outrageously	452	pardon	364	perishable	452
-m	omission	324	outreach	198	parliament	98	perishing	452
	omit	324	outset	342	parliamentarian	98	permanent	362
-n	ongoing	160	outstanding	264	parody	370	permanently	362
	onlooker	352	outweigh	366	part	18	permissive	234
	onset	178	-v overall	44	partially	162	perpetual	398
-p	opaque	388	overboard	440	participant	156	perpetually	398
	opportune	20	overcome	210	participate	156	persecute	372
	opportunity	20	overhead	306	participation	156	persecution	372
	oppose	98	overlap	152	particle	48	persist	234
	opposing	98	overlook	318	particular	22	persistent	234
	opposite	176	overly	372	particularly	22	personalize	392
	opposition	98	override	350	partition	204	personnel	66
	oppress	324	oversee	204	partner	432	perspective	52
	oppression	324	oversight	324	party	22	persuade	296
	opt	216	overthrow	416	pass	274	persuasive	386
	optic	170	overtime	344	passage	30	pertain	248
	optics	170	overwhelm	432	passionate	414	pertinent	272
	optimism	368	overwhelming	432	passive	248	pertinently	272
	optimistic	368	overwhelmingly		passively	248	pervade	358
	optimization	196		432	pastime	436	pervasive	358
	optimize	196	-w owner	266	pastor	254	pessimism	368
-r	oracle	296	-x oxygen	104	pastoral	254	pesticide	216
	orbit	214	-z ozone	104	pasture	462	petition	136
	order	340	**P** PAGE		patch	208	petroleum	232
	ordered	18			patent	142	pettily	186
	ordinary	228	-a pact	224	pathetic	458	pettiness	186
	organic	66	pad	330	patriot	296	petty	186
	organism	132	pagan	448	patrol	336	-h phantom	440
	organization	80	paganism	448	patronize	146	pharmaceutical	
	organize	80	pale	220	patronizing	146		258
	orient	232	paleness	220	pause	192	pharmacist	258
	origin	426	palette	468	pave	450	pharmacy	258
	originate	210	palm	110	paved	450	phase	40
	originator	210	pan	374	pavement	450	phenomenal	388
	ornament	446	pandemic	354	-e peasant	230	phenomenally	388
	ornamental	446	panic	298	peculiar	394	philosopher	84
	ornamentation		panorama	396	pedestrian	306	philosophical	84
		446	panoramic	396	peek	388	philosophy	84
	orphan	416	pant	362	peel	354	phobia	196
	orphanage	416	pantheism	332	peer	66	phobic	196
-s	oscillate	124	pantheon	332	penalty	42	phonetic	468
-t	otherwise	86	paper	356	penetrate	424	phonetics	468
-u	outcome	30	par	260	peninsula	446	phrase	104

	physicist	90	pollute	270	premiere	422	procedure	70,100
	physics	90	polygonal	246	premise	80	proceed	100
	physiological	212	polygon	246	preoccupation	452	proclaim	282
	physiology	212	ponder	422	preoccupied	452	proclamation	282
-i	pier	442	pool	170	preoccupy	452	procure	368
	pierce	388	porcelain	142,152	prerequisite	114	product	62
	piercing	388	portable	286	prescription	250	profess	62
	piety	400	portfolio	134	presence	84	professional	318
	pile	312	portrait	104	president	36	proficiency	182
	pilgrim	462	portray	234	presidential	36	proficient	182
	pilgrimage	462	pose	140	prestige	182	profound	436
	pilot	156	possess	78	prestigious	302	progress	38
	pin	202	possession	78	presumably	312	progressive	128
	pine	118	posterior	444	presume	152	prohibit	156
	pioneer	256	posterity	444	presumption	152	projection	18
	pious	400	postgraduate	142	pretend	300	proletarian	374
	pipeline	320	potency	422	pretense	300	proliferate	216
	pit	390	pottery	142	prevail	178	proliferation	226
	pitfall	464	pound	174	prevailing	86,178	prologue	332
	pitiful	474	-r practical	278	prevalent	134	prolong	354
	pity	474	pragmatic	278	prevent	70	prominence	266
-l	placebo	468	praise	178	preventative	70	prominent	266
	plague	150	precaution	444	preventive	70	prominently	266
	plaintiff	80	precautionary	444	prey	446	promise	64
	planetary	140	precautious	444	priceless	326	promising	64
	platform	116	precedent	248	pride	308	promote	60
	plausibility	230	precipitate	242	priest	220	prompt	142
	plausible	230	precipitation	262	prim	452	promptly	142
	plausibly	230	precipitous	242	prime	150	pronounce	180
	plaza	304	precise	74	primitive	278	pronounced	180
	plea	280	precisely	74	primly	452	pronouncedly	180
	plead	280	preclude	314	principle	24	proof	102
	pleading	314	precursor	408	prior	198	prop	378
	pledge	174	precursory	408	prioritize	198	propaganda	356
	plenty	74	predator	360	priority	198	property	76
	pliant	68	predatory	360	prisoner	144	proponent	394
	plight	422	predecessor	378	private	358	proportion	120
	plot	58	predetermine	416	privatization	456	proposal	36
	plug	260	predetermined	416	privatize	456	propose	36
	plunder	444	predicament	422	privilege	106	proposition	36
	plunge	314	predicate	318	privileged	106	proprietor	266
-o	poem	78	predict	44,392	prize	24	proprietorship	266
	poetry	78	preface	434	proactive	392	prose	328
	point	256	pregnancy	112	probability	98,216	prosecute	186
	poison	244	pregnant	112	probable	216	prosecution	186
	poisonous	244	prejudice	248	probably	312	prospect	92
	polar	184	prejudiced	248	probation	90	prospective	92
	polarize	196	preliminary	142	probe	138	prosper	378
	polish	432	prelude	434	probing	138	prosperity	428
	politicize	458			problem	184	protect	174
	politics	458			problematic	184	protein	94
	poll	260			procedural	70	protocol	58

491

prototype	182	rain forest	348	reconsideration	368	reinstate	232
prove	102	raise	334	recover	40	reinstatement	232
proverb	276	random	284	recovery	40	reject	68
proverbial	276	randomize	284	recreation	184	rejoice	470
province	242	range	84	recreational	184	rejoicing	470
provincial	242	rank	60	recruit	176	relapse	196
provinciality	242	rapid	146	rectangle	182	relate	248
provision	56	rapidity	142	rectangular	182	related	460
provoke	390	ratify	372	recurrent	288	relation	36
proximity	234	ratio	44	recurring	288	relationship	36
proxy	372	rational	96	redeem	434	relative	336, 396
-s psychological	98	rationale	242	redistribute	324	relatively	46
psychologist	98	rationalistic	242	reduce	156, 224	relativity	336
psychology	98	rave	470	reduction	156	relay	260
-u puberty	450	raw	222	redundancy	378	release	224
publicity	118	raze	386	redundant	378	relevant	48
publicize	60, 118	-e reachable	116	refer	84	reliable	66
pulse	148	react	178	reference	26	relief	158
pump	208	reactor	178	refine	190	relinquish	354
punitive	252	readily	212	refined	190	relocate	182
purge	452	real	202	reflect	32	relocation	182
purpose	36	realize	310	reflection	32	reluctance	370
pursue	34	realm	230	reform	102	reluctant	370
pursuit	34	rear	296	refrain	374	remarkable	194
push	90	reason	186	refugee	314	remarkably	194
		reasonable	60	refund	282	remedial	196
Q PAGE		reasonableness	60	refutation	412	remedy	196
-u quake	406	reasoning	186	refute	412	remote	176
qualification	38	rebel	246	regard	32	render	140
qualified	182	rebellion	246	regardless	268	renown	464
qualify	38	recall	74	regenerate	430	renowned	464
quantum	132	recapture	290	regime	134	rent	128
quarrel	410	reception	236	regiment	392	repair	352
quarterly	308	receptive	236	regimental	134	repeal	450
query	74	receptor	356	regimentation	392	repeat	244
quest	372	recession	262	regimented	392	repetition	244
questionnaire	130	recessionary	262	region	74	replace	64
queue	98	recipient	214	regional	74	replacement	64
quota	416	reciprocal	280	regress	198	repository	258
quotation	130	reckless	368	regret	472	representative	100
quote	130	reckon	150	regrettable	472	repress	358
		recluse	412	regulate	168	repressive	358
R PAGE		recoil	448	regulatory	168	reproduce	130
-a race	138, 220	recombination	448	rehearsal	322	reproduction	130
racial	220	recombine	448	rehearse	322	reptile	420
racism	138	recommend	118	reign	246	reptilian	420
radiate	110	recommendation	118	reimburse	158	republic	152
radiation	110			reimbursement	158	Republican	152
radical	146	reconcile	260	reinforce	122	reputation	158
radius	188	reconciliation	260	reinforcement	122	required	178
rage	444	reconsider	368			requisite	426
rainfall	262						

Word	Page	Word	Page	Word	Page	Word	Page
resent	186	rewarding	76	**S**	PAGE	secular	286
resentful	186	-h rhetoric	286	-a sack	372	secure	148
resentment	186	rhetorical	286	sacred	286	security	148
reserve	28	rhyme	314	sacrifice	232	sediment	234
reservoir	374	-i rich	202, 242	sad	220	sedimentation	234
residence	162	rid	294	saddle	444	seek	28
resident	162, 374	ridicule	410	safeguard	394	segment	56
residual	236	ridiculous	410	sail	286	segregate	414
residue	236	rifle	414	saint	144	segregation	414
resign	376	righteous	342	sainthood	144	seize	214
resolution	92	righteously	342	saintly	144	seizure	252
resolve	92	righteousness	342	salvation	334	seldom	294
resonance	196	rigid	350	sanction	204	selective	24
resonant	196	rigorous	222	sanctuary	430	selectivity	24
resort	254	rigorously	222	sanitary	446	self-esteem	308
resounding	196	rim	388	sanitation	446	semester	132
resource	50	riot	270	satellite	176	senate	158
resourceful	50	rioter	270	satire	342	senator	158
respect	268	rip	286	satiric	342	sensation	262
respectable	386	ripe	184	saturate	250	sensational	262
respective	166	ripen	184	saturated	250	sense	36, 426
respectively	166	ripeness	184	savage	400	sensible	326
responsible	388	ripple	468	saw	54	sensitive	36
responsibly	388	rite	234	-c scaffold	460	sensory	134
responsive	266	ritual	224	scalable	26	sentimental	316
responsively	266	ritualistic	224	scale	116	separate	18
responsiveness	266	-o roam	232	scar	322	serial	284
restful	342	roar	440	scarce	456	serious	256
restitution	450	robust	268	scarcity	326, 456	sermon	470
restless	342	robustness	268	scatter	418	sermonize	470
restoration	150	role	22	scenario	58	setting	40
restore	150	rolling	98	scheme	72	settle	66
restrain	246	rope	434	scholar	150	settlement	66
restraint	246	rot	32	scholarship	150	severe	258
restrict	62	rotate	138	science	54	severely	258
result	30	rotation	138	scientific	54	sew	170
resume	150	rough	258	scope	84	sewer	290
retail	394	rout	146	scramble	422	-h shabbily	194
retain	152	routine	156	scrap	386	shabbiness	194
retention	204	routinely	156	scratch	358	shabby	194
retreat	278	royalty	418	screen	54	shaft	332
retrieve	78	-u rub	470	scrub	404	shake	220
reveal	114	rude	310	sculptor	92	shaken	220
revenue	66	ruin	92	sculpture	92	shallow	350
review	112	ruined	92	-e seal	274	shame	334
revise	66	ruinous	266	search	372	shameful	334
revocation	376	ruinously	266	season	54	shared	18
revoke	376	rumor	454	seasoned	170	shareholder	160
revolutionary	42	run	18	seasoning	54	sharpen	444
revolve	412	rupture	212	section	116	shatter	320
reward	76	rural	104	sector	40	shattered	320
		rusty	310			shatterproof	320

493

INDEX S–T

shear	454	slip	148	specify	58	standardize	166
shed	296	slope	94	specimen	370	standing	40
sheer	130	slum	298	spectacle	318	standpoint	202
shield	174	slump	380	spectator	352	staple	278
shift	46	-m smash	444	specter	352	stare	220
ship	244	smelt	234	spectral	352	startle	436
shiver	360	smelter	234	speculate	392	startling	436
short	100	-n snap	464	speculation	392	starvation	184
shortage	100	sniff	178	speedily	346	starve	184
shortcoming	428	-o soar	462	spell	138	state	82
shortcut	434	sober	314	sphere	268	statement	82
shorten	328	social	22	spike	370	statesman	378
show	100	socialist	250	spinal	170	statesmanship	378
showcase	408	socialistic	250	spindle	302	static	134
shower	336	societal	22	spindly	302	stationary	370
shrink	318	society	22	spine	170	statistic	26
shrinkage	318	sociologist	150	spiral	378	statistics	26
shrub	206	sociology	150	spirit	136	status	42
shrubby	206	sodium	222	spiritual	136	statute	60
shrug	280	solar	244	spite	300	statutory	60
shudder	360	solicit	362	spiteful	300	steady	110
shuffle	338	solicitor	362	splendid	304	stealth	424
-i sibling	360	solid	32,160,362	split	118	stealthy	424
siege	324	solidarity	362	spoil	470	steel	184
sign	36	solidify	362	spontaneous	306	steep	342
signature	148	solitary	392	spontaneously		steepen	342
significance	30	solution	116		306	steer	296
significant	30	solvent	116	spot	164	stem	168
signify	376	sophisticate	162	spousal	282	stereotype	222
simplify	210	sophisticated	162	spouse	282	sterile	312
simply	128	sophomore	250	sprint	386	stick	242
simulate	34	sore	164	-q squabble	410	sticky	348
simulation	34	sound	32	squad	366	stiff	424
simultaneous	194	souvenir	348	square	28	stigma	266
simultaneously		sovereign	206	-t stab	470	stigmata	266
	194	sovereignty	206	stability	138	stigmatize	266
singular	264	sow	444	stabilize	138,270	stimulate	182
singularly	264	sower	444	stable	138	stimulus	182
sip	352	-p spacecraft	248	stack	132	stock	98
sister	376	spaceship	248	staff	48	stockholder	160
site	24	spacious	454	stagger	468	stomach	94
situation	42	spaciously	454	staggering	468	stoop	290
sizable	408	span	134	stain	470	storage	118
-k skeleton	172	spark	378	stake	252	store	50
skeptical	280	spatial	132	stalk	468	storehouse	178
skepticism	280	spawn	450	stalker	468	straightforward	
skim	388	spec	396	stall	412		336
skirt	240	specialize	30	stance	318	strain	168
skull	296	species	50	stand	294	strait	46
-l slander	428	specific	58	standard	46,376	strand	362
slant	454	specifically	58	standardization		strange	394
slightly	120	specification	396		166	strategic	26

strategy	26,202	suicide	56	sweet	364	terminate	178
stratification	454	suitable	410	swell	414	termination	178
stratified	454	sulphur	222	switch	56	terminology	124
stratify	454	sulphuric	222	-y syllabus	186	terrace	442
streak	418	summarize	146	symbolic	72	terrain	380
stretch	186	summary	146	symbolize	72	terrific	442
strict	454	summons	394	symmetry	74	terrifically	442
strictly	226	superficial	364	sympathetic	412	terrify	448
strike	130	superficiality	364	sympathize	412	terrifying	448
striking	130	superior	124	sympathy	306,412	territorial	370
strikingly	130	supernatural	340	symposium	248	territory	370
string	84	supernova	304	symptom	36	testament	308
stringency	454	supersonic	440	synchronize	356	testimonial	188
stringent	454	supervise	204	synchronous	356	testimony	188
strip	206	supervision	324	syndrome	248	texture	166
strive	288	supplement	102	synonym	226	-h theatrical	378
stroke	284	supplier	170	synonymous	226	theologist	146
structural	78	support	338	synthesize	358	theology	146
structure	78	supporter	394	systematic	18	theoretical	50,100
stumble	334	suppose	340			theory	50
-u subdivide	208	supposedly	340	**T**	**PAGE**	therapist	150
subject	20	supposition	46	-a table	32	thereby	298
subjective	244	suppress	104	tackle	316	thermal	228
submarine	204	suppression	104	tactful	414	thermometer	174
subordinate	268	supremacy	342	tactic	202	thesis	62
subscribe	232	surgery	252	tactical	202	thorough	218
subscriber	232	surgical	252	tailor	154	thoroughly	218
subscription	232	surgically	252	tariff	270	thoughtful	62
subsequent	210	surname	220	-e tease	320	thread	238
subsequently	210	surpass	422	technological	114	threshold	140
subsidiary	264	surplus	168	technologically		thrive	378
subsidy	264	surrender	244		114	throat	74
subsist	396	surround		technology	114	throne	302
subsistence	396		72,118,324	tedious	386	throttle	464
substance	32	surrounding	118	telescope	184	thrust	372
substantial	32	surveillance	252	telescopic	184	thunderbolt	398
substitute	372	survey	30	temperament	318	thus	298
subtle	398	survive	258	temperate	382	thwart	354
subtlety	398	susceptible	246	template	186	-i tic	430
subtract	286	suspend	140	temple	82	tidal	462
succeed	146	suspension	140	temporal	158	tide	462
success	82	suspicion	144	temporarily	122	till	116
succession	146	suspicious	144	temporary	122	tillable	116
successive		suspiciously	144	tempt	220	tilt	454
	146,288	sustain	136	temptation	220	timber	380
successor	378	sustainability	136	tenant	82	timbering	380
succumb	474	sustainable	136	tend	154	timberland	380
suck	110	-w swallow	336	tendency	154	timely	208
sudden	470	swap	334	tender	452	timid	338
sue	168	sweep	264	tenure	190	tin	150
sufficient	106	sweeping	264	tenured	190	tip	86
sugary	420	sweepingly	264	term	94	tiresome	428

495

INDEX T–Z

tissue	194	trap	464	-l ulcer	224	unprecedentedness	474
-o toddler	290	trash	286	ulcerous	224	unproblematic	184
toe	90	trauma	100	ultimately	68	unreasonable	60
token	270	traumatic	100	ultrasound	340	unrelated	460
tolerance	140	treason	418	-m umpire	420	unrest	342
tolerant	234	treasury	166	-n unavailable	268	unstable	318
tolerantly	234	treat	18	unbelievable	256	untouched	418
tolerate	140	treatise	356	unbiased	146	unwilling	370
toll	380	treaty	160	unclear	360	unworthy	458
tomahawk	440	tremble	360	uncover	192	-p upcoming	188
tomb	172	tremendous	218	uncovered	192	uphold	338
tombstone	458	tremendously	218	undergo	226	upholder	338
tone	214	trench	206	underlie	328	uplifting	408
top	240	trend	72	underlying	328	upright	348
topography	380	trespass	362	underpin	448	upward	366
topple	416	trespassing	362	underpinning	448	-r urban	104
torch	294	trial	38	underscore	374	urbane	294
torment	426	trial-and-error	288	undertake	94	urge	94
torque	432	tribe	218	underwater	194	urgent	208
torture	252	tribute	178	undeveloped	278	urgently	208
totalitarian	308	trigger	102	uneasily	134	urinary	222
touchdown	390	trim	172	uneasiness	134	urinate	222
tour	128	triumph	336	uneasy	134	urine	222
tourism	128	triumphant	336,442	unemployed	112	urn	334
tourist	128	trivial	358	unemployment	112	-s usage	158
tow	232	trump	442	unfold	352	use	158
tower	224	trust	436	unfortunately	26	-t utensil	248
towering	224	trustworthy	436	uniformity	96	utility	148
toxic	138	tryout	276	uniformly	96	utilization	100
toxin	138	-u tuft	126	uniformness	96	utilize	100
-r trace	128	tuition	190	unilateral	326	utmost	472
traceability	128	tumble	438	unimportant	358	utopia	274
tract	266	tumor	170	unintelligible	430	utopian	274
tradeoff	338	tumorous	170	union	74		
tragedy	284	tundra	382	unionize	74	**V**	PAGE
trail	288	turbulence	226	unique	66	-a vacancy	172
trait	122	turbulent	226	uniqueness	66	vacant	172
trajectory	436	turbulently	226	unit	84	vaccinate	246
transcript	242	turn	294	unite	204	vaccine	246
transcription	242	turnover	464	universal	100	vacuum	202
transfer	92	tutor	114	universally	100	vague	360
transform	60	tutorial	114	universe	100	validate	372
transformation	60	-w twig	264	unmistakable	382	valley	76
transient	294	twitch	430	unofficial	22	valuate	274
transition	44	-y tyranny	442	unofficially	22	valuator	274
transmission	102	tyrant	442	unplanned	306	valueless	326
transmit	102			unprecedented	474	valve	352
transparency	388	**U**	PAGE	unprecedentedly	474	vanguard	354
transparent	388					vanish	188
transplant	472	-b ubiquitous	396			vanity	400
transport	300	ubiquitously	396			variable	38

	vast	428	vintage	458	-u vulnerability	94	wholly	322
	vastly	428	violation	44	vulnerable	94	-i widespread	262
	vault	246	violently	258			widow	340
-e	vector	56	virtual	188	**W** PAGE		widower	340
	vegetable	170	virtually	188	-a waive	196	width	298
	vegetate	170	virtue	136	wander	362	wilderness	332
	vegetation	170	virtuous	136	want	428	wind	232
	veiled	394	virus	170	warehouse	178	winding	232
	vein	414	visible	102	warfare	204	wipe	466
	velocity	142	visibly	102	warrant	130	wit	448
	vend	170	visualize	68	warranty	130	witch	282, 342
	vendor	170	vital	154	watch	48	witchcraft	282
	venture	158	vitality	154	wavelength	226	withdraw	132
	venue	258	vivacious	226	waver	58	withdrawal	132
	verbal	156	vivaciously	226	-e wealthy	386	withhold	374
	verdict	282	vivacity	226	weary	428	witty	448
	verifiable	168	vivid	464	weather	30	wizard	342
	verification	168	-o vocal	172	weathering	116	wizardry	342
	verify	168	vocation	344	wedge	464	-o worsen	390
	vessel	244	vocational	344	weird	340	worship	164
	veteran	152	vogue	270	weirdness	340	worthwhile	332
	veterinarian	226	void	134	welfare	86	-r wreak	314
	veterinary	226	volatile	454	well	54		
	veto	254	volatility	454	well-off	242	**Y** PAGE	
-i	viable	276	volcanic	184	well-rounded	240	-a yarn	416
	vibrant	396	volcano	184	westward	272	-e yearn	458
	vice	152	volcanology	184	-h whereas	100	-i yield	62
	vicinal	444	volume	62	while	100		
	vicinity	444	voluntary	122	whip	468	**Z** PAGE	
	vicious	428	vomit	448	whipped	468	-i zip	250
	victim	64	vow	368	whipping	468	-o zone	92
	victimize	64	vowel	174	whistle	102	zoom	452
	viewpoint	164	voyage	274	white-collar	240		
	vigorous	268	voyager	274	wholesale	394		

497

MY ENGLISH WORDS ～自分で作る英単語帳～

※覚えづらい単語や本書にない単語などを自由に書き込んで学習しましょう。

2513

2514

2515

2516

2517

2518

2519

2520

2521

2522

2523

2524

MY ENGLISH WORDS

2561

2562

2563

2564

2565

2566

2567

2568

2569

2570

2571

2572

MY ENGLISH WORDS

TOEFL®テスト必修英単語2500

発行日：2016年 9月28日 初版発行
　　　　2023年11月15日 第7版発行

編　者：AmEnglish.com, Inc.
監　修：Dr. フィリップ・タビナー
発行者：永瀬昭幸
発行所：株式会社ナガセ
　　　　〒180-0003　東京都武蔵野市吉祥寺南町1-29-2
　　　　出版事業部（東進ブックス）
　　　　TEL：0422-70-7456 ／ FAX：0422-70-7457
　　　　www.toshin.com/books（東進WEB書店）
　　　　（本書を含む東進ブックスの最新情報は、東進WEB書店をご覧ください）

校正協力：松田康佑　松下ゆり　堀田侑里　山本結　林華恵
　　　　　田中良磨　青木辰夫

カバーデザイン：LIGHTNING
コラムイラスト：新谷圭子
本文デザイン：東進ブックス編集部
CD 音声：〈英　語〉AmEnglish.com, Inc.
　　　　〈日本語〉堀田侑里
DTP・印刷・製本：シナノ印刷株式会社

※落丁・乱丁本は東進WEB書店よりお問い合わせください。新本におとりかえいたします。但し、古書店で本書を購入されている場合は、おとりかえできません。なお、赤シート、しおり等のおとりかえはご容赦ください。
※本書を無断で複写・複製・転載することを禁じます。

©NAGASE BROTHERS INC.2016　Printed in Japan
ISBN978-4-89085-705-0 C2082

東進ビジネススクール
『ビジネス英語講座』のご案内

ビジネスで、本当に役立つ英語力を。

相手の心を動かす交渉力とコミュニケーション。
そんな真の英語力を身につけるには──？

ビジネスパーソンに必要な英語力の基準。それは、相手の心を動かしリードできるかどうか。世界で通用する高いレベルのコミュニケーション、つまりは英語でビジネスができる交渉力を身につける講座が、東進ビジネススクールの『ビジネス英語講座』です。

日本人が苦手とするスピーキングは、講義＋マンツーマンレッスンでその力を伸ばします。サロン形式の英会話教室とも、受け身の学習スタイルとも異なる、"成果が見えるプログラム"です。また、ビジネス英語の土台を築く学習として、企業の昇格試験にも用いられるTOEIC®テストに対応した講座も設置しています。

受講に必要なPC環境・ご準備

＊インターネットに接続可能なパソコンが必要です。
　ADSL・CATV・光などの広帯域インターネット接続サービスの利用（実効速度 3Mbps 以上）
　※無線接続（ワイヤレスLAN・通信カード等を利用した接続）での動作保証はできません。
＊OSは、Windows 8.1/ Windows 10 以上を推奨。＊ Macintosh での受講はできません。
＊受講で使用する次の機器を受講生個人でのご準備をお願いしています。
　ウェブカメラ、マイク付きヘッドセット（オンラインレッスンで使用します）
上記推奨環境は更新される場合があります。最新の推奨環境はHPでご確認ください。

詳細やその他の講座・システムについて、ウェブサイトで公開中！ 　東進 ビジネス　検索

社会人向け講座

『英語で提案・説得できる力』が身につきます。
東進だけの実践的なラインアップ。

講義＋発話レッスンで、ロジカルに話す力を鍛える
ビジネス英語 スピーキング講座（①, ②）

ビジネスで求められる
英語による「応答力」「問題解決能力」「発信力」が身につく

受講期間	受講形態	対象
1年間	在宅でのウェブ学習 ※学習開始時は、学習アドバイザーがサポートをいたしますのでご安心ください。	TOEIC® LR スコア 650点以上の方 （推奨の目安）

概要

本プログラムは、ビジネスパーソンの皆様がグローバルな仕事環境において、「英語によるコミュニケーション能力」を養成することを目的としたプログラムです。TOEIC®スピーキングテストのスコアを評価目標とし、その対策を通してスピーキング力を高める内容となっています。TOEIC®スピーキングテストのスコアと実際のスピーキング力の間には高い相関があると言われており、本プログラムで学習しスコアを伸ばすことが、実際のビジネスの場で本当に役立つ英語の修得につながります。

学習のプロセスでは、①慣用語句の反復音読や、②スピーチ原稿の音読・暗唱等の発話練習はもとより、③状況説明、④質問対応を瞬時に行う練習や、⑤理由や具体例を伴って自分の意見を述べる訓練を徹底して行っていきます。結果として、ビジネスで求められる英語による「応答力」「問題解決能力」「発信力」が身につきます。

講義[ウェブ] → **基礎トレーニング[ウェブ]** → **実践トレーニング[マンツーマン・オンラインレッスン]**

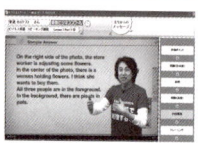

ウェブ学習システムを通し、いつでもどこでも受講可能。

ウェブ学習システムやスマホアプリを使用して英単語などを集中的、効率的に修得。

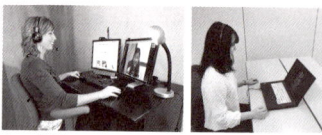

ウェブ学習システムでのトレーニングや「TOEIC® 新公式問題集」を用いたトレーニングを実行。

詳細やその他の講座・システムについて、ウェブサイトで公開中！ 　東進 ビジネス 　検索

講義＋英会話レッスンで、ネイティブスピーカーの感覚を理解しながら学べる

話すための英語 トレーニング講座

受講期間
１年間

受講形態
在宅でのウェブ学習
※学習開始時は、学習アドバイザーがサポートをいたしますのでご安心ください。

対象
TOEIC® LR スコア
基礎編：500点以上の方
実践編：700点以上の方　(*推奨の目安)

概要

本講座は、NHKの語学講座「ラジオ英会話」でおなじみの大西泰斗教授、ポール・マクベイ教授が担当。東進ビジネススクールの特別講師である２人の共著『一億人の英文法』（東進ブックス刊）をベースとした講座です。まずは英文を作り出すために必要な文法概念を講義で修得し、続いて音読や口頭英作文のトレーニングを行います。ノンネイティブで海外経験がない日本人でも、英語のネイティブスピーカーの感覚を理解しながら、言葉の意味やニュアンス、英文の作り方を学べる今までにない新しい講座です。

講義[ウェブ] → **基礎トレーニング[ウェブ]** → **実践トレーニング[マンツーマン・オンラインレッスン]**

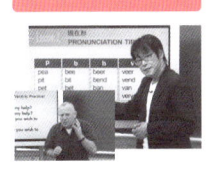

学習項目：●とき表現：現在形、未来のwill ●基本文型：授与型 ●名詞の位置：主語、目的語 応用文型：itを上手に、it…を後ろから追いかける ●否定文：notを使う技術 ●修飾：修飾の2方向、-ing修飾・自由自在、to不定詞修飾・自由自在など

よりスムーズに発話をするためには、自主的なトレーニングが重要です。
英単語の学習（PC＆アプリ活用）、ディクテーションの学習（PC活用）をすることで、瞬発力を高めます。

東進USAオンライン講師によるマンツーマンレッスンです。事前に専用サイトで予約をしておけば、アメリカ在住の講師が予約した時間にWEBシステムを利用して受講生にコンタクトします。
「話せる」ための知識（発音、表現のニュアンスなど）を習得し、その知識をベースに発話訓練を行うスピーキング力強化講座です。心の意図を伝えるために、文法だけではなく、語彙、イントネーションなども学びます。

グローバルビジネスのスタートラインに立つ
TOEIC®テスト 800点突破講座

受講期間
１年間

受講形態
在宅でのウェブ学習

対象
TOEIC® LR スコア
650点〜795点の方
*推奨の目安

英語の学び直し・土台固めに最適！
TOEIC®テスト 650点突破講座

受講期間
１年間

受講形態
在宅でのウェブ学習

対象
TOEIC® LR スコア
400点〜645点の方
(*推奨の目安)

詳細やその他の講座・システムについて、ウェブサイトで公開中！　東進 ビジネス　検索

大学生向け講座

世界にはばたく
リーダーとしての
「ビジネスコミュニケーション力」
を高める

TOEIC®は通過点!
テストの先に「世界で大活躍するための英語」がある。

　東進の『ビジネス英語講座』では、大学受験の英語から相手の「心を動かす」コミュニケーションへ、英語力を高めていきます。そのファーストステップとして、TOEIC®のスコアアップを狙う学習を進めることで、成果を感じながらコミュニケーション力を高める素地を作ります。
そのうえで、さらに発信力を鍛えるトレーニングを重ね、未来のリーダーに必要な「世界で大活躍するための英語」の力を磨いていきます。

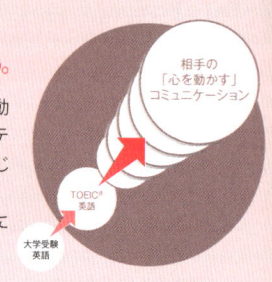

相手の「心を動かす」コミュニケーション

TOEIC®英語

大学受験英語

科学的な徹底訓練がスコアアップと実力向上を確実にします

4STEPを使い 6か月で「英語力」を高める

東進ビジネス英語講座だけのカリキュラム

英語力を高める4ステップ学習法

概念理解 → 基礎トレーニング → 実践トレーニング → アセスメント

---

1 概念理解

映像授業

ルール・方法を学ぶ

語学習得は、スポーツ・楽器の習得に例えられます。英語学習で最も大切な概念理解。スポーツでいえば、競技の基本ルールや方法を学ぶステップです。東進では、実力講師による映像授業で実践的な本質から理解し、それぞれのアセスメントで求められる英語の考え方・表現力・語彙力などを自分のものにします。一時停止、早戻し、最受講も自由自在。自宅や、大学授業の空き時間にも受講可能です。

Point 1. 高速学習

映像授業の長所を生かして毎日受講することができます。午前5時〜翌午前2時まで、21時間学習することができます。大学の授業やアルバイト等で忙しくても、両立して受講が可能です。

Point 2. 確認テスト

毎回授業後にある確認テストで知識・概念の定着を図ります。

受講 → 確認テスト → 次の受講へ

---

2 基礎トレーニング

トレーニング

反復練習

理論に加えて、基礎的なスキルの修得も大切です。スポーツでも楽器でも、筋トレや地道な反復練習が欠かせません。TOEIC®テストの99.1%以上を網羅する高速基礎マスター講座で、語彙力と表現力を徹底的に磨きます。通学時間などのすき間時間をフル活用できます。

高速基礎マスター講座

Point 1. 「できない」問題をリスト化

未修得の単語・熟語を洗い出しリスト化して、弱点だけを修得することができます。暗記しやすい工夫がされているため、短期間で集中して覚えることができます。

Point 2. 定期的なトレーニング

短期集中で暗記しても定期的に活用しなければ、やがて忘却してしまいます。そこで、定期的にトレーニングや修了判定テストを実施することで、一度修得した知識を深めより確実なものにします。

---

3 実践トレーニング

TOEIC®トレーニング講座

テスト受験 → 採点 → 解答解説 → 受験(2回目)

何回も解きなおす実践練習

何回も問題を解きなおすことで、問題形式に慣れ、得点が向上します。

東進USAオンライン講座

Point 1. レベルにあった実践練習

「オンライン英会話」のような「フリートーク」ではありません。受講する講座に応じて、本人のレベルにあった適切かつ実践的な課題を練習します。

練習試合

実践トレーニングは、スポーツの練習試合にあたり、これまでの授業やトレーニングで学んだことを実践します。TOEIC®形式問題でのトレーニング、教員資格を持ったネイティブスピーカー講師とのウェブレッスン&その場でフィードバック。最高レベルのマンツーマントレーニングを繰り返し行います。

---

4 アセスメント

TOEIC® LRテストまたは TOEIC® SWテスト

公式試合

東進では、毎月学習の成果を測ります。そのものさしとなるのが、公認のTOEIC® IPテスト(LRテスト、Sテスト、Wテスト)です。ETS世界基準で今の英語力を確認できます。

※テストはコースによって種類が異なります。

東進はオンラインが基本！

電車の中でも
大学の空き時間でも
学習が可能！

音声ダウンロード可能！

授業内で用いる音声を全てダウンロードできます。
音声を聞きながら何回も音読・反復することで身に付きます。

詳細やその他の講座・システムについて、ウェブサイトで公開中！　東進 ビジネス 検索

東進ビジネス英語講座のTOEIC® スコアアップ実績

1年で平均 116.0点アップ!!

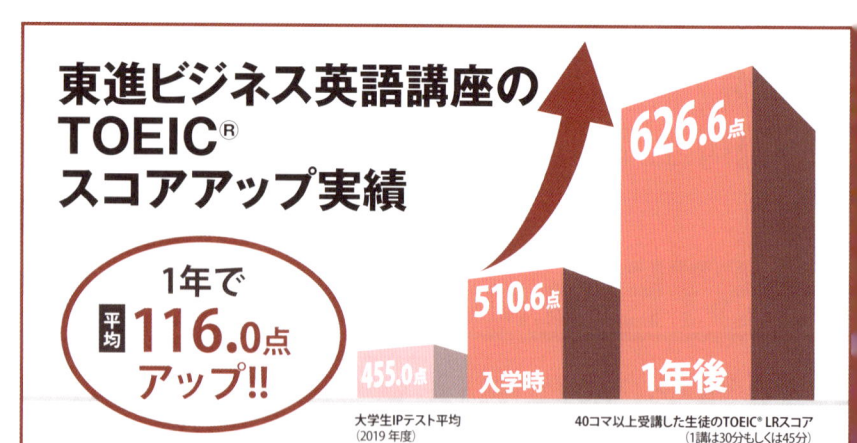

- 大学生IPテスト平均（2019年度）: 455.0点
- 入学時: 510.6点
- 1年後: 626.6点

40コマ以上受講した生徒のTOEIC® LRスコア（1講は30分もしくは45分）

大学入学からスタートダッシュ！

藤生 竜季 くん

295点UP
555点（高校3年12月）→ 850点（大学1年4月）

明治大学　理工学部

日々、大学の勉強(課題)の前に英語の勉強をする！

英語はこれからの時代に生きていくために絶対に必要です。私の専門の建築は、国内需要は減少の一途と聞きました。そこで海外で働きたいと考え、英語力を本気で伸ばすために大学に推薦合格した時点から東進ビジネス英語講座の受講を始めました。安河内先生の授業は「どうやったら楽しく英語を勉強できるか？」「大学生活を最大限に充実したものにするにはどうしたらいいか？」という事にも触れられており、英語学習や学生生活のモチベーションアップに効果的です。受講を進める中で、基礎が固まり、リスニングが得意になりました。英語を、日本語を介さずに理解できるようになり、英語のニュースを聞き、英語でその日の「やることリスト」を作成するなど、日常生活のほとんどを英語で行うことができるようになりました。

大幅スコアアップで夢に踏み出した！

真庭 里奈 さん

285点UP
640点（大学3年2月）→ 925点（大学4年12月）

早稲田大学　基幹理工学部　卒業

東進の高速学習で競争率約100倍の採用試験を突破！

私はどうしてもパイロットになりたいという希望があり、採用試験までにTOEIC®の成績を上げる必要がありました。元々は東進卒業生ではありませんでしたが、幅広く教材・講座等を調べた結果、最も成果が出そうだと考え、東進ビジネススクールに入学しました。
成績が伸び悩む時期もありましたが、東進の高速学習を最大限に活用してスコアアップを実現しました。一緒に勉強する仲間の存在が、高いモチベーションの維持に繋がりました。この度、航空会社の競争率約100倍のパイロット候補生試験に合格し、夢への一歩目を踏み出すチャンスを得ることができました。

東進の英語コースでTOEIC®のスコアを着実に伸ばす！

資料請求・お問い合わせ：
右記のQRコードからお願いいたします

東進ビジネススクール

東進　ビジネス　検索
www.toshin.com/bs/

大学生の方　社会人の方

※講座内容は予告なく改訂される場合があります。